정답 및 해설

유형별 전략 01 실전 문제 정답 ▶p.19

1. A   **2.** C   **3.** D   **4.** D   **5.** D

문제 **1**

A 舟山群岛风景秀丽 B 舟山群岛没有鸟类 C 舟山群岛面积很小 D 舟山群岛是国家自然保护区	A 저우산군도는 풍경이 수려하다 B 저우산군도는 조류가 없다 C 저우산군도는 면적이 작다 D 저우산군도는 국가자연보호구역이다
舟山群岛是中国沿海最大的群岛。它位于长江口以南，杭州湾以东的浙江北部海域，拥有两个国家海上一级风景区。这里风光秀丽，气候宜人，而且还是海岛鸟类的重要栖息地和候鸟迁徙的重要驿站。	저우산군도는 중국 연해의 가장 큰 군도이다. 그것은 창장 입구 이남, 항저우만 동쪽의 저장 북부해역에 위치하고, 두 개의 국가해상 1급 관광지구를 포함하고 있다. 이곳은 풍경이 수려하고, 기후가 쾌적할 뿐만 아니라, 바다조류들의 중요한 서식지이고, 철새가 이동하는 중의 중요한 역참이다.

해설 보기에 '舟山群岛(저우산군도)'라는 장소 관련 소재가 언급되었으므로 지역에 관한 문제임을 알 수 있고 나머지 핵심어휘인 '秀丽(수려하다)', '没有鸟类(조류가 없다)', '面积很小(면적이 작다)', '国家自然保护区(국가자연보호구역)'를 체크하고 이 핵심어휘가 직접적으로 등장하거나 관련된 부분이 나오면 집중해서 들어야 한다. 근의어 '风景 = 风光(풍경)'을 묻는 문제이지만, 근의어를 모르더라도 '秀丽(수려하다)'가 그대로 등장하고 있기 때문에 정답은 A임을 알 수 있다. C는 녹음에서 가장 큰 군도라고 했으므로 들으면서 제거하는 것이 좋다. 나머지는 언급되지 않았다.

문제 **2**

A 白居易很浪漫 B 白居易不擅长改诗 C 白居易的诗通俗易懂 D 白居易教老妇人作诗	A 백거이는 낭만적이다 B 백거이는 시를 고치는 것에 뛰어나지 않다 C 백거이의 시는 통속적이어서 이해하기 쉽다 D 백거이는 노부인들에게 시를 짓는 것을 가르쳤다
白居易是唐代著名诗人，他的诗深入浅出，通俗易懂，深受当时人们的喜爱。据说，为了使自己的诗便于理解，他每写完一首诗，都要将诗念给不识字的老妇人听，然后反复修改，直到老妇人完全听懂为止。	백거이는 당대 유명한 시인으로, 그의 시는 어려운 내용을 쉽게 이끌어내 통속적이어서 사람들이 쉽게 이해했기 때문에 당시 사람들의 사랑을 받았다. 전해지는 바에 따르면, 자신의 시를 이해하기 쉽게 만들기 위해, 그는 한 수의 시를 다 쓰면, 시를 글자를 모르는 노부인들에게 들려주고 그런 후에 노부인들이 완전히 이해가 될 때까지 반복적으로 고쳤다.

해설 백거이가 당대 유명한 시인인줄 모르는 사람도 D의 '教(가르치다)'라는 어휘로 백거이가 사람의 이름인 것을 알 수 있다. 인물에 관한 글에는 인물의 정보나 인물에 관한 일화가 주로 나오는데 浪漫(낭만적이다), '不擅长改诗(시를 고치는 것에 뛰어나지 않다)', '诗通俗易懂(시가 쉽다)', '教老妇人作诗(시 짓는 것을 가르쳤다)'를 먼저 파악한다면 인물 정보에 관한 문제임을 알 수 있고, 이와 관련된 정보를 들어야 한다. 이미 첫 번째 문장에서 '通俗易懂(통속적이어서 쉽다)'이라는 어휘가 그대로 등장했기 때문에 정답은 C임을 알 수 있다. A는 언급되지 않았고, 노부인과 시가 등장한 것은 쉬운 시를 쓰기 위해 직접 들려주고 이해가 될 때까지 반복적으로 고쳤다는 것이기 때문에 B의 '不擅长改诗'와 D의 '教老妇人作诗'는 정답이 될 수 없다.

문제 3

A 苗族人热情好客 B "四月八"每两年举办一次 C 苗族服装经过了改良 D "四月八"是苗族传统节日	A 묘족 사람들은 친절하게 손님을 대한다 B '사월 초파일'은 2년마다 한 번 거행된다 C 묘족의 의상은 개량을 거쳤다 D '사월 초파일'은 묘족의 전통명절이다
四月八是苗族的传统节日，每年农历四月初八这天，苗族百姓都会身着民族服装，唱苗族山歌，跳苗家舞蹈来欢度节日，四月八还被列入了国家级非物质文化遗产名录。	사월 초파일은 묘족의 전통명절로, 매년 음력 4월 초 여드렛날에 묘족 사람들은 모두 민족의상을 입고, 묘족산가를 부르며, 묘족의 춤을 추면서 명절을 즐겁게 보낸다. 사월 초파일은 또한 국가급 무형문화유산 목록에 들어간다.

해설 보기를 보고 묘족 또는 '사월 초파일'에 관한 정보 글임을 알 수 있고, 이와 관련된 내용에 집중해야 한다. 듣기 제1부분에서 가장 놓치지 말아야 하는 첫 문장에서 바로 보기항 D의 문장 '四月八是苗族的传统节日'가 그대로 나왔으므로 정답은 어렵지 않게 D임을 알 수 있다. 묘족의 성향에 대해서는 언급되지 않았으므로 A는 정답이 아니고, B는 언급되지 않았고, C는 묘족의 의상을 입는다는 이야기만 있을 뿐 의복 개량에 관한 내용은 없으므로 정답이 될 수 없다.

문제 4

A 珠江夜游是免费的 B 天字码头新建不久 C 天字码头在北京南部 D 天字码头现多用于观光	A 주장 야간유람은 무료이다 B 톈즈부두는 새로 지은 지 오래되지 않았다 C 톈즈부두는 베이징의 남쪽에 있다 D 톈즈부두는 현재 대부분이 관광에 쓰인다
天字码头，又被称为"广州第一码头"，位于广州市越秀区沿江中路和北京路交界处。它以前是用来渡江的，如今则主要用于旅游观光，像珠江夜游的船只就多从这里启航。	톈즈부두는 '광저우 제1부두'로도 불리고, 광저우시 위에시우 구 옌장중로와 베이징로 인접지역에 위치해 있다. 그것은 예전에는 강을 건너는 데 쓰였으나, 지금은 주로 유람하고 관광하는 데 쓰이는데 주장의 야간유람선 대부분이 여기에서만 출항하는 것 같다.

해설 보기의 대부분이 '天字码头(톈즈부두)'가 언급된 것으로 보아 톈즈부두에 관한 정보 글임을 알 수 있다. A는 주장을 언급한 보기로, 녹음에서 야간유람선을 언급하며 야간유람에 관한 내용이 나오기는 하지만 가격이 언급되거나 무료라는 내용이 언급되지 않았으므로 정답이 될 수 없다. 또한 나머지 세 개의 보기가 같은 소재를 언급한 경우에는 다른 하나인 보기는 정답이 될 확률이 적다는 것을 알아두자! B는 언급되지 않았고, C는 베이징이라는 어휘가 들려 혼동할 수 있으나 분명 '广州第一码头(광저우의 제1부두)'라고 했으므로 베이징에 위치할 리가 없음을 알아야 하고, 녹음에서 언급된 베이징은 광저우의 길 이름이지 우리가 알고 있는 수도 베이징을 말하는 것이 아님을 알아차리자. 문장 중간 '它以前是用来渡江的，如今则主要用于旅游观光'이라고 하며 예전에는 강을 건너는 데 쓰였지만 오늘날 주로 유람하고 관광하는 데 쓰인다고 하였으므로 정답은 D이다.

문제 5

A 吴歌不受文人青睐 B 吴歌的演唱难度极大 C 吴歌歌词多为叙事性的 D 吴歌流行于明清时期	A 오가는 문인의 환영을 받지 못했다 B 오가는 가창의 난이도가 높다 C 오가의 가사는 대부분이 서사적이다 D 오가는 명청시기에 유행했다
吴歌又称江南小调，可以说是明清时期的流行歌曲。吴歌口耳相传，代代相袭，在长期的发展过程中形成了丰富的口碑文献，是研究吴文化历史传统、民风民俗和吴方言的珍贵资料。	오가는 지앙난 가락이라고도 하는데, 명청시기의 유행가라고 할 수 있다. 오가는 구전되어 대대손손 전해내려오고 있으며, 긴 발전과정 중에 풍부한 구비문헌이 형성되어, 오문화의 역사전통과 민풍과 민속, 오방언을 연구하는 진귀한 자료이다.

보기 모두가 '吴歌(오가)'가 포함되어 있는 것으로 보아 오가에 관한 정보 글임을 알 수 있다. A는 '受到青睐(환영 받다)'라는 고정어휘의 의미를 알아야 하고, 의미를 알았다면 '유행가'라는 말이 있으므로 환영 받았다고는 할 수 있지만 '문인'이라는 특정대상 언급이 없으므로 정답이 될 수 없음을 알아야 한다. 난이도와 가사에 관한 언급이 없으므로 B, C도 정답이 아니다. 도입부분에 '可以说是明清时期的流行歌曲(명청시기의 유행가라고 할 수 있다)'라고 했으므로 D '流行于明清时期(명청시기에 유행했다)'가 정답이다.

유형별 전략 02 실전 문제 정답 ▶p.23

1. A　　**2.** D　　**3.** B　　**4.** A　　**5.** A

문제 1

A 芦荟可净化空气 B 芦荟生命力顽强 C 芦荟能改善土壤 D 芦荟是喜阴植物	A 알로에는 공기를 정화할 수 있다 B 알로에는 생명력이 강하다 C 알로에는 토양을 개선할 수 있다 D 알로에는 음지를 좋아하는 식물이다
芦荟不仅观赏性强，还可以净化居室环境。一方面它是吸收甲醛的好手，一般而言，一盆芦荟可吸收一平方米空气中90%的甲醛，另一方面它还能吸附灰尘，并杀灭空气中的有害微生物。	알로에는 관상성이 강할 뿐만 아니라, 방의 환경을 정화할 수도 있다. 한편으로 그것은 포름알데히드를 흡수하는 달인인데, 일반적으로는 알로에 화분 한 개는 1평방미터의 공기 중 90%의 포름알데히드를 흡수할 수 있고, 다른 한편으로 그것은 먼지를 흡착하고 공기 중의 유해 미생물도 없앨 수 있다.

보기에 모두 '芦荟(알로에)'가 있는 것으로 보아 알로에가 이 글의 소재임을 알 수 있고, 정확한 명칭은 몰라도 D에서 '喜阴植物(음지를 좋아하는 식물)'라고 하는 것을 통해 식물의 이름이라는 것을 알 수 있다. 소재를 제외한 나머지 내용에 집중하면 C, D는 보기에서 제시된 어휘가 단 하나도 언급되지 않았기 때문에 쉽게 답이 아님을 알 수 있고, 내용의 앞부분에 강한 것은 관상성이지, 생명력이 아니라고 하였으므로 B는 정답이 아니다. 처음 부분에 '可以净化居室环境'이라고 하면서 방의 환경을 정화할 수 있다고 했는데 환경에 공기도 포함되므로 정답은 A 芦荟可净化空气이다.

문제 2

A 鱼纹是后天形成的 B 鱼纹往往很窄 C 鱼纹与鱼的种类有关 D 鱼纹能表明鱼的生长环境	A 어문은 후천적으로 형성된 것이다 B 어문은 항상 좁다 C 어문은 물고기의 종류와 관련이 있다 D 어문은 물고기의 성장환경을 밝힐 수 있다
人有指纹、树有年轮，鱼也有自己的特征标记——鱼纹，也就是鱼鳞片的轮纹，根据鱼纹，人们可以大致推测出鱼的生长环境。如果一条鱼的鱼纹很窄，说明它近期生活在比较寒冷的环境中。	사람은 지문이 있고, 나무는 나이테가 있고, 물고기도 자신만의 특징 표시인 어문이 있는데, 바로 물고기 비늘의 무늬로, 어문을 근거로 사람들은 대략적인 물고기의 성장환경을 추측할 수 있다. 만약에 물고기의 어문이 좁다면, 그것은 근래에 비교적 추운 환경 속에서 생활했음을 설명한다.

보기를 통해 '鱼纹(어문)'이 소재임을 알 수 있고, 뜻을 정확히 알지 못해도 녹음의 내용을 근거로 문제를 풀 수 있으나 '纹'은 주로 무늬를 나타내는 어휘이므로 물고기에 새겨진 무늬나 비늘임을 추측해볼 수도 있다. A의 핵심어휘인 '后天形成的(후천적으로 생긴 것)'에 대한 내용이 언급되지 않았으므로 A는 정답이 아니다. B는 '窄(좁다)'라는 어휘가 등장함으로써 혼란을 줄 수 있으나, '往往(늘, 항상)'이라는 전제가 붙으면서 정답이 될 수 없다. 녹음에서 어문은 사람의 지문이나 나무의 나이테와 같은 것이라고 밝혔으므로 모든 물고기의 어문이 다를 수 있다는 것을 알아야 하고, '어문이 좁다면'이라는 가정은 넓은 어문의 물고기도 있다는 것이 되므로 정답이 될

수 없다. 뒷부분에서 '根据鱼纹，人们可以大致推测出鱼的生长环境'이라고 하면서 어문은 성장환경과 관련이 있다고 설명했으므로 정답은 D가 된다.

문제 3

A 蝴蝶鱼生长在湖泊中 B 蝴蝶鱼能改变体色 C 蝴蝶鱼的习性与蝴蝶类似 D 蝴蝶鱼有攻击性	A 나비물고기는 호수에서 성장한다 B 나비물고기는 몸 색깔을 바꿀 수 있다 C 나비물고기의 습성은 나비와 비슷하다 D 나비물고기는 공격성을 가지고 있다
蝴蝶鱼是一种热带观赏鱼。它身上有着五彩缤纷的图案，与陆地上的蝴蝶相似。蝴蝶鱼还会随着周围环境的变化而改变自己的体色，以达到保护自己的目的。	나비물고기는 일종의 열대관상어이다. 그것의 몸에는 오색찬란한 무늬가 있는데, 육지상의 나비와 비슷하다. 나비물고기는 주위환경의 변화에 따라 자신의 몸 색깔을 바꾸어 자신을 보호하는 목적에 도달하게 된다.

해설　보기를 통해 '蝴蝶鱼(나비물고기)'가 이 지문의 소재임을 알 수 있다. 녹음에서 '湖泊(호수)'에 관한 내용은 언급되지 않으므로 A는 정답이 아니다. 앞부분에서 '它身上有着五彩缤纷的图案，与陆地上的蝴蝶相似'라고 하면서 무늬가 육지상의 나비와 비슷하다는 내용이 있으나 보기 C에서 '习性(습성)'이 나비와 비슷하다고 하였으므로 정답이 될 수 없고, D의 공격성 역시 지문에 언급이 없으므로 정답이 될 수 없다. 중간 부분에 '蝴蝶鱼还会随着周围环境的变化而改变自己的体色'라고 하면서 나비물고기는 몸 색깔을 바꿀 수 있다는 설명이 나오므로 C만 조심한다면 B가 정답임을 쉽게 알 수 있다.

문제 4

A 在开放式办公室工作压力大 B 开放式办公室便于管理 C 企业应为员工安排体检 D 办公室楼层越高噪音越小	A 개방형 사무실에서는 업무 스트레스가 크다 B 개방형 사무실은 관리하기 편리하다 C 기업은 직원들을 위해 건강검진을 안배해야 한다 D 사무실의 층이 높을수록 소음은 작아진다
研究表明，相比有隔间的办公室，开放式办公室会导致员工工作效率降低。这是因为，一方面，开放式办公室噪音更大，会令员工分心。另一方面，这种布局会让员工精神压力增大，注意力难以集中。	어떤 연구에서 칸막이가 있는 사무실에 비해 개방형사무실이 직원들의 일 효율을 낮춘다고 밝혔다. 이것은 한편으로는 개방형 사무실의 소음이 더욱 커서 직원들의 마음을 분산시키기 때문이기도 하고, 또 한편으로는 이런 배치가 직원들의 정신적 스트레스를 증대시켜서 주의력을 집중시키기 어렵기 때문이다.

해설　보기가 통일성이 없는 경우에는 전체적으로 자주 언급하는 어휘를 소재로 생각하고 그 특징에 집중하는 것이 좋은데, 이 문제는 다행히 A와 B 두 개의 보기에서 '开放式办公室(개방형 사무실)'를 언급하고 있으므로 이 둘 중에 하나가 정답이 될 가능성이 크다. 보기가 모두 다른 소재를 언급하지 않는 이상 다수의 보기에 등장한 소재가 정답과 관련이 있을 가능성이 크다는 것을 알아두자. 건강검진이나 건강에 대한 내용은 전혀 언급이 없으므로 C는 정답이 아님을 쉽게 알 수 있고, D에서 소음을 언급했고 녹음의 내용에도 등장하지만 녹음 역시 개방형 사무실에 대한 설명으로 층과는 상관없으므로 정답이 아니다. 개방형 사무실의 특징으로 뒷부분의 '这种布局会让员工精神压力增大'에서 마음의 분산과 정식적 스트레스를 언급했으므로 정답은 A임을 알 수 있다.

TIP　相比A，B……(= 与A相比，B……): A와 비교했을 때, B는 ～하다 → 소재는 A가 아니라 B임을 주의하자!
　　🔎 相比火车，飞机更快。 기차와 비교했을 때, 비행기가 더욱 빠르다.

문제 5

A 大脑缺氧会导致记忆力下降 B 体育锻炼要循序渐进 C 青少年的新陈代谢更快 D 熬夜会损伤大脑	A 대뇌에 산소가 부족하면 기억력 저하를 일으킬 수 있다 B 체육 단련은 순서에 따라 점진적으로 진행해야 한다 C 청소년의 신진대사는 더욱 빠르다 D 밤을 세는 것은 대뇌에 손상을 주게 된다

大脑是人体的用氧大户，它几乎占用了人体吸入氧气总量的20%，如果大脑供氧不足，人的记忆功能就会随之下降。因此经常参加体育活动，多呼吸新鲜空气对提高记忆力很有帮助。

대뇌는 인체의 산소 사용의 큰 고객으로, 그것은 거의 인체가 흡입하는 산소 총량의 20%를 차지한다. 만약에 대뇌에 산소 공급이 부족하면, 사람의 기억기능은 따라서 떨어진다. 이 때문에 자주 체육활동에 참가해서 신선한 공기를 많이 호흡하는 것은 기억력 향상에 큰 도움이 된다.

해설 녹음의 내용은 인체기능에 관한 내용으로 비교적 어렵지만 보기가 모두 다른 방면의 것을 언급하고 있어 전체적으로 설명하고자 하는 소재만 찾아도 정답을 찾기가 쉬워진다. 보기의 핵심어휘는 A는 대뇌의 산소 부족과 기억력, B는 체육단련과 순서, C는 청소년과 신진대사, D는 밤을 세는 것과 대뇌 손상인데 B의 체력단련이 녹음에서 언급되지만 신선한 공기를 마시기 위한 것이지 순서를 따라야 하는 것과는 상관이 없다. D는 대뇌가 언급이 되지만 밤을 세는 내용이 언급되지 않으므로 정답이 아니다. C는 아예 언급이 없는 보기로 정답이 될 수 없다. 전체적으로 대뇌와 인체의 산소 사용, 그리고 기억력에 관한 내용만으로도 정답이 A임을 알 수 있는데, 중간 부분의 '如果大脑供氧不足，人的记忆功能就会随之下降'에서 만약에 대뇌에 산소공급이 부족하면 사람의 기억기능이 그것에 따라 떨어진다고 했으므로 A가 정답이 확실하다.

유형별 전략 03 실전 문제 정답 ▶p.27

1. A **2.** B **3.** B **4.** D **5.** D

문제 1

A 人生需要不停地尝试	A 인생은 끊임없이 시도가 필요하다
B 要适时放弃	B 적시에 포기해야 한다
C 目标要远大	C 목표는 원대해야 한다
D 拼图可促进智力发育	D 퍼즐은 사고력 발육을 촉진할 수 있다

| 人生是拼图，不是蓝图。不可能有一条已铺好的康庄大道等着我们走。我们要一路看，一路学。每次尝试所获得的经验，都是一小块儿拼图。有了它们，我们才能拼出一个理想的人生版图。 | 인생은 퍼즐이지, 청사진이 아니다. 우리가 가는 것을 기다려줄 이미 깔려있는 탄탄대로는 있을 수 없다. 우리는 보면서 배워야 한다. 매번 얻은 경험들을 시도해보는 것은 모두 작은 퍼즐조각이다. 그것들이 있어야 우리는 이상적인 인생의 판도를 맞출 수 있다. |

해설 보기의 핵심어휘가 모두 다른 경우이다. A는 '尝试(시도해보는 것)', B는 '放弃(포기하는 것)', C는 '目标(목표)', D는 '拼图(퍼즐)'에 관한 것이다. 추상적인 보기와 구체적인 보기가 함께 있을 경우 구체적인 보기는 추상적인 결론을 얻기 위한 수단으로 쓰이는 경우가 많기 때문에 정답이 될 확률이 거의 없다는 것을 알아야 한다. 그렇다면 퍼즐이 언급이 될 것이고 이것이 무엇을 의미하는지에 초점을 맞춰 들어야 한다. 첫 문장에서 '人生是拼图(인생은 퍼즐)'라고 밝혔으니 역시 D는 언급은 되었으나 실제로 말하고자 하는 것은 퍼즐로 인생을 비유한 것이지 진짜 퍼즐을 이야기한 것이 아니므로 D는 제거해도 좋다. 중간 부분에서 '每次尝试所获得的经验，都是一小块儿拼图。有了它们，我们才能拼出一个理想的人生版图'라고 하면서 모든 시도가 작은 퍼즐조각이고 그것이 있어야 이상적인 인생을 만들 수 있다고 했으므로 정답은 A이다. B의 '放弃(포기하는 것)'와 C의 '目标(목표)'에 대한 언급은 없으므로 B와 C는 정답이 아니다.

문제 2

A 光明无处不在	A 빛은 존재하지 않는 곳이 없다(어디나 존재한다)
B 痛苦是有价值的	B 고통은 가치가 있는 것이다
C 阅读让人变得更成熟	C 독서는 사람을 더욱 성숙하게 만든다
D 黑夜遮住了我们的眼睛	D 어두운 밤이 우리의 눈을 가렸다

光明使我们看见很多东西，也使我们看不见许多东西。假如没有黑夜，我们并看不到闪光的星辰。因此，即使是我们曾经难以承受的痛苦磨难，也不会完全没有价值。它可使我们的意志更坚定，思想、人格更成熟。

빛은 우리가 많은 것을 볼 수 있게도 하고, 우리가 많은 것을 볼 수 없게도 한다. 만약에 어두운 밤이 없으면, 우리는 결코 반짝이는 별을 볼 수 없다. 이 때문에 설령 우리가 일찍이 감당하기 어려웠던 고통과 고난일지라도 완전히 가치가 없지는 않을 것이다. 그것은 우리의 의지를 더욱 확고하게 하고, 사상과 인격을 더욱 성숙하게 만든다.

해설 보기가 모두 다른 경우이다. A는 '光明(빛)', B는 '痛苦(고통)', C는 '阅读(독서)', D는 '黑夜(어두운 밤)'에 대해 말하고 있다. 구체적인 보기와 추상적인 보기가 함께 있으므로 정답은 추상적인 내용을 설명하는 B, C, D일 가능성이 크다는 것을 짐작할 수 있어야 한다. 지문의 처음 부분은 빛의 기능을 설명하지만 중간 부분에서 빛이 없으면 어두운 밤을 볼 수 없고 그렇기 때문에 어두운 밤에 빗댈 수 있는 고통은 우리에게 가치가 있는 것이라는 것을 설명하므로 결국 이 글은 고통의 가치에 대해 말한다는 것을 알 수 있다. 정답은 '痛苦(고통)'와 '价值(가치)'를 언급한 B이다.

문제 3

A 年轻人更爱跳槽	A 젊은 사람이 이직을 더 좋아한다
B 年轻人机会更多	B 젊은 사람이 기회가 더 많다
C 年轻人要虚心学习	C 젊은 사람은 겸손하게 배워야 한다
D 年轻人要敢于承认错误	D 젊은 사람은 용감하게 잘못을 인정해야 한다

年轻人工作艰苦是难免的。收入低也是正常的。年轻人对这些都不应该有什么抱怨。因为年轻人不管起点多低，与长辈们相比，他们都拥有更多的机会。

젊은 사람이 일을 하면 고생스러울 수밖에 없다. 수입이 낮은 것도 정상이다. 젊은 사람은 이것들에 대해 어떤 원망이 있어서는 안 된다. 젊은 사람은 시작점이 얼마나 낮은지에 상관없이 연장자와 비교했을 때 그들은 모두 더 많은 기회를 가지고 있기 때문이다.

해설 보기를 보고 '年轻人(젊은 사람)'에 관한 글임을 알 수 있다. A의 '跳槽(이직)', B의 '机会(기회)', C의 '虚心学习(겸손하게 배우기)', D의 '承认错误(잘못에 대한 인정)'를 핵심어휘로 삼고 이 어휘에 관한 내용이 나오는지에 집중해야 한다. 이 글은 사설 글로 젊은 사람이 힘들어도 참아야 되는 이유를 '因为'를 써서 뒤에 밝혔는데 그 내용은 마지막 부분 '他们都拥有更多的机会' 즉 더 많은 기회를 가지고 있기 때문이라고 했으므로 정답은 B이다. A, C, D의 핵심어휘와 관련된 내용은 없다.

문제 4

A 要乐于助人	A 즐겁게 남을 도와야 한다
B 要以他人为榜样	B 다른 사람을 모범으로 삼아야 한다
C 要珍惜每一天	C 매일을 소중히 여겨야 한다
D 要学会改变自我	D 자신을 바꿀 줄 알아야 한다

很多人总是羡慕别人幸运，却看不到他们为此做出的努力与改变，如果你总感觉自己做事不顺利，生活不幸福，那你应该好好儿反省一下自己，看自己有哪些地方需要改进，只有改变自己，幸运才会降临。

많은 사람들은 늘 다른 사람들이 행운이라고 부러워하고, 오히려 그들이 이것 때문에 해낸 노력과 변화는 보지 못한다. 만약에 당신이 늘 일이 순조롭지 못하고, 생활이 행복하지 않다고 느끼면, 그러면 당신은 마땅히 자신을 반성하고, 어떤 부분을 개선시켜야 할지를 봐야 한다. 자신을 바꾸어야만 행운은 비로소 강림한다.

해설 보기에 모두 '要(~해야 한다)'가 있는 것이 먼저 보여야 한다. 보기에 '要'나 '应该'가 있고 도리를 나타내는 내용이 있으면 글의 종류가 사설임을 짐작해야 한다. 사설에서 화자의 견해는 주로 글의 마지막에 언급하므로 반드시 끝까지 들어야 하는 문제임을 알고 집중해야 한다. 특히 '只有A才B(A를 해야만 B하다)'의 격식을 쓰면 '只有'에 이어지는 내용이 우리가 해야 하는 내용일 가능성이 크다. 이 글에서는 '只有改变自己，幸运才会降临'이라고 하면서 자신을 바꾸어야만 행운이 강림(내려온다 → 찾아온다)한다고 했으므로 자신을 바꿀 줄 알아야 한다고 한 D가 정답임을 알 수 있다.

A 要孝敬长辈 B 要与人和睦相处 C 夫妻应该互相理解 D 友谊是人情的基础	A 연장자를 공경해야 한다 B 사람들과 화목하게 잘 지내야 한다 C 부부는 서로 이해해야 한다 D 우정은 인정의 기초이다
人与人之间的关系最自然、最合理的莫如朋友。君臣、父子、兄弟以及夫妇之情都可以看做一种广义的友谊。所以说，朋友之间的感情，是一切人情的基础。	사람과 사람 사이의 관계가 가장 자연스럽고 합리적이어도 친구만 못하다. 임금과 신하, 아버지와 아들, 형과 동생 및 부부 간의 정은 모두 넓은 의미의 우정이라고 볼 수 있다. 그래서 친구간의 감정은 모든 인정의 기초라 말할 수 있다.

해설 보기의 내용은 모두 다르지만 A의 '长辈(연장자)', B의 '人(사람)', C의 '夫妻(부부)', D의 '友谊(우정)'를 보고 인간관계의 감정에 관한 문제임을 유추할 수 있어야 한다. 또한 '要'나 '应该'가 있는 보기가 많으므로 사설 글임을 짐작할 수 있고, 사설 글은 마지막 부분에 견해가 나온다는 것 또한 주의해야 한다. 첫 번째 문장에서 이미 'A莫如B(A가 B만 못하다)'의 격식을 써서 어떤 관계도 '莫如朋友(우정만 못하다)'라는 것을 듣고 우정과 관련되었다는 것을 알 수 있지만 '莫如'를 놓치는 경우가 많으므로 마지막 부분에 우정이라는 단어만이라도 파악하고 마지막 부분에 '朋友之间的感情，是一切人情的基础'라고 하면서 친구간의 감정, 즉 우정이 모든 인간관계의 기초라고 설명했으므로 정답은 D임을 알 수 있다.

유형별 전략 04 실전 문제 정답 ▶p.30

1. D **2.** A **3.** C **4.** B **5.** C

A 科学家很沮丧 B 实验没得到赞助 C 新型电池存在安全隐患 D 科学家认为自己没失败	A 과학자는 매우 낙담했다 B 실험은 찬조를 받지 못했다 C 신형전지는 안정성에 문제가 있다 D 과학자는 자기가 실패하지 않았다고 여긴다
有人问一位科学家："您一直致力于一种新型电池的研发，但实验总是失败，您为什么还要坚持呢？"科学家回答："失败，不，我从来没有失败过。我现在已经知道了五万种不能制造这种电池的方法。"	어떤 이가 한 과학자에게 물었다. "당신은 줄곧 신형전지의 연구개발에 힘써 왔는데, 실험이 늘 실패하는데도 왜 계속 하시는 거죠?" 과학자는 대답했다. "실패라뇨, 아니에요. 저는 지금껏 실패한 적 없습니다. 저는 현재 이미 5만 종류의 신형전지를 만들 수 없는 방법을 알게된 걸요."

해설 보기에서 과학자가 두 번이나 언급된 것으로 보아 이야기 글임을 짐작할 수 있고, 글이 이야기라면 이야기에 드러난 사실과 인물 정보에 집중해야 하고 특히 주인공이 한 말에 집중해야 정답을 찾기 쉽다. 녹음 초반에 어떤 사람이 왜 줄곧 실패하는데도 계속 연구를 진행하느냐고 물었는데도 과학자는 '失败，不，我从来没有失败过.'라고 대답했으므로 자신이 실패하지 않았다고 여긴다는 것을 알 수 있다. 정답은 D이다.

A 观众很少	B 临时换了个演员	A 관중이 매우 적다	B 갑자기 배우가 바뀌었다
C 那场话剧很精彩	D 导演很生气	C 그 연극은 훌륭했다	D 감독은 화가 났다

话剧演出前，导演从舞台侧幕的缝隙中看到台下的观众寥寥无几，便回过头对演员们说："大家一定要沉住气，因为今天和观众相比，我们在数量上占绝对优势。"	연극 공연 전에, 감독은 무대 옆 천막 틈으로 무대 아래에 관중이 몇 명 되지 않는 것을 보고, 고개를 돌려 배우들에게 말했다. "오늘은 관중들에 비해, 우리가 수적으로 절대적인 우세를 차지하고 있으니 모두 진정해야 해."

해설 보기에서 감독과 배우가 등장한 것으로 보아 이야기 글임을 짐작하고 녹음을 들어야 한다. '寥寥无几(수량이 매우 적다)'의 의미를 알고 있거나 '我们在数量上占绝对优势(우리가 수적으로 절대적인 우세를 차지하고 있다 = 우리가 수가 더 많다)'의 의미를 파악해야 한다. 만약 둘 다 이해하지 못한 경우에는 반드시 들으면서 내용과 관련 없는 보기들을 정리해서 남은 보기를 정답으로 처리하는 것도 좋은 방법이다. B의 배우가 바뀐 것과 D의 감독이 화를 낸 내용은 언급되지 않았고, 연극은 시작되지 않은 상태이므로 C는 정답이 될 수 없다. 정답은 A이다.

문제 3

A 主人舍不得卖柜子 B 收藏家很诚实 C 柜子被劈成了柴火 D 收藏家嫌柜子太重	A 주인은 장롱 팔기를 아까워한다 B 수집가는 매우 정직하다 C 장롱은 땔감으로 쪼개졌다 D 수집가는 장롱이 너무 무겁다고 싫어했다
收藏家发现了一个非常珍贵的柜子。他假装不屑地对柜子的主人说："这个破玩意儿，只能当柴火，不如便宜点儿卖给我。"主人爽快地答应了。第二天，收藏家来运柜子时，却发现热心的主人，已经帮他把柜子劈成了柴火。	수집가가 매우 진귀한 장롱을 하나 발견했다. 그는 하찮게 보는 척하며 장롱 주인에게 말했다. "이 낡은 물건은 땔감으로나 쓸 수 있을 텐데, 저에게 싸게 파는 것이 나을 겁니다." 주인은 호쾌하게 동의했다. 이튿날, 수집가가 장롱을 옮기려고 왔을 때, 오히려 친절한 주인이 이미 그를 도와 장롱을 땔감으로 쪼개 놓은 것을 발견했다.

해설 보기만으로 녹음에 수집가, 장롱, 주인이 등장할 것이라는 것을 짐작할 수 있고, 이와 관련된 사실에 집중해야 한다. 먼저 '假装不屑地对柜子的主人说(하찮게 보는 척하며 장롱 주인에게 말했다)'를 이해해야 한다. '假装(~인 척하다)'은 실제로는 그렇지 않음을 이야기하므로 수집가는 장롱을 하찮게 보지 않는다는 사실을 인지해야 하고, 이로 인해 B는 정답이 될 수 없다. 마지막 부분 '却发现热心的主人，已经帮他把柜子劈成了柴火'에서 결국 주인은 수집가가 땔감으로 사용할 줄 알고 미리 쪼개어 놓았다라는 것으로 C가 정답임을 알 수 있다. 내용은 자기 꾀에 오히려 낭패를 본 수집가와 관련된 이야기이다.

문제 4

A 农夫考虑周到 B 农夫怕承担风险 C 农夫完全不懂耕种 D 农夫今年庄稼收成不错	A 농부는 면밀하게 고려했다 B 농부는 위험을 감당하는 것을 두려워했다 C 농부는 아예 경작을 할 줄 모른다 D 농부는 올해 농작물 수확이 나쁘지 않다
有人问农夫："是否种了麦子？"他说："没，我担心不下雨。"那人问："种棉花了吗？"他说："没，我怕长虫子。"那人又问："那你种了什么？"他说："为了确保安全，我什么也没种。"一个不愿冒险和付出的人，必将一事无成。	어떤 이가 농부에게 물었다. "밀을 심었나요?" 그가 말했다. "아니요, 비가 내리지 않을까 걱정돼서요." 그 사람이 물었다. "목화를 심었나요?" 그가 말했다. "아니요, 벌레가 자랄까 걱정돼서요." 그 사람이 다시 물었다. "그러면 당신은 무엇을 심은 건가요?" 그가 말했다. "안전을 확보하기 위해 아무것도 심지 않았습니다." 모험과 지불을 하지 않으려는 사람은 아무것도 이룰 수 없을 것이다.

해설 보기에 모두 '农夫(농부)'가 등장하므로 농부가 등장하는 이야기 글임을 쉽게 알 수 있다. 보기의 나머지 내용에 집중해야 하는데, 어떤 이가 물은 것에 둘 다 '怕(두려워하다)'를 써서 비가 오지 않을 것과 벌레가 생길 것을 걱정했다는 것을 알 수 있고, 무엇을 심었느냐는 질문에 '我什么也没种(아무것도 심지 않았다)'이라고 대답했으므로 걱정되는 이유로 아무 일도 하지 않았다는 것을 알 수 있고, 즉,

농부는 위험을 감당하는 것을 두려워하고 있다는 것을 알 수 있기 때문에 정답은 B이다. 이 외에도 마지막 문장 '一个不愿冒险和付出的人，必将一事无成'에서 모험과 지불을 하지 않으려고 하면 아무 일도 이룰 수 없다고 했으므로 모험과 지불을 해야만 일을 이룰 수 있다는 교훈을 주고 있으므로 농부의 모험을 하지 않으려는 태도를 지적하고 있음을 알 수 있다. 내용상 경작을 할 줄 몰라서 심지 않은 것이 아니므로 C는 정답이 아니다. A와 D는 언급되지 않았다.

문제 5

A 狐狸在讨好狼 B 狐狸有勇无谋 C 狼懂得居安思危 D 狼的爪子十分锋利	A 여우는 늑대의 환심을 샀다 B 여우는 용감하지만 꾀가 없다 C 늑대는 편안한 때에도 위험을 잊지 않아야 함을 알고 있다 D 늑대의 발톱은 매우 날카롭다
狐狸见狼在磨牙齿，便问道："这里又没有猎人，也没有危险，为什么要磨牙？"狼说道："如果有一天我被猎人追逐，那时我想磨牙也来不及了，我平时把牙磨好，到时就可以保护自己了。"	여우는 늑대가 이빨을 갈고 있는 것을 보고 물었다. "이곳은 사냥꾼이 없어서 위험도 없는데 왜 이빨을 가는 거야?" 늑대가 대답했다. "만약 어느 날 사냥꾼에게 쫓길 때가 되어서 그때 이빨을 갈려고 한다면 이미 늦어버려. 평소에 이빨을 갈아두면, 때가 되었을 때, 자신을 보호할 수 있게 되지."

해설 보기를 통해 여우와 늑대가 등장하는 이야기 글임을 짐작할 수 있다. 이 문제는 보기에 등장하는 어휘, 특히 B의 '有勇无谋(용감하나 꾀가 없다)'와 C의 '居安思危(편안한 때에도 위험을 생각하다)'의 뜻을 알아야만 풀 수 있다. '如果有一天我被猎人追逐，那时我想磨牙也来不及了，我平时把牙磨好，到时就可以保护自己了(만약 어느 날 사냥꾼에게 쫓길 때가 되어서 그때 이빨을 갈려고 한다면 이미 늦어버려. 평소에 이빨을 갈아두면, 때가 되었을 때, 자신을 보호할 수 있게 되지)'에서 위험을 미리 대비한다는 것을 알 수 있기 때문에 C가 정답임을 알 수 있다. 조금 더 쉬운 부분으로 정답을 찾고 싶다면, 여우가 위험도 없는데 왜 이빨을 가느냐고 묻는 부분에서 거꾸로 생각하면 이빨은 가는 행동은 위험을 대비하는 행동으로 볼 수 있기 때문에 이야기 글이 유머의 내용을 제외하고는 교훈을 주는 것이 목적임을 생각했을 때 충분히 늑대는 편안한 때에도 위험을 생각한다는 것을 알 수 있기 때문에 정답을 C로 선택할 수 있다.

유형별 전략 05 실전 문제 정답	▶p.33

1. C   **2.** B   **3.** A   **4.** B   **5.** D

문제 1

A 草莓族思维敏捷 B 草莓族很注重仪表 C 草莓族容易受挫 D 草莓族不在乎收入	A 딸기족은 사고가 민첩하다 B 딸기족은 외모를 매우 중시한다 C 딸기족은 쉽게 좌절 당한다 D 딸기족은 수입을 신경 쓰지 않는다
有些人承受不了挫折，就像草莓一样，一碰即烂。这类人被称作"草莓族"。在工作方面，初入职场的草莓族，稍微遇到些不顺利的事情，便会觉得无法承受。有的甚至会通过跳槽来逃避问题。	어떤 이들은 좌절을 감당하지 못하는 것이 마치 딸기와 같이 부딪히면 바로 물러진다. 이런 류의 사람은 '딸기족'이라고 불린다. 일의 방면에서는 처음 직장에 들어간 딸기족은 조금만 순조롭지 못한 일이 생기면 바로 감당할 방법이 없다고 느낀다. 어떤 때에는 심지어 이직을 통해 문제를 피한다.

해설 보기에 모두 '草莓族(딸기족)'라는 말이 있으므로 녹음에 '딸기족'이라는 신조어에 관한 내용이 나올 것임을 알 수 있다. 이런 경우 딸기라는 특성을 알면 좀 더 쉽게 이해할 수 있는데 첫 번째 문장 '有些人承受不了挫折，就像草莓一样，一碰即烂'에서 이미 딸

기가 부딪히면 쉽게 물러진다는 특성을 좌절을 만나 그것을 감당하지 못하는 류의 사람들을 비유했으므로 정답은 C이다. 다시 한번 뒷부분 '稍微遇到些不顺利的事情，便会觉得无法承受'에서 순조롭지 못한 일이 생기면 감당할 방법이 없다고 느낀다고 했으므로 정답은 쉽게 찾을 수가 있고, A, B, D의 내용은 언급되지 않았으므로 정답과는 거리가 멀다.

A 好钢用在刀刃上 B 行动之前要先做准备 C 做决定不要优柔寡断 D 要合理安排自己的时间	A 좋은 철은 칼날에 쓴다(좋은 사람 또는 사물은 요긴한 곳에 써야 한다) B 행동 전에 먼저 준비를 해야 한다 C 결정을 할 때는 우유부단해서는 안 된다 D 자신의 시간을 합리적으로 안배해야 한다
"磨刀不误砍柴工"的意思是说，如果刀很钝，就会严重影响砍柴的速度；如果砍柴之前先把刀磨锋利，效率则会大大提高，从而节省时间。因此，做一件事，先花些时间做准备，会大大提高办事效率。	'磨刀不误砍柴工'의 의미는 만약에 칼이 무디면 바로 땔감을 베는 속도에 심각하게 영향을 끼치고, 만약에 땔감을 베기 전에 먼저 칼을 날카롭게 갈아두면 효율이 바로 크게 향상되어 시간을 덜 수 있음을 말한다. 이 때문에, 일을 할 때 먼저 시간을 좀 들여 준비하면 아주 크게 일 처리 효율을 높이게 된다.

해설 '磨刀不误砍柴工'이라는 속담에 관한 글이다. 보기를 통해 어떤 의미로 쓰였는지 혹은 어떤 경우에 쓰는 속담인지에 집중해야 한다. '如果砍柴之前先把刀磨锋利，效率则会大大提高(만약에 땔감을 베기 전에 먼저 칼을 날카롭게 갈아두면 효율이 바로 크게 향상된다)'에서 효율을 향상시키기 위해 해야 하는 행동으로 먼저 칼을 갈아두는 것, 즉 미리 준비해야 됨을 언급했고, 마지막에 다시 한번 '做一件事，先花些时间做准备，会大大提高办事效率(일을 할 때 먼저 시간을 좀 들여 준비하면 아주 크게 일 처리 효율을 높이게 된다)'를 직접적으로 설명했으므로 정답은 준비에 관한 내용을 언급한 B임을 알 수 있다.

A 待人要宽容 B 要常赞扬他人 C 要维护集体利益 D 要懂得知足	A 사람을 대할 때는 관용을 베풀어야 한다 B 타인을 자주 칭찬해야 한다 C 집단의 이익을 보호해야 한다 D 만족할 줄 알아야 한다
雨果说：“世界上最宽阔的是海洋；比海洋更宽阔的是天空；比天空更宽阔的是人的心灵。”一个人要想获得真正的幸福和快乐，就应该以一种宽容的心态，来待人处事。	위고(Victor Hugo)는 "세상에 가장 넓은 것은 바다이고, 바다보다 더 넓은 것은 하늘이며, 하늘보다 더 넓은 것은 사람의 마음이다."라고 말했다. 한 사람이 진정한 행복과 즐거움을 얻고 싶다면, 바로 관용의 마음으로 사람을 대하고 일을 처리해야 한다.

해설 '위고'라는 유명인의 말을 인용한 글로 그 말의 의미를 묻는 문제이다. 위고의 말에서 가장 넓은 것이 '人的心灵(사람의 마음)'이었고, 마지막에서 '就应该以一种宽容的心态，来待人处事(바로 관용의 마음으로 사람을 대하고 일을 처리해야 한다)'라고 했으므로 정답은 A이다.

A "伤不起"是个成语 B "伤不起"现在很流行 C "伤不起"的意思是很流行 D "伤不起"表示的意思是还可以忍受	A '伤不起'는 성어이다 B '伤不起'는 지금 유행하고 있다 C '伤不起'의 의미는 매우 유행한다는 것이다 D '伤不起'가 나타내는 의미는 아직은 참을 수 있다는 것이다

网络流行语，顾名思义就是网络上流行的语言，是网民们约定俗成的表达方式。"伤不起"是一个新的网络流行语，意为屡屡受伤，伤痕累累，已经经不起折腾，经不起伤害了。	인터넷 유행어는 명칭에서 알 수 있듯이 인터넷 상에서 유행하는 말로, 네티즌들이 약속을 해서 대중화시키는 표현방식이다. '伤不起'는 새로운 인터넷 유행어로, 여러 차례 상처를 받아, 상처가 쌓이고, 이미 고통과 상처를 감당할 수 없음을 의미한다.

해설 신조어 '伤不起'에 관한 글로, 보기를 통해 충분히 '伤不起'에 관한 것임을 알 수 있으므로 쓰임새나 의미에 집중해야 한다. ' "伤不起"是一个新的网络流行语(伤不起'는 새로운 인터넷 유행어이다)'라고 설명했으므로 지금 유행하고 있는 말임을 알 수 있다. 주의해야 할 것은 C에서도 유행이라는 어휘가 나왔지만 이것은 '伤不起'라는 말이 유행하고 있다는 것이지 이 말의 뜻이 '유행하다'는 것과는 거리가 멀다. 성어가 아니라 유행어이므로 A는 답이 아니고, '伤不起'의 의미가 고통을 참을 수 없다는 뜻이기 때문에 보기 D의 '可以忍受(참을 수 있다)'와는 반대의 뜻이므로 D 역시 답이 될 수 없다. 정답은 B이다.

문제 5

A 要懂得知足	A 만족할 줄 알아야 한다
B 付出未必有收获	B 지불한다고 해서 꼭 수확이 있는 것은 아니다
C 要把握时机	C 시기를 잘 잡아야 한다
D 坚持不懈才能进步	D 게으르지 않게 꾸준히 해야만 발전할 수 있다

"百尺竿头更进一步"是指即使在工作或者学习等方面取得了好成绩，也还需继续努力。我们不能满足于现状，固步自封。只有坚持不懈地努力，才能不断地进步。	'百尺竿头更进一步(백척간두에서 다시 한 발 내딛다)'는 설령 일이나 공부 등의 방면에서 좋은 성적을 얻었다 하더라도, 계속해서 노력해야 함을 가리킨다. 우리는 현재의 상태에 만족해, 현실에 안주해서는 안 된다. 게으르지 않게 꾸준히 노력해야만 비로소 끊임없이 발전할 수 있다.

해설 '百尺竿头更进一步'라는 속담에 관한 글이다. '百尺竿头更进一步' 바로 뒤에 동사 '指(가리키다)'라는 어휘를 이용해 의미를 설명하고 있으므로 집중해서 들어야 한다. '还需继续努力(계속 노력해야 한다)'와 '坚持不懈地努力(게으르지 않게 꾸준히 노력하다)'가 언급되었으므로 정답은 D임을 쉽게 찾을 수 있다. '满足于现状(현 상태에 만족하다)'이라는 내용이 있지만 그 앞의 '不能(~해서는 안 된다)'을 놓치면 안 된다. 즉 A는 정답이 아니며 B와 C는 언급되지 않았다.

TIP '只有A才B(A를 해야만 B하다)'의 격식이 들렸을 때 B가 '발전하다, 중요하다, 성공하다' 등의 좋은 내용이라면 반드시 '只有' 뒤의 조건을 들어야 한다. B의 결과가 나오기 위한 필수조건이므로 A의 내용이 답이 될 가능성이 크다.
예 只有发现自己的价值，才能获得成功。 자신의 가치를 발견해야만 성공할 수 있다. → 자신의 가치를 발견하는 것이 중요하다

부분별 전략 실전 문제 정답					▶p.37
1. B	**2.** A	**3.** A	**4.** C	**5.** D	**6.** C
7. C	**8.** C				

문제 1

A 献血有年龄限制	A 헌혈은 연령제한이 있다
B 这次活动由中国主办	B 이번 행사는 중국이 주최한다
C 献血有报酬	C 헌혈을 하면 보수가 있다
D 这次活动推迟了	D 이번 행사는 연기되었다

六月十四日是世界献血日，今年的活动由中国举办，主题为感谢您挽救我的生命，这一方面是为了感谢那些曾拯救过他人生命的献血者，另一方面是呼吁更多符合献血条件的人自愿献血。	6월14일은 세계 헌혈의 날이다. 올해의 행사는 중국이 주최하며, '제 생명을 구해주신 당신께 감사 드립니다'를 주제로 한다. 이것은 한 편으로는 일찍이 타인의 생명을 구한 헌혈자에게 고마움을 전하고, 또 한 편으로는 헌혈조건에 맞는 사람들이 더 많이 자원해서 헌혈할 것을 호소하는 것이다.

해설 보기를 통해 헌혈을 소재로 한 글임을 알 수 있고, '今年的活动由中国举办(올해의 행사는 중국이 주최한다)'이라고 했으므로 정답은 B이다. 특히, '由中国举办'에서 '由'는 술어의 주체를 강조하므로 올해의 행사가 다른 곳이 아닌 중국이 주최한다고 강조하고 있다는 것을 알아야 한다. A, C, D는 언급되지 않았다.

TIP 这件事由老板决定。　이 일은 사장님이 결정한다. → 다른 사람이 아닌 사장님이 결정한다는 것을 강조함

문제 2

A 要积极回应面试官 B 要避免正视面试官 C 要提前到达面试场所 D 面试时着装要正式	A 적극적으로 면접관에게 반응해야 한다 B 똑바로 쳐다보는 것을 피해야 한다 C 면접장소에 미리 도착해야 한다 D 면접 시에는 복장을 제대로 갖춰 입어야 한다
面试时应正视面试官以表示尊重，面试官介绍公司和职位情况时更要适时给予反馈，以表明对他所说内容的重视，需要特别强调的是，面试前一定要关掉手机等通讯工具。	면접을 볼 때에는 존중을 나타내기 위해 면접관을 똑바로 쳐다봐야 하고, 면접관이 회사와 직위상황을 소개할 때에는 그가 말하는 내용을 중시하고 있다는 것을 보여주기 위해 시기 적절하게 반응을 보여주어야 한다. 특히 강조하고 싶은 것은 면접 전에는 반드시 휴대전화 등의 통신기기들을 꺼버리라는 것이다.

해설 보기를 통해 면접에 관한 글임을 짐작할 수 있다. '面试官介绍公司和职位情况时更要适时给予反馈(면접관이 회사와 직위상황을 소개할 때에는 시기 적절하게 반응을 보여주어야 한다)'라고 했고, '反馈(피드백 하다)'와 '积极应对(적극적으로 반응하다)'은 내용상 같은 의미이므로 정답은 A이다. 바로 앞문장에서 '面试时应正视面试官(면접관을 똑바로 쳐다봐야 한다)'이라고 했으므로 B는 맞지가 않고, C와 D는 언급되지 않았다.

문제 3

A 秦皇岛适宜候鸟聚集 B 渔业是秦皇岛的支柱产业 C 秦皇岛地势险峻 D 秦皇岛植被覆盖率低	A 친황다오는 철새가 집결하기에 알맞다 B 어업은 친황다오의 기둥산업이다 C 친황다오의 지세는 험준하다 D 친황다오의 녹지 복개율은 낮다
候鸟大都沿着固定的路线迁徙，海岸线就是候鸟迁徙的重要路线。秦皇岛是北依燕山，南临渤海，地理位置独特，气候温和，植被覆盖率高，因此吸引了大量候鸟在此聚集。	철새는 대부분이 고정된 길을 따라 이동하고, 해안선은 바로 철새 이동의 중요한 노선이다. 친황다오는 북으로는 옌산을 기대고 있고, 남으로는 발해에 인접해, 지리적 위치가 독특하고 기후가 온화하며, 녹지 복개율이 높아서 많은 철새들이 이곳에 집결하게 이끈다.

해설 보기를 통해 '秦皇岛'라는 지역에 관한 정보 글임을 짐작할 수 있고, 보기에 언급된 특징에 집중해서 들어야 한다. 내용 마지막 부분에 여러 이유로 '因此吸引了大量候鸟在此聚集(많은 철새들이 이곳에 집결하게 이끈다)'라고 했으므로 친황다오가 철새가 집결하기에 알맞다는 것을 알 수 있다. 특히, '吸引(이끌다, 매료시키다)'이라는 어휘에 집중하는 것이 좋다. B, C, D는 언급되지 않았으므로 정답은 A이다.

A 文学能给人以启迪 B 道德教育是第一位 C 教育要激发人的学习兴趣 D 学校要安排音乐课	A 문학은 사람에게 깨달음을 준다 B 도덕교육이 첫째이다 C 교육은 사람의 공부 흥미를 불러일으켜야 한다 D 학교는 음악수업을 안배해야 한다
著名作家杨绛曾说过："好的教育要激发人的学习兴趣和自觉性，培养人的上进心，并使人不断完善自己，要让人在不知不觉中受教育，让他们在潜移默化中学习，这离不开榜样的作用，言传不如身教。"	유명한 작가 양이는 일찍이 이런 말을 한 적 있다. "좋은 교육은 사람의 공부 흥미와 자각성을 불러일으키고, 사람의 진취심을 양성하며, 사람들이 끊임없이 자신을 완벽하게 만들도록 해야 하고, 사람들이 모르는 사이에 교육을 받게 하여 그들이 은연중에 공부에 감화되게 해야 하는데, 이것은 본보기의 작용과 떼어놓을 수 없어, 직접 가르치는 것이 말로 전하는 것보다 낫다."

해설 　양이가 한 말을 보면 '好的教育要激发人的学习兴趣和自觉性(좋은 교육은 사람의 공부 흥미와 자각성을 불러일으키고)'이라고 했으므로 교육은 사람의 학습 흥미를 불러일으켜야 한다는 것을 알 수 있다. 정답은 C이다. A, B, D는 언급되지 않았다.

A 不能欺骗孩子 B 威胁不是管教方法 C 赞扬对男孩子更有效 D 赞扬让孩子充满自信	A 아이를 괴롭혀서는 안 된다 B 위협은 관리교육 방법이 아니다 C 칭찬은 남자아이에게 더욱 효과적이다 D 칭찬은 아이가 자신감이 충만하게 만든다
管教孩子是门很高深的学问，欺骗、利诱、威胁，这些都是管教方法，但是它们将在孩子十二岁之后统统失灵。只有赞扬，对孩子终身有效，而且越来越有效。学会赞扬，你便可以在孩子眼中看到自信的光芒。	아이를 가르치고 관리하는 것은 수준 높은 학문이고, 속이거나, 이익을 미끼로 꼬드기고, 위협하는 것은 모두 관리교육 방법이다. 하지만 그것들은 아이들이 12세가 되고 난 후에는 모두 효력을 잃는다. 칭찬만이 아이에게 평생 효과가 있을 뿐만 아니라, 갈수록 효과가 있다. 칭찬을 할 줄 알게 되면, 당신은 바로 아이의 눈 속에서 자신 있는 빛을 볼 수 있을 것이다.

해설 　보기를 통해 자녀교육의 관한 글임을 짐작할 수 있다. 앞 부분에서 A의 '欺骗(속이다)'이라는 글자가 내용에 등장은 하지만 이 역시 관리교육 방법이라고 했으므로 '不能欺骗孩子(아이를 속여서는 안 된다)'는 정답이 아니다. 내용 중 '威胁(위협)'도 관리교육 방법이라고 했으므로 관리교육 방법이 아니라고 한 B 역시 정답이 아니다. 남자와 여자아이를 따로 구별해서 설명하지 않았기 때문에 C 역시 정답이 될 수 없다. '学会赞扬，你便可以在孩子眼中看到自信的光芒(칭찬을 할 줄 알게 되면, 당신은 바로 아이의 눈 속에서 자신 있는 빛을 볼 수 있을 것이다)'이라고 했으므로 정답은 D이다.

A 儿子不怕吃苦 B 爸爸很爱面子 C 儿子想吃冰激凌 D 爸爸说话不算话	A 아들은 고생하는 것을 두려워하지 않는다 B 아빠는 체면을 중시한다 C 아들은 아이스크림을 먹고 싶어한다 D 아빠는 말한 것을 지키지 않는다

6岁的儿子对爸爸说："我长大了，要当一名北极探险家。"爸爸说："好啊！我支持你。"孩子高兴地又说："我想从现在开始训练自己。"爸爸问："怎么训练？"孩子回答："我要从今天开始每天吃一个冰激凌。"

여섯 살 난 아들이 아빠에게 말했다. "저는 자라서 북극탐험가가 될 거예요." 아빠가 "좋지! 아빠가 응원할게."라고 말하자, 아들은 기뻐하며 또 말했다. "저는 지금부터 제 자신을 훈련시킬 거예요." 아빠가 "어떻게 훈련할 건데?"라고 묻자, 아들은 "오늘부터 시작해서 매일 아이스크림을 하나씩 먹을 거예요."라고 대답했다.

해설 보기에 아들과 아버지가 등장한 것으로 보아 이야기 글임을 알 수 있다. 아들이 북극탐험가가 되겠다는 꿈을 이야기하며 자신을 훈련시키기 위해 매일 아이스크림을 먹을 것이라는 것은 꿈을 위한 진짜 훈련 방법이 아니라 아들이 아이스크림을 좋아하고 또 지금 그만큼 먹고 싶어한다는 것을 알 수 있다. 어린아이가 등장하는 이야기는 아이의 말, 특히 아이가 왜 그렇게 말하는지에 집중해야 한다. 정답은 C이다.

문제 7

A 龙骨缩小了船的侧面面积	A 용골은 배의 측면면적을 축소시켰다
B 龙骨的铺设不利于逆风航行	B 용골의 설치는 역풍운항에 불리하다
C 龙骨提高了船的承重力	C 용골은 배의 하중 지탱력을 높였다
D 龙骨设于船的顶部	D 용골은 배의 꼭대기에 설치한다

龙骨，位于船的底部。它的铺设是造船过程中最重要的步骤。除了能够增加船体的承重力以外，龙骨还扩大了船的侧面面积。这可以防止船因受侧风影响而发生转向，对逆风航行尤为重要。

용골은 배의 바닥부분에 위치한다. 그것의 설치는 배를 제작하는 과정 중 가장 중요한 단계이다. 선체의 하중 지탱력을 증가시킬 수 있는 것 외에도 용골은 배의 측면면적을 넓힐 수 있다. 이것은 측면에 바람을 맞아 방향이 바뀌는 것을 방지하고, 역풍 운항에 있어 더욱더 중요하다.

해설 보기를 통해 용골에 관한 정보 글임을 짐작할 수 있고, 그 특징에 집중해야 한다. 측면면적을 넓힐 수 있다고 했으므로 A는 정답이 아니고, 첫 부분에 용골이 바닥부분에 위치한다는 것은 바닥에 설치되었다는 것이므로 D 역시 정답이 될 수 없다. 또한 용골이 바람을 맞아 방향이 바뀌는 것을 방지한다는 것은 역풍 운항을 방지한다는 것과 같으므로 불리하다고 한 B도 정답이 아니다. '能够增加船体的承重力(선체의 하중 지탱력을 증가시킬 수 있는 것)'라고 했으므로 정답은 C이다.

문제 8

A 做事要脚踏实地	A 일할 때는 착실하고 견실해야 한다
B 要学会放慢脚步	B 발걸음을 늦출 줄 알아야 한다
C 要勇于斩断自己的退路	C 용감하게 자신의 퇴로를 끊어버려야 한다
D 做事要给别人留有余地	D 일할 때는 다른 사람에게 여지를 남겨줘야 한다

很多时候，我们都需要一种斩断自己退路的勇气。如果身后有退路，我们就会心存侥幸，前行的脚步就会放慢；如果身后无退路，我们就别无选择，只能勇往直前，为自己寻找出路。

많은 때에 우리는 모두 자신의 퇴로를 끊어버리는 용기가 필요하다. 만약에 뒤에 퇴로가 있다면, 우리는 요행을 바라게 되고, 앞으로 가는 발걸음이 늦어진다. 만약에 뒤에 퇴로가 없다면 우리는 다른 선택의 여지가 없어, 용감하게 앞으로 전진해 자신을 위한 진로를 찾을 수밖에 없다.

해설 보기에 '要(~해야 한다)'가 많이 보이면 사실 글일 가능성이 크고, 이 경우에는 시작 부분과 마지막 부분을 확인하는 것이 좋다. 첫 부분에 '我们都需要一种斩断自己退路的勇气(우리는 모두 자신의 퇴로를 끊어버리는 용기가 필요하다)'라고 했으므로 정답은 같은 말이 그대로 설명되어 있는 C이다.

유형별 전략 01 실전 문제 정답 ▶p.46

1. B　　　**2.** B　　　**3.** C　　　**4.** D　　　**5.** D

문제 1-5

男：各位网友，大家好！今天我们荣幸地请到了 **4.D** 有"冰上蝴蝶"之称的花样滑冰女子单人滑运动员陈璐接受采访。陈璐，你好！

女：大家好！

男：你在一九九四年冬季奥运会上获得了中国第一枚花样滑冰冬奥会奖牌。后来在一九九五年世界花样滑冰锦标赛中成为中国第一位花样滑冰世界冠军，一九九八年又在长野冬奥会中获得了中国第二枚花样滑冰冬季奥运会奖牌，成为亚洲第一位连续两届冬奥会都获得奖牌的花样滑冰运动员。我想问的是你之前有当过冰童的经历吗？

女：有，应该是在一九八五年，我九岁，那时正值世界明星巡回表演，有一站在中国，我从地方队来北京看表演，**1.B** 当时就被选为冰童，我特别骄傲。

男：那你从小就有向花样滑冰职业运动员努力的目标了，是吗？

女：其实刚开始并没有很多想法，只是出于喜欢。由于我的父母都是体育工作者，父亲是冰球教练，所以我从小就开始学习滑冰。后来，有一次我在电视上看到了一个专辑，讲的是一个著名的滑冰运动员，我非常喜欢，觉得她滑得太美了，从此就把她作为偶像，一直努力着。

男：对于学习花样滑冰，你有什么样的看法？

女：花样滑冰是一项竞技体育，需要技术和艺术的完美结合，所以需要刻苦地训练，不断提高对艺术的领悟，**2.B** 用心投入是最重要的。

男：零五年，你在深圳开了一家滑冰场，那你有没有愿望在冰场上能走出一些优秀的运动员呢？

남: 네티즌 여러분, 안녕하십니까! 오늘 우리는 영광스럽게 **4.D** '빙상 위의 나비'라는 별칭을 가지고 있는 여자싱글 피겨스케이터 천루를 모시고 인터뷰를 진행하겠습니다. 천루 씨, 안녕하세요!

여: 여러분 안녕하세요!

남: 당신은 1994년 동계올림픽에서 중국에서는 첫 번째 피겨스케이팅 동계올림픽 메달을 땄습니다. 후에 1995년에는 세계피겨선수권대회에서 중국에서는 처음으로 피겨스케이팅 세계우승자가 되었고, 1998년에 다시 나가노 동계올림픽에서 중국의 두 번째 피겨스케이팅 동계올림픽 메달을 따서, 아시아에서는 처음으로 2회 연속 동계올림픽에서 메달을 딴 피겨선수가 되었습니다. 제가 묻고 싶은 것은 이전에 당신은 스케이터 유망주 경력이 있나요?

여: 있어요. 1985년일 거예요, 제가 아홉 살이었고, 그때 마침 세계스타들이 순회공연을 하고 있었는데, 한 번은 중국에 머물렀고, 저는 지방팀에서 베이징으로 와서 공연을 보았죠. **1.B** 그때 스케이터 유망주로 선발되었는데, 저는 대단히 자랑스러웠어요.

남: 그러면 당신은 어려서부터 바로 프로 피겨선수를 향해 노력하는 목표가 있었다는 것인데, 맞나요?

여: 사실, 막 시작했을 때에는 결코 많은 생각이 있지 않았어요, 단지 좋아해서였죠. 제 부모님은 모두 스포츠 분야에서 일을 하시는 분들이고, 아버지는 아이스하키 코치이기 때문에, 저는 어려서부터 바로 스케이팅을 배웠죠. 후에, 한 번은 TV에서 한 특집 프로그램을 보는데, 한 유명한 피겨선수 이야기였어요. 저는 매우 좋았죠. 그녀가 매우 아름답게 스케이트를 탄다고 생각했고, 이때부터 그녀를 우상으로 삼아 줄곧 노력해왔어요.

남: 피겨를 배우는 것에 대해, 당신은 어떤 견해를 가지고 있나요?

여: 피겨는 하나의 스포츠 경기이고, 기술과 예술의 완벽한 결합을 필요로 해요. 그래서 노고를 아끼지 않고 훈련하고, 끊임없이 예술에 대한 이해를 높이는 것이 필요해요. **2.B** 마음을 쏟아 붓는 것이 가장 중요하죠.

남: 05년에 당신은 션전에 아이스링크를 열었는데요. 그러면 당신은 아이스링크에서 우수한 선수들이 배출될 수 있으면 하는 바람이 있나요?

女: 3.C 我们俱乐部里，活跃的会员非常多，目前有三四千人，像你说的有愿望将来成为专业运动员的小朋友也很多，当然，最后能不能成为顶级的选手，这个是需要时间的。因为一个花样滑冰队员的成型，大概需要十年的时间，最后才能达到一个高度。此外，家长有没有愿望在这方面来培养孩子也是一个重要因素，因为花样滑冰是一个比较昂贵的运动，水平越高，费用也随之增长。不过，在商业冰场中成长起来的运动员，一定是本人非常热爱这项运动的，所以主动学习的愿望很强。

男: 那你有没有考虑让孩子接你的班？

女: 我儿子现在虽然五岁，但是他有自己的想法，5.D 我们还是要尊重他的喜好去培养，像他现在非常喜欢打网球，我们就鼓励他打网球。

여: 3.C 우리 클럽에서 활약하는 회원은 매우 많습니다. 현재 3, 4천 명이 있고, 당신이 말한 것처럼 장래에 프로선수가 되려는 어린 친구들도 많아요. 당연히, 마지막에 정상급의 선수가 될 수 있는지 없는지는 시간이 필요하죠. 왜냐하면 피겨선수의 모습을 갖추는 데는 대략 10년의 시간이 필요하고, 마지막에 비로소 높은 수준에 도달할 수 있기 때문이죠. 이것 외에, 가장이 이 방면에서 아이를 키우고 싶어 하는 바람이 있는지도 중요한 요소입니다. 왜냐하면, 피겨는 비교적 고가의 스포츠이고, 수준이 높아질수록 비용도 그것에 따라 증가하기 때문이죠. 하지만, 상업적인 아이스링크에서 성장한 운동선수들은 틀림없이 본인이 이 운동을 좋아해서 일 것이기 때문에, 주동적으로 배우려는 바람이 매우 강하죠.

남: 그러면 당신은 아이가 당신의 직업을 이어받게 할 생각이 있나요?

여: 제 아들은 비록 다섯 살이지만, 자신의 생각이 있어요. 5.D 우리는 그의 취미를 존중해서 키울 거예요. 지금 테니스를 좋아하는데 우리가 아들이 테니스 치는 것을 격려하는 것처럼요.

문제 1

女的被选为冰童时感觉怎么样？	여자는 피겨 유망주로 선발되었을 때, 어떠했는가?
A 很难过　　　　　B 非常自豪	A 괴로웠다　　　　　B 매우 자랑스러웠다
C 有些尴尬　　　　D 难以置信	C 조금 어색했다　　　D 믿기 어려웠다

해설 　보기를 통해 감정에 관해 묻는 문제임을 파악해 두어야 한다. 감정은 평상시의 감정이 아니라 특정 순간의 감정을 묻는 것이 일반적이다. 진행자의 첫 번째 질문이 '스케이터 유망주였던 적이 있는가?'이므로 당시의 감정에 집중하면 된다. '冰童(스케이터 유망주)'이라는 단어에 귀를 기울이면, 여자의 두 번째 대답에서 '当时就被选为冰童，我特别骄傲(그때 스케이터 유망주로 선발되었는데, 저는 대단히 자랑스러웠어요)'라고 했으므로 정답은 B이다. 또한, '骄傲 = 自豪(자랑스럽다)'임을 알아야 한다.

문제 2

女的对学习花样滑冰有什么看法？	여자는 피겨를 배우는 것에 어떤 견해가 있는가?
A 可以速成	A 빨리 이룰 수 있다
B 必须用心投入	B 마음을 쏟아 붓는 것이 필요하다
C 不属于竞技运动	C 스포츠 경기에 속하지 않는다
D 适合性格活泼的人	D 성격이 활발한 사람에게 적합하다

해설 　보기 C에서 '스포츠 경기에 속하지 않는다'라고 했으므로 경기와 관련된 질문일 가능성이 높다는 것을 먼저 짐작하자. 두 번째 질문이 피겨를 배우는 것에 대한 견해이므로 게스트가 어떻게 생각하는지 들을 필요가 있는데, 남자의 '对于学习花样滑冰，你有什么样的看法？'라고 묻는 질문의 대답에서 '用心投入是最重要的(마음을 쏟아 붓는 것이 가장 중요하죠)'라고 했으므로 정답은 B이다. 듣기에서는 '最重要的(가장 중요한 것)'라고 언급하는 것들은 정답과 관계없이 기억해 두자.

关于俱乐部，可以知道什么？	클럽에 관해, 무엇을 알 수 있는가?
A 缺少专业教练	A 전문코치가 부족하다
B 经营状况不好	B 경영상태가 안 좋다
C 现有三四千名会员	C 현재 3, 4천명의 회원이 있다
D 培养了许多优秀运动员	D 많은 우수한 선수를 양성했다

해설 보기 A의 '전문코치가 부족하다'나 B의 '경영상태가 안 좋다'를 통해 조직이나 단체 혹은 팀에 관한 문제임을 짐작할 수 있다. 세 번째 질문이 '滑冰场(아이스 링크)'에 관한 것이므로 정답이 연결될 가능성이 크다는 것을 알아야 한다. 세 번째 질문의 대답에서 '我们俱乐部里，活跃的会员非常多，目前有三四千人(우리 클럽에서 활약하는 회원은 매우 많습니다. 현재 3, 4천 명이 있어요)'이라고 했으므로 정답은 C이다.

关于女的，下列哪项正确？	여자에 관해, 아래에 어느 항이 정확한가?
A 很崇拜父亲	A 아버지를 숭배한다
B 准备明年退役	B 내년에 은퇴할 계획이다
C 和父母住在一起	C 부모님과 함께 산다
D 被称为"冰上蝴蝶"	D '빙상 위의 나비'라 불린다

해설 인물에 정보에 관한 문제이다. 인물 정보 문제는 질문 순서에 따르지 않는 경우가 많으므로 인물에 관한 정보(별명, 직업, 취미, 상황 등)가 나오면 기억해 두어야 한다. 첫 번째 진행자의 소개에서 '有"冰上蝴蝶"之称的花样滑冰女子单人滑运动员('빙상 위의 나비'라는 별칭을 가지고 있는 여자싱글 피겨스케이터)'이라고 설명했으므로 정답은 D이다. A, B, C는 언급되지 않았다.

女的打算怎样培养儿子？	여자는 아이를 어떻게 키울 계획인가?
A 送他出国留学	A 외국으로 유학 보내려고 한다
B 鼓励他去经商	B 그가 장사하는 것을 격려한다
C 让他学习滑冰	C 그가 스케이트를 배우게 한다
D 尊重他的兴趣	D 그의 흥미를 존중한다

해설 게스트는 여성이었는데 보기에 '他(그)'가 있는 것을 보고 인터뷰어의 주변인물 중에 남자와 관련된 문제임을 알 수 있다. 마지막 진행자의 질문이 아들에 관한 것이었으므로 집중해야 하고, 이에 대한 대답으로 게스트가 '我们还是要尊重他的喜好去培养(우리는 그의 취미를 존중해서 키울 거예요)'이라고 했으므로 정답은 D이다.

유형별 전략 02 실전 문제 정답	▶p.52

1. D　　**2.** A　　**3.** C　　**4.** A　　**5.** C

女：是什么契机让你进入了沙画这一行？

男：2003年的时候，1.D 我正在苦心研究魔术，所以常在网上寻找创意。有一次偶然在链接中打开了《创世纪》这个沙画视频。犹如魔术般的变幻与灵动表演，让我为之倾倒。后来，一有兴致我也找来玻璃板和工地上的沙子比划。慢慢地从研究魔术开始转向研究沙画。

女：听说你第一次表演也很偶然？

男：既是偶然也是必然。2006年年底，有一位朋友找这种表演形式，我鬼使神差地接下了这个单子。现在想来，当时还是挺有闯劲儿的。其实，自从第一天看到沙画，我就觉得对于我来说，难度并不大。一来，我从小学习书法和绘画，从未间断。其次，我有舞台表演的经历和心理素质。而且我还会魔术，5.C 动手能力比较强，做道具没有问题。

女：2.A 你第一次表演就很顺利，这对你来说应该是一个鼓励吧？

男：那是我的第一次舞台沙画表演，只有三分钟的时间。不过我之前练了很多遍，当台下响起掌声时，我终于舒了一口气。我非常激动，因为我找到了一个能将自身所有特长融于一体的表演形式。

女：沙画表演是即兴创意的成分多，还是台下的练习更重要？

男：出一个好作品，当然准备越充分越好。但很多时候，主办方的想法比较多，这时即兴的成分就多了。

女：沙画是一种瞬间艺术，不能拿来收藏，那它的存在价值是什么？发展方向又如何？

男：沙画集美术、音乐、表演于一身，极具娱乐性。同时，它的商业性质也比较浓。可以说它是特殊的宣传片，它确实也是一种瞬间艺术。我认为从本质上来讲，3.C 沙画的价值在于创新，而非升值和收藏。

女：那你觉得它更倾向于表演艺术还是绘画艺术？

男：我刚才也说了，沙画是融美术、音乐、表演于一体的艺术，但是它究竟更倾向于表演还是绘画，我认为这并不重要。4.A 重要的是沙画能不能给大家带去愉悦。

여: 어떤 계기로 당신은 모래아트라는 이 분야에 들어섰나요?

남: 2003년 때, 1.D 제가 고심하며 마술연구를 하고 있어서 자주 인터넷에서 창의적인 것을 찾고 있었는데, 한 번은 우연히 링크하던 중 《창세기》라는 이 모래아트 동영상을 열게 되었어요. 마치 마술 같은 변환과 재빠른 연출이 저를 매료시켰죠. 후에, 흥미가 생겨 유리판과 공사장의 모래를 가져와서 흉내 내보았습니다. 점점 마술연구에서 모래아트 연구로 전환하게 되었죠.

여: 듣자 하니 첫 번째 공연도 아주 우연이었다고 하던데요?

남: 우연이기도 하고 필연이기도 했죠. 2006년 연말에 한 친구가 이런 공연형식을 찾기에 저는 귀신에 홀린 듯이 바로 이 일을 맡았어요. 지금 생각해보면, 당시에는 그래도 추진력이 있었어요. 사실, 처음 모래아트를 보고 나서, 저는 저한테는 난이도가 그렇게 크지 않다고 여겼어요. 첫째로 저는 초등학교 때부터 서예와 그림을 배웠고, 중단한 적이 없었어요. 그 다음으로는 저는 무대공연 경험과 심리적 자질을 가지고 있었죠. 게다가 저는 마술도 할 줄 아니, 5.C 실행능력이 비교적 좋았고, 도구를 만드는 것도 문제가 없었습니다.

여: 2.A 첫 번째 공연이 매우 순조로웠는데, 이것이 당신에게는 힘이 되었겠죠?

남: 그것은 저의 첫 번째 무대에서의 모래아트 공연이었고, 단지 3분의 시간이 주어졌죠. 하지만 사전에 연습을 여러 번 했기 때문에 무대 아래에서 박수소리가 울릴 때, 마침내 숨을 돌렸죠. 제 자신이 가진 특기가 모두 어러진 공연형식을 찾아냈다는 것 때문에 매우 감격스러웠어요.

여: 모래아트 공연은 즉흥적이고, 창의적인 부분이 많은데도 무대 아래의 연습이 더욱 중요한가요?

남: 좋은 작품을 하나 만들어내는 데에는 당연히 준비가 충분할수록 좋습니다. 하지만 많은 때에 주최측의 아이디어가 비교적 많으면, 이때 바로 즉흥적인 요소들이 많아져요.

여: 모래아트는 일종의 순간적인 예술이라서 소장할 수 없잖아요. 그러면 그것의 존재 가치는 무엇인가요? 발전방향은 또 어떠한가요?

남: 모래아트는 미술, 음악, 연출이 일체가 되어 있어서 오락성이 강합니다. 동시에 그것의 상업성도 비교적 짙어서 특수한 영상광고이고, 확실히 순간적인 예술이라고 할 수 있습니다. 저는 본질적으로는 3.C 모래아트의 가치가 창의성에 있지, 가치상승과 소장에 있지 않다고 생각해요.

여: 그러면 당신이 여기기에 그것은 공연예술의 경향이 강한가요 아니면 회화적인 예술의 경향이 강한가요?

남: 저는 조금 전에도 말했다시피, 모래아트는 미술, 음악, 연출이 융합된 예술이지만, 그것이 도대체 공연예술로 치우쳤는지, 회화적인 예술로 치우쳤는지는 결코 중요하지 않다고 생각합니다. 4.A 중요한 것은 모래아트가 사람들에게 즐거움을 가져다줄 수 있는지의 여부입니다.

男的一开始从事的是什么工作?	남자가 처음에 종사한 것은 어떤 일인가?
A 装修　　　　　B 节目策划	A 인테리어　　　　　B 프로그램 기획
C 广告宣传　　　　D 魔术	C 광고선전　　　　　D 마술

해설　보기의 A '装修(인테리어)', B '策划(기획)', C '宣传(선전)', D '魔术(마술)' 등을 통해 다양한 분야가 언급된 것을 보아 남자가 종사하고 있는 직업이나 관심 있어 하는 분야 정도를 짐작해볼 수 있다. 그런데 진행자의 첫 번째 질문이 이미 남자가 모래아트 분야의 종사자라는 것을 밝혔으므로 현재의 직업을 물은 것이 아님을 알 수 있고, 이에 남자가 대답한 것을 보면 '我正在苦心研究魔术(제가 고심하며 마술 연구를 하고 있어서)'라고 말한 것으로 보아 1번은 이전에 종사했던 직업을 묻는 문제라고 볼 수 있다. 정답은 D이다.

关于男的第一次表演沙画，下列哪项正确?	남자의 첫 번째 모래아트 공연에 관해 아래에 어느 항이 정확한가?
A 很顺利	A 매우 순조로웠다
B 用时长	B 시간이 길었다
C 没有报酬	C 보수가 없었다
D 是临场发挥	D 현장에서(즉흥적으로) 발휘한 것이다

해설　보기를 보면 A '很顺利(순조롭다)', B '用时长(들인 시간이 길다)', C '没有报酬(보수가 없었다)'까지만 보아도 지금 직업인 모래아트에 관한 설명이거나 이전의 직업이었던 마술에 관한 질문의 보기임을 짐작할 수 있다. 하지만 진행자의 세 번째 질문에서 '你第一次表演就很顺利(첫 번째 공연이 매우 순조로웠는데)'라고 작자의 첫 번째 공연에 대한 정보를 밝혔으므로 A가 정답이 될 가능성이 크다. 실제로 정답도 A이다.

男的认为，沙画的价值在于什么?	남자는 모래아트의 가치가 무엇에 있다고 여기는가?
A 瞬间美　　　　　B 抽象美	A 순간적인 아름다움　　　B 추상미
C 创新　　　　　　D 收藏	C 창의성　　　　　　　　D 소장

해설　보기를 통해 모래아트의 매력이나 모래아트가 가지는 의미 등과 관련된 문제임을 알 수 있으므로 모래아트에 관해 게스트가 어떤 견해를 가지고 있는지 집중해서 들어야 한다. 다섯 번째 질문에서 모래아트의 가치를 물었고, 게스트가 '沙画的价值在于创新(모래아트의 가치는 창의성에 있다)'이라고 했으므로 정답은 C이다.

男的觉得，沙画应该怎么样?	남자는 모래아트는 어떠해야 한다고 여기는가?
A 愉悦大众	A 대중을 즐겁게 만들어야 한다
B 有明确定位	B 명확한 평가가 있어야 한다
C 得到大力推广	C 강력한 홍보가 있어야 한다
D 启人深思	D 시사하는 바가 있어야 한다

해설　A의 '愉悦'는 뒤에 대상이 나와서 '그 대상을 기쁘게 하다'라는 뜻인데 HSK에서는 주로 어떤 행위를 하는 의미를 물을 때 주로 대답하는 유형이므로 4번 문제가 모래아트의 의미나 방향성에 관한 질문임을 짐작해볼 수 있다. 마지막 대답 부분에 '重要的是沙画能不能给大家带去愉悦(중요한 것은 모래아트가 사람들에게 즐거움을 가져다줄 수 있는지의 여부입니다)'라고 말했으므로 정답은 D임을 알 수 있다. 항상 '重要的(중요한 것)'와 같은 어휘가 등장하면 집중해야 한다. 정답은 A이다.

문제 5

关于男的，可以知道什么？ A 打算放弃沙画 B 认为沙画艺术前景堪忧 C 动手能力强 D 在音乐领域很有成就	남자에 관해, 무엇을 알 수 있는가? A 모래아트를 포기할 예정이다 B 모래아트의 전망이 매우 걱정스럽다고 여긴다 C 실행능력이 강하다 D 음악영역에서 큰 성과가 있었다

해설 인물 정보에 관한 문제이다. 보기가 길 때는 핵심적인 어휘에 집중해서 그와 관련된 내용을 선택적으로 들어야 하므로 포기한다는 내용이 나오면 A에 집중하고, 전망이 우려된다는 내용이 나오면 B, 실행능력에 관해서 나오면 C, 음악 쪽에 성과가 있으면 D에 집중하면 된다. 두 번째 대답 부분에 '动手能力比较强(실행능력이 비교적 좋다)'이라고 했으므로 정답은 C임을 알 수 있다.

유형별 전략 03 실전 문제 정답 ▶p.58

1. A　　　　**2.** D　　　　**3.** A　　　　**4.** D　　　　**5.** A

문제 1-5

男：您对奋斗和进取的理解是怎样的？

女：1.A 我觉得进取就是你不断去创造新的东西。新的东西不仅仅是你所喜欢的，也是能够让其他人受益的。我觉得这个就是进取精神了。

男：您是一位很成功的事业女性，您认为作为一个女性创业者，应该怎样面对挑战和挫折？

女：2.A 我觉得通常人们都认为女性会比较稳妥，她们对于风险的承受能力不是特别大。但是，只要你创业，肯定有失败。2.D 我的一个心得，就是你不能因为怕失败就不去做你想做的事情。我自我鼓励的一句话就是"宁可在创新中失败，也不在保守中成功！"

男：就是我们要足够勇敢地去面对和承担？

女：对。3.A 特别是我觉得人在年轻的时候要有勇气去尝试，哪怕是犯错误，哪怕是跌跟头，因为你年轻，你输得起，就应该去做。而不要等到年老的时候回头一想，在我还有勇气，还能输得起的时候，我却没有去放手一搏。

男：您对成功人生的定义是怎样的呢？

남：당신의 분투와 진취에 대한 이해는 어떠한가요?

여：1.A 저는 진취는 바로 당신이 끊임없이 새로운 것을 창조해 내는 것이라고 여깁니다. 새로운 것은 당신이 좋아하는 것일 뿐만 아니라, 다른 사람도 이익을 받을 수 있게 하는 것이죠. 저는 이것이 바로 진취적인 정신이라고 생각합니다.

남：당신은 성공한 여성인사입니다. 한 명의 여성창업자로서 도전과 좌절을 어떻게 마주해야 한다고 여기나요?

여：2.A 저는 통상적으로 사람들은 모두 여성이 비교적 안정적이고, 그녀들의 위험에 대한 감당 능력이 크지 않다고 여긴다고 생각합니다. 하지만, 당신이 창업을 하기만 하면 틀림없이 실패가 있을 겁니다. 2.D 제가 얻은 소감은 바로 당신은 실패를 두려워해서 당신이 하고 싶어하는 일을 안 해서는 안 된다는 것입니다. 저 스스로에게 격려하는 말이 하나 있는데, 그것은 바로 '새로운 것을 창조하는 중에 실패를 할지언정, 보수적인 생각 속에서는 성공하지 않겠다!'는 것입니다.

남：바로 우리가 충분히 용감하게 마주하고 임해야 된다는 말씀이시죠?

여：그렇습니다. 설령 잘못을 저지르고, 바닥에 곤두박질 치더라도 3.A 특히, 젊을 때 용감하게 시도해봐야 한다고 생각합니다. 당신은 젊기 때문에 실패에 승복하며 해 나가야 합니다. 나이가 들고나서야 자신이 아직은 용기가 있고 아직은 실패에 승복할 수 있을 때, 오히려 대담하게 시도해 보지 못했음을 후회하지 마세요.

남：당신의 성공에 대한 정의는 어떠한가요?

女: 4.D 我觉得只要按照自己想过的方式去生活就是成功，而不是千人一面地寻求某一种成功的方式。因为我们现在对成功的定义太狭窄了。我认为只要一个人忠实于自己的内心，能够按照自己想要的方式去生活，就是很成功了。我希望大家如果有条件的话，还是要做自己感兴趣的事情。说实话，如果你不是打内心里喜欢做一件事情，你很难做得好。

男: 是这样的，现在很多年轻人真的都很迷茫，包括我自己在内，都不是很清楚自己的定位是什么。在您的心目中一个理想的女性应该是怎样的呢？

女: 5.A 我觉得没有理想的女性，每一个人都是不同的，都可以做最精彩的自己，千万不要试图做别人。

여: 저는 천편일률적으로 성공의 방식을 찾는 것이 아니라, 4.D 자신이 생각한 방식대로 하는 것이 바로 성공이라고 생각합니다. 우리는 현재 성공에 대한 정의가 너무 좁습니다. 저는 사람은 자신의 마음에 충실해, 자신이 하고 싶은 방식대로 생활하는 것이 바로 성공한 것이라고 여깁니다. 저는 모두가 만약에 조건이 된다면, 자신이 흥미가 있는 일을 하기를 바랍니다. 솔직히 말해, 만약에 마음속으로 좋아하는 일을 하는 것이 아니라면 당신은 잘해내기 어려울 것입니다.

남: 그렇군요. 현재 많은 젊은이들이 진짜 혼란스러워 하고 있습니다. 저를 포함해서 모두 자신의 위치가 어떤 것인지 잘 알지 못하죠. 당신 마음속의 이상적인 여성은 어떤 사람입니까?

여: 5.A 저는 이상적인 여성은 없다고 생각합니다. 모든 사람이 다 다르고, 모두 가장 훌륭한 자신이 될 수 있습니다. 절대 다른 사람이 되려고 시도하지 마세요.

문제 1

女的认为进取的精神是什么?	여자는 진취적인 정신이 어떤 것이라고 여기는가?
A 创新 　　　　　B 拼搏	A 창조하는 것 　　　　B 전력을 다해 싸우는 것
C 勇敢 　　　　　D 自信	C 용감한 것 　　　　　D 자신이 있는 것

해설 보기를 통해 사람이 가져야 할 마인드나 중요하게 여기는 부분에 관한 질문이 나올 것이라는 것을 짐작해볼 수 있다. 첫 번째 질문이 분투와 진취에 대한 이해였고, 그에 대한 답으로 게스트가 '我觉得进取就是你不断去创造新的东西(저는 진취는 바로 당신이 끊임없이 새로운 것을 창조해내는 것이라고 여깁니다)'라고 대답했으므로 정답은 A '创新(창조해내는 것)'이라는 것을 알 수 있다.

문제 2

女的创业的心得是什么?	여자의 창업 소감은 무엇인가?
A 做事要稳妥	A 일을 하려면 안정적이어야 한다
B 努力规避风险	B 노력하면 위험을 피할 수 있다
C 学会自我鼓励	C 자기 격려를 할 줄 알아야 한다
D 不要被失败吓退	D 실패에 놀라 물러나지 말아야 한다

해설 보기에 '要(해야 한다)', '不要(하지 마라)'가 있는 것으로 보아 게스트의 견해와 관련 있는 문제임을 짐작할 수 있다. 두 번째 질문의 대답으로 '我的一个心得，就是你不能因为怕失败就不去做你想做的事情(제가 얻은 소감은 바로 당신은 실패를 두려워해서 당신이 하고 싶어하는 일을 안 해서는 안 된다는 것입니다)'이라고 했으므로 정답은 D임을 알 수 있다. 앞에 '我觉得通常人们都认为女性会比较稳妥(저는 통상적으로 사람들은 모두 여성이 비교적 안정적이라고 여긴다고 생각합니다)'에서 '稳妥'가 언급되긴 하지만 이 부분은 게스트가 사람들이 그렇게 여긴다고 생각하는 것이지, 게스트의 견해가 아니므로 A는 답이 될 수 없다. 정답은 D이다.

문제 3

女的认为年轻时应该怎么样?	여자는 젊을 때 어떻게 해야 한다고 여기는가?
A 勇于尝试	A 용감하게 시도해봐야 한다
B 谦虚学习	B 겸손하게 공부해야 한다
C 处事谨慎	C 일 처리는 신중해야 한다
D 坚持不懈	D 게으르지 않게 꾸준히 해야 한다

해설   보기의 핵심어휘인 '勇于(용감)', '谦虚(겸손)', '谨慎(신중)', '坚持(꾸준함)' 등을 통해 추구해야 하는 삶의 자세를 짐작해볼 수 있다. 세 번째 질문에서 이미 진행자가 '就是我们要足够勇敢地去面对和承担? (바로 우리가 충분히 용감하게 마주하고 임해야 된다는 말씀이시죠?)'이라고 물은 것에 대해 게스트가 '对(그렇습니다)'라고 대답했으므로 '勇敢'이 있는 A가 이미 가능성이 있는데 이어지는 내용에서 '特别是我觉得人在年轻的时候要有勇气去尝试(특히 젊을 때 용감하게 시도해봐야 한다고 생각합니다)'라고 말했으므로 정답은 A 勇于尝试(용감하게 시도하다)가 확실하다.

문제 4

女的认为什么样的人生才是成功的?	여자는 어떤 인생이 성공이라고 여기는가?
A 充满激情	A 열정으로 가득 차야 한다
B 轻松闲适	B 홀가분하고 여유로워야 한다
C 拥有自己的事业	C 자신의 일을 가지고 있어야 한다
D 按自己喜欢的方式生活	D 자신이 좋아하는 방식대로 생활해야 한다

해설   C '拥有自己的事业(자신의 일을 가지고 있다)'와 D '按自己喜欢的方式生活(자신이 좋아하는 방식대로 생활한다)'를 보면 게스트의 정보나 게스트가 생각하는 어떤 일에 필요한 조건 정도를 짐작해볼 수 있는데, 네 번째 진행자의 질문이 성공에 대한 정의이므로 이에 대한 대답을 집중해서 들어야 한다. 대답에서 '我觉得只要按照自己想过的方式去生活就是成功(자신이 생각한 방식대로 하는 것이 바로 성공이라고 생각합니다)'이라고 했으므로 정답은 D 按自己喜欢的方式生活이다.

문제 5

女的认为理想的女性是怎样的?	여자는 이상적인 여성은 어떤 사람이어야 한다고 여기는가?
A 并不存在	A 결코 존재하지 않는다
B 无法形容	B 묘사할 방법이 없다
C 不依靠别人	C 다른 사람에게 기대지 않아야 한다
D 兼顾事业与家庭	D 일과 가정을 함께 돌봐야 한다

해설   A '并不存在(결코 존재하지 않는다)'와 B '无法形容(묘사할 방법이 없다)'에서 어떤 것에 대한 게스트의 견해를 묻는 것처럼 보이지만 C '不依靠别人(다른 사람에게 기대지 않아야 한다)'과 D '兼顾事业与家庭(일과 가정을 함께 돌봐야 한다)'이 있으므로 대상은 어떤 종류의 '사람'이고 이 사람에 관한 게스트의 견해를 묻는 문제임을 짐작해 볼 수 있다. 그런데 진행자의 마지막 질문이 이상적인 여성에 관한 게스트의 견해를 물었으므로 집중해서 들어야 한다. 게스트는 '我觉得没有理想的女性(저는 이상적인 여성은 없다고 생각합니다)'이라고 대답했으므로 정답은 A 并不存在이다.

유형별 전략 04 실전 문제 정답   ▶p.64

1. A   **2.** D   **3.** B   **4.** D   **5.** D

문제 1-5

女: 1.A 您自称三栖动物，即同时是书本族、电脑族和手机族，那么您是怎么安排读书、上网和手机阅读的时间的?

男: 这是有一个变化过程的，在我四十岁之前，我看的都是纸质书，是一个标准的书本族，2000年以后，我开始渐渐习惯在电

여: 1.A 당신은 스스로를 독서족, 컴퓨터족, 휴대전화족을 동시에 겸한 3서동물이라고 부르는데, 그러면 독서하고, 인터넷하고, 휴대전화 보는 시간을 어떻게 안배하나요?

남: 이것은 하나의 변화과정입니다. 제가 40세가 되기 전에, 본 것은 모두 지류도서라서 표준적인 독서족이었죠. 2000년 이후에, 저는 점점 컴퓨터로 읽는 것에 익숙해지기 시

脑上阅读，尤其是开通了微博后，我花在电脑上的时间越来越多，接着又有了微信，我渐渐发现自己离不开手机了，不知不觉中就成了一个手机族。2,D 这样的生活终于让我产生了一种恐惧感，我发现自己没有了读书的时间，微博、微信上的内容大多都是信息快餐，90%的内容看完就忘记了，可以说，为了记住10%的东西，而浪费了90%的时间，这样做真是不值得。所以现在我给自己立了一个规矩，每天使用电脑、手机阅读的时间最多不超过一小时，剩下的时间就读纸质书。

女：原来您这样的学者也曾被电脑、手机俘虏。您有没有思考过我们为什么会成为它们的俘虏？

男：就手机阅读来说，它有一种即刻消费的特征，抓住了人性的弱点，使人沉迷其中，我们把这种阅读称为表层阅读，表层阅读是很愉快的。3,B 它不会太耗费脑细胞，不怎么需要思考，看过、乐过也就忘了。

女：那您看来，手机阅读到底算不算读书？

男：首先，我们要分清楚两个概念，一个是知识，一个是资讯，人们通过微信、微博阅读到的大多是资讯，不是知识。知识是完整的，是以一套整体的系统来解释世界的体系，而 4,D 资讯是以快速、迅捷为特征的，所以它势必是碎片化的。现在是一个资讯爆炸的时代，大家在进行手机阅读的时候，大都是匆匆浏览，即使是某种知识，人们也会把它当成资讯，迅速地加以处理，手机阅读从根本上说，和读书是有区别的。

女：这种碎片化的阅读方式很受年轻人的青睐，您对他们有什么建议？

男：5,D 对于到了一定年龄的中年人，我会动员他们多加入新媒体，而对于沉湎于新媒体的年轻人，我希望他们多看纸质书。

작했고, 특히 웨이보를 개설한 후에는 컴퓨터에서 보내는 시간이 갈수록 많아졌고, 이어서 웨이신도 생겼죠. 저는 제 자신이 휴대전화를 떠나지 못하고, 모르는 사이에 휴대전화족이 되어 있다는 것을 알게 되었습니다. 2,D 이러한 생활은 결국 제게 일종의 공포감이 생기게 하였는데, 저는 제 자신이 독서하는 시간이 없어졌다는 것을 알게 되었죠. 웨이보, 웨이신 상의 내용은 대다수가 모두 인스턴트 정보들이었는데, 90%의 내용은 보고 나면 바로 잊었으니, 10%의 내용을 기억하기 위해 90%의 시간을 낭비합니다. 이렇게 하는 것은 정말 가치가 없다고 볼 수 있죠. 그래서 저는 매일 컴퓨터와 휴대전화를 보는 시간을 1시간 넘기지 않고, 남은 시간은 지류도서를 읽어야 한다는 규칙을 만들었습니다.

여: 당신 같은 학자도 이미 컴퓨터와 휴대전화의 포로가 되었군요. 당신은 우리가 왜 그것들의 포로가 되었는지 생각해 본 적 있나요?

남: 휴대전화 웹 서핑으로 말하자면, 일종의 즉각적인 소비의 특징을 가지고 있고 인간의 본성의 약점을 쥐고 있어서, 사람들을 그 속에 빠지게 하죠. 우리는 이런 것을 표층적인 읽기라고 부르는데 표층적인 읽기는 매우 유쾌합니다. 3,B 그것은 뇌세포를 그렇게 소모하지도 않고, 생각할 필요도 별로 없고, 본 것과 즐긴 것 모두 바로 잊어버리죠.

여: 그러면, 당신은 휴대전화 웹 서핑을 독서로 친다고 보는 건가요, 그렇지 않은가요?

남: 먼저, 우리는 두 개의 개념을 분명히 구분해야 합니다. 하나는 지식이고, 하나는 정보죠. 사람들은 웨이신, 웨이보 등을 통해 보는 것은 대부분이 정보이지 지식은 아닙니다. 지식은 완정한 것이어서 하나의 완벽한 시스템으로 세계의 체계를 설명하는데, 4,D 정보는 빠르고 신속한 것을 특징으로 한 것이기 때문에 반드시 파편화(조각화)되어 있습니다. 현재는 정보폭발의 시대라서, 모두 휴대전화 웹 서핑을 할 때, 대부분은 분주하게 훑어보고, 설령 어떤 지식일지라도 사람들은 그것을 정보로 삼아 신속하게 처리해버립니다. 휴대전화 웹 서핑 하는 것은 근본적으로 봤을 때, 독서와는 차이점이 있습니다.

여: 이러한 파편화된 읽기 방식은 젊은이들의 환영을 받고 있는데, 그들에게 어떤 건의가 있나요?

남: 5,D 나이가 어느 정도 된 중년에게 저는 그들이 새로운 매체를 많이 접해볼 것을 설득하겠지만, 새로운 매체들에 빠져 있는 젊은이들에게는 그들이 지류도서를 더 많이 보기를 바랍니다.

문제 1

男的称自己什么？
A 三栖动物

남자는 자신을 무엇이라고 부르는가?
A 3서동물(세 곳에 서식하는 동물)

B 微信达人
C 书虫
D 电脑专家

B 웨이신 달인
C 독서벌레
D 컴퓨터 전문가

해설   보기 A의 '三栖动物(3서동물)', C의 '书虫(책벌레)'을 보면 어떤 것의 별명이라는 것을 알 수 있고, B의 '微信达人(웨이신 달인)'이 있는 것으로 보아 게스트의 별칭임을 알 수 있는데, 진행자가 첫 질문 전에 '您自称三栖动物(당신은 스스로를 3서동물이라고 부른다)'라고 했으므로 정답은 A이다.

문제 2

男的为什么会感到恐惧？
A 视力不如从前
B 小说写得越来越差
C 个人信息被泄露了
D 缺乏阅读书本的时间

남자는 왜 공포감을 느꼈는가?
A 시력이 예전 같지 않아서
B 소설을 갈수록 잘 못 써서
C 개인정보가 알려져서
D 책을 보는 시간이 없어서

해설   보기 A의 '视力不如从前(시력이 예전만 못하다)', D의 '缺乏阅读书本的时间(책을 읽을 시간이 없다)' 등을 보면 게스트의 최근 근황을 묻는 문제처럼 보이는데, 첫 번째 진행자의 질문인 '책 읽는 시간과 인터넷, 휴대전화 보는 시간을 어떻게 안배하느냐?(您是怎么安排读书、上网和手机阅读的时间的？)'라는 질문에 대답을 하면서 '这样的生活终于让我产生了一种恐惧感，我发现自己没有了读书的时间'이라고 했으므로 책 읽는 시간이 없어서 일종의 공포감이 생긴 것을 알 수 있고, 두 번째 문제가 '왜 공포감이 생겼는가?'이므로 정답은 D이다.

문제 3

关于手机阅读，下列哪项正确？
A 娱乐类居多
B 无需过多思考
C 受众群体小
D 让人印象深刻

휴대전화 웹 서핑에 관해 아래에 어느 항이 정확한가?
A 오락적인 것이 대부분 차지한다
B 생각을 많이 할 필요가 없다
C 보는 무리가 적다
D 인상을 깊게 남긴다

해설   보기 A '娱乐类居多(오락적인 것이 대부분 차지한다)'나 C '受众群体小(보는 무리가 적다)'를 보고, 또 앞에서 휴대전화를 보는 것에 대한 얘기가 언급되었으므로 휴대전화나 휴대전화 컨텐츠와 관련된 문제임을 짐작해볼 수 있다. 진행자가 두 번째 질문에서 '우리가 왜 휴대전화의 포로가 되었는가?(您有没有思考过我们为什么会成为它们的俘虏？)'라고 물었으므로 이에 대한 답을 집중해야 한다. '它不会太耗费脑细胞，不怎么需要思考(그것은 뇌세포를 그렇게 소모하지도 않고, 생각할 필요도 별로 없다)'라고 했으므로 정답은 B이다.

문제 4

与知识相比，资讯有什么特点？
A 能提升智力
B 制约人的思维
C 传播慢
D 以碎片化形式存在

지식과 비교했을 때, 정보는 어떤 특징이 있는가?
A 사고력을 향상시킬 수 있다
B 사람의 사고를 제약한다
C 전파가 느리다
D 파편화된 형식으로 존재한다

해설   보기 B의 '制约人的思维(사람의 생각을 제약한다)'와 C의 '传播慢(전파가 늦다)'을 보면 부정적인 부분을 묻는 문제인 것 같지만, A의 '能提升智力(사고력을 향상시킨다)'는 좋은 작용이므로 어떤 대상의 광범위한 특징을 묻는 문제임을 짐작할 수 있다. 세 번째 질문에 대한 대답으로 게스트가 지식과 정보의 차이점을 설명하며 '资讯是以快速、迅捷为特征的，所以它势必是碎片化的(정보는 빠르고 신속한 것을 특징으로 한 것이기 때문에 반드시 파편화(조각화)되어 있습니다.)'라고 했으므로 C는 정답이 될 수 없고, 정답은 D '以碎片化形式存在(파편화된 형식으로 존재한다)'이다.

문제 5

男的建议中年人怎么做？ A 常听讲座 B 注意网络安全 C 写回忆录 D 多接触新媒体	남자는 중년이 어떻게 하는 것을 건의했는가? A 강좌를 자주 들으라고 B 인터넷 보안에 주의하라고 C 회고록을 쓰라고 D 새로운 매체를 많이 접하라고

해설 보기 B의 '注意网络安全(인터넷 보안에 주의해라)'을 보면 주의점에 관한 문제처럼 보이지만, A의 '常听讲座(자주 강좌를 들어라)'나 D의 '多接触新媒体(새로운 매체를 많이 접해라)'를 보면 어떤 대상에게 건의하고 있는 질문임을 짐작할 수 있고, 네 번째 진행자의 질문 역시 '젊은이들에게 어떤 건의를 하겠습니까?(这种碎片化的阅读方式很受年轻人的青睐，您对他们有什么建议？)'이므로 이 대답에 집중해야 한다. 게스트의 대답을 보면 '对于到了一定年龄的中年人，我会动员他们多加入新媒体，而对于沉湎于新媒体的年轻人，我希望他们多看纸质书(나이가 어느 정도 된 중년에게 저는 그들이 새로운 매체를 많이 접해볼 것을 설득하겠지만, 새로운 매체들에 빠져 있는 젊은이들에게는 그들이 지류도서를 더 많이 보기를 바랍니다)'라고 했으므로 젊은이들에게 건의한 것은 '지류도서를 많이 보라'는 것이지만 보기에는 이것에 대한 것이 없으므로 젊은이에게 건의하기 전에 중년에게 건의한 내용에서 '새로운 매체를 많이 접해볼 것을 설득한다'가 있으므로 정답은 D임을 알 수 있다.

부분별 전략　실전 문제 정답	▶p.70

1. B	**2.** B	**3.** B	**4.** D	**5.** C	**6.** A	**7.** D
8. C	**9.** C	**10.** C				

문제 1-5

女：在参观你们隔阂而建的两座建筑的时候，我感觉它们的风格是不同的。我想问一下，你们在做设计时，有没有一个明确的风格？ 男：1.B 我们并不追求非常符号化的形式和风格。这两座建筑，虽然看上去不同，但我们认为，挺一致的。为什么呢？因为它们都是在一个确定的边界里面做文章。那就是注重功能和环境的整合。我们希望建筑不是一个独立的个体，而是跟环境融合在一起的。5.C 这个原则来自于我们对一些传统的建筑的关注。传统建筑讲究有法无式。就是，它有一定的法度，但没有固定的式样。 女：在我们的印象中，办公楼是座威严的建筑。但你们却使用了玻璃墙，给人一种虚幻的感觉。你当时是怎么考虑的呢？ 男：主要是从环境的角度出发的。办公楼的选址是一大块儿的绿地，所以 2.B 选择玻璃墙的最大好处是，能够让建筑融合在环境	여: 당신들의 간격을 두고 지은 두 건축물을 견학했을 때, 저는 그것들의 스타일이 다르다고 느꼈습니다. 저는 묻고 싶네요. 설계할 때, 명확한 스타일이 있었던 건가요? 남: 1.B 우리는 결코 부호화된 형식과 스타일을 추구하지 않습니다. 이 두 건축물은 보기에는 다르지만, 우리는 매우 일치된 것이라고 여깁니다. 왜 그럴까요? 왜냐하면 그것들은 확실히 정해진 틀 안에서 일을 한 것이기 때문입니다. 그것은 바로 기능과 환경의 통합을 중시합니다. 우리는 건축물이 하나의 독립체가 아니라 환경과 한데 조화를 이루고 있기를 바랍니다. 5.C 이 원칙은 우리의 일부 전통적인 건축물에 대한 관심에서 생긴 것입니다. 전통적인 건축은 '有法无式(유법무식)'을 중시합니다. 바로 일정한 규칙은 있으나 고정된 격식은 없다는 것이죠. 여: 우리 기억 속의 빌딩은 위엄 있는 건축물인데, 오히려 유리벽을 사용해서 사람들에게 비현실적인 느낌을 주었습니다. 당시에 어떻게 고려했던 것입니까? 남: 대부분이 환경적인 각도에서 출발한 것입니다. 빌딩의 부지는 넓은 녹지여서, 2.B 유리 벽을 선택한 가장 좋은 점은 건축물이 환경 속에 녹아들 수 있게 했다는 것입니다. 이

里。当看到这座建筑的时候，人们会觉得玻璃墙里面应该是建筑本身了。而玻璃墙本身后面又有绿化，玻璃墙后面的绿化跟外面的绿化连在一起。就把建筑变为了环境的一部分。

女：许多建筑师都认为，不如意的施工会损坏作品的完美性。你如何看待这个问题？

男：3.B 有的建筑是不允许犯错误的，而有的建筑是可以出一点儿小差错的。我们更倾向于犯错误的建筑。也就是说，建筑应该是比较放松的。3.B 设计图只是代表我们想象的东西。很可能有40%的设计，是在施工过程中完成的。工人在施工中会发现一些设计图存在的问题。协调好之后，说不定还能达到更好的效果。

女：为了使建筑更大程度地达到你们预想的结果，你们在和业主沟通的时候，有什么技巧？

男：那就是搞清楚建筑师的角色。建筑师毕竟是为业主服务的。首先就要考虑他们的利益。其次，建筑师要弄明白业主想要的东西。不要用太专业的语言和他们沟通，4.D 而要用他们听得懂的语言。沟通好了，其他方面也会进行得更顺利一些。

건축물을 보았을 때, 사람들은 유리 벽안에는 마땅히 건축의 본 모습이 있을 것이라고 생각하겠지만, 유리 벽 뒤에는 녹화가 있고, 유리 벽 뒤의 녹화는 외부의 녹화와 한데 연결되죠. 바로 건축물을 환경의 일부로 바꾸는 것입니다.

여: 많은 건축가들이 모두 뜻대로 되지 않는 시공은 작품의 완벽한 심미성을 파괴한다고 여기는데, 이 문제를 어떻게 보십니까?

남: 3.B 어떤 건축물은 실수를 용납하지 않고, 어떤 건축물은 조금의 실수가 생길 수도 있습니다. 우리는 실수가 있는 건축물 쪽에 더욱 가깝습니다. 다시 말해, 건축물은 비교적 편안해야 하죠. 3.B 설계도는 단지 우리가 상상한 것을 대표할 뿐입니다. 아마도 40%의 설계가 시공과정 중에 완성이 될 겁니다. 인부들은 시공 중에 일부 설계에 문제가 있다는 것을 발견하죠. 조율을 잘 한 후에는 아마 더 좋은 효과에 도달할지도 모릅니다.

여: 건축물이 더욱 큰 정도로 당신들이 예상한 결과에 도달하게 하기 위해, 업주와 소통을 할 때, 어떤 스킬이 있나요?

남: 바로 건축가의 역할을 분명하게 하는 것입니다. 건축가들은 결국 업주를 위해 서비스하는 것이니 먼저 그들의 이익을 고려합니다. 그 다음에 건축가들은 업주가 원하는 것을 분명하게 해둡니다. 너무 전문적인 말로 그들과 소통하지 말고, 4.D 그들이 알아듣는 말로 해야 하죠. 대화가 잘 끝나면, 나머지 것들은 더욱 순조롭게 진행이 됩니다.

문제 1

男的认为，建筑应该怎么样？	남자는 건축은 어때야 한다고 여기는가?
A 要创新	A 창의적이어야 한다
B 不刻意追求风格	B 지나치게 스타일을 추구해서는 안 된다
C 建在繁华的地段	C 번화한 곳에 지어야 한다
D 结构合理	D 구조가 합리적이어야 한다

해설　보기 A '要创新(창의적이어야 한다)', B '不刻意追求风格(지나치게 스타일을 추구해서는 안 된다)' 등을 통해 어떤 것에 대한 견해라는 것을 알 수 있는데, 보기 C '建在繁华的地段(번화한 곳에 지어야 한다)'을 보고 건축에 대한 게스트의 견해를 묻는 것임을 짐작할 수 있다. 그런데 첫 번째 대답에서 '我们并不追求非常符号化的形式和风格(우리는 결코 부호화된 형식과 스타일을 추구하지 않습니다)'라고 했으므로 지나치게 스타일을 추구하지 않아야 한다고 여긴다고 볼 수 있다. 정답은 B이다.

문제 2

办公楼使用玻璃墙的好处是什么？	빌딩에 사용된 유리 벽의 좋은 점은 무엇인가?
A 内部显得更宽敞	A 내부가 더욱 시원하게 보인다
B 使建筑与环境融合	B 건축이 환경과 조화를 이루게 했다
C 保温隔热	C 온도를 유지하고 열을 차단한다
D 看起来更美观	D 보기에 더욱 아름답다

해설　보기를 통해 어떤 건축물에 대한 설명임을 짐작할 수 있는데, 두 번째 대답에서 '选择玻璃墙的最大好处是，能够让建筑融合在环境里(유리 벽을 선택한 가장 좋은 점은 건축물이 환경 속에 녹아들 수 있게 했다는 것이다)'라고 했으므로 정답이 B임을 파악할 수 있다.

犯错误的建筑，指的是什么？	실수한 건축물이라는 것은 무엇을 가리키는가?
A 施工现场存在安全隐患	A 시공현장에 안전문제가 존재하는 것
B 施工时与设计图不一致	B 시공할 때 설계도와 일치하지 않는 것
C 楼间距太小	C 층 간격이 너무 좁은 것
D 建筑破坏了植被	D 건축물이 식생을 파괴하는 것

해설 　보기를 통해 시공이나 건축물의 특징에 관한 질문임을 예측할 수 있고, 진행자의 세 번째 질문인 '많은 건축가들이 모두 뜻대로 되지 않는 시공은 작품의 완벽한 심미성을 파괴한다고 여기는데, 이 문제를 어떻게 보십니까?'에 '有的建筑是不允许犯错误的，而有的 建筑是可以出一点儿小差错的(어떤 건축물은 실수를 용납하지 않고, 어떤 건축물은 조금의 실수가 생길 수도 있습니다)'라고 대답 하며 먼저 실수가 생길 수도 있음을 말하고, 이어진 내용에서 '设计图只是代表我们想象的东西。很可能有40%的设计，是在 施工过程中完成的(설계도는 단지 우리가 상상한 것을 대표할 뿐입니다. 아마도 40%의 설계가 시공과정 중에 완성이 될 겁니다)'라 고 했으므로 실수가 생길 수 있는 건축물, 즉, 설계도와 완벽하게는 일치하지 않는 것을 의미함을 짐작할 수 있다. 문제에서도 실수한 건축물의 의미를 물었으므로 정답은 B이다.

男的认为，建筑师应该如何与业主沟通？		남자는 건축가가 업주와 어떻게 소통해야 한다고 여기는가?	
A 按合同条款来	B 不时夸奖业主	A 계약 조항대로	B 수시로 업주를 칭찬한다
C 坚持自己的立场	D 用通俗的语言	C 자신의 입장을 고수한다	D 알기 쉬운 말로한다

해설 　A와 D를 통해 '어떻게 해야 하는가'의 질문임을 알 수 있는데 B에 '业主(업주)'가 등장했으므로 업주를 대할 때의 행동을 묻는 것을 짐 작할 수 있고, 마지막 업주와의 소통에 관한 질문에 대한 대답에서 '而要用他们听得懂的语言(그들이 알아듣는 말로 해야 하죠)'이 라고 했으므로 정답은 D이다. '通俗易懂(통속적이어서 이해하기 쉽다)'은 자주 나오는 표현이므로 반드시 기억하자!

关于男的，可以知道什么？	남자에 관해, 무엇을 알 수 있는가?
A 精通多门外语	A 여러 외국어에 정통하다
B 崇尚完美主义	B 완벽주의를 숭상한다
C 关注传统建筑	C 전통적인 건축에 관심이 있다
D 是建筑学教授	D 건축학 교수이다

해설 　A와 D를 통해 인물 정보를 묻는 문제임을 알 수 있다. 첫 번째 질문에 대한 대답을 하면서 '这个原则来自于我们对一些传统的建 筑的关注(이 원칙은 우리의 일부 전통적인 건축물에 대한 관심에서 생긴 것입니다)'라고 했으므로 게스트는 전통적인 건축물에 관심 을 가지고 있다는 것을 알 수 있다. 정답은 C이다.

女：各位好，今天的嘉宾是西藏自治区登山队 男子分队队长次仁多吉，请他给我们讲述 一下他攀登世界最高峰的心路历程。您 好，9.C 二十多年里，您征服了世界上所有 的八千米以上的高峰，被国际公认为攀登 高峰次数最多、成功登顶次数最多的人， 6.A 人们称您为"雪山雄鹰"和"横跨珠峰 的第一人"，您怎样看待这些成绩？

여: 여러분 안녕하세요? 오늘의 게스트는 티벳자치구 등산팀 남자분대장 츠런뚜오지 씨 입니다. 그에게 세계에서 제일 높은 산을 등반하는 동안의 심리변화 과정을 물어보겠습 니다. 안녕하세요? 9.C 20여 년 동안 당신은 세계의 모든 8천 미터 이상의 높은 봉우리들을 모두 올라 국제적으로 높은 산봉우리를 등반한 횟수가 가장 많으며, 성공적으로 등반한 횟수가 가장 많은 사람으로 공인되었고, 6.A 사람 들은 당신을 '설산의 수컷 매', '에베레스트를 넘은 첫 번째 사람'이라 부르는데요. 이러한 성적들을 어떻게 보십니까?

男： 取得这样的成绩，首先是感谢我的父母，感谢父母给我那么壮的身体；再加上我周边的很多登山爱好者，也可以说我的朋友、同事们给我的帮助，如果一个人去完成登山那么大的任务是不可能的，没有他们的力量，我不会成功的。

女： 您为什么当初会选择登山的活动，您觉得这样的运动魅力在什么地方？

男： 登山这个行业对西藏人来说是优势，对我来说是特别的优势，我的身体和各个方面的条件允许，所以我一直在参加登山这个活动，都三十多年了。7.D 这个活动最能给我战胜困难的勇气和信心，经历过死里逃生后，人们就能理解什么是生命了。

女： 您认为想成功登顶的话，需要具备哪些优秀的素质？

男： 登山没有一定的耐力，8.C 没有一定的吃苦耐劳、不怕死的精神，那成功的几率就很小。

女： 是的，在登山过程中，很多危险都是难以预测的，作为登山队的队长，您要比队员多做什么样的工作？

男： 作为登山分队长，承担的责任就更大。我作为一个登山队长，我后面还有一个领队。10.C 我们要从拉萨出发的时候，大概三四个月以前就要开始计划各种装备、各类技术装备，到上面拉绳子等等，那些都要先了解清楚再计划，计划比较细，再报体育局，这个经费要落实，好多细节要做。每次登山的时候要开好几次会，一直到挖岩、修路、准备绳子，都是我的责任。

남: 이러한 성적을 얻을 수 있었던 것은 우선 제 부모님께 감사 드리고, 부모님이 이렇게 건장한 신체를 주신 것에 감사 드립니다. 게다가 제 주변의 여러 등산애호가들, 또한 친구와 동료들이 저에게 준 도움을 말할 수 있겠네요. 만약에 혼자서 등산이라는 그렇게 큰 임무를 완성하는 것은 불가능 한 것이라, 그들의 힘이 없었다면 저는 성공하지 못했을 것입니다.

여: 당신은 왜 당초 등산이라는 활동을 선택했나요? 이러한 운동의 매력은 어디에 있나요?

남: 등산이라는 업종은 티벳 사람에게는 아주 유리한데, 저에게는 특히 유리하죠. 제 몸과 각 방면의 조건이 다 부합되죠. 그래서 저는 줄곧 이 활동에 참가했고, 이미 30여 년이 되었네요. 7.D 이 활동은 나에게 어려움과 싸워 이기는 용기와 자신감을 가장 줄 수 있었고, 죽음에서 살아 돌아온 후에, 사람들이 무엇이 목숨인지 이해할 수 있게 되었죠.

여: 당신은 성공적으로 산의 정산에 오르고 싶다면 어떤 우수한 자질들을 갖추어야 한다고 생각합니까?

남: 등산은 일정한 인내력이 없고, 8.C 일정한 고생을 견디고, 죽음을 두려워하지 않는 정신이 없다면, 그러면 성공의 확률이 적습니다.

여: 그렇군요. 등산과정 중에, 많은 위험은 예측하기 어려운데, 등산팀의 대장으로서 당신은 대원들보다 어떤 일을 더 하나요?

남: 등산팀 분대장으로서 맡은 책임은 더 큽니다. 나는 등산팀 대장으로서, 내 뒤에는 또 한 명의 팀장이 있죠. 10.C 우리는 라싸를 출발하기 약 3,4개월 이전에 바로 각종 장비, 각종 기술장비를 계획하고, 올라가서 로프를 잡아당겨 보는 일 등등을 시작하죠. 그런 것들을 모두 먼저 확실히 이해하고 다시 계획을 하는데, 계획은 비교적 세세합니다. 그리고 다시 스포츠 국에 접수하고, 경비를 확정해야 하며 많은 디테일 한 일들을 해야 하죠. 매번 등산할 때 여러 번 회의를 해야 하고, (확보물을 위한) 암벽을 뚫고, 길을 내고, 로프를 준비하는 것까지 모두 제 책임이죠.

문제 6

男的被人们称为什么？

A 雪山雄鹰　　　　B 草原雄鹰
C 雪山勇士　　　　D 高原舞者

남자는 사람들에게 무엇이라고 불리는가？

A 설산의 수컷 매　　　　B 초원의 수컷 매
C 설산의 용사　　　　D 고원의 춤꾼

해설　독해 제2부분의 보기에 곤충이나 동물의 이름이 등장하면 관련 분야 인사가 아니고서는 별칭인 경우가 많으므로 보기를 통해 별칭임을 짐작할 수 있고, 진행자가 처음에 게스트를 소개하면서 '人们称您为"雪山雄鹰"(사람들은 당신을 '설산의 수컷 매'라고 부른다)'이라고 했으므로 정답은 A이다.

男的认为登山的魅力是什么?	남자는 등산의 매력이 무엇이라고 여기는가?
A 增强体质	A 체질을 강하게 하는 것
B 欣赏自然美景	B 자연의 아름다운 풍경을 감상하는 것
C 丰富人生阅历	C 인생의 경험을 풍부하게 하는 것
D 理解生命的意义	D 생명의 의미를 이해하는 것

해설 보기를 통해 어떤 것에 대한 좋은 점 등에 관한 문제임을 알 수 있고, 게스트가 등산가이므로 '등산의 좋은 점' 정도를 짐작해볼 수 있다. 그런데 두 번째 질문이 등산의 매력을 묻는 것이고, 게스트가 '这个活动最能给我战胜困难的勇气和信心，经历过死里逃生后，人们就能理解什么是生命了(이 활동은 나에게 어려움과 싸워 이기는 용기와 자신감을 가장 줄 수 있었고, 죽음에서 살아 돌아온 후에, 사람들이 무엇이 목숨인지 이해할 수 있게 되었죠)'라고 했으므로 등산을 하면서 생명의 의미를 이해하게 되었고, 이것을 매력으로 느꼈다는 것을 알 수 있다. 정답은 D이다.

男的认为登山最需要具备什么素质?	남자는 등산을 하려면 어떤 자질이 가장 필요하다고 여기는가?
A 懂得反省	A 반성할 줄 아는 것
B 情感丰富	B 감정이 풍부한 것
C 不怕死的精神	C 죽음을 두려워하지 않는 정신
D 良好的沟通能力	D 좋은 소통 능력

해설 보기를 통해 게스트가 가지고 있는 능력 정도를 짐작할 수 있는데, 세 번째 질문이 성공적인 등산을 위해 갖춰야 하는 자질을 물었으므로 이 부분을 집중해서 들으면, '没有一定的吃苦耐劳、不怕死的精神，那成功的几率就很小(일정한 고생을 견디고, 죽음을 두려워하지 않는 정신이 없다면, 그러면 성공이 확률이 적습니다)'라고 했으므로 성공의 확률을 높이려면 즉, 필요한 자질은 '고생을 견디고, 죽음을 두려워하지 않는 정신'임을 알 수 있다. 정답은 C이다.

关于男的，下列哪项正确?	남자에 관해, 아래 어느 항이 정확한가?
A 是摄影爱好者	A 촬영 애호가이다
B 小时候身体不好	B 어렸을 때 건강이 안 좋았다
C 是专业登山运动员	C 전문 등산가이다
D 正在组建新的登山队	D 새로운 등산팀을 만들고 있다

해설 보기를 통해 인물 정보를 묻는 문제임을 짐작할 수 있고, 직접적으로 언급하고 있지는 않지만, 30년 동안 등산이라는 활동에 참여했고, 등산 팀의 대장이라고 했으므로 '전문 등산가'라고 할 수 있다. D의 '登山队(등산팀)'라는 말은 마지막 대답에서 언급되지만 팀을 새로 만든다는 내용은 없고, 자신의 등산팀을 위해 주로 더 하는 일을 설명했을 뿐이므로 D는 정답이 될 수 없다. 정답은 C이다.

登山需要提前多长时间准备?		등산은 얼마 전에 미리 준비해야 하는가?	
A 20多天	B 三四周	A 20여 일	B 3,4주
C 三四个月	D 一年	C 3,4개월	D 1년

해설 시간에 관한 설명은 20년 동안 게스트가 등산 분야에서 남긴 업적과 게스트가 30년 동안 등산이라는 활동에 참여했다는 것을 설명할 때, 그리고 등산 출발 3,4개월 전에 준비하는 것들을 설명하는 부분에서만 등장을 했는데, 보기에는 '20년', '30년'이 없으므로 C가 정답이라는 것을 미리 짐작할 수 있고, 실제 문제도 등산은 얼마 전에 미리 준비해야 하는지 물었으므로 정답은 C이다.

유형별 전략 01 실전 문제 정답 ▶p.77

1. A **2.** B **3.** A **4.** B **5.** C **6.** A

문제 1-3

有人对办公室员工接受自然光的情况进行了研究。他发现，在工作时间内，1. 临窗而坐的员工接受到的自然光大约比不靠窗的员工多17.3%。在睡眠时间方面，前者比后者每晚平均多出46分钟。在每日运动量方面，前者亦呈现出超过后者的趋势。由此，研究人员得出结论，1.A 自然光可以帮助人们改善睡眠质量，增加运动量，从而提高生活水平。

此外，2.B 自然光对人们的健康也发挥着巨大的作用。越来越多的证据表明，白天，特别是早上的自然光，可以影响我们的情绪、警觉性和代谢水平。接受的自然光越多，身体就会越健康。然而，办公室员工是典型的室内工作者，有时甚至一整天都无法接触到自然光，因此，3.A 研究人员建议，建筑师应意识到，自然光除了能节约能源外，对居住者的健康也是极为重要的，建筑师在设计房屋时要充分考虑采光情况。

어떤 이가 사무실 직원이 자연광을 받는 상황에 대해 연구를 진행했다. 그가 발견하길, 일하는 시간 동안, 1. 창문에 가까이 앉아 있는 직원이 받는 자연광이 창문에 가까이 있지 않은 직원보다 대략 17.3% 많았다. 수면시간에 있어서는 전자가 후자보다 매일 밤 평균 46분이 더 많았다. 매일 운동량 방면에서는 전자가 역시 후자를 뛰어넘는 추세가 나타났다. 이에 따라, 연구원은 1.A 자연광이 사람들의 수면의 질을 개선시키고, 운동량을 증가시키는 것을 도울 수 있어서, 생활수준을 향상시킨다고 결론을 내렸다.

이외에, 2.B 자연광은 사람들의 건강에도 거대한 작용을 발휘하고 있다. 갈수록 많은 증거가 밝히길, 주간에 특히 오전의 자연광은 사람들의 정서, 경각성과 대사수준에 영향을 줄 수 있다. 받는 자연광이 많을수록, 신체는 건강해진다. 하지만, 사무실 직원이 전형적인 실내근무자라면, 어떤 때에는 심지어 하루 종일 자연광을 접촉할 방법이 없다. 3.A 연구원은 건축가들이 자연광이 에너지를 절약할 수 있는 것 외에도 거주자들의 건강에도 매우 중요하다는 것을 인식하여, 건축가들이 집을 설계할 때 채광상황을 충분히 고려해야 한다고 건의했다.

문제 1

临窗户而坐的员工有什么特点?	창에 가까이 앉은 직원들은 어떤 특징이 있는가?
A 睡眠质量高 B 注意力难以集中	A 수면의 질이 높다 B 주의력을 집중하기 어렵다
C 擅长交际 D 心态消极	C 교제를 잘한다 D 마음가짐이 부정적이다(소극적이다)

해설 보기를 보면 A는 '睡眠质量高(수면의 질이 높다)', D는 '心态消极(마음가짐이 부정적이다)'이므로 어떤 분류의 사람들의 특징임을 알 수 있다. 도입부에서 '自然光(자연광)'에 대한 언급이 있으니 이것이 어떻게 사람에게 영향을 끼치는지 집중해야 한다. '临窗而坐的员工接受到的自然光大约比不靠窗的员工多17.3%'에서 창문에 가까이 앉아 있는 직원이 자연광을 더 받는다고 설명하고 있고, '自然光可以帮助人们改善睡眠质量'에서 자연광이 사람들이 수면의 질을 높이는 것을 도울 수 있다고 했으므로 창가에 가까이 앉아 있는 사람이 수면의 질이 더 높은 것을 알 수 있어, 1번의 정답은 A임을 짐작할 수 있다.

문제 2

关于自然光，可以知道什么?	자연광에 관해 알 수 있는 것은 무엇인가?
A 很不稳定 B 有助于人体健康	A 안정적이지 않다 B 인체건강에 도움이 된다
C 比人造光辐射强 D 能够延缓衰老	C 인조광보다 방사가 강하다 D 노화를 완화시킬 수 있다

해설 보기 중 B를 보면 '有助于人体健康(인체건강에 도움이 된다)'이라고 했으므로 어떤 대상에 관한 질문임을 알 수 있고, 앞 문제에서 자

연광에 대해서 이야기하고 있었고, 또한 다른 화제가 나오지 않는 이상 '수면의 질을 높인다'는 장점을 말했으므로 B가 바로 답이 될 가능성이 높음을 알 수 있다. 지문에서도 '自然光对人们的健康也发挥着巨大的作用(자연광은 사람들의 건강에도 거대한 작용을 발휘하고 있다)'이라고 한 부분이 있으므로 정답은 B이다.

문제 3

研究人员建议，建筑师怎么做？	연구원은 건축가가 어떻게 하길 건의했는가?
A 考虑采光情况	A 채광상황을 고려해라
B 保证室内通风	B 실내통풍을 보장해라
C 控制阳台面积	C 베란다 면적을 통제해라
D 选购节能材料	D 에너지를 절약할 수 있는 재료를 골라 사라

해설　보기 중의 A '考虑(고려해라)', B '保证(보장해라)', C '控制(통제해라)', D '选购(선택 구매해라)'가 있으므로 글에서 제시한 의견이나 건의 내용임을 짐작할 수 있다. 마지막 부분에서 '建筑师在设计房屋时要充分考虑采光情况(건축가들이 집을 설계할 때 채광상황을 충분히 고려해야 한다고 건의했다)'이라고 했으므로 정답은 A이다.

문제 4-6

4.B 银杏是与恐龙同时代的生物，是世界上最珍贵的树种之一。银杏生长较慢、寿命极长，自然条件下，4.C 从栽种到结果要20多年，而大量结果则要等到40多年以后。世界上最粗大的银杏树在中国福泉，树龄有5000多年，根径有5.8米，树高50米，胸径4.79米，要13个人才能围抱过来。6.A 这种古老而珍贵的树种，集食用、材用、药用等多种用途于一体，浑身是宝，5.C 素有"活化石"、"摇钱树"，"植物界的熊猫"之称。特别是银杏叶中的某些化学成分具有特殊的医药保健作用，利用银杏叶加工生产保健食品、药物和化妆品，正引起国内外研发机构的重视。	4.B 은행은 공룡과 동시대의 생물이고, 세계에서 가장 진귀한 나무 중 하나이다. 은행은 생장이 비교적 느리고, 수명은 매우 길어서 자연적인 조건 하에서는 4.C 나무를 심고 열매를 맺는 데까지는 20여 년이 걸리고 대량의 열매를 맺는 것은 40여 년 이후이다. 세계에서 가장 굵은 은행나무는 중국 푸첸(福泉)에 있는데, 나무의 나이는 5,000여 년이고, 뿌리가 시작되는 밑둥 부분의 지름이 5.8미터가 되고, 나무의 높이는 50미터, 가슴높이 부분의 지름은 4.79미터나 되어 13명의 사람이 있어야만 에워쌀 수 있다. 6.A 이런 오래되고 진귀한 나무는 식용, 재료용, 약용 등의 다중용도가 한데 모여 있어 전체가 보물이고, 5.C 줄곧 '살아있는 화석', '돈줄', '식물계의 판다'라는 호칭을 가지고 있었다. 특히 은행잎 속의 어떤 화학성분들은 특수한 의약보건 작용이 있어서 은행을 이용하여 보건식품, 약물, 화장품을 가공 후 생산하여 국내외 연구개발 기구의 주목을 끌고 있다.

문제 4

关于世界上最粗大的银杏树，可以知道什么？	세계에서 가장 굵은 은행나무에 관해 무엇을 알 수 있는가?
A 不再结果	A 더 이상 열매를 맺지 않는다
B 已存活数千年	B 이미 수천 년 생존하고 있다
C 每20年开一次花	C 20년에 한 번 꽃이 핀다
D 三个人才能抱过来	D 세 사람이 있어야만 안을 수 있다

해설　보기 A의 '不再结果(더 이상 열매를 맺지 않는다)'와 C의 '每20年开一次花(20년마다 한 번 꽃이 핀다)'를 통해 열매를 맺거나 꽃을 피울 수 있는 나무에 관한 내용이라는 것을 짐작할 수 있다. 도입부에서 '银杏是与恐龙同时代的生物，是世界上最珍贵的树种之一(은행은 공룡과 동시대의 생물이고, 세계에서 가장 진귀한 나무 중 하나이다)'라고 했으므로 '은행(나무)'에 관한 글임을 알 수 있고, 공룡과 동시대에 있었던 생물이라고 했으므로 오래 되었음을 알 수 있으므로, 정답은 B이다. 20년의 표현이 있지만 '从栽种到结果要20多年(심고부터 열매를 맺는 데까지 20년 걸린다)'이라고 했으므로 C는 정답이 아니다.

下列哪项不是银杏的别称?	아래 어느 보기가 은행의 별칭이 아닌가?
A 活化石　　　　　B 摇钱树	A 살아있는 화석　　　　　B 돈줄
C 千年树王　　　　D 植物界的熊猫	C 천 년 된 나무의 왕　　　D 식물계의 판다

해설　보기를 통해 '별칭'을 묻는 문제임을 알 수 있으므로 은행나무를 '무엇'이라고 부르는지에 집중해야 한다. 하지만, 녹음 중에 '素有"活化石"、"摇钱树"，"植物界的熊猫"之称(줄곧 '살아있는 화석', '돈줄', '식물계의 판다'라는 호칭을 가지고 있었다)'이라고 나열되었고, 보기 중의 A, B, D가 모두 언급되었으므로 문제는 별칭이 아닌 것을 묻는 것임을 알 수 있다. 정답은 언급되지 않은 C가 답이다.

TIP　'素有A之称(줄곧 A라는 별칭(명성)이 있다)'은 자주 등장하는 격식이므로 꼭 암기해 두자!

关于银杏，下列哪项正确?	은행에 관해, 아래 어느 항이 정확한가?
A 用途广　　　　　B 成活率低	A 용도가 광범위하다　　　　　B 활착률이 낮다
C 生长迅速　　　　D 叶子不可入药	C 생장이 빠르다　　　　　D 잎은 약에 넣을 수 없다

해설　보기의 A '用途广(용도가 광범위하다)', B '成活率低(활착률이 낮다)', C '生长迅速(생장이 빠르다)' 등을 통해 은행의 관해 맞는 내용이나 특징을 묻는 문제임을 짐작할 수 있다. '这种古老而珍贵的树种，集食用、材用、药用等多种用途于一体，浑身是宝(이런 오래되고 진귀한 나무는 식용, 재료용, 약용 등의 다중용도가 한데 모여 있어 전체가 보물이다)'라고 했으므로 그만큼 다양하게 쓰이는 즉, 광범위하게 활용되고 있음을 알 수 있다. 정답은 A이다.

유형별 전략 02　실전 문제 정답　　　　　　　　▶p.82

1. A　　　**2.** C　　　**3.** D　　　**4.** C　　　**5.** B　　　**6.** C

成功是可以复制的。

1.A 要复制成功，首先就要复制成功者的"信念"。因为信念不够坚定，所以做事情时就做得不够彻底，或者碰到问题时就主动放弃了，中途放弃而导致失败的大有人在。

其次 2.C 要复制成功者的策略，策略就是做事情的先后顺序，是一种思维模式，更是一种行为方式。很多时候我们失败是因为我们的先后顺序错了，在错误的时间做了对的事情，结果也是错的。

3.D 第三个要复制的是成功者的肢体动作，透过积极向上的肢体动作，给自己积极的心理暗示，从而带来持续不断的动力。

성공은 복제할 수 있는 것이다.

1.A 성공을 복제하려면, 먼저 성공한 사람의 '신념'을 복제해야 한다. 신념이 충분히 확고하지 않기 때문에 일을 할 때 충분히 철저하지 못하거나, 문제에 부딪쳤을 때 주동적으로 포기하게 된다. 도중에 포기해서 실패하는 그와 같은 사람이 많다.

그 다음으로는 2.C 성공한 사람의 전략을 복제해야 한다. 전략은 바로 일을 하는 선후순서인데, 일종의 사고패턴이며 더욱이 일종의 행위방식이기도 하다. 많은 때에 우리의 실패는 우리의 선후순서가 틀렸기 때문이고, 잘못된 시간에 옳은 일을 하면 결과도 틀리는 것이다.

3.D 세 번째로 복제해야 하는 것은 성공한 사람의 몸짓이다. 적극적이고 진취적인 몸짓을 통해, 자신에게 적극적인 심리적 암시를 주고, 따라서 끊임없는 동력을 가져오게 된다.

不要听别人说什么，更多的是需要我们看别人怎么做，然后找出成功者的信念和策略，同时加以模仿。相信某一天，我们将会成为成功故事里的主角。

다른 사람이 뭐라고 하는지는 듣지 마라. 더욱 많은 것은 다른 사람이 어떻게 하는가 이고, 그런 다음에 성공한 사람들의 신념과 전략을 찾아내어 동시에 모방하면, 언젠가 우리는 성공스토리 속의 주인공이 될 것이다.

문제 1

要复制成功，首先要复制什么？

A 信念　　　　　B 策略
C 肢体动作　　　D 人生经历

성공을 복제하려면, 먼저 무엇을 복제해야 하는가？

A 신념　　　　　B 전략
C 몸짓　　　　　D 인생경력

해설　보기가 연관성이 없어 보이는 명사들로 구성되어 있으므로 소재나 특정 질문에 대한 대상임을 알 수 있고, 언급되는 것을 체크해두고 두 개 이상이 언급되면 특징을 알아두어야 하는데, 지문에서 A, B, C가 다 언급되었으므로 순서적으로만 번호를 달아두었다가 질문에서 먼저 복제해야 하는 것을 물었으므로 제일 먼저 언급되면 '要复制成功，首先就要复制成功者的"信念"(성공을 복제하려면, 먼저 성공한 사람의 '신념'을 복제해야 한다)'이라고 했으므로 정답은 A이다.

문제 2

关于"策略"，下列哪项正确？

A 是动力的来源
B 与行动方式无关
C 指做事情的先后顺序
D 表现为对工作的热情

'책략'에 관해, 아래 어느 항이 정확한가？

A 동력의 근원이다
B 행동방식과 무관하다
C 일하는 것의 선후순서를 가리킨다
D 일에 대한 열정을 나타낸다

해설　두 번째로 언급한 '战略(전략)'를 설명하면서 '要复制成功者的策略，策略就是做事情的先后顺序(성공한 사람의 전략을 복제해야 한다. 전략은 바로 일을 하는 선후순서이다)'라고 했으므로 정답은 C이다.

문제 3

根据这段话，下列哪项正确？

A 成功不可复制
B 要重视知识的积累
C 生活中要善于倾听
D 成功需要积极的心理暗示

이 글에 따르면, 아래 어느 항이 정확한가？

A 성공은 복제할 수 없다
B 지식의 축적을 중시해야 한다
C 생활에서는 경청을 잘해야 한다
D 성공은 적극적인 심리암시를 필요로 한다

해설　세 번째 언급한 '肢体动作(몸짓)'를 설명하면서 '第三个要复制的是成功者的肢体动作。透过积极向上的肢体动作，给自己积极的心理暗示(세 번째로 복제해야 하는 것은 성공한 사람의 몸짓이다. 적극적이고 진취적인 몸짓을 통해, 자신에게 적극적인 심리적 암시를 준다)'라고 했으므로 정답은 D임을 알 수 있다.

문제 4-6

某人随口一句无心的话，却在另一个人心中激起了千层浪。这种现象，在心理学上被称为"瀑布心理效应"。即 4.C 信息发出者的心理比较平静，但信息接收者却产生了不平静的心理，从而导致其态度和行为随之发生变化。这种心理现象就和瀑布一样。上游其实非常平

누군가가 아무렇게나 무심코 꺼낸 말이 오히려 다른 이의 마음속에서는 큰 반응을 불러일으킨다. 이러한 현상은 심리학에서는 '폭포심리효과'라고 불린다. 즉, 4.C 정보를 내보내는 심리는 비교적 평온하지만, 정보를 받는 사람은 오히려 불안한 마음이 생기게 되고, 따라서 그의 태도와 행위는 그것에 따라 변화가 발생하게 만든다. 이러한 심리효과는 폭포와 같다. 상

静，而到了峡谷便会一泻千里。"瀑布心理效应"在班级管理中也同样存在。教师无意间的一句话、一个动作甚至一个表情，都可能给学生带来心理或者行为上的变化。如果教师带着消极的情绪工作，则必然会让学生感到压抑。反之，5.B 如果教师心情愉悦，学生也会感到轻松自在，师生关系也将更融洽。同样，6.C 我们在与人交流时，也要注意自己的言行。

류는 사실 매우 평온한데, 협곡에 이르러서는 아주 빨라진다. '폭포심리효과'는 학급의 관리에서도 똑같이 존재한다. 선생님의 무의식 속에서의 말 한 마디와 동작 하나, 심지어 표정 하나가 모두 학생에게 심리 또는 행위상의 변화를 가져다줄 수 있다. 만약에 교사가 부정적인 기분으로 일을 한다면, 틀림없이 학생들이 딱딱함을 느끼게 할 것이다. 반대로, 5.B 만약에 교사가 기분이 즐겁다면, 학생 또한 편하고 자유로움을 느끼고, 사제관계 또한 더욱 좋아질 것이다. 마찬가지로, 6.C 우리는 다른 사람과 교류할 때에도 자신의 언행을 주의해야 한다.

문제 4

关于"瀑布心理效应"可以知道什么？
A 发生在关系亲密的人之间
B 信息接收者更有表达欲望
C 信息发出者心理较为平静
D 已被用来治疗心理创伤

'폭포심리효과'에 관해 알 수 있는 것은?
A 관계가 친밀한 사람 사이에서 발생한다
B 정보를 받는 사람이 표현욕망을 더 가지고 있다
C 정보를 내보내는 사람의 마음은 비교적 평온하다
D 이미 심리치료에 쓰였다

> **해설** 서로 다른 것을 설명하고 있는 보기를 통해 올바른 정보를 고르는 문제임을 짐작할 수 있다. '在心理学上被称为"瀑布心理效应"。即信息发出者的心理比较平静(이러한 현상은 심리학에서는 '폭포심리효과'라고 불린다. 즉, 정보를 내보내는 심리는 비교적 평온하다)'에서 '即'는 '즉'이라는 뜻으로 앞에서 언급하거나 설명한 것을 다시 풀이하는 것을 의미하므로 소재인 폭포심리효과에서 정보를 내보내는 심리는 평온함을 알 수 있다. 정답은 C이다.

문제 5

为了使师生关系更融洽，教师应该怎么做？
A 不要约束学生的行为
B 保持心情愉快
C 平等对待学生
D 多与家长沟通

사제관계가 더욱 좋아지기 위해, 교사는 어떻게 해야 하는가?
A 학생들의 행위를 규제하지 말아야 한다
B 기분이 즐거운 것을 유지해야 한다
C 평등하게 학생을 대해야 한다
D 가장과 많이 소통해야 한다

> **해설** A의 '不要……(~하지 마라)'와 D의 '多……(많이 ~해라)'를 보고 해야 하는 주제나 해야 하는 행동 등을 묻는 문제임을 짐작할 수 있다. '如果教师心情愉悦，学生也会感到轻松自在，师生关系也将更融洽(만약에 교사가 기분이 즐겁다면, 학생 또한 편하고 자유로움을 느끼고, 사제관계 또한 더욱 좋아질 것이다)'에서 교사가 기분이 좋아야 이것의 영향을 받아 학생이 편하게 바뀌고 그렇게 해야 관계도 좋아진다고 했으므로 질문에 맞추어 관계 개선을 위해 교사가 해야 하는 것은 기분이 즐거운 것을 계속 유지해야 하는 것임을 알 수 있다. 정답은 B이다.

문제 6

"瀑布心理效应"给我们的启示是什么？
A 要专注于工作
B 要学会倾听
C 要注意自己的言行
D 要多进行户外活动

'폭포심리효과'가 우리에게 시사하는 바는 무엇인가?
A 일에 집중해야 한다
B 경청할 줄 알아야 한다
C 자신의 언행을 주의해야 한다
D 야외활동을 많이 해야 한다

> **해설** 전체 보기에 '要……(~해야 한다)'가 있으므로 이 글이 사설 글임을 짐작할 수 있고, 전체적으로 하고자 하는 말에 집중해야 하는데, 사설에서 말하고자 하는 바를 주로 담는 마지막 부분에서 '我们在与人交流时，也要注意自己的言行(우리는 다른 사람과 교류할 때에도 자신의 언행을 주의해야 한다)'이라고 했으므로 정답은 C임을 알 수 있다.

1. A　　　**2.** C　　　**3.** A　　　**4.** D　　　**5.** B　　　**6.** C

문제 1-3

中国古代有一个著名的将军叫做李广， 1.A 他精于骑马射箭，3.A 作战非常勇敢，被称 为"飞将军"。有一次，他去打猎，忽然发现 草丛中有一猛虎。李广急忙用箭去射，他以为 老虎一定中箭身亡，于是走进前去，仔细一 看，2.C 没想到射中的竟然是一块形状很像老虎 的大石头，箭几乎全部射入石头当中。李广很 惊讶，不相信自己有这么大的力气，想再试一 试，就往后退了几步，再次用力向石头射去。 可是，一连几箭都没有射进去，有的箭头破碎 了，有的箭杆折断了，而大石头却一点儿也没 受到损伤。	중국 고대에 한 유명한 이광이라 불리는 장군이 있었다. 1.A 그는 말 타기와 활 쏘기에 정통하고 3.A 전쟁에서 매우 용 감해서 '비(날아다니는)장군'이라 불렸다. 한 번은 그가 사냥을 갔는데 숲속에 호랑이 한 마리가 있는 것을 발견했다. 이광은 얼른 활을 쐈고, 그는 호랑이가 틀림없이 맞아 죽었을 거라 여 겨 앞으로 가 자세히 보았다. 2.C 하지만 생각지도 못하게 맞 춘 것은 뜻밖에도 형상이 호랑이를 닮은 바위였고, 화살은 거 의 전부 바위 속에 박혀 있었다. 이광은 놀랐고, 자신이 이렇 게 센 힘을 가진 것이 믿기지 않았다. 다시 해보려고 몇 걸음 물러나 힘껏 바위를 향해 화살을 쐈다. 하지만 연이어 몇 개의 화살은 박히지 않았고, 어떤 것은 화살촉이 부서졌고, 어떤 것 은 화살대가 부러졌다. 하지만 바위는 오히려 조금도 손상을 입지 않았다.

문제 1

"飞将军"李广擅长什么？ A 射箭　　　　　　B 钓鱼 C 写诗　　　　　　D 画虎	'비장군' 이광은 무엇에 능한가？ A 활 쏘기　　　　　B 낚시 C 시 쓰기　　　　　D 호랑이 그리기

해설　보기를 통해 어떤 이의 취미나 잘 하는 것을 설명하고 있음을 추측할 수 있다. 앞부분에서 주인공인 이광을 설명하면서 '他精于骑马
射箭(그는 말 타기와 활 쏘기에 정통했다)'이라고 했으므로 정답은 A임을 알 수 있다.

문제 2

李广对什么感到吃惊？ A 老虎跑了　　　　B 箭杆折断了 C 箭射入石头中　　D 石头上有花纹	이광은 무엇에 대해 놀랐는가？ A 호랑이가 달아난 것　　B 화살대가 부러진 것 C 화살이 바위 속에 박힌 것　D 바위 위에 문양이 있는 것

해설　'没想到射中的竟然是一块形状很像老虎的大石头，箭几乎全部射入石头当中(생각지도 못하게 맞춘 것은 뜻밖에도 형상이
호랑이를 닮은 바위였고, 화살은 거의 전부 바위 속에 박혀 있었다)'을 보면 이광이 놀란 것은 '바위가 호랑이를 닮았다는 것'과 '화살
이 돌 속에 박힌 것' 두 가지로 볼 수 있는데 보기에는 바위가 호랑이를 닮았다는 내용의 보기가 없고, 이어지는 내용에서 '李广很惊
讶，不相信自己有这么大的力气(이광은 놀랐고, 자신이 이렇게 센 힘을 가진 것이 믿기지 않았다)'에서 자신이 이렇게 센 힘을 가
진 것이 믿기지 않았다는 것은 바위 속에 화살이 박힌 것에 놀랐다는 것을 확실하게 알 수 있다. 정답은 C이다.

문제 3

关于李广，下列哪项正确？ A 非常勇敢　　　　B 棋艺高明 C 厌恶战争　　　　D 做事草率	이광에 관해, 아래에 어느 항이 정확한가？ A 매우 용감하다　　　　B 바둑기술이 뛰어나다 C 전쟁을 몹시 싫어한다　D 일을 대충한다

보기를 통해 등장하는 인물에 관한 설명임을 짐작할 수 있는데, 앞부분에 이광을 설명한 부분에서 '作战非常勇敢(전쟁에서 매우 용감했다)'이라고 했으므로 정답은 A임을 알 수 있다.

문제 4-6

在一场考古学的讲座上，一个听众问考古学家："发掘出原始部落的遗址后，如何判断这个部落是否进入了文明时期呢？"大家听后议论纷纷。有人说，"看遗址中有没有陶罐。"有人说，"看遗址中有没有鱼钩。"而 4.D 考古学家的回答是，"看是否有大量愈合的股骨。"5.B 大家听后一脸迷茫。考古学家解释道："野蛮的部落，大都奉行'优胜劣汰'的丛林守则。大多数人受伤后得不到照料，根本无法生存下去。所以，如果在一个部落遗址中发现了大量愈合的股骨，说明这些原始人在受伤后，得到了同伴的照料。有人跟他们分享火、水和食物等，直到他们的骨伤愈合。"最后，考古学家意味深长地说："这标志着原始人类，开始懂得怜悯。而 6.C 怜悯正是文明与野蛮之间最根本的区别。"

한 고고학 강연에서, 한 청중이 "원시부락의 유적을 발굴해 낸 후에, 이 부락이 문명시기에 들어갔는지의 여부를 어떻게 판단하십니까?"라고 고고학자에게 물었고, 모두 듣고 나서 의견이 분분했다. 어떤 이는 "유적에 단지가 있는지 없는지를 볼 겁니다."라고 말했고, 어떤 이는 "유적에 낚싯바늘이 있는지 없는지를 볼 겁니다."라고 말했다. 하지만 4.D 고고학자의 대답은 "대량의 상처가 아문 대퇴골이 있는지 없는지를 봅니다."였고, 5.B 모두들 듣고 나서 멍한 얼굴이 되었다. 고고학자는 설명했다. "미개한 부락은 대부분 '우성열패'의 밀림의 수칙을 떠받들어 대다수가 상처를 입고도 치료를 받을 수가 없고, 생존할 방법이 없습니다. 그래서 만약에 한 부락의 유적에 대량의 상처가 아문 대퇴골을 발견하면 이 원시인들은 상처를 입으면 동료의 치료를 받았음을 설명합니다. 어떤 이가 그들과 불과 물, 음식 등을 나누어, 그들의 골상은 아물게 된 것입니다." 마지막에는 고고학자가 의미심장하게 "이것은 원시인류가 연민을 알기 시작한 것을 뜻하는데, 6.C 연민은 문명과 야만 사이의 가장 근본적인 구별입니다."라고 말했다.

문제 4 ▶

考古学家怎么判断部落是否进入文明时期？
A 研究陶罐的年代
B 看是否有烹饪工具
C 观察鱼钩的形状
D 看是否有大量愈合的股骨

고고학자는 부락이 문명시기에 들어갔는지의 여부를 어떻게 판단하는가?
A 단지의 연대를 연구해서
B 요리도구가 있는지를 보고
C 낚싯바늘의 형상을 관찰해서
D 대량의 상처가 아문 대퇴골이 있는지를 보고

보기에서 B와 D에서 '是否……(~인지 아닌지/~한 여부)'가 있으므로 판단 근거나 관건이 되는 내용을 묻는 문제임을 짐작할 수 있고, '考古学家的回答是，"看是否有大量愈合的股骨。"(고고학자의 대답은 "대량의 상처가 아문 대퇴골이 있는지 없는지를 봅니다."였다)'에서 D와 일치하는 내용이 언급되었고, 실제 질문 역시 문명시기에 들어갔는지 여부의 판단 근거를 물었으므로 정답은 D임을 알 수 있다.

문제 5 ▶

听了考古学家的回答后，大家有什么反应？
A 鼓掌赞同　　　　B 非常茫然
C 不以为然　　　　D 议论纷纷

고고학자의 대답을 듣고 난 후, 모두 어떤 반응이었는가?
A 박수를 치며 찬성했다　　B 매우 멍했다
C 그렇게 여기지 않았다　　D 의견이 분분했다

보기를 통해 사람의 반응에 대한 문제임을 알 수 있는데 특히, D의 '议论纷纷(의견이 분분하다)'을 통해 한 명이 아닌 여러 사람의 반응임을 알 알 수 있고, '大家听后一脸迷茫(모두들 듣고 나서 멍한 얼굴이 되었다)'에서 모두의 반응을 설명했으므로 정답이 B임을 알 수 있다.

考古学家认为，文明区别于野蛮的标志是什么?	고고학자는 문명이 야만과 구별되는 표지가 무엇이라 여겼는가?
A 有奉献精神　　　　B 文字的使用	A 봉사정신이 있는 것　　　　B 문자의 사용
C 懂得怜悯　　　　D 分工明确	C 연민을 아는 것　　　　D 분업이 명확한 것

해설　녹음의 마지막 부분에서 '怜悯正是文明与野蛮之间最根本的区别(연민은 문명과 야만 사이의 가장 근본적인 구별입니다)'라고 했으므로 정답은 C이다.

부분별 전략　실전 문제 정답　　　　　　　　　　　　　▶p.92

1. C	**2.** A	**3.** B	**4.** B	**5.** D	**6.** B
7. A	**8.** B	**9.** A			

문제 1-3

一次京剧大师 1.C 梅兰芳在演出时，因一时失神忘记了一句唱词，便在表演时多做了几个偷看的动作，大家都以为这是梅兰芳为强调人物的羞涩感而故意做的改动，2.A 演出结束后，大家纷纷称赞梅兰芳改得好，结果梅兰芳却坦诚道："不是我改得好，是我把那句唱词忘了，我实在对不起各位，我要检讨自己。"梅兰芳的话令在场的人都愣住了。后来朋友问梅兰芳："你是不是小题大做了？"梅兰芳认真地回答："3.B 对小失误的放纵，就是对自己人格的放纵，最终必酿成大祸。我们只有看清危险，警示未来，才能有长进。"	한 번은 경극대가인 1.C 메이란팡이 공연을 할 때, 순간 정신을 딴 데 파느라 노래가사를 잊어서, 연기할 때 훔쳐보는 동작을 몇 번 더 했다. 모두 이것이 메이란팡이 인물의 수줍음을 강조하기 위해 고의로 바꾼 것이라고 여겼고, 2.A 공연이 끝난 후에 모두 메이란팡이 잘 바꿨다고 칭찬했다. 결국 메이란팡은 "내가 잘 바꾼 것이 아니라 가사를 잊었던 것이라서, 정말 관객분들께 죄송하게 생각하고 있습니다. 반성하겠습니다."라고 솔직하게 말했고, 메이란팡의 말은 장내의 사람들을 멍하게 만들었다. 후에 친구가 메이란팡에게 "자네, 작은 일을 굳이 크게 만든 거 아닌가?"라고 묻자, 메이란팡은 3.B 작은 실수에 대한 방임은 자신의 인격에 대한 방임이므로, 결국 화를 불러일으킨다네. 우리는 위험을 분명히 보고 미래를 경계해야만 발전할 수 있는 걸세."라고 진지하게 대답했다.

문제 1

梅兰芳表演时，发生了什么?	메이란팡이 연기할 때, 무엇이 발생했는가?
A 嗓子发炎了　　　　B 用错道具了	A 목에 염증이 생겼다　　　　B 소품을 잘못 썼다
C 忘词了　　　　D 脚扭伤了	C 가사를 잊었다　　　　D 발을 삐었다

해설　보기가 A '嗓子发炎了(염증이 생겼다)', B '用错道具了(소품을 잘못 샀다)', C '忘词了(가사를 잊었다)' 등이므로 등장하는 인물에 관한 문제임을 짐작할 수 있다. 녹음 앞부분에서 '梅兰芳在演出时，因一时失神忘记了一句唱词(메이란팡이 공연을 할 때, 순간 정신을 딴 데 파느라 노래가사를 잊어서)'라고 했으므로 C가 가장 가능성이 높다는 것을 알 수 있고, 문제가 '메이란팡이 공연할 때 무엇이 발생했는가'이므로 정답은 C이다.

문제 2

大家怎么看梅兰芳的这次表演？	모두 메이란팡의 이번 연기를 어떻게 보았는가?
A 称赞有加　　　　B 发挥得不好	A 매우 칭찬했다　　　　B 제대로 발휘하지 못했다
C 动作不到位　　　　D 难以理解	C 동작이 맞지 않았다　　　D 이해하기 힘들었다

해설 보기를 보면 '称赞(칭찬했다)'도 있고, '难以理解(이해하기 힘들었다)'도 있으므로 어떤 사람이 한 행동에 대한 평가나 견해임을 짐작할 수 있고, '演出结束后，大家纷纷称赞梅兰芳改得好(공연이 끝난 후에 모두 잘 바꿨다고 메이란팡을 칭찬했다)'라고 했으므로 공연이 끝나고 모두의 반응은 칭찬을 한 것임을 알 수 있다. '모두가 메이란팡의 연기를 어떻게 보았는가?'의 문제이므로 정답은 A이다.

문제 3

这段话主要想告诉我们什么？	이 글은 주로 무리에게 무엇을 말하고자 하는가?
A 要勇于接受批评	A 용감하게 비평을 받아들여야 한다
B 不能忽视小失误	B 작은 실수를 경시해서는 안 된다
C 要积极面对挑战	C 적극적으로 도전에 마주해야 한다
D 要敢于创新	D 용감하게 창조해야 한다

해설 보기에 '要(~해야 한다)'가 등장한 것을 보고 이 글의 주제나 시사하는 바를 묻는 문제임을 알 수 있고, '메이란팡'이라는 유명인의 일화이므로 이 일화가 주는 교훈을 묻는 문제임을 알 수 있다. 주인공인 메이란팡이 '对小失误的放纵，就是对自己人格的放纵，最终必酿成大祸(작은 실수에 대한 방임은 자신 인격에 대한 방임이므로, 결국 화를 불러일으킨다네)'라고 했으므로 정답은 B 不能忽视小失误(작은 실수를 경시해서는 안 된다)임을 알 수 있다.

문제 4-6

　　家长教育孩子时应该循循善诱，充分地说明道理。6.B 跟孩子讲道理时不仅要有耐心，还应结合孩子的心理特征，选择恰当的方法和技巧。

　　首先，所讲的道理要合理，4.B 不能苛求孩子。如果大人的要求过分苛刻，孩子是办不到的。比如有的父母要求孩子一点儿零食都不能碰，对孩子大讲吃零食的坏处，这样的"理"，孩子是不会听从的。

　　另外，4.D/5.D 跟孩子说理时，孩子可能会为自己的言行辩解，这时大人应给孩子申辩的机会。家长应该明白，申辩并非强词夺理，而是让孩子把事情讲清楚，这样才能使孩子更加理解你所讲的道理，使教育收到良好的效果。

　　가장은 자녀를 교육할 때 차근차근 일깨워줘야 하고, 도리를 충분하게 설명해야 한다. 6.B 아이들을 훈계할 때는 인내심을 가져야 할 뿐만 아니라, 또한 아이의 심리 특징에 맞춰 적당한 방법과 기교를 선택해야 한다.

　　먼저, 훈계는 적당해야 하고, 4.B 아이에게 엄격하게 요구해서는 안 된다. 만약에 어른의 요구가 지나치게 엄격하면, 아이들은 해낼 수 없을 것이다. 예를 들면 어떤 부모가 아이에게 약간의 간식도 접해서는 안 된다고 요구하면서 아이들에게 간식의 나쁜 점을 계속 설명한다면, 이런 '도리'는 아이들이 따르지 못할 것이다.

　　그 밖에, 4.D/5.D 아이들을 훈계할 때, 아이들은 아마 자신의 말과 행동에 변명을 할 것이다. 이때, 어른은 아이들에게 변명할 기회를 주어야 한다. 가장은 변명을 하는 것이 억지를 부리는 것이 아니라, 아이가 일을 제대로 말할 수 있게 해주는 것임을 분명히 알아야 한다. 이렇게 해야만 아이들이 당신이 말한 도리를 더 잘 이해하게 하고, 교육이 좋은 효과를 얻게 만들 수 있다.

举吃零食的例子是为了说明什么?	간식을 먹는 것에 대한 예는 무엇을 설명하기 위함인가?
A 饮食要合理	A 음식을 먹는 것은 적당해야 한다
B 不能苛求孩子	B 아이에게 엄격해서는 안 된다
C 父母要以身作则	C 부모는 솔선수범해야 한다
D 教育孩子要有耐心	D 아이가 인내심을 가지도록 교육해야 한다

해설 보기를 보면 '孩子(아이)'와 '父母(부모)'가 언급되었으므로 아이와 관련된 내용임을 짐작할 수 있고, '跟孩子讲道理时不仅要有耐心, 还应结合孩子的心理特征, 选择恰当的方法和技巧(아이들을 훈계할 때는 인내심을 가져야 하고, 또한 아이의 심리특징에 맞춰 적당한 방법과 기교를 선택해야 한다)' 부분에서 D가 정답일 것이라고 짐작할 수 있고, '不能苛求孩子。如果大人的要求过分苛刻, 孩子是办不到的(아이에게 엄격하게 요구해서는 안 된다. 만약에 어른의 요구가 지나치게 엄격하면, 아이들은 해낼 수 없을 것이다)'에서 B의 내용도 언급되었으므로 B 역시 정답이 될 수 있다고 볼 수 있는데, 이렇게 두 개의 보기가 다 언급된 경우에는 반드시 문제의 질문을 확인하여 문제에 해당하는 보기를 골라야 한다. 질문은 '간식을 먹는 것에 대한 예가 무엇을 설명하기 위함인가?'이므로 '比如有的父母要求孩子一点儿零食都不能碰(예를 들면 어떤 부모가 아이에게 약간의 간식도 접해서는 안 된다고 요구한다)'의 앞에 나온 내용과 일치하는 B가 정답임을 알 수 있다.

孩子为自己的言行申辩时, 父母应该怎么办?	아이가 자신의 말과 행동에 변명을 할 때, 부모는 어떻게 해야 하는가?
A 制止他	A 못하게 막아야 한다
B 转移话题	B 화제를 바꾸어야 한다
C 让孩子自我反省	C 아이가 자기반성을 하게 해야 한다
D 给孩子辩解的机会	D 아이에게 변명할 기회를 주어야 한다

해설 보기 중에 C '让孩子自我反省(아이가 자기반성을 하게 해야 한다)'이나 D '给孩子辩解的机会(아이에게 변명할 기회를 주어야 한다)'를 보고 부모가 아이에게 어떻게 해야 하는지를 묻는 문제임을 짐작할 수 있다. 녹음 뒷부분에서 '跟孩子说理时, 孩子可能会为自己的言行辩解, 这时大人应给孩子申辩的机会(아이들을 훈계할 때, 아이들은 아마 자신의 말과 행동에 변명을 할 것이다. 이때, 어른은 아이들에게 변명할 기회를 주어야 한다)'라고 했으므로 정답은 D이다.

这段话主要谈的是什么?	이 글을 주로 무엇을 말하는가?
A 怎样培养自信	A 어떻게 자신감을 키워줄 것인가
B 如何跟孩子讲道理	B 어떻게 아이들을 훈계할 것인가
C 为什么要制订家规	C 왜 집안의 규칙을 만들어야 하는가
D 学会跟家长说"不"	D 가장에게 "아니오"라고 말할 줄 알아야 한다

해설 보기의 '怎样(어떻게)', '如何(어떻게)', '为什么(왜)'를 통해 이 글이 말하고자 하는 바나 제목을 묻는 문제임을 알 수 있고, 전체적으로 무슨 질문에 초점이 맞추어 졌는지 집중해야 한다. 이미 앞문제를 통해 아이에게 엄격해서는 안 되고, 아이가 변명할 기회를 주어야 한다고 했으므로 B가 제일 가까운 정답임을 알 수 있고, 녹음 앞부분 '跟孩子讲道理时不仅要有耐心, 还应结合孩子的心理特征, 选择恰当的方法和技巧(아이들을 훈계할 때는 인내심을 가져야 하고, 또한 아이의 심리특징에 맞추어 적당한 방법과 기교를 선택해야 한다)'에서 전제조건이 '아이들을 훈계할 때'라고 했으므로 B의 '如何跟孩子讲道理(어떻게 아이들을 훈계할 것인가)'가 정답임을 알 수 있다.

문제 7-9

有个评论型电视节目的制作人向一位心理学家请教，怎样才能把节目办得更受欢迎。7.A 那位制作人指出，节目中找来的辩论者都非常优秀，可惜现场气氛不够热烈，辩论难以达到高潮。8.B 心理学家听后，建议他改变每位辩论者的坐向，由以往的并排而坐改成两人相对而坐。自从制作人采用了这个建议后，几乎每期节目都能掀起热烈的讨论，没过多久，这个节目就变得非常有名。

心理学家表示，相对而坐往往会使人产生一种强烈的压迫感、不自由感，这是由正面直视的视觉感受所造成的，这种因坐向而产生的心理现象被称为坐向效应。9.A 我们平时与人争辩时总是不知不觉地采取正面相对的姿势，这也属于坐向效应。

어떤 토론식 TV프로그램 제작자가 심리학자에게 어떻게 해야 프로그램은 더욱 사랑받게 할 수 있는지 자문을 구했다. 7.A 그 제작자는 프로그램에 모신 패널들은 모두 우수한데 아쉽게도 현장 분위기는 그렇게 뜨겁지 않고, 토론이 고조되기가 어렵다고 설명했다. 8.B 심리학자는 들은 후에 그가 모든 패널들의 좌석방향을 이전의 나란히 앉던 것을 두 사람이 서로 마주하고 앉게 바꾸라고 건의했다. 제작자가 이 건의를 따른 후부터는 거의 매회의 프로그램이 모두 열렬한 토론을 만들어 냈고, 얼마 지나지 않아 이 프로그램은 매우 유명해졌다.

심리학자는 서로 마주보고 앉으면 사람이 일종의 강한 압박감을 가지게 하고, 자유롭지 못한 느낌이 들게 만드는데, 이것은 마주보는 시각이 만들어내는 것이고, 이러한 좌석방향 때문에 생기는 심리현상은 좌석방향효과라고 불린다. 9.A 우리는 평소에 다른 사람과 논쟁할 때 늘 자기도 모르게 마주보는 자세를 취하게 되는데 이것 역시 좌석방향효과에 속하는 것이다.

문제 7

节目遇到了什么问题?
A 气氛不够热烈
B 内容不够新颖
C 主持人不幽默
D 辩论者不出色

프로그램은 어떤 문제가 생겼는가?
A 분위기가 뜨겁지 않았다
B 내용이 참신하지 않았다
C 진행자가 재미있지 않았다
D 패널들이 뛰어나지 않았다

해설 보기 C의 '主持人(진행자)'과 D의 '辩论者(패널)'를 보고 토론회와 관련된 문제임을 짐작할 수 있고, '那位制作人指出，节目中找来的辩论者都非常优秀，可惜现场气氛不够热烈(프로그램에 모신 패널들은 모두 우수한데 아쉽게도 현장 분위기는 그렇게 뜨겁지 않다)'에서 A가 정답임을 알 수 있다.

문제 8

心理学家建议怎么做?
A 与心理学家互动
B 改变坐向
C 换辩论者
D 调亮舞台灯光

심리학자는 어떻게 하는 것을 건의했는가?
A 심리학자와 교류하라고
B 좌석방향을 바꾸라고
C 패널을 바꾸라고
D 무대의 조명을 밝게 조정하라고

해설 보기 B의 '改变坐向(자리방향을 바꾸다)', C의 '换辩论者(패널을 바꾸다)', D의 '调亮舞台灯光(무대의 조명을 밝게 조정하다)'을 통해 취해야 하는 조치 등을 묻는 문제임을 짐작할 수 있고, '心理学家听后，建议他改变每位辩论者的坐向，由以往的并排而坐改成两人相对而坐(심리학자는 들은 후에 그가 모든 패널들의 좌석방향을 이전의 나란히 앉던 것을 두 사람이 서로 마주하고 앉게 바꾸라고 건의했다)'에서 정답이 B임을 유추할 수 있다. 문제 역시 심리학자의 건의를 묻는 것이므로 정답은 B이다.

下列哪项属于坐向效应?	아래 어느 항이 좌석방향효과에 속하는가?
A 面对面争辩	A 얼굴을 마주하고 논쟁하는 것
B 缺席会议	B 회의에 빠지는 것
C 排队购票	C 줄을 서서 표를 사는 것
D 电话谈判	D 전화로 협상하는 것

해설   마지막 부분에서 '我们平时与人争辩时总是不知不觉地采取正面相对的姿势，这也属于坐向效应(우리는 평소에 다른 사람과 논쟁할 때 늘 자기도 모르게 마주보는 자세를 취하게 되는데 이것 역시 좌석방향효과에 속하는 것이다)'이라고 했고, 문제 역시 좌석방향효과에 관한 문제이므로 정답은 A임을 알 수 있다.

듣기 | Final 전략 & Test

Final   실전 문제 정답   ▶p.103

1. B	**2**. B	**3**. D	**4**. C	**5**. D	**6**. D	**7**. D
8. C	**9**. A	**10**. C	**11**. A	**12**. B	**13**. D	**14**. B
15. C	**16**. C	**17**. A	**18**. B	**19**. A	**20**. C	**21**. A
22. A	**23**. D	**24**. C	**25**. D	**26**. C	**27**. D	**28**. C
29. A	**30**. C	**31**. C	**32**. C			

문제 1

A 中年人易得脑血管疾病	A 중년은 쉽게 뇌혈관질병에 걸린다
B 体力劳动后不宜用冷水洗头	B 체력노동 후에 차가운 물로 머리를 감는 것은 적합하지 않다
C 高强度劳动有助于减肥	C 고강도의 노동은 다이어트에 도움이 된다
D 睡姿不正确会压迫神经	D 수면자세가 올바르지 않으면 신경을 압박하게 된다

| 高强度的体力劳动后，人们的脑血管容易扩张。这个时候，如果用冷水洗头，会导致脑血管迅速收缩，从而产生一系列的应激反应，引发头痛等症状，所以体力劳动后，尽量别用冷水洗头。 | 고강도의 체력노동 후에 사람들의 뇌혈관은 쉽게 확장된다. 이때 차가운 물로 머리를 감으면 뇌혈관이 빠르게 수축되고, 따라서 일련의 스트레스 반응이 생기면서 두통 등의 증상을 유발시킨다. 그래서, 체력노동 후에는 가능한 차가운 물로 머리를 감지 않아야 한다. |

단어   脑血管 nǎoxuèguǎn 명 뇌혈관 | 睡姿 shuìzī 명 수면자세(睡眠姿势 shuìmián zīshì의 줄임말) | 压迫 yāpò 동 압박하다 | 扩张 kuòzhāng 동 확장하다, 팽창하다(↔ 收缩 shōusuō 수축하다) | 一系列 yíxìliè 형 일련의 | 应激 yìngjī 명 스트레스(= 压力 yālì)

해설   고강도의 체력노동 후 몸 상태에 관한 정보 글로 마지막에 '体力劳动后，尽量别用冷水洗头(체력노동 후에는 가능한 차가운 물로 머리를 감지 않아야 한다)'라고 했으므로 정답은 B이다.

문제 2

A 要养成良好的习惯	A 좋은 습관을 길러야 한다
B 孩子的世界更自由	B 아이의 세계는 더욱 자유롭다
C 要拥有乐观的心态	C 낙관적인 마음가짐을 가져야 한다
D 成人的生存压力大	D 성인의 생존 스트레스는 크다

成人的世界，因为实际生活经验和习惯的限制，所以非常狭小、苦闷。而孩子们的世界，则不受这些限制，因此非常广大、自由。年纪愈小，其所见的世界愈大。	성인의 세계는 실제생활에서의 경험과 습관의 제한을 받기 때문에 매우 협소하고 매우 답답하지만, 아이의 세계는 이런 제한들을 받지 않기 때문에, 매우 광대하고 자유롭다. 나이가 어릴수록, 그가 보는 세계는 크다.

단어 心态 xīntài 몡 심리상태, 마음가짐 | 狭小 xiáxiǎo 혱 좁고 작다 | 苦闷 kǔmèn 혱 고민스럽고 답답하다 | 愈 yù 뷔 ~하면 ~할수록(= 越 yuè)

해설 성인의 세계와 아이의 세계에 관한 사설 글이다. 성인의 세계를 제한받고 답답하다고 했으니 반대의 경우인 아이의 세계가 '자유롭다'고 충분히 짐작할 수 있고, '而孩子们的世界，则不受这些限制，因此非常广大、自由(아이의 세계는 이런 제한들을 받지 않기 때문에, 매우 광대하고 자유롭다)'라고 했으므로 정답은 B이다.

문제 3

A 空气加湿器作用大	A 공기는 가습기 작용이 크다
B 冬季要多开窗通风	B 겨울에는 창문을 자주 열어 통풍해야 한다
C 要合理安排室内布局	C 실내 배치를 합리적으로 해야 한다
D 水生花草可调节室内湿度	D 수생화초는 실내습도를 조절할 수 있다

室内空气干燥对人体健康不利。因此，最好采取一些措施增加空气湿度。最环保也最省钱的方法，就是在室内放置盛水的敞口容器。此外，还可以养一两盆水生花草。这样不仅能调节室内湿度，还能美化空间。	실내공기가 건조한 것은 인체건강에 좋지 않다. 이 때문에, 가장 좋은 것은 공기습도를 증가시키는 조치를 취하는 것이다. 가장 환경을 보호하면서 돈을 절약하는 방법은 바로 실내에 아가리가 벌어진 용기에 물을 담아 놓아두는 것이다. 이 외에, 한두 개 수생화초 화분을 키워도 좋다. 이렇게 하는 것은 실내 습도를 조절할 수 있을 뿐만 아니라 공간을 아름답게 할 수도 있다.

단어 加湿器 jiāshīqì 몡 가습기 | 布局 bùjú 몡 배치, 안배 | 湿度 shīdù 몡 습도 | 采取 cǎiqǔ 동 취하다, 채택하다(= 采取措施 cǎiqǔ cuòshī 조치를 취하다) | 盛水 chéngshuǐ 물을 담다 | 敞口容器 chǎngkǒu róngqì 몡 아가리가 벌어진 용기, 그릇

해설 실내 공기작용에 관한 정보 글이다. '这样不仅能调节室内湿度，还能美化空间(이렇게 하는 것은 실내습도를 조절할 수 있을 뿐만 아니라 공간을 아름답게 할 수도 있다)'이라고 했으므로 정답은 D이다.

문제 4

A 妈妈很严厉	A 엄마는 엄하다
B 儿子撒谎了	B 아들은 거짓말을 했다
C 儿子打碎了两个盘子	C 아들은 두 개의 접시를 깨트렸다
D 儿子把碎片藏起来了	D 아들이 부서진 조각을 모았다

| 儿子不小心打碎了一个珍贵的盘子。妈妈看见了碎片，便问是谁打碎的。"是我打碎的。"儿子说。妈妈又问"怎么打碎的？"儿子一时找不到合适的词，一着急便把另一个盘子也摔到地上，说"就是这样打碎的！" | 아들이 조심하지 않아서 하나의 진귀한 접시를 깨트렸다. 엄마는 부서진 조각을 보고, 누가 깨트렸는지 물었다. "제가 깨트렸어요."라고 아이가 말하자, 엄마는 "어떻게 깨트린 거야?"라고 또 물었다. 아이는 순간, 적당한 어휘를 찾을 수가 없고, 다급해져서 다른 하나의 접시도 바닥에 떨어트리며 말했다. "이렇게 깨트린 거예요!" |

단어 **严厉** yánlì 형 엄하다, 호되다 | **撒谎** sāhuǎng 동 거짓말을 하다 | **打碎** dǎsuì 동 부수다, 깨지다 | **藏** cáng 동 숨기다, 감추다 | **摔** shuāi 동 내던지다

해설 아이가 접시를 깨트리며 생긴 에피소드를 담은 이야기 글이다. 이미 접시를 깬 아이가 '一着急便把另一个盘子也摔到地上，说"就是这样打碎的！"(다른 하나의 접시도 바닥에 떨어트리며 말했다. "이렇게 깨트린 거예요!")'라고 했으므로 접시를 모두 두 개 깨트렸다는 것을 알 수 있다. 정답은 C이다.

문제 5

| A 婴儿的注意力易分散
B 艺术天赋会遗传
C 两岁是学习语言的关键期
D 双语环境利于儿童认知发育 | A 아기의 주의력은 쉽게 분산된다
B 예술의 천부적 재능은 유전이다
C 두 살은 언어를 공부하는 관건시기이다
D 두 언어 환경은 아동의 인지 발육에 이롭다 |
| 有调查显示，在六个月大的婴儿中，那些双语家庭中的婴儿，可以更快地辨认出熟悉的图像。而且对新奇事物的关注度更高。调查者由此得出结论：双语家庭中的儿童，在认知发育上可能会比同龄人更高一筹。 | 어떤 조사에서 밝히길, 6개월 된 아기 중에 두 언어 가정의 아기는 더 빨리 익숙한 도상을 분별해낼 수 있고, 게다가 신기한 사물에 대해 관심도가 더욱 높다고 한다. 조사원은 이것으로 두 언어 가정의 아동이 인지 발육에 있어서는 같은 나이의 사람보다 더욱 클 가능성이 있다는 결론을 얻었다. |

단어 **婴儿** yīng'ér 명 영아, 아기 | **分散** fēnsàn 동 분산시키다, 분산되다(* **均匀分散** jūnyún fēnsàn 고르게 분산시키다) | **天赋** tiānfù 명 타고난 자질 동 타고 나다 | **双语** shuāngyǔ 형 2중 언어의(* **双语家庭** shuāngyǔ jiātíng 두 종류의 언어를 사용하는 가정) | **辨认** biànrèn 동 식별해내다 | **图像** túxiàng 명 이미지, 영상

해설 두 언어 가정이 아이의 인지발육에 끼치는 영향을 설명한 정보 글이다. '双语家庭中的儿童，在认知发育上可能会比同龄人更高一筹(두 언어 가정의 아동이 인지 발육에 있어서는 같은 나이의 사람보다 더욱 클 가능성이 있다)'라고 했으므로 정답은 D이다.

문제 6

| A 要把握好时机
B 不要被经验束缚
C 做事要掌握好分寸
D 智慧多源于对经验的总结 | A 기회를 잘 잡아야 한다
B 경험에 속박되지 마라
C 일을 하는 것에는 정도가 있어야 한다
D 지혜는 대부분이 경험의 종합적인 결론에서 온다 |
| 一个人的智慧三分靠天赐，七分靠自己获得。这里的七分很大程度上来源于人生经验的总结。人的一生只有不断地总结，把有益的东西积累起来，然后融会贯通，才能形成自己的智慧体系。 | 한 사람의 지혜는 30%는 하늘이 주는 것에 기대고, 70%는 자신에 기대어 얻는다. 여기서의 70%는 큰 정도에 있어서는 인생경험의 종합적인 결론에서 온다. 사람의 일생은 끊임없이 종합해서 결론을 내리고, 유익한 것들을 축적한 다음 서로 어우러져 연결되어야만 자신의 지혜 시스템을 형성할 수 있다. |

단어 **分** fēn 양 10분의 1, 할(* **三分** sān fēn 3할, 30%) | **融会贯通** rónghuì guàntōng 성 다방면의 도리와 이치를 체계적이고 철저하게 이해하다, 정통하다

해설 사람의 지혜가 주로 어떻게 형성되는지에 대한 개인적인 견해를 담은 사설 글이다. '一个人的智慧三分靠天赐，七分靠自己获得。这里的七分很大程度上来源于人生经验的总结(한 사람의 지혜는 30%는 하늘이 주는 것에 기대고, 70%는 자신에 기대어 얻는다. 여기서의 70%는 큰 정도에 있어서는 인생경험의 종합적인 결론에서 온다)'라고 했으므로 정답은 D이다.

문제 7

A 学无止境 B 学习是自己的事 C 学习不能三心二意 D "举一反三"是一种学习能力	A 배움에는 끝이 없다 B 공부는 자신의 일이다 C 공부는 망설여서는 안 된다 D '举一反三'은 일종의 학습능력이다
"举一反三"的意思是从一件事情类推，从而知道其他许多事情。说明善于学习，能够由此及彼，触类旁通。这既是一种学习方式，也是一种学习能力，可以帮助我们有效地提高学习效率。	'举一反三'의 의미는 한 가지 일에서 유추하여 따라서 기타 많은 일들을 아는 것이다. 공부를 잘해서, 여기부터 저기까지 하나를 보고 열을 아는 것을 설명한다. 이것은 일종의 학습방식이기도 하고, 일종의 학습능력이기도 하여, 우리가 효과적으로 학습효율을 높이는 것을 도울 수 있다.

단어 举一反三 jǔyī fǎnsān 〔성〕 하나를 들으면 열을 안다 | 类推 lèituī 〔동〕 유추하다 | 由此及彼 yóucǐ jíbǐ 〔성〕 여기부터 저기까지(하나에서 비롯된 일련된 현상을 가리킴) | 触类旁通 chùlèi pángtōng 〔성〕 하나를 들으면 열을 안다

해설 '举一反三(거일반삼: 하나를 알면 열을 안다)'이라는 성어에 관한 글이다. '这既是一种学习方式，也是一种学习能力(이것은 일종의 학습방식이기도 하고, 일종의 학습능력이기도 하다)'라고 했으므로 정답은 D이다.

문제 8

A 张家界因山多而闻名 B 张家界地势平缓 C 天门山盘山公路弯道多 D 天门山盘山公路海拔100米	A 장지아제는 산이 많아 유명하다 B 장지아제의 땅의 형세는 평탄하다 C 텐먼산의 판산도로는 굽이진 길이 많다 D 텐먼산의 판산도로는 해발 100m이다
张家界天门山盘山公路，素有"通天大道"之称。该公路全长不过11公里，海拔却从200米急剧上升到1300米。公路两侧是陡峭的悬崖。整个路段共有99个弯，这些弯道似玉带环绕、层层迭起，十分险峻。	장지아제 텐먼산의 산을 휘감은 도로(판산도로)는 "하늘로 가는 도로"라는 별명을 가지고 있다. 이 도로는 전체 길이가 11km 밖에 되지 않고, 해발은 오히려 200m에서 급격히 상승하여 1,300m까지 이른다. 도로 양측은 험준한 산세다. 전체 도로의 구간은 99개의 굽이로 되어 있고, 이 굽이진 길은 마치 옥대로 에워싸고, 겹겹이 일어난 것처럼 매우 험준하다.

단어 素 sù 〔부〕 줄곧(* 素有…之称 sù yǒu…zhī chēng 줄곧 ~의 명칭이 있었다) | 急剧 jíjù 〔부〕 급격하게(* 急剧上升 jíjù shàngshēng 급격하게 상승하다) | 陡峭 dǒuqiào 〔형〕 (산세가) 험준하다 | 悬崖 xuányá 〔명〕 벼랑, 위험한 지경 | 弯 wān 〔명〕 굽이(진 길) | 玉带环绕 yùdài huánrào 옥(으로 만든)띠로 에워싸다 | 迭起 diéqǐ 〔동〕 잇달아 출현하다 | 险峻 xiǎnjùn 〔형〕 험준하다

해설 '张家界(장지아제: 장가계)'라는 지역의 특징을 설명한 정보 글이다. '整个路段共有99个弯(전체도로의 구간은 99개의 굽이로 되어 있다)'이라고 했으므로 정답은 C이다.

문제 9

A 要学会减压 B 知足者常乐 C 做事不要太冲动 D 做事要集中注意力	A 스트레스를 줄일 줄 알아야 한다 B 만족하는 자가 항상 즐겁다 C 일하는 것은 충동적이어서는 안 된다 D 일하는 것은 주의력을 집중해야 한다

当事情超出你的能力和控制范围时，你要试着将困扰自己的事情放一放，把注意力转到自己喜欢的事情上。比如，女士可以通过试穿漂亮衣服来改善心情。这样有助于缓解压力，困扰你的事就不会那么可怕了。

일이 당신의 능력과 통제범위를 벗어났을 때, 당신은 자신을 괴롭혔던 일을 놓아두고, 주의력을 자신이 좋아하는 일에 옮겨보아야 한다. 예를 들면, 여성이 예쁜 옷을 입어보고 기분을 전환시켜 보는 것이다. 이렇게 하는 것은 스트레스를 완화시키는 것에도 도움이 되고, 당신을 괴롭히던 일은 그렇게 두렵지 않게 될 것이다.

해설 일이 사람의 능력과 통제범위를 벗어났을 때 어떻게 해야 하는지 견해를 밝힌 사설 글이다. 여성이 예쁜 옷을 입어보고 전환시켜야 '这样有助于缓解压力，困扰你的事就不会那么可怕了(이렇게 하는 것은 스트레스를 완화시키는 것에도 도움이 되고, 당신을 괴롭히던 일은 그렇게 두렵지 않게 될 것이다)'라고 했으므로 하고자 하는 말은 어떤 방법이 되든 스트레스를 완화, 혹은 줄여야 한다는 것을 의미하므로 정답은 A이다.

문제 10

A 夜间不宜喝咖啡
B 能量饮料中的咖啡因极少
C 过多饮用能量饮料对健康不利
D 剧烈运动会导致血压升高

A 야간에 커피를 마시는 것은 좋지 않다
B 에너지 음료 속에는 카페인이 극히 적다
C 과도하게 에너지 음료를 마시는 것은 건강에 좋지 않다
D 격렬한 운동은 혈압 상승을 초래한다

研究表明，一瓶能量饮料所含的咖啡因往往比一杯浓咖啡还多。过多地饮用能量饮料，可能会导致人体血压升高，心率加快等。做完剧烈运动后，大量饮用能量饮料，甚至还可能出现脱水现象。

한 연구에서 한 병의 에너지 음료가 함유한 카페인은 종종 한 잔의 진한 커피보다 많다고 밝혔다. 과도하게 에너지 음료를 마시는 것은 인체 혈압 상승을 초래하고, 심박율이 빨라지게 한다. 격렬한 운동을 한 후에 에너지 음료를 많이 마시면 심지어 탈수현상이 생길 수도 있다.

해설 에너지 음료에 관한 연구결과를 나타낸 정보 글이다. '大量饮用能量饮料，甚至还可能出现脱水现象(에너지 음료를 많이 마시면 심지어 탈수현상이 생길 수도 있다)'이라고 했으므로 정답은 C이다.

문제 11-15

女 : 15.C 您以前在古玉标本研究中心工作，是一个学者。现在开办了博雅收藏文化有限公司，从事文物鉴定培训，成为了一位知识的传播者。促成您身份转变的原因是什么？
男 : 我认为，学者和传播者这两者之间，实际上是相通的。如今，古玩的商品化给我们提出了一个问题。文物研究究竟能不能作为商品进入市场？一方面来看，答案是否定的。文物研究创造的是精神产品。它所强调的应该是文物的艺术价值、历史价值而不是经济价值。从另一方面来看，答案又是肯定的。现在，人们对古玩非常感兴

여: 15.C 당신은 이전에 고대 옥 표본 연구센터에서 일했고, 한 명의 학자였습니다. 현재는 보야 수집문화 유한회사를 설립하여 문물감정교육에 종사하여 한 명의 지식 전도사가 되었는데요. 당신의 신분을 바꾸게 된 원인은 무엇입니까?
남: 저는 학자와 전도사 이 둘 간에는 사실 상통하는 것이 있다고 생각합니다. 현재 골동품의 상품화는 우리에게 하나의 문제를 제기했는데요. 문물연구가 도대체 상품으로서 시장에 들어갈 수 있는가 없는가입니다. 한 편으로 답은 부정적이라고 볼 수 있습니다. 문물연구가 만들어내는 것은 정신적인 것이고, 그것이 강조하는 것은 문물의 예술적 가치이고, 역사적 가치이지 경제적인 가치가 아닙니다. 다른 한 편으로 답은 긍정적이라고도 볼 수 있습니다. 현재,

趣。如果，能够通过这么一个机会，提高人们对文物的认知水平，11.A 这对文物保护与研究来说，是一种很大的贡献。

女： 您作为文物研究和鉴定专家，可以谈谈对收藏市场的看法吗？

男： 收藏市场可以用非常火爆来形容。因为，物以稀为贵。而古玩即使没有人为的破坏，也在处于不断损耗的过程中。东西越来越少，而从事收藏和买卖的人越来越多，12.B 市场供不应求。正是由于市场上的供不应求，高仿品也越来越多。这不仅给收藏者带来了损失，而且对那些流失在民间的艺术品的回收与保护，也带来了不利的影响。所以说，目前市场还是比较混乱的。

女： 您认为应该怎样改变这种市场状况？

男： 13.D 从收藏爱好者的个人角度来讲，必须要提高自己的鉴赏水平，掌握扎实的鉴定技巧。

女： 您创办博雅收藏文化有限公司的初衷是什么呢？想达到什么目标？

男： 艺术品鉴定是个复杂的体系。通常都是父子相传。一般人想找一个好的师傅，拜师学艺是很难的。我们设立这个公司，就是想将我们这些专业学者所具备的知识，同学员分享，让他们学到实用、有效的鉴定技巧。14.B 我们邀请的专家顾问都是资深学者。而且我们特别强调学员的实践能力。每位学员都可以接受长达两年的培训与指导。此外，我们还专门办了一个标本实验室，可供学员随时学习、观摩。我希望通过我们的努力，让学员树立正确的收藏观念，在藏品升值带来财富的同时，感受艺术品所蕴含的历史文化美。

사람들은 골동품에 관심이 매우 많습니다. 만약에 이러한 기회를 통해 사람들의 문물에 대한 인식수준을 높일 수 있다면, 11.A 이것은 문물의 보호와 연구에 있어서는 하나의 큰 공헌이 됩니다.

여: 문물연구와 감정전문가로서 수집시장에 대한 견해를 말씀해주실 수 있나요?

남: 수집시장은 매우 뜨겁다라고 묘사할 수 있습니다. 물건은 드물수록 귀하기 때문입니다. 그런데 골동품은 인위적인 파괴가 없을지라도 끊임없는 마모의 과정에 놓여져 있습니다. 물건은 갈수록 적어지고, 수집과 매매에 종사하는 사람을 갈수록 많아져 12.B 시장의 공급이 수요를 따르지 못하고 있죠. 시장에서의 공급부족 때문에 A급의 모조품은 갈수록 많아지고 있습니다. 이것은 수집가들에게 손실을 가져다 주고, 게다가 민간에서 유실되는 예술품들의 회수와 보호에 좋지 않은 영향을 가져다 줍니다. 그래서 현재 시장은 비교적 혼란스럽다고 말할 수 있습니다.

여: 어떻게 이런 시장상황을 바꾸어야 한다고 생각하십니까?

남: 13.D 수집전문가들의 개인적인 각도에서 본다면, 반드시 자신의 감정수준을 높여야 하고, 탄탄한 감정기술을 습득해야 합니다.

여: 당신이 보야 수집문화 유한회사를 설립한 취지는 무엇입니까? 어떤 목표에 도달하고 싶으신가요?

남: 예술품 감정은 복잡한 시스템입니다. 통상적으로 아버지에서 아들로 전해지죠. 일반인이 좋은 스승을 찾아 스승으로 모시고 기술을 배우기는 어렵습니다. 우리가 이 회사를 설립한 것은 바로 우리의 전문적인 학자들이 갖추고 있는 지식을 수강생들과 함께 나누어 그들이 실용적이고, 효과적인 감정기술을 배우게 하는 것입니다. 14.B 우리가 초빙한 전문고문들은 모두 베테랑의 학자들입니다. 게다가 우리는 수강생들의 실전능력을 강조합니다. 모든 수강생들이 길게는 2년간의 훈련과 지도를 받아들일 수 있습니다. 이외에, 우리는 전문적으로 표본 실험실을 열어 수강생들이 언제든지공부하고, 참관할 수 있게 제공하고 있습니다. 저는 우리의 노력을 통해 수강생들이 정확한 수집관념을 세우게 하고, 수집품의 가치상승이 부를 가져다주는 동시에, 예술품이 가지고 있는 역사문화적 아름다움을 느끼기를 바랍니다.

단어　鉴定 jiàndìng 동 감정하다 | 促成 cùchéng 동 서둘러 성사시키다 | 古玩 gǔwán 명 골동품 | 收藏 shōucáng 동 소장하다, 수집하여 보관하다 | 火爆 huǒbào 형 (분위기나 인기 등이) 뜨겁다, 폭발적이다 | 物以稀为贵 wù yǐxī wéiguì 성 물건은 적을수록 귀하다 | 损耗 sǔnhào 동 소모되다 | 流失 liúshī 동 유실되다 | 回收 huíshōu 동 회수하다 | 扎实 zhāshi 형 견실하다, 튼튼하다 | 初衷 chūzhōng 명 최초의 소망, 바람 | 相传 xiāngchuán 동 대대로 전해오다 | 顾问 gùwèn 명 고문 [전문적인 지식과 풍부한 경험으로 조언하는 직책이나 직책의 사람] | 观摩 guānmó 동 (경험교류와 배울 목적으로) 참관하다, 견학하다 | 升值 shēngzhí 동 가치가 오르다 | 蕴含 yùnhán 동 내포하다, 함유하다

文物研究的商品化，有什么好处？	문물연구의 상품화는 어떤 좋은 점이 있는가？
A 有利于文物保护	A 문물의 보호에 도움이 된다
B 解决部分人的就业问题	B 일부 사람들의 취업문제를 해결한다
C 加速货币的流通	C 화폐의 유통을 가속화 시킨다
D 增加财政收入	D 재정수입을 늘린다

단어 流通 liútōng 동 유통되다 | 财政 cáizhèng 명 재정

해설 문물연구의 상품화에 관한 문제이고, 게스트가 '这对文物保护与研究来说，是一种很大的贡献(이것은 문물의 보호와 연구에 있어서는 하나의 큰 공헌이 됩니다)'이라고 했고 공을 세웠다는 것은 도움이 되었다는 말이므로 정답은 A이다.

男的觉得，现在的收藏市场怎么样？	남자는 현재의 수집시장이 어떻다고 여기는가？
A 特别规范	A 매우 규범적이다
B 供不应求	B 공급이 수요를 따라가지 못한다
C 缺乏活力	C 활력이 없다
D 潜力很大	D 잠재력이 크다

단어 规范 guīfàn 동 규범화하다 명 규범 | 供不应求 gōngbú yìngqiú 성 공급이 수요를 따르지 못하다

해설 수집시장에 관한 문제로, 진행자가 두 번째로 물은 질문과 매칭이 되고, 이에 대답으로 게스트가 '市场供不应求(시장의 공급이 수요를 따르지 못하고 있죠)'라고 했으므로 정답은 B이다.

收藏爱好者应该怎么做？	수집애호가들은 어떻게 해야 하는가？
A 正当竞争	A 정당하게 경쟁해야 한다
B 摆脱技巧的束缚	B 기술의 속박에서 벗어나야 한다
C 敢于投资	C 용감하게 투자해야 한다
D 提升个人的鉴赏能力	D 개인의 감정능력을 향상시켜야 한다

단어 束缚 shùfù 명 속박(* 摆脱束缚 bǎituō shùfù 속박에서 벗어나다) | 鉴赏 jiànshǎng 동 (예술품 · 문물 등을) 감상하다

해설 수집애호가들의 앞으로 방향을 물은 문제이고, 진행자의 수집시장 현 상황을 어떻게 해야 하나는 질문에 게스트가 '从收藏爱好者的个人角度来讲，必须要提高自己的鉴赏水平(수집전문가들의 개인적인 각도에서 본다면, 반드시 자신의 감정수준을 높여야 합니다)'이라고 했으므로 정답은 D이다.

关于男的创办的公司，可以知道什么？		남자가 설립한 회사에 관해, 무엇을 알 수 있는가？	
A 免费指导	B 邀请了资深顾问	A 무료로 지도한다	B 베테랑 고문을 초빙했다
C 学员很少	D 经营不善	C 수강생이 적다	D 경영이 뛰어나지 못하다

단어 资深 zīshēn 형 경력이 오랜, 베테랑의(* 资深顾问 zīshēn gùwèn 베테랑 고문) | 不善 búshàn 형 잘하지 못하다

해설 남자 즉, 게스트가 설립한 회사에 관한 정보를 묻는 문제이고, 진행자가 회사의 초기 계획을 물은 질문에 대한 대답을 하던 중 게스트가 '我们邀请的专家顾问都是资深学者(우리가 초빙한 전문고문들은 모두 베테랑의 학자들입니다)'라고 했으므로 정답은 B이다.

문제 15

根据对话，下列哪项正确？	대화를 근거로, 아래에 어느 항이 정확한가？
A 文物鉴赏理论高于实践	A 문물감정은 이론이 실전보다 높다
B 文物保护现状不容乐观	B 문물보호의 현 상태는 낙관적이지 않다
C 男的以前是位学者	C 남자는 이전에 학자였다
D 男的出版了鉴赏教材	D 남자는 감정교재를 출판했다

단어 **实践 shíjiàn** 명 실천 | **不容 bùróng** 동 허락하지 않다(* **不容乐观 bùróng lèguān** 낙관적이지 않다)

해설 이 인터뷰로 알 수 있는 사실을 묻는 문제로 처음에 진행자가 '以前在古玉标本研究中心工作，是一个学者(당신은 이전에 고대 옥 표본 연구센터에서 일했고, 한 명의 학자였습니다)'라고 언급했으므로 정답은 C이다.

문제 16-20

女：此次奥运会你将以卫冕冠军的身份出战，和2004年、2008年的那个林丹相比，现在的你有什么不同？

男：16.C 我为自己感到骄傲，我在国家队用了12年时间证明自己依然是男子单打组中教练首选的运动员之一。20.C 伦敦是我第三次代表中国男单参加的奥运会，我要做的是创造后人难以超越的纪录，这是一个林丹的时代。

女：在羽毛球界也有选手参加三届甚至四届奥运会的先例，但是能够始终保持高水平的几乎没有。

男：对，没错。羽毛球的每一场比赛消耗的体能和要求的精力，和很多项目完全不一样，特别是男子单打，非常辛苦。我在过去12年的职业生涯中，已尽可能把我最好的竞技状态都表现了出来，17.A 只要我还打下去，对很多年轻人来说就是一种鼓励。18.A 一个运动员一辈子没有几次能代表祖国参加奥运会，我格外珍惜。18.B 奥运会很神圣，但不是人生的终点。

女：你的父母也将前往伦敦，我们知道过去你父母很少到现场看你比赛，这次有他们到场是否会觉得更心安？

男：是的，我的家人都会去伦敦看我的比赛，这样我的压力也不会那么大，因为我知道，不管结果如何，在赛场某个小小的角落里，会有他们无私的支持。家人的爱是没有一点私心的，是最无私的，这让我非常幸福。

女：29岁的你，对幸福的理解是什么？

여: 이번 올림픽은 당신이 타이틀을 방어하는 신분으로 출전을 할 텐데요. 2004년, 2008년의 린딴과 비교했을 때 현재의 당신은 어떤 것이 다른가요？

남: 16.C 저는 스스로를 자랑스럽게 여기고 있고, 국가대표팀에서 12년 동안의 시간을 들여 저는 여전히 남자단식 조 중에 코치들이 우선적으로 뽑는 운동선수가 되었습니다. 20.C 런던은 제가 세 번째로 중국 남자단식을 대표하여 참가하는 올림픽이고, 제가 해야 하는 것은 이후의 사람이 넘기 어려운 기록과 지금이 린딴의 시대라는 것을 만드는 것입니다.

여: 배드민턴 계에서 선수가 3회, 심지어 4회 올림픽에 참여한 선례도 있지만, 시종 높은 수준을 유지할 수 있었던 경우는 거의 없었습니다.

남: 예, 맞습니다. 배드민턴은 매 시합에 소모되는 신체적 능력과 요구되는 힘이 많은 종목들과 완전히 다릅니다. 특히, 남자단식이 매우 고생스럽죠. 저는 과거 12년 동안의 직업적 삶에서 저의 가장 좋은 경기상태를 가능한 한 모두 보여주었고, 17.A 제가 더 해 나간다면, 많은 젊은이들에게는 일종의 격려가 되죠. 18.A 운동선수가 조국을 대표해 올림픽에 참가할 수 있는 것은 한 평생 몇 번 되지 않아서 저는 특별히 소중히 생각합니다. 18.B 올림픽은 신성한 것이지만, 인생의 종점은 아닙니다.

여: 당신 부모님도 런던으로 갈 텐데, 우리는 과거에 당신 부모님은 당신의 시합을 보러 경기장에 잘 안 갔던 것으로 아는데, 이번에 그들이 경기장에 가서 마음이 더 편하지 않요？

남: 그렇습니다. 제 가족은 모두 제 시합을 보러 경기장에 갑니다. 이렇게 하면 제 부담도 그렇게 크지 않게 되죠. 왜냐하면 저는 결과가 어떻게 되든 시합장에서 어떤 작은 모퉁이에서 그들이 사심 없이 응원해주고 있을 것이라는 것을 알기 때문입니다. 가족의 사랑은 조금도 사심이 없고, 이것이 저를 매우 행복하게 만듭니다.

여: 29세의 당신은 행복에 대한 이해가 어떠한가요？

男: 不在于你住多大的房子或者是拥有了什么，也许通过你的努力拥有了这些以后，会有一种成就感，但那种成就感并不一定就是幸福感。幸福是早上下楼给家人买早点，是一家人一起聊天，幸福也是回家的时候一抬头就能从窗口看到爸妈在厨房里忙活。19.A 我觉得幸福是家人的爱，比如他们的鼓励和支持。

남: 당신이 얼마나 큰 집에 있거나, 어떤 것을 가지고 있든지 간에, 어쩌면 당신의 노력을 통해 이러한 이런 것들을 가지게 된 후에, 일종의 성취감이 생기겠지만, 그러한 성취감은 결코 행복감인 것은 아닙니다. 행복은 아침에 가족을 위해 아침식사를 사는 것이고, 가족과 함께 잡담을 나누는 것입니다. 행복은 집으로 돌아갈 때, 고개를 드니 창문으로 아빠, 엄마가 주방에서 분주한 것을 볼 수 있는 것이기도 하죠. 19.A 저는 행복은 가족의 사랑이라고 여깁니다. 예를 들면, 그들의 격려와 응원이죠.

단어 **奥运会** Àoyùnhuì 몡 올림픽(* **亚运会** Yàyùnhuì 아시안게임) | **卫冕** wèimiǎn 동 (우승이나 타이틀을) 방어하다(* **卫冕冠军** wèimiǎn guànjūn 우승을 지키다) | **出战** chūzhàn 동 출전하다 | **单打** dāndǎ 몡 단식(↔ **双打** shuāngdǎ 복식) | **超越** chāoyuè 동 넘어서다 | **先例** xiānlì 몡 선례 | **消耗** xiāohào 동 소모하다 | **生涯** shēngyá 몡 생애, 일생 | **神圣** shénshèng 혱 신성하다 | **前往** qiánwǎng 동 ~를 향해 가다(* **前往伦敦** qiánwǎng Lúndūn 런던으로 가다) | **无私** wúsī 혱 사심이 없다 | **早点** zǎodiǎn 몡 (간단한) 아침식사

문제 16

男的怎么评价现在的自己？	남자는 어떻게 현재의 자신을 평가하는가?
A 体能下降　　　　B 追求简单	A 신체능력이 떨어진다　　B 간단함을 추구한다
C 为自己骄傲　　　D 有很大的上升空间	C 자신을 자랑스러워 한다　D 매우 큰 발전여지가 있다

단어 **体能** tǐnéng 몡 몸의 운동능력, 체능

해설 게스트의 자신에 대한 평가를 묻는 문제이고, 첫 번째 질문으로 과거와 현재의 당신이 어떻게 다르냐는 질문에 게스트가 '我为自己感到骄傲(저는 스스로를 자랑스럽게 여기고 있습니다)'라고 했으므로 정답은 C이다.

문제 17

男的认为自己对年轻人有什么作用？	남자는 자신이 젊은이들에게 어떤 작용이 있다고 여기는가?
A 激励　　　　　　B 安慰	A 격려하는　　　　　　B 위로하는
C 指导　　　　　　D 引以为戒	C 이끌어주는　　　　　D 본보기로 삼는

단어 **激励** jīlì 동 격려하다 | **引以为戒** yǐnyǐ wéijiè 거울로 삼다, 본보기로 하다

해설 남자가 젊은이들에게 끼친 영향을 묻는 문제로 두 번째 질문에 대한 대답에서 '只要我还打下去，对很多年轻人来说就是一种鼓励(제가 더 해 나간다면, 많은 젊은이들에게는 일종의 격려가 되죠)'라고 했으므로 정답은 A이다.

문제 18

男的对奥运会是什么看法？	남자는 올림픽에 대해 어떤 견해인가?
A 不宜经常参加	A 자주 참가하는 것은 좋지 않다
B 并非奋斗的终点	B 결코 분투의 종점이 아니다
C 跟其他比赛一样	C 다른 시합과 같다
D 是年轻人的天下	D 젊은이들의 세계이다

단어 **终点** zhōngdiǎn 몡 종착점, 결승점

해설 남자의 올림픽에 대한 견해를 묻는 문제로, 진행자가 남자의 높은 수준을 유지할 수 있었던 이유를 묻는 질문에 대한 대답을 하던 중에 '奥运会很神圣，但不是人生的终点(올림픽은 신성한 것이지만, 인생의 종점은 아닙니다)'이라고 했으므로 정답은 B이다. A는 '자주 참가하는 것이 좋지 않다'라는 뜻이지 '자주 참가하지 못한다'가 아니므로 '一个运动员一辈子没有几次能代表祖国参加奥运会(운동선수가 조국을 대표해 올림픽에 참가할 수 있는 것은 한 평생 몇 번 되지 않습니다)'를 듣고 A를 선택해서는 안 된다.

문제 19

男的认为幸福是什么？	남자는 행복이 무엇이라고 여기는가？
A 家人的关爱　　　B 一种成就感	A 가족의 관심과 사랑　　　B 일종의 성취감
C 努力后的回报　　　D 成功时的喜悦	C 노력 후의 보답　　　D 성공했을 때의 희열

단어 回报 huíbào 통 보답하다 | 喜悦 xǐyuè 형 기쁘다 명 희열

해설 남자의 행복에 대한 견해를 묻는 문제인데, 진행자의 마지막 질문 역시 행복에 대한 이해를 물었고, 남자가 마지막 부분에 '我觉得幸福是家人的爱，比如他们的鼓励和支持(저는 행복은 가족의 사랑이라고 여깁니다. 예를 들면, 그들의 격려와 응원이죠)'라고 했으므로 정답은 A이다.

문제 20

关于男的可以知道什么？	남자에 관해 알 수 있는 것은？
A 已经退役了	A 이미 은퇴했다
B 是网球新人	B 테니스 신예이다
C 不止一次参加奥运会	C 올림픽 참가가 한 번에 그치지 않았다
D 不让父母去伦敦看他比赛	D 부모님이 그의 경기를 보러 런던에 가지 못하게 했다

단어 退役 tuìyì 통 은퇴하다

해설 남자의 정보에 관한 문제로 첫 질문에 대한 대답에서 '伦敦是我第三次代表中国男单参加的奥运会(런던은 제가 세 번째로 중국 남자단식을 대표하여 참가하는 올림픽입니다)'라고 했으므로 정답은 C이다.

문제 21-23

刘完素是宋朝著名医学家。有一次，他生了病，吃了许多药也不见好转。恰巧他的朋友张元素也是个大夫，21.A 张元素主动提出要给刘完素看病，刘完素却有些不情愿。他想：22.A 我要是被他治好了，那岂不是很没面子，但他又转念一想，我平时最提倡同行间互相学习，怎么轮到自己，就犯糊涂了呢。于是，他决定请张元素给自己治病，两人一起分析病情，终于找到了病根。不久，刘完素就恢复了健康。

此后，两人经常在一起交流医学上的疑难问题，医术都大有长进。孔子说：三人行，必有我师焉。知识再渊博的人也有不足之处，23.D 我们要虚心学习他人的长处，这样才能不断进步。

유완소는 송 왕조 때의 유명한 의학자이다. 한 번은 그가 병이 나 많은 약을 먹었는데도 호전이 되지 않았는데, 마침, 그의 친구 장원소 역시 의사여서 21.A 장원소가 주동적으로 유완소를 진찰하겠다고 제의했는데, 유완소는 오히려 원하지 않았다. 그는 생각했다. 22.A '내가 그에게 치료를 받아 좋아지면, 이 어찌 창피한 일이 아니겠는가.' 하지만 그는 또 다시 생각해보니 '내가 평소에 동료간에는 서로 배워야 한다 가장 강조하지 않았는가. 어찌 내가 그렇게 되니 멍청하게 굴 수 있는가?'하는 마음이 들었다. 그리하여 그는 장원소가 자신을 진찰하길 청했고, 두 사람은 함께 병세를 분석하여 마침내 병원 근원을 찾아냈다. 얼마 되지 않아 유완소는 건강을 회복했다.

이후에, 두 사람은 자주 함께 의학 방면의 의문이나 어려운 점을 교류했고, 의술도 모두 큰 발전이 있었다. 공자는 '三人行，必有我师焉(세 사람이 길을 가면 그 가운데 반드시 나의 스승이 있다)'이라고 말했다. 아무리 박학다식한 사람일지라도, 부족한 점은 있고, 23.D 우리는 겸손하게 타인의 장점을 본 받고, 이렇게 해야만 끊임없이 발전할 수 있다.

단어 好转 hǎozhuǎn 통 호전되다 | 恰巧 qiàqiǎo 부 때마침 | 情愿 qíngyuàn 통 진심으로 원하다 | 岂 qǐ 부 어찌 ～하겠는가？(* 岂不是 qǐbúshì 어찌 ～이 아니겠는가？) | 转念 zhuǎnniàn 통 다시 생각하다 | 轮到 lúndào 순서가 되다 | 糊涂 hútu 형 어리석다(* 犯糊涂 fàn hútu 어리석게 굴다) | 病根 bìnggēn 명 병의 근원 | 疑难 yínán 형 의문을 풀기 어렵다 | 长进 zhǎngjìn 통 (학문·능력 등이) 향상되다 | 渊博 yuānbó 형 박식하다

张元素主动提出做什么?	장원소는 무엇을 주동적으로 제의했는가?
A 给刘完素治病	A 유완소에게 병을 치료해주는 것
B 安抚患者情绪	B 환자의 마음을 위로해주는 것
C 在当地开药店	C 현지에 약국을 여는 것
D 研制新的药品	D 새로운 약품을 연구 제조하는 것

단어 **安抚** ānfǔ 동 위로하다 | **研制** yánzhì 동 연구 제작하다

해설 장원소가 제의한 것을 묻는 문제인데, 유완소가 병이 나서 호전되지 않는 상황에서 '张元素主动提出要给刘完素看病(장원소가 주동적으로 유완소를 진찰하겠다고 제의했다)'이라는 내용이 나오므로 정답은 A이다.

刘完素起初为什么不太情愿?	유완소는 처음에 왜 원하지 않았는가?
A 怕丢面子　　　B 不信任对方	A 체면을 잃을까 걱정되어서　　B 상대방을 믿지 못해서
C 病情不严重　　D 已找到治疗方法	C 병세가 심각하지 않아서　　D 이미 치료방법을 찾아서

해설 유완소가 처음에는 왜 원하지 않았냐는 문제이고 앞 문제와 연계하면 장원소가 병을 치료해주려고 하자 유완소가 왜 원치 않았느냐는 문제로, 유완소가 생각한 부분인 '我要是被他治好了，那岂不是很没面子(내가 그에게 치료를 받아 좋아지면, 이 어찌 창피한 일이 아니겠는가)'라고 했으므로 체면을 잃을까 걱정되어서 임을 알 수 있다. 정답은 A이다.

TIP 没(有)面子 = 丢面子 체면을 잃다, 부끄럽다

这段话主要想告诉我们什么?	이 글은 주로 우리에게 무엇을 알리고자 하는가?
A 要广泛交友	A 광범위하게 친구를 사귀어야 한다
B 待人要宽容	B 사람을 대할 때는 관용을 베풀어야 한다
C 对自己不要过于苛刻	C 자신에 대해 너무 가혹하게 해서는 안 된다
D 要虚心向他人学习	D 겸손하게 다른 사람을 본 받아야 한다

단어 **宽容** kuānróng 형 너그럽다 | **苛刻** kēkè 형 (조건·요구 등이) 너무 지나치다

해설 이 글의 교훈을 묻는 문제이고, 결국 유완소는 장원소의 도움으로 병을 치료했을 뿐만 아니라 이후 함께 어려운 점을 교류하며 의술에서 큰 발전을 얻었다는 것만으로도 충분히 서로에게 배워야 한다는 D가 정답임을 짐작할 수 있고, 마지막 부분에 '我们要虚心学习他人的长处，这样才能不断进步(우리는 겸손하게 타인의 장점을 본 받고, 이렇게 해야만 끊임없이 발전할 수 있다)'라고 했으므로 정답은 D이다.

2012年发表在《消费者研究杂志》上的一篇文章指出，24.C 签名可能会引发人们的自我认同感。当面临一些消费行为时，人们的购买欲望可能会因此而增强。这就是所谓的签名效应。一个简单的动作，为什么会有如此大的影响呢？研究人员发现，25.D 人们在纸上写下自己的名字时，大脑中的自我意识会加强。此时，如果看到自己喜欢的东西，很容易把物品和自

2012년 발표한 《소비자 연구잡지》의 한 편의 글에서는 24.C 서명을 하는 것은 사람들에게 자기가 인정받는 느낌이 들게 할 수 있다고 밝혔다. 소비행위를 마주했을 때, 사람들의 구매욕망은 아마도 이 때문에 증가될 것이다. 이것이 바로 소위 서명효과이다. 이 간단한 동작이 왜 이렇게 큰 영향을 가지는가? 연구원이 발견한 것은 25.D 사람들이 종이 위에 자신의 이름을 써내려갈 때, 대뇌 속의 자아의식이 강해지는데, 이때, 만약에 자신이 좋아하는 물건을 보면 아주 쉽게 물품을 자신

己联系起来，产生这个东西适合我的想法，从而激发购买欲望。例如，有的中介公司，要求租客在看房之前，签订看房协议书，就是为了增强租客的租住愿望。了解了签名效应之后，下次再遇到诸如填会员表或签信用卡等情况时，26.C 我们一定要慎重考虑，看自己是否真的需要这个东西或这项服务，以免花冤枉钱。

과 연결시켜, 이 물건이 정말 나에게 적합하다는 생각이 들어 구매욕망을 불러 일으킨다는 것이다. 예를 들면, 어떤 (부동산) 중개회사는 임대고객이 집을 보기 전에, 집을 보는 협의서에 서명을 할 것을 요구하는데 바로 임대고객의 임대를 하겠다는 바람을 증가시키기 위함이다. 서명효과를 이해한 후, 다음에 예를 들어 회원 가입서에 기입을 하거나 신용카드 등에 서명을 해야 하는 상황을 맞닥뜨리면, 26.C 우리는 반드시 자신이 진짜 이 물건이나 이 서비스가 필요한지를 신중하게 고려하여 쓸데없이 돈을 쓰는 것을 피해야 한다.

> 단어 **签名** qiānmíng 통 서명하다 | **认同** rèntóng 통 인정하다 | **激发** jīfā 통 (감정을) 불러일으키다(* **激发欲望** jīfā yùwàng 욕망을 불러일으키다) | **签订** qiāndìng 통 (계약·거래를) 체결하다 | **诸如** zhūrú 통 예를 들면 ~이다 | **以免** yǐmiǎn 접 ~하지 않도록 | **花冤枉钱** huā yuānwangqián 쓸데없이 돈을 쓰다

문제 24

签名行为，会导致什么？	서명을 하는 행위는 무엇을 야기하게 되는가?
A 个人信息泄露　　B 责任感降低	A 개인 정보가 샌다　　B 책임감이 떨어진다
C 购买欲望增强　　D 产生优越感	C 구매욕망이 강해진다　　D 우월감이 생긴다

> 단어 **泄露** xièlòu 통 (비밀을) 누설하다 | **优越感** yōuyuègǎn 명 우월감

> 해설 서명을 하는 행위가 불러일으키는 효과에 대한 문제이고, 글의 첫 부분에서 '签名可能会引发人们的自我认同感。当面临一些消费行为时，人们的购买欲望可能会因此而增强(서명을 하는 것은 사람들에게 자기가 인정받는 느낌이 들게 할 수 있다. 소비행위를 마주했을 때, 사람들의 구매욕망은 아마도 이 때문에 증가될 것이다)'이라고 했으므로 우선적으로는 '자기에 대한 인정감'을 만들어낸다는 것이고 이로 인해 '구매욕망도 증가하는 것'이라고 했으므로 정답은 C이다.

문제 25

人们在纸上写下自己的名字时，会有什么反应？	사람들은 종이에 자신의 서명을 할 때, 어떤 반응이 생기게 되는가?
A 陷入沉思状态	A 깊은 생각을 하는 상태에 빠지게 된다
B 感到疲惫	B 피로함을 느끼게 된다
C 注意力不集中	C 주의력이 집중되지 않는다
D 自我意识加强	D 자아의식이 강해진다

> 단어 **陷入** xiànrù 통 (불리한 지경에) 빠지다 | **沉思** chénsī 통 심사숙고하다 | **疲惫** píbèi 형 대단히 지치다

> 해설 사람들의 서명을 했을 때의 반응을 묻는 문제이고, 앞의 문제로 서명행위가 자기 인정감을 준다고 했으므로 D가 정답에 가까움을 짐작할 수 있고, 지문에서 '人们在纸上写下自己的名字时，大脑中的自我意识会加强(사람들이 종이 위에 자신의 이름을 써내려갈 때, 대뇌 속의 자아의식이 강해진다)'이라고 직접적으로 언급했으므로 정답은 D이다.

문제 26

填写会员表时，应该怎么做？	회원 가입서에 기입할 때, 어떻게 해야 하는가?
A 明确会员权限	A 회원의 권한을 명확하게 해야 한다
B 确保地址准确	B 주소를 정확하게 확보해야 한다
C 考虑自身需求	C 자신이 필요로 하는 것을 고려해야 한다
D 牢记卡号	D 카드번호를 분명하게 기억해야 한다

문제 27-29

南极和北极同样是极地，都处于地球自转轴的两端，温度也都非常低，不过南极比北极更冷，是当之无愧的极冷之地。这是为什么呢？第一，27.D 南极洲是陆地，北极地区则是一片汪洋大海。由于陆地降温比海洋快，因此，冬季的南极比冬季的北极更冷。这是造成两极温度差异的最重要原因。第二，南极洲的维度高，太阳辐射经过大气的路径长，到达地面的太阳辐射比较少。此外，每年南极圈内，各地都有极夜，28.C 南极点的极夜期更是长达半年，在这期间，南极点无任何太阳辐射，与此同时，陆地热量也在不断散失，因此南极洲的平均温度比较低。第三，南极洲平均海拔为2350米，是世界上平均海拔最高的大洲，而北极地区的平均海拔仅与海平面相当，而温度会随海拔的上升而降低。所以，29.A 南极的气温要相对低一些。	남극과 북극은 똑같이 극지이고, 모두 지구 자전축의 양단에 위치하며, 온도 역시 모두 매우 낮다. 하지만 남극은 북극보다 더욱 추워서 극냉지역으로 손색이 없다. 이것은 무엇 때문인가? 첫째, 27.D 남극대륙은 육지이지만, 북극지역은 망망대해이다. 육지의 온도하강이 해양보다 빠르기 때문에, 겨울의 남극은 겨울의 북극보다 더욱 춥다. 이것은 양극온도의 차이를 조성하는 가장 중요한 원인이다. 둘째, 남극대륙의 위도가 높고, 태양복사는 대기를 거치는 경로가 길기 때문에 지면에 도달하는 태양복사가 비교적 적다. 이외에, 매년 남극권 내에서는 각지에 극야가 생기는데, 28.C 남극점의 극야기간은 더욱이 반년에 달해 이 기간에 남극점은 어떠한 태양복사도 없고, 이와 동시에, 육지의 열에너지 역시 끊임 없이 산실되기 때문에 남극대륙의 평균기온은 비교적 낮다. 셋째, 남극대륙의 평균 해발은 2,350m로, 세계에서 평균해발이 가장 높은 대륙인데, 북극지역의 평균해발은 겨우 평균 해수면과 같고, 온도는 해발의 상승과 하강에 따른다. 그래서 29.A 남극의 기온은 상대적으로 좀 낮다.

문제 27

造成两极温差的最重要原因是什么？ A 受温室效应影响程度不一 B 降水量不一样 C 洋流类型差异大 D 海陆分布不同	양극의 온도차이를 조성하는 가장 중요한 원인은 무엇인가? A 온실효과의 영향을 받는 정도가 같지 않아서 B 강수량이 달라서 C 해류유형의 차이가 커서 D 바다와 육지로 분포가 달라서

문제 28

关于南极洲，可以知道什么？ A 大气层稀薄　　　　B 冰山融化比北极严重 C 极夜期较长　　　　D 海拔比北极低	남극대륙에 관해, 무엇을 알 수 있는가? A 대기층이 희박하다　　　B 빙상융화가 북극보다 심각하다 C 극야기간이 비교적 길다　D 해발이 북극보다 낮다

단어 | **稀薄** xībó 형 희박하다(↔ **浓厚** nónghòu 농후하다. 질다) | **融化** rónghuà 동 (얼음 따위가) 녹다 | **极夜** jíyè 명 극야 [극지방에서 밤이 계속되는 것을 가리킴](↔ **极昼** jízhòu 백야)

해설 | 남극대륙에 관한 정보를 묻는 문제인데, '南极点的极夜期更是长达半年(남극점의 극야기간은 더욱 이 반년에 달한다)'이라고 했으므로 C가 가장 적절한 답임을 알 수 있다. D는 지문에서 남극이 해발이 가장 높은 대륙이라고 했으므로 정답이 될 수 없다.

문제 29

根据这段话，下列哪项正确？	이 글에 따르면, 아래에 어느 항이 정확한가?
A 北极平均温度高于南极	A 북극 평균기온이 남극보다 높다
B 南极有许多珍稀矿产资源	B 남극은 많은 진귀한 광물자원이 있다
C 北极生物种类更多	C 북극생물의 종류가 더 많다
D 极地地区臭氧层保护较好	D 극지지역의 오존층 보호는 비교적 좋다

단어 | **臭氧层** chòuyǎngcéng 명 오존층

해설 | 글을 근거로 맞는 보기를 고르는 문제인데. 마지막 부분에서 '南极的气温要相对低一些(남극의 기온은 상대적으로 좀 낮다)'라고 했으므로 북극이 남극과 비교했을 때 상대적으로 기온이 높은 것을 알 수 있다. 정답은 A이다.

문제 30-32

31.C 人脸识别系统的应用范围相当广泛。目前已用于机场、安防等多个重要行业，以及智能门禁、门锁等民用市场。然而 32.C 人脸识别技术也有其自身的局限性，还远远达不到人们预期的100%识别率。

比如，人脸比对时，只要与系统中存储的人脸稍有出入，例如剃了胡子、换了发型、变了表情都有可能导致比对失败。另外，30.C 对于双胞胎，由于相似特征太多，对他们的识别基本不可能成功。随着年龄的增长，人的面部外观会发生变化，特别是青少年，这种变化更加明显。所以在完善人脸识别系统时，年龄变化的影响也需要考虑进来。保守估计，如今，31.B 人脸识别系统的准确率只能达到95%。事实上，任何一项技术，在问市之初，都不是完美的。

理想与现实总是存在一些差距，这一切都需要更多地探索与努力。

31.C 안면인식 시스템의 응용범위는 상당히 광범위하다. 현재 이미 공항, 보안 등의 많은 중요한 업종 및 스마트폰 잠금, 도어락 등 민간용 시장에서 이미 사용되었다. 그런데, 32.C 안면인식 기술 역시 그 자체의 한계성을 가지고 있고, 또한 사람들이 예상한 100%의 식별율에는 많이 미치지 못하고 있다.

예를 들면, 안면을 대조할 때, 시스템 속에 저장된 얼굴과 조금의 오차, 예를 들면 수염을 깎았다든지, 헤어스타일을 바꾸었다든지, 표정만 바꾸어도 대조가 실패하게 된다. 그 밖에 30.C 쌍둥이에 대해서는 서로 닮은 특징이 너무 많아 그들에 대한 식별은 기본적으로 성공할 수가 없다. 나이가 들어감에 따라, 사람의 안면의 외관 역시 변화가 생기고, 특히 청소년은 이러한 변화가 더욱 분명하다. 그래서 안면인식 시스템을 완벽하게 할 때, 연령변화의 영향 역시 고려해보아야 한다. 조심스럽게 예측하자면, 현재, 31.B 안면인식 시스템의 정확율은 95%까지 밖에 달하지 못한다. 사실, 어떠한 기술도 출시 초기에는 모두 완벽한 것이 아니다.

이상과 현실에 늘 약간의 차이는 존재하니, 이 모든 것은 더욱 많이 탐구하고 노력해야 한다.

단어 | **安防** ānfáng 명 보안 | **门禁** ménjìn 명 출입구의 경비(* **智能门禁系统** zhìnéng ménjìn xìtǒng 스마트 출입통제 시스템) | **民用** mínyòng 형 민간에서 쓰는(* **民用市场** mínyòng shìchǎng 민간용 시장) | **预期** yùqī 동 예기하다, 예상하다 | **比对** bǐduì 동 비교 대조하다 | **存储** cúnchǔ 동 저장하다 | **出入** chūrù 명 (숫자의) 오차, 불일치 동 드나들다 | **剃** tì 동 (칼로 수염 등을) 깎다. 밀다(* **剃胡子** tì húzi 면도하다) | **完善** wánshàn 동 완벽하게 하다(* **完善系统** wánshàn xìtǒng 시스템을 완벽하게 하다) | **保守估计** bǎoshǒu gūjì 동 줄잡아 예측하다. 여유 있게 헤아려보다 | **问市** wènshì 동 (제품이) 출시되다 | **差距** chājù 명 격차. 차이 | **探索** tànsuǒ 동 탐구하다. 찾다

根据这段话，人脸识别系统可能无法识别下面哪类人？	이 글에 따르면, 안면인식 시스템은 아래 어느 종류의 사람을 식별할 방법이 없는가?
A 婴儿　　　　　　　B 老人 C 双胞胎　　　　　　D 头发长的	A 영아　　　　　　　B 노인 C 쌍둥이　　　　　　D 머리가 긴 사람

단어　双胞胎 shuāngbāotāi 명 쌍둥이

해설　안면인식 시스템이 식별하기 어려운 종류의 사람을 묻는 문제인데, 지문에서 언급한 사람의 분류가 쌍둥이와 청소년 밖에 없고, '对于双胞胎，由于相似特征太多，对他们的识别基本不可能成功(쌍둥이에 대해서는 서로 닮은 특징이 너무 많아 그들에 대한 식별은 기본적으로 성공할 수가 없다)'이라고 했으므로 정답은 C이다.

关于人脸识别系统，可以知道什么？	안면인식 시스템에 관해, 무엇을 알 수 있는가?
A 面临淘汰 B 识别率低 C 应用范围广 D 不受年龄变化影响	A 없어질 상황에 직면했다 B 식별률이 낮다 C 응용범위가 넓다 D 연령변화의 영향을 받지 않는다

단어　淘汰 táotài 동 도태하다 | 识别率 shíbiélǜ 명 식별률

해설　글의 첫 부분에서 '人脸识别系统的应用范围相当广泛(안면인식 시스템의 응용범위는 상당히 광범위하다)'이라고 했으므로 정답은 C이다. 글 내용 중에 '人脸识别系统的准确率只能达到95%(안면인식 시스템의 정확율은 95%까지 밖에 달하지 못한다)'가 있는데 이는 완벽하지 않음을 말하는 것이지, '인식률이 낮다'라고 볼 수 없으므로 B는 정답이 될 수 없다.

这段话主要谈的是什么？	이 글은 주로 말하려는 것이 무엇인가？
A 如何提高防伪技术 B 高新科技带来的便利 C 人脸识别系统的局限性 D 人脸识别系统的工作原理	A 어떻게 위조방조기술을 향상시킬 것인가 B 최첨단 기술이 가져온 편리함 C 안면인식 시스템의 한계성 D 안면인식 시스템의 동작원리

단어　防伪 fángwěi 동 위조를 방지하다

해설　이 글의 제목으로 어울릴 만한 보기, 즉 전체적으로 설명한 내용을 묻는 문제인데, 앞의 문제들을 통해 안면 안면인식 시스템에 관한 글임을 알고 C와 D로 정답을 압축할 수 있고, 지문에서 역시 앞 문제에서 쌍둥이를 예로 든 것은 100% 식별할 수 없음을 말하고 있다는 것을 알 수 있으므로 C가 제일 정답에 가깝다. 또한 '人脸识别技术也有其自身的局限性(안면인식 기술 역시 그 자체의 한계성을 가지고 있다)'이라고 직접적으로 언급했으므로 정답은 C이다.

유형별 전략 01 실전 문제 정답 ▶p.115

1. C	**2.** C	**3.** C	**4.** B	**5.** D

문제 1

A 梨羹是老北京常见的冬日小食，具有润肺化痰、生津止咳之功效。

B 影响一个人快乐的，有时并不是困境或磨难，而是一个人的心态。

C 有人说：“有两种东西，即便失去才知道可贵：一是青春，一是健康。”

D 碱性电池与普通干电池相比，具有耐用、储存寿命长、不易腐蚀等优点。

A 배숙은 옛 베이징의 흔한 겨울 먹거리로, 폐를 촉촉하게 해 가래를 삭이고, 침이 생겨 갈증을 해소하는 효능이 있다.

B 사람이 즐거워하는 것에 영향을 주는 것은 어떤 때에는 결코 곤경과 고난이 아니라 사람의 마음이다.

C 어떤 이는 말했다. “잃어봐야 비로소 귀함을 아는 두 가지 것이 있는데, 하나는 청춘이고, 하나는 건강이다.”

D 알카리 전지는 일반 건전지와 비교하면, 오래가며, 사용 수명이 길고, 쉽게 부식되지 않는 등의 장점을 가지고 있다.

해설 먼저 '即便A也B(설령 A라도 B하다)', '只有A才B(A해야만, 비로소 B하다)'가 고정격식임을 알아야 한다. 그런데 C를 보면 '即便(설령)'이 '才(비로소)'와 쓰였으므로 무언가가 잘못되었음을 판단하고 바로 정답으로 체크하자. 내용을 보면 '失去(잃다)'와 '知道可贵(귀함을 알다)'의 관계를 설명할 접속사가 필요한 것이므로 의미상 '잃더라도 귀함을 알다'보다 '잃어봐야 귀함을 알다'가 적절함을 알 수 있다.

TIP 即便A也B- 가설관계 접속사로 A의 가설에도 변함없는 B의 의지를 주로 나타냄
　　 遇事不要急于下结论，即便有了答案也要等等。
　　 일이 생기면 서둘러 결론을 내리지 마라. 설령 답안이 생겨도 좀 기다려야 한다.

문제 2

A 穿衣服不必一味追求名牌，但一定要注意搭配。

B 美酒配佳肴，古来有之，酒是节日餐桌上的必备品。

C 这是我同事小李的女儿，不仅年纪小，而且非常懂事。

D 这场雨断断续续一直下到第二天上午9点左右才停止。

A 옷을 입을 때 무턱대고 유명상표를 추구할 필요는 없지만, 반드시 조합은 신경 써야 한다.

B 좋은 술을 맛있는 요리에 함께 하는 것은 예전부터 있었던 것으로, 술은 명절에 식탁 위의 필수품이다.

C 이쪽은 내 동료 샤오리의 딸인데, 나이는 어리지만 매우 철들었다.

D 이번 비는 계속해서 이튿날 오전 9시 정도까지 내리다가 비로소 그쳤다.

해설 보기 C의 '不仅A而且B(A뿐만 아니라, 게다가 B하다)'는 고정격식의 접속사이지만 내용상 A와 B의 관계는 순접관계여야 한다. 나이가 어리면 아직 철들지 않고, 나이가 많으면 철드는 것이 순접관계를 설명하므로 '나이가 어리다'와 '철들다'는 순접이 아니라 역접관계를 설명한다는 것을 알 수 있다. 접속사가 잘못 쓰였기 때문에 C가 정답이다. '虽然A但是B(비록 A지만, B하다)'를 써야 올바른 문장이 된다.

TIP → 他虽然年纪小，但是非常懂事。 그는 나이가 어리지만, 매우 철들었다.
　　 他不仅年纪小，而且胆子小。 그는 나이가 어릴 뿐만 아니라, 담이 작다.

A 满载旅客的列车飞一般地驶向偏远的山区小站。	A 여행객을 가득 실은 열차가 나는 듯이 외진 산골의 작은 역을 향해 달렸다.
B 所谓亚健康状态，是指介于健康与疾病之间的状态。	B 소위 아건강상태는 건강과 질병 사이의 상태를 가리킨다.
C 经过显微镜，我们可以清楚地看到肉眼看不见的微生物。	C 현미경을 통해, 우리는 육안으로는 보이지 않는 미생물을 분명하게 볼 수 있다.
D 喜帖，是即将结婚的新人所印制的邀请函，又称为喜柬。	D 청첩장은 장차 결혼하는 신혼부부가 인쇄하여 만든 초대장으로 '喜柬(기쁜 일로 보내는 서한)'이라고도 한다.

해설 보기 C의 '经过'는 '~를 거쳐서'라는 뜻으로 거치는 '과정이나 단계'를 나타내는 어휘와 함께 쓰인다. 우리가 육안으로 보이지 않는 미생물을 볼 수 있는 것은 현미경이라는 도구를 '통해서'이지, '거쳐서'가 아니다. 또한 현미경은 '과정이나 단계'를 나타내는 어휘가 아니기 때문에, 어휘가 잘못 쓰인 어휘 오용 유형의 문제임을 알 수 있다. 정답은 C이고 '~을 통해서(사물을 매개로 하여)'라는 뜻을 가진 '通过'로 바꾸어야 올바른 문장이 된다.

TIP → 通过显微镜，我们可以清楚地看到肉眼看不见的微生物。
현미경을 통해 우리는 육안으로는 보이지 않는 미생물을 분명하게 볼 수 있다.
예 经过治疗，他已经恢复了健康。 치료(라는 과정)를 거쳐, 그는 이미 건강을 회복했다.

A 人生重要的不是所站的位置，而是所朝的方向。	A 인생에서 중요한 것은 서있는 위치가 아니라 향하는 방향이다.
B 秦始皇陵兵马俑凝聚了世界各地慕名而来的参观者。	B 진시황릉 병마용은 세계 각지에서 명성을 듣고 온 견학자들을 매료시켰다.
C 既然你这么在乎这次机会，那就应该尽全力做好准备。	C 네가 이번 기회를 이렇게나 중시한다면, 마땅히 최선을 다해 준비를 해야 해.
D 说到河南，有一个地方不能不提，那就是"七朝古都"开封。	D 허난을 언급할 때 언급하지 않을 수 없는 곳이 있는데, 그것은 바로 '칠조고도' 카이펑이다.

해설 보기 B에서 술어로 쓰인 '凝聚(응집시키다)'는 '力量(힘, 역량)'과 함께 잘 쓰이는 어휘로 사람을 목적어로 가질 수 없는데 B에서는 목적어 '参观者(견학자)'와 함께 쓰였으므로 잘못된 문장이다. 풍경이나 유물 등을 주어로 하여 여행객이나 견학자들을 목적어로 가지는 대표적인 동사는 '吸引(매료시키다)'이므로 '凝聚'를 '吸引'으로 바꾸어야 올바른 문장이 된다.

A 名著是经时间筛选而留下的硕果，是古今中外文化的精华。	A 명작은 시간을 거쳐 선별하여 남긴 큰 업적이고 고금 중외 문화의 정수이다.
B 敬业不应被看做是一种境界，而应是从业者必备的基本素质。	B 맡은 일에 최선을 다하는 것이 일종의 경계로 여겨져서는 안 되고, 취업자가 필수로 갖춰야 하는 기본 자질이어야 한다.
C 对不起，您拨打的用户暂时无法接听，将为您转接至语音信箱。	C 죄송합니다. 당신이 건 사용자는 잠시 전화를 받을 수가 없습니다. 음성사서함으로 연결해 드리겠습니다.
D 《古文观止》自问世以来，广为遗传，至今仍不失为一部有价值的选本。	D 《고문관지》는 세상에 나온 후, 광범위하게 전해져 지금까지 가치 있는 선집이라고 여전히 간주할 만하다.

해설 보기 D의 '遗传(유전되다)'은 '어버이의 성격, 체질 따위의 형질이 자손에게 전해진다'는 뜻으로 '책이나 이야기가 전해지다'라는 뜻으로는 쓸 수 없다. '책이나 이야기가 널리 전해지다'라는 뜻의 동사 '流传'으로 바꾸어야 올바른 문장이 된다. 정답은 D이다

TIP '广为流传(널리 전해지다)'은 빈출어휘 조합이므로 꼭 암기해 두자.

1. B　　**2.** B　　**3.** C　　**4.** D　　**5.** A

문제 1

A 光线太强或太弱，都容易使眼睛感到疲劳。 B 中国人被松树看作吉祥如意的象征。 C 一般情况下，敬酒一定要充分考虑好敬酒的顺序，分清主次。 D 世界上没有完全相同的两片树叶，更没有完全相同的两个人。	A 빛이 너무 강하거나 너무 약한 것은 모두 눈이 쉽게 피로를 느끼게 만든다. B 중국인은 소나무를 뜻대로 되는 상서로움의 상징으로 본다. C 일반적인 상황에서 술을 올릴 때에는 반드시 술을 올리는 순서에 고려해서 주객을 분명히 해야 한다. D 세상에는 완전히 똑같은 두 개의 나뭇잎은 없고, 완전히 똑같은 두 사람은 더욱 없다.

해설 보기 B는 '被자문' 형식므로 그에 맞게 적절하게 쓰였는지 여부부터 확인해야 한다. '被자문'의 기본형식은 '주어 + [被 + A] + 술어(동사 + 기타성분)'이고, 주어는 '동사를 당하는' 피해자가 되어야 한다. 하지만 보기 B '中国人 + [被 + 松树] + 看做 + 吉祥如意的象征'에서는 '中国人(중국인)'이 주어로 술어인 '看做(간주하다)'를 당하는 피해자가 될 수 없으므로 올바르지 않은 문장이다. 올바른 문장으로 고치려면 '中国人(중국인)'과 ' 松树(소나무)'의 위치를 바꾸어 '松树被中国人看做吉祥如意的象征(소나무는 중국인들에 의해 뜻대로 되는 상서로움의 상징으로 간주된다)'이라고 하든지, 아니면 '把자문'을 이용해 '中国人把松树看做吉祥如意的象征(중국인들은 소나무를 뜻대로 되는 상서로움의 상징으로 간주한다)'로 바꾸어야 한다.

TIP '把자문'의 기본형식: 주어 + [把 + A] + 술어(동사 + 기타성분)

문제 2

A 针对这一突发事件，公司及时采取了应对措施。 B 人要学会控制自己的欲望，而不应当把欲望所支配。 C 空气、水、能源和土地，是人类赖以生存的基本要素。 D 他对昆虫进行了长达30年的观察，揭开了昆虫世界的许多奥秘。	A 이 돌발사건에 맞추어, 회사는 즉시에 대응조치를 취했다. B 사람은 자신의 욕망을 통제하는 법을 배워야지, 욕망에 지배되어서는 안 된다. C 공기와 물, 에너지, 토지는 인류가 생존하기 위해 의지하는 기본요소이다. D 그는 곤충에 대해 30년에 달하는 관찰을 진행했고, 곤충세계의 많은 비밀을 파헤쳤다.

해설 '把자문'의 오류를 찾아내는 문제이다. 보기 B를 봤을 때 일단 '把'가 '所'와 함께 쓰인 것을 주목해야 한다. 특수구문의 형식에서 '所'와 함께 쓰이는 것은 '被자문'이기 때문에 '把'와 함께 쓰인 것만으로도 잘못된 문장으로 정답일 확률이 높음을 알 수 있다. 또한 내용만으로 정리해도 '욕망을 다스려야 그것에 지배되면 안 된다'는 내용이기 때문에 '사람이 욕망을 지배해서는 안 된다'는 말은 논리적으로 맞지 않다. 올바른 문장으로 고치려면 '사람이 욕망에 지배되어서는 안 된다'는 '被자문'으로 바꾸어야 한다. 즉, '被欲望所支配(욕망에 지배되다)'로 고쳐야 올바른 문장이 된다.

TIP '所'와 함께 쓰인 '被자문'의 형식: 주어 + [被 + A] + 所 + 동사 (주어는 A에 의해 동사 당하다)

문제 3

A 批评孩子时，要注意别伤了孩子的自尊心。 B 快9点半了，我怕耽误他休息，便起身告辞。 C 这家银行目前在全球76个国家1300万客户提供服务。 D 他们看到了这个尚待开发的市场中所蕴藏的巨大商机。	A 아이를 꾸짖을 때, 아이의 자존심이 다치지 않게 주의해야 한다. B 9시 반이 다 되어서, 나는 그의 휴식을 망칠까 봐 바로 일어서 작별을 고했다. C 이 은행은 현재 76개 국가의 1,300만 고객에게 서비스를 제공한다. D 그들은 미개척시장에 잠재되어 있는 거대한 사업기회를 보았다.

'在'에 관한 오류를 찾는 문제이다. 보기 C에 쓰인 '在'는 전치사로 뒤에는 반드시 장소, 시간 혹은 장소화된 어휘가 와야 하는데, 전치사 '在'의 목적어는 '客户(고객)'로 장소나 시간 어휘와는 상관이 없다. 내용상 제공되는 대상이 '고객'이 맞으므로 고객이 잘못된 것이 아니라 전치사 '在'가 잘못 쓰였음을 알 수 있다. 제공의 대상을 설명하는 전치사는 '给'나 '为'를 사용해야 맞다. 즉 '在'를 '给/为'로 바꾸어 '这家银行目前给全球76个国家1300万客户提供服务'가 올바른 문장이 된다.

TIP 전치사 '在' 뒤에는 항상 장소, 시간을 나타내는 어휘가 아니라면 장소화된 명사가 와야 한다. 그러므로 전치사 '在'가 있는 문장에 장소, 시간을 나타내는 어휘나 장소화된 명사가 없으면 올바르지 않은 문장임을 빠르게 확인할 수 있다.
'장소화'란 일반명사를 장소를 나타내는 처소명사로 바꾸는 것을 말하는데, 일반명사를 장소화 하려면 일반명사 뒤에 '上/中/下/里' 등의 방위사를 붙이면 된다.
예 桌子 책상 / 在桌子 (X)   桌子上 책상 위 / 在桌子上 (O)

문제 4

A 树木不但能提供氧气，而且是造纸的原料。	A 수목은 산소를 제공할 수 있을 뿐만 아니라, 종이를 제조하는 원료이다.
B 桔子、苹果、香蕉等水果含有丰富的维生素。	B 귤, 사과, 바나나 등의 과일은 풍부한 비타민을 함유하고 있다.
C 电影的发明，让人们第一次可以真实地再现活动的生活场景。	C 영화의 발명은 사람들이 처음으로 활동하는 생활장면을 진짜 재현할 수 있게 하였다.
D 长期从事一种工作会让人感到无聊，而无聊会把身体感到疲惫。	D 장기간 한 종류의 일에 종사하는 것은 사람이 무료함을 느끼게 하는데, 무료함은 몸이 피로를 느끼게 만든다.

해설 '把자문'과 사역문(让/使자문)을 이해하고 있는지 묻는 문제이다. 보기 D의 두 번째 절을 보면 대부분의 학습자들이 무료함이 몸을 피로하게 만든다고 해석하면서 이상한 점을 못 느끼는 경우가 많다. 하지만 '把자문'의 내용상 특징은 '동작의 처리방식'을 강조하는데, '感到(느끼다)'는 처리를 나타내는 동사가 아니므로 '把자문'에는 쓸 수 없을 뿐만 아니라, 설령 '느끼다'가 동사로 쓰일 수 있다고 하더라도 '把자문'의 주어는 동사의 주체가 되어야 하는데 '느끼다'의 주체는 '몸'이지 '무료함'이 아니기 때문에 어법상으로도 틀린 문장이라는 것을 알 수 있다. 항상 '~하게 한다'는 내용의 문장이나 감정이 생기거나 느끼게 만든다는 문장은 '让'을 써야 함을 주의해야 한다. 정답은 D로 '无聊会把身体感到疲惫'를 '无聊会让身体感到疲惫'로 바꾸어야 한다.

TIP 사역문(让/使자문)의 형식: 주어 + [让/使 + A] + 술어: 주어는 A가 ~하게 하다(만들다)
→ 주어 + [让/使 + A] + 感到 + B(감정어휘): 주어는 A가 B를 느끼게 하다(만들다)

문제 5

A 作为一种新兴的旅游休闲形式，让农家乐取得了较好的经济效益。	A 일종의 신흥 휴양관광 형식으로서, 농촌투어는 비교적 좋은 경제적 효과와 이익을 얻었다.
B 创造人的是自然界，而启迪和教育人的却是社会。	B 사람을 만든 것이 자연계이지만, 사람을 깨닫게 해주고 교육하는 것은 오히려 사회이다.
C 国家大剧院的"蛋壳"形屋顶最大跨度为212米。	C 국가대극장의 '계란껍질' 형태의 지붕은 가장 큰 경간이 212m이다.
D 这部作品结构严谨、语言优美，达到了古典小说的高峰。	D 이 작품의 구조는 빈틈이 없고, 언어는 우아하고 아름다워 고전소설의 절정에 도달했다.

해설 사역문(让자문)과 '作为(~로서)'를 이해하고 있는지 묻는 문제이다. 사역문의 기본형식은 '주어 + [让 + A] + 술어(주어는 A가 ~하게 만든다)'로 주어는 A가 술어를 할 수 있게 만드는 주체(명사구)나 행위(동사구)가 가능하다. 그런데, '作为'는 말하고자 하는 대상의 '신분'이나 '자격'을 보충 설명한다. '作为一种新兴的旅游休闲形式(일종의 신흥 휴양관광 형식으로서)'는 이어지는 절의 '农家乐(농촌투어)'를 보충하는 내용이지 농촌투어가 경제적 효과와 이익을 얻게 만드는 주체가 아니다. 그렇기 때문에 이 문장은 잘못된 문장임을 알 수 있고, 사역문의 형식이 필요한 문장이 아니므로 '让'을 제거해 '作为一种新兴的旅游休闲形式，农家乐取得了较好的经济效益(일종의 신흥 휴양관광 형식으로서, 농촌투어는 비교적 좋은 경제효과와 이익을 얻었다)'로 고쳐야 올바른 문장이 된다.

TIP 作为 + 신분/자격, 주어……: ~로서, 주어는 ~하다
예 作为作家，他对人物刻画感兴趣。 작가로서, 그는 인물묘사에 흥미를 느낀다.

1. B　　　**2.** C　　　**3.** A　　　**4.** C　　　**5.** D

문제 1

A 企业的竞争归根到底是人才的竞争。 B 他看着手机里的这个短信<u>不禁忍不住</u>笑出声来。 C 每天睡8个小时，意味着一年有120多天在睡觉。 D "君子之交淡如水"，是中国人长期以来推崇的理想的交友境界。	A 기업경쟁의 근본은 인재의 경쟁이다. B 그는 휴대전화의 이 문자메시지를 보고 웃음을 금치 못했다. C 매일 8시간을 잔다는 것은 1년에 120여 일을 잔다는 것을 의미한다. D '군자의 사귐은 담담하기가 물과 같다'는 것은 중국인들이 오랫동안 추종해온 이상적인 교우의 경지이다.

해설　보기 B에 부사어가 많은 것에 주목해야 한다. '不禁'은 부사로 '참지 못하고'의 뜻으로 뒤에 이어지는 술어인 '笑出声来(웃음이 나오다)'를 꾸며주는데, '忍不住' 역시 '참지 못하다'라는 뜻으로 동사 '笑出声来'를 꾸며준다. '不禁'과 '忍不住'가 둘 다 하나의 술어를 꾸미고 있을 뿐만 아니라, 더 중요한 것은 두 어휘가 같은 의미로 쓸데 없이 부사어를 하나 더 쓴 경우, 즉 남용의 경우가 되어 문장이 틀린 것을 알 수 있다. 정답은 B이고, 둘 중 어느 것을 빼도 올바른 문장이 된다.

문제 2

A 牛郎织女的爱情故事在中国几乎家喻户晓。 B 分析问题既要全面，又要切中要害，不能"眉毛胡子一把抓"。 C 执行标准并不困难，更难的<u>在于是</u>持之以恒、不找借口、不打折扣。 D 很多时候，学习的最大障碍来自我们已知的部分，而不是未知的部分。	A 견우직녀의 사랑이야기는 중국에서 거의 모든 사람이 안다. B 문제를 분석하는 것은 전면적이어야 하고, 또한 핵심을 찔러야지, '경중 없이 한꺼번에 처리'해서는 안 된다. C 기준을 실행하는 것은 결코 어렵지 않으나, 더욱 어려운 것은 항상 꾸준히 유지하고, 변명을 찾지 않고, 조금도 소홀히 하지 않는 것이다. D 많은 때에, 공부의 가장 큰 장애는 우리가 이미 알고 있는 부분에서 오는 것이지, 아직 모르는 부분이 아니다.

해설　보기 C의 두 번째 절의 문장성분을 나누어보면 다음과 같다. [更难的(주어) / 在于(술어) / 是(술어) / 持之以恒、不找借口、不打折扣(목적어).] '在于(~에 있다)'와 '是(이다)'는 둘 다 내용상 술어가 될 수 있는 어휘이지만 함께 사용했으므로 술어의 남용으로 잘못된 문장이고 C가 정답임을 알 수 있다. 둘 중에 하나만 써야 올바른 문장이 된다.

TIP　'在于(~에 있다)'는 주로 '주어의 관건이나 중요한 내용의 본질이 목적어 부분에 있다'는 것을 가리키는 데 쓰인다. 그렇기 때문에 '是'로 바꾸어 '주어의 관건이나 중요한 내용의 본질이 목적어 부분이다'라고 바꾸어도 무관하다.
　　例　洗手的重要性在于防止感染。　손 씻기의 중요성은 감염의 방지에 있다.
　　　　洗手的重要性是防止感染。　손 씻기의 중요성은 감염의 방지이다.

문제 3

A 新春佳节，<u>每个家家户户</u>张贴大红春联，给节日增添了不少欢乐祥和的气氛。 B 依托于电子商务平台，家具行业有了新的营销模式，满足了大批年轻人的购买需求。 C 时间像倒在掌心里的水，无论你摊开还是握紧，它总会从指缝间一点一滴地流淌干净。 D 天然的玛瑙冬暖夏凉，人工合成的则会随外界温度的变化而变化，天热它也热，天凉它也凉。	A 신춘가절에는 집집마다 진홍색의 춘련을 붙여, 명절에 즐겁고 상서로운 분위기를 더한다. B 전자상거래 플랫폼에 기대어, 가구 업종은 새로운 마케팅 패턴이 생겨 많은 젊은이들의 구매수요를 만족시켰다. C 시간은 마치 손바닥에 따른 물과 같아서, 당신이 펼치든 꽉 쥐든, 그것은 손가락 틈 사이로 조금씩 흘러 하나도 남지 않게 된다. D 천연의 마노는 겨울에는 따뜻하고 여름에 차갑지만, 인공으로 합성한 것은 외부온도의 변화에 따라 변하기 때문에 날이 더우면 뜨겁고, 날이 차면 그것 역시 차갑다.

'每个 + 명사'는 '매 명사' 즉, '모든 명사'라는 뜻이다. 그런데 '家家户户'도 명사로서 어휘 자체가 '집집마다' 즉, '모든 집마다'라는 뜻을 가지고 있다. 여기에 다시 '每个'를 붙인다는 것은 의미가 중복되어 남용이 되는 것으로 잘못된 문장이 된다. 정답은 A이다.

TIP 每个 + 명사 + 都 = 所有 + 명사 + 都 = 任何 + 명사 + 都

예 每个障碍都是一个机会。 모든 장애는 모두 하나의 기회이다.
(= 所有障碍都是一个机会。 = 任何障碍都是一个机会。)

문제 4

A 黄河东西跨越23个经度，南北相隔10个纬度，流域内地形和地貌变化很大。	A 황허는 동서로는 23개의 경도를 넘고, 남북으로는 10개 위도의 거리를 두고 있어 유역 내의 지형과 지모의 변화가 크다.
B 这个石灰岩洞穴内的钟乳石，质地纯净、形态完美，具有很高的研究价值，应当予以保护。	B 이 석회암굴 내의 종유석은 재질이 순정하고 형태가 완벽해서, 매우 높은 연구가치를 가지고 있으니, 마땅히 보호해 주어야 한다.
C 一首好的曲子往往会令我们感动得热泪盈眶，原因之一，就是因为它能勾起我们对往事的回忆。	C 좋은 노래 한 곡은 늘 사람들이 감동의 눈물을 흘리게 만드는데, 바로 그것이 우리들의 과거에 대한 추억을 불러일으키기 때문이다.
D 骆驼的驼峰里贮存着脂肪，在缺少食物的时候，这些脂肪能够分解成它所需要的养分，以维持其生存。	D 낙타의 혹 안에는 지방이 저장되어 있는데, 먹이가 부족할 때 이 지방들은 낙타가 필요로 하는 양분으로 분해되어 낙타의 생존을 유지해준다.

원인을 설명하는 방법 중에 가장 많이 쓰는 패턴은 'A的原因是B(A의 원인은 B이다)'와 'A是因为B(A하는 것은 B때문이다)'이다. 내용상 같은 의미이기 때문에 한 문장에서는 이 두 가지의 패턴을 함께 쓸 수 없는데 보기 C에서는 함께 사용했으므로 어휘 남용으로 잘못된 문장이고 정답이 된다. 올바른 문장은 '原因之一，就是它能勾起我们对往事的回忆。(원인 중의 하나는 바로 그것이 우리들의 과거에 대한 추억을 불러일으킬 수 있는 것이다.)' 혹은 '就是因为它能勾起我们对往事的回忆。(바로 그것이 우리들의 과거에 대한 추억을 불러일으킬 수 있기 때문이다.)'이다.

문제 5

A 据悉，此次展览将持续至9月23日，是历年来在福州举办的古代文物展中级别最高的。	A 아는 바에 의하면 이번 전람회는 9월 23일까지 지속되고, 여러 해 동안 푸저우에서 개최된 고대문물 전람회 중에서 급이 제일 높다고 한다.
B 本站将于5月18日22:00至23:30进行网络设备维护，在此期间暂停服务。不便之处，敬请谅解。	B 본 사이트는 5월 18일 22시부터 23시 30분까지 인터넷 시스템 점검이 진행되어 이 기간 동안에는 서비스가 일시 중지됩니다. 불편한 부분은 양해를 부탁 드립니다.
C 鼎有三足，可直接置于地面，做饭时将木柴放在腹下燃烧就行。不少鼎出土后，腹下有烟熏火燎的痕迹，就是这个原因。	C '鼎(정)'은 세 개의 다리가 있어 직접 바닥에 놓을 수 있어서, 요리를 할 때 장작을 중앙부 아래에 두고 태우면 되었다. 적지 않은 정이 출토된 후에, 밑둥 아래에 연기에 그을린 흔적이 있는 것이 바로 이 원인이다.
D 孔子之所以提倡"因材施教"的原因是因为每个人的想法和接受能力都不同，所以，老师应根据学生的特点，有针对性地教学。	D 공자가 '인재시교(재능에 따라 가르치다)'를 제창한 까닭은 모든 사람의 생각과 받아들이는 능력은 모두 다르기 때문이다. 그래서 선생님은 학생의 특징에 근거해서 학생에 맞게 가르쳐야 한다.

보기 D는 앞의 4번 문제의 보기 C와 같이 'A的原因是B(A의 원인은 B이다)'와 'A是因为B(A하는 것은 B때문이다)'가 같은 내용을 의미하기 때문에 남용이 되므로 틀린 문장이다. 그래서 D는 '孔子之所以提倡"因材施教"的原因是每个人的想法和接受能力都不同。' 혹은 '孔子之所以提倡"因材施教"是因为每个人的想法和接受能力都不同。'으로 고쳐야 한다.

1. B   **2.** A   **3.** B   **4.** A   **5.** B

문제 1

A 他的演讲在社会上引起了巨大的反响。

B 在王洛宾改编的歌曲，最著名的要数《在那遥远的地方》了。

C 他这一席话博得了老总的赏识，最终被录用为这个部门的经理。

D 我喜欢在午后，坐在咖啡馆的一角，静静地享受美好的闲暇时光。

A 그의 강연은 사회적으로 큰 반향을 불러 일으켰다.

B 왕루오삔이 편곡한 노래 중 가장 유명한 것은 《在那遥远的地方》을 손꼽는다.

C 그의 이 말 한 마디는 사장의 높은 평가를 샀고, 결국에는 이 부서의 매니저로 채용되었다.

D 나는 오후에 커피숍의 한 켠에 앉아, 조용하게 행복한 여가 시간을 즐기는 것을 좋아한다.

해설 보기 B에서 전치사 '在'에 주목해야 한다. '在'가 전치사로 쓰일 경우에는 반드시 뒤에 장소, 시간을 나타내는 어휘 또는 일반 어휘에 방위사가 더해져 장소화가 되어야 하는데, '在' 전치사의 목적어는 '歌曲(노래)'로 장소나 시간을 나타내는 어휘가 아님을 알 수 있다. 이어지는 내용에서 손꼽는 작품을 언급했으므로 노래가 많다는 것을 알 수 있고, 무리나 많은 수량을 나타내는 것은 '在……中(~중에서)'이므로 '中'이 결여되어 있어 잘못된 문장임을 알 수 있다. '在王洛宾改编的歌曲中'으로 바꾸어야 올바른 문장이 된다.

TIP 在……上: 방면이나 영역을 주로 나타냄 [예] 在生活上 생활의 방면에서
在……中: 과정이나 무리를 주로 나타냄 [예] 在训练中 훈련 중에, 在项目中 종목 중에서
在……下: 상황이나 전제, 조건 등을 주로 나타냄 [예] 在父母的照顾下 부모님의 보살핌 아래

문제 2

A 有些电脑设计得很小巧，甚至可以放一个很薄的文件袋里。

B 快乐有助于长寿，有助于增加食欲，有助于提高工作效率。

C 草原上的天气变幻莫测，刚刚还是晴空万里，转眼间便乌云密布了。

D 重新认识农业，开拓农业新的领域，已成为当今世界农业发展的新趋势。

A 어떤 컴퓨터들은 아주 작고 깜찍하게 디자인되어, 심지어 얇은 서류봉투 안에 넣을 수도 있다.

B 즐거움은 장수, 식욕증가, 일의 효율 향상에 도움을 준다.

C 초원에서 날씨는 변화무상해서, 조금 전까지만 해도 맑았던 날이 눈 깜짝할 사이에 먹구름이 가득 깔린다.

D 농업을 새로이 인식하고, 농업의 새로운 영역을 개척하는 것은 이미 오늘날 전세계 농업 발전의 새로운 추세가 되었다.

해설 보기 A에서 동사 '放(놓다, 넣다)' 뒤에는 목적어로 넣거나 놓을 수 있는 대상이 와야지 장소는 올 수 없다. 일반동사 뒤에 장소가 오려면 동사에 그 장소에 존재함을 나타내는 '在'나 '到' 등의 전치사가 보어로 와야 한다. 그러므로 A는 잘못된 문장임을 알 수 있다. '放在一个很薄的文件袋里'로 바꾸어야 올바른 문장이 된다.

TIP 일반명사 뒤에 '上/中/下/里' 등의 방위사가 붙어 있으면 장소화 되었음을 알 수 있다. 이 경우 동사가 앞에 붙을 경우에는 반드시 '在/到' 등의 전치사가 붙어야 올바른 문장이 된다.
[예] 집 앞에 세웠다: 停我家门前 (X) → 停在我家门前 (O)   거실 안으로 옮겼다: 搬客厅里 (X) → 搬到客厅里 (O)

문제 3

A 历史是人写出来的，我们所走的每一步都是在书写自己的历史。

B 专家建议，求职者谨慎的态度找工作是对的，但也不可过于挑剔。

C 藏族的毛织技艺有着悠久的历史，其制品以围裙和地毯最为著名。

D 这里已发现的木本植物有517种，有"活化石"之称的银杏比比皆是。

A 역사는 사람이 써내는 것으로, 우리가 걷는 매 한 걸음은 모두 자신의 역사를 쓰고 있는 것이다.

B 전문가들은 구직자가 신중한 태도로 일을 찾는 것은 맞지만, 너무 까다로워서는 안 된다고 건의한다.

C 장족의 모직기술은 유구한 역사를 가지고 있는데, 그 제품으로는 앞치마와 카페트가 가장 유명하다.

D 이곳에서 이미 발견한 목본식물은 517여 종에 이르고, '활화석'의 별칭을 가지고 있는 은행나무도 무척 많다.

B의 '求职者谨慎的态度找工作是对的' 문장을 분석하면, '求职者谨慎的态度找工作(주어) / 是(술어) / 对的(목적어)'로 나뉘고, 주어가 문장으로 되어 있으므로 이 부분만 다시 성분을 나누면, '求职者(주어) / 谨慎的态度 (?) / 找(술어) / 工作(목적어)'로 나뉘면서 명사인 求职者(구직자)가 이미 주어이므로 '谨慎的态度(신중한 태도)'는 주어와 술어 사이에 위치하므로 부사어가 되어야 하고, 이를 위해서는 전치사가 필요하다. 말하고자 하는 내용은 '일을 신중한 태도로 찾아야 한다'는 것이므로 수단이나 방식을 나타내는 전치사 '以(~으로)'가 빠진 것을 알 수 있다. 결국 이 문장은 전치사 '以'가 빠진 결여 문장으로 잘못되었다. '求职者以谨慎的态度找工作是对的'로 고쳐야 올바른 문장이 된다.

문제 4

A <u>经过三天的培训</u>，使员工的业务素质得到了很大的提高。 B 不到两年时间，他就成为这家汽车公司最优秀的销售人员。 C 因品种和环境条件的不同，小麦中营养成分的差别会非常大。 D 在海边的拍摄一定要注意器材的防水问题，因为海水有较强的腐蚀性。	A 3일의 훈련을 거쳐, 직원들의 업무자질은 큰 향상을 얻었다. B 2년의 시간이 되기도 전에, 그는 이 자동차회사의 가장 우수한 영업사원이 되었다. C 품종과 환경조건의 다름으로 인해, 밀의 영양성분의 차이는 매우 크다. D 해변에서의 촬영은 반드시 기자재의 방수 문제에 주의해야 한다. 왜냐하면 해수는 비교적 강한 부식성을 갖고 있기 때문이다.

독해 제1부분에 나오는 문장에서 술어(주로 동사구) 앞에 '，(쉼표)'가 있는 경우에는 반드시 앞의 성분에는 주어가 있어야 올바른 문장이 된다는 것을 알고 있어야 한다. 그런데 보기 A를 보면, '使(사역동사)' 앞에 '，'가 있으므로, 그 앞에는 반드시 주어 성분이 있어야 하는데, '经过三天的培训(3일의 훈련을 거치다)'은 동사구로 이 문장의 내용상 방식을 나타내는 부사어로 쓰일 뿐, 주어가 될 수 없다. 그렇기 때문에 정답은 A이고 '经过三天的培训(3일의 훈련을 거치다)'을 '三天的培训(3일의 훈련)'이라는 명사구로 바꾸어 주어 성분으로 만들거나, '使员工的业务素质得到了很大的提高(직원들의 업무자질로 하여금 큰 향상을 얻게 했다)'라는 사역의 목적어 구를 '员工的业务素质得到了很大的提高(직원들의 업무자질은 큰 향상을 얻었다)'라는 '주어 + 술어 + 목적어'를 갖춘 일반적인 문장으로 바꾸어야 올바른 문장이 된다.

술어 앞에 '，(쉼표)'가 있는데, 그 앞이 주어가 될 수 없는 경우에는 다음의 두 가지가 있다.
　① '在……时/在……之后/当……时' 등의 전치사구만 있는 경우: 이 전치사구들은 문장성분상 부사어 역할로 쓰이기 때문에 주어가 될 수 없다.
　　예 在孩子们12岁之后，统统失灵。 아이들이 12살 이후에, 모두 효력을 잃는다. (X) → 무엇이 효력을 잃는지 주어가 없다.
　　　那个方法在孩子们12岁之后，统统失灵。 그 방법은 아이들이 12살 이후에 모두 효력을 잃는다. (O)
　② '通过……/经过……' 등의 동사구만 있는 경우: 동사구도 주어가 될 수는 있으나 이 동사구들은 수단과 방식을 나타내는 동사구로 부사어 역할로 쓰이기 때문에 주어가 될 수 없다.
　　예 经过治疗，恢复了健康。 치료를 통해 건강을 회복했다. (X) → 건강을 회복한 주체, 즉 주어가 없다.
　　　经过治疗，他恢复了健康。 치료를 통해 그는 건강을 회복했다. (O)

문제 5

A 苦瓜虽苦，但与其他食材搭配时并不会将苦味渗入别的材料中，被人们称为"君子菜"。 B 天气的变化，直接影响着动物的生活，往往能及时察觉到天气的变化。 C 在中国，酒主要以粮食为原料酿制而成，其中由谷物粮食酿造的酒一直处于优势地位，而果酒所占的份额很小。 D 经研究发现，一个人缓解压力的能力与他的社会经验有关，30岁以下的上班族的减压能力明显弱于资深上班族。	A 여주는 비록 쓰지만, 다른 식재료와 배합했을 때, 결코 쓴맛을 다른 재료에 스며들게 하지 않기 때문에, 사람들에게 '군자채소'로 불린다. B 날씨의 변화는 직접적으로 동물들의 생활에 영향을 주고, 동물들은 늘 제때에 날씨의 변화를 알아차릴 수 있다. C 중국에서 술은 주로 식량을 원료로 양조하고, 그중에서 곡물식량으로 양조한 술은 줄곧 우세한 지위에 처해 있지만, 과실주가 차지하는 부분은 매우 작다. D 연구를 통해, 사람이 스트레스를 완화시키는 능력은 그의 사회 경험과 관련이 있고, 30세 이하의 회사원의 스트레스 경감능력은 경험이 많은 회사원보다는 분명하게 약하다는 것을 밝혔다.

보기 B의 문장성분을 분석하면, '天气的变化(전체 주어) , / 直接影响着(술어1) / 动物的生活(목적어1), / 往往能及时(부사) / 察觉到(술어2) / 天气的变化.(목적어2)'가 된다. 그런데, '天气的变化(날씨의 변화)'가 전체 주어이기 때문에, 술어1과 목적어1, 즉 '날씨의 변화가 생활에 영향을 준다'는 것은 문제가 되지 않지만, 술어2와 목적어2, 즉 '날씨의 변화가 변화를 알아차린다'는 것은 말이 되지 않는다. 문장 내용상 '목적어2(날씨의 변화)'를 알아차리는 것은 동물이기 때문에 술어2와 목적어2는 주어가 없는 문장이 되어 잘못된 문장이 되고, 주어 '动物(동물)'가 필요하다. 그래서 '天气的变化直接影响着动物的生活, 动物往往能及时察觉到天气的变化(날씨의 변화는 동물의 생활에 직접적으로 영향을 주고 있고, 동물은 늘 제때에 날씨의 변화를 알아차릴 수 있다)'로 고쳐야 올바른 문장이 된다. 정답은 B이다.

유형별 전략 05 실전 문제 정답 ▶p.133

1. C   **2.** D   **3.** B   **4.** A   **5.** C

문제 1

A 谢谢您的惠顾，欢迎下次再来。	A 당신의 왕림에 감사 드리고, 다음에 다시 오시길 바랍니다.
B 蓝鲸是地球上现存体积最大的动物。	B 흰수염고래는 지구상에서 현존하는 부피가 가장 큰 동물이다.
C 经过治疗，儿子的病已经恢复了健康。	C 치료를 통해 아들은 이미 건강을 회복했다.
D 牛奶加热时间越长，钙成分流失得越快。	D 우유는 가열하는 시간이 길수록 칼슘 성분은 빨리 유실된다.

보기 C를 보면 치료를 통해 아들이 건강을 회복했다는 내용으로 별 문제가 없어 보이지만 정확하게 문장을 분석하면 주어는 '아들'이 아닌 '아들의 병'으로, 병이 건강을 회복할 수 있는 주체가 될 수 없기 때문에 논리적으로 맞지 않다는 것을 알 수 있다. '儿子已经恢复了健康(아들은 이미 건강을 회복했다)'이라고 하든지, '儿子的病已经好转了(아들의 병은 이미 호전되었다)'로 바꾸어야 올바른 문장이 된다. 정답은 C이다.

문제 2

A 香港素有"购物天堂"的美称。	A 홍콩은 '쇼핑천국'이라는 별칭을 가지고 있다.
B 莫高窟的彩塑，每一尊都是一件精美的艺术品。	B 막고굴의 채색 소상은 한 기 한 기 모두 정교하고 아름다운 예술품이다.
C 在你想要放弃的那一刻，应该想想当初为什么坚持走到了这里。	C 당신이 포기하고 싶은 그 순간에는 마땅히 당초에 무엇 때문에 여기까지 꾸준히 했는지를 생각해보아야 한다.
D 有没有远大的志向和脚踏实地的精神，是一个人取得成功的关键。	D 원대한 포부와 착실한 정신이 있는 것은 한 사람이 성공을 얻는 관건이다.

'有无……(~있는지 없는지)/是否……(~인지 아닌지)/能否……(~할 수 있는지 없는지)/大小……(크고 작음)' 등 긍정의 내용과 부정의 내용을 함께 담고 있는 어휘들을 '양면사'라고 하는데, 내용상 전제조건이 양면의 내용이면 결과나 결론적인 내용도 양면이어야 하고, 전제조건이 단면(긍정 혹은 부정 한 쪽)의 내용이면 결과나 결론적인 내용도 단면이어야 한다. 즉, D는 '有远大的志向和脚踏实地的精神，是一个人取得成功的关键(원대한 포부와 착실한 정신이 있는 것은 한 사람이 성공을 얻는 관건이다)'이라고 하거나, '有没有远大的志向和脚踏实地的精神，是一个人能否取得成功的关键(원대한 포부와 착실한 정신이 있는지 없는지는 사람이 성공을 얻을 수 있는지 없는지의 관건이다)'이라고 고쳐야 올바른 문장이 된다.

A 为了便于记忆，人们编了一首二十四节气歌。 B 做人要善于控制自己的情绪，不然<u>你就会控制它们</u>。 C 唐诗、宋词、元曲、明清小说，一个时代有一个时代的文学形式。 D 《将进酒》是唐代诗人李白的代表作之一，题目意译即为"劝酒歌"。	A 기억하기 편리하게 하기 위해, 사람들은 24절기 노래를 만들었다. B 사람은 자신의 기분을 잘 통제해야 한다. 그렇지 않으면 그것들은 당신을 통제하게 된다. C 당시, 송사, 원곡, 명청소설, 한 시대에는 한 시대의 문학형식을 가지고 있다. D 《将进酒》는 당대 시인 이백의 대표작 중 하나로 제목은 '권주가'를 의역한 것이다.

해설 B의 두 번째 절의 '它们(그것들)'은 '情绪(기분)'를 가리키는 것이기 때문에, 그대로 해석을 하면 '사람은 자신의 기분을 잘 통제해야 한다. 그렇지 않으면 당신이 그것들을 통제하게 된다'가 되어 논리적으로 말이 맞지 않다. 기분에 통제 당하지 않기 위해 자신의 기분을 잘 통제하라는 말이므로 당신과 그것들의 위치가 바뀌어야 말이 된다. 그러므로 '做人要善于控制自己的情绪，不然它们就会控制你(사람은 자신의 기분을 잘 통제해야 한다. 그렇지 않으면 그것들이 당신을 통제하게 된다)'로 고쳐야 올바른 문장이 된다. 정답은 B.

A 智能手机<u>扩大</u>了微博等社交媒体工具的普及速度。 B 北京自然博物馆的古生物大厅里，陈列着一具大象的骨架。 C 如不定时吃饭，不仅会营养不良，还可能引起多种胃肠道疾病。 D 臭氧层像一道屏障，保护着地球上的生物免受太阳紫外线的袭击。	A 스마트폰은 웨이보 등 SNS의 보급속도를 높였다. B 베이징 자연박물관의 고생물관에는 한 구의 코끼리 골격이 진열되어 있다. C 만약 비고정적으로 식사를 하면, 영양이 안 좋을 뿐만 아니라, 또한 많은 위장질환을 일으키게 될 가능성이 있다. D 오존층은 마치 병풍과 같아서 지구상의 생물이 태양자외선의 습격을 받는 것을 피하게 보호해주고 있다.

해설 보기 A의 동사 '扩大(확대하다)'는 규모나 범위 등을 늘린다는 뜻으로 목적어 '范围(범위)'와 호응이 된다. 하지만, 보기에 나온 목적어 '速度(속도)'는 확대할 수 있는 대상이 아니므로 술어와 목적어가 호응이 안 된다는 것을 알 수 있다. 내용상 스마트폰이 SNS의 보급속도를 높였으므로 술어를 '速度(속도)'와 호응하는 '提高(높이다)'로 바꾸거나 기존의 술어를 그대로 쓰려면 목적어를 '范围(범위)'로 바꾸어야 한다. 즉, '智能手机提高了微博等社交媒体工具的普及速度。(스마트폰은 웨이보 등 SNS의 보급속도를 높였다.)'라고 고치거나, '智能手机扩大了微博等社交媒体工具的普及范围。(스마트폰은 웨이보 등 SNS의 보급범위를 확대했다.)'라고 고쳐야 올바른 문장이 된다. 정답은 A이다.

A 这部电视剧是根据曹禺的剧本《雷雨》改编的。 B 赤壁之战是中国历史上有名的以少胜多的战例。 C 夜深人静，<u>想起明天发生的一连串事情</u>，我怎么也睡不着。 D 宋代女词人李清照才思敏捷，一生留下了许多作品，有的堪称千古绝唱。	A 이 TV 드라마는 조우의 극본 《雷雨》를 근거로 해서 각색한 것이다. B 적벽대전은 중국 역사상 유명한 적은 병력으로 많은 병력을 이긴 전쟁의 예이다. C 밤이 깊고 조용해지자, 오늘 발생한 일련의 사건이 떠올라, 나는 어떻게 해도 잠들 수가 없었다. D 송대 여류시인 이청조는 구상력이 민첩하고, 한 평생 수많은 작품을 남겨 어떤 것은 천고의 절창(오랜 세월 최고의 시)이라고 할 수 있다.

해설 보기 C의 '想起'는 '생각이 떠오르다'는 뜻으로 이미 머릿속에 있는 기억이나 생각이 떠오른다는 것을 가리킨다. 하지만 뒤에 이어진 내용은 '내일' 발생한 일련의 사건이므로 논리적으로 말이 되지 않는다. 그러므로 '明天'을 과거 시점의 어휘로 바꾸어야 하는데 뒤에 잠들 수 없다는 내용도 있으므로 오늘 발생한 일이 가장 어울림을 알 수 있다. '想起今天发生的一连串事情，我怎么也睡不着(오늘 발생한 일련의 사건이 떠올라, 나는 어떻게 해도 잠들 수가 없었다)'라고 고쳐야 올바른 문장이 된다. 논리적 오류로 잘못된 문장 C가 정답이다.

1. C **2.** B **3.** A **4.** D **5.** D **6.** C

7. D **8.** D

문제 1

A 春节前夕，许多厂家都推出了物美价廉的节日礼盒。	A 섣달 그믐날, 많은 제조업자들이 모두 질 좋고 저렴한 명절 선물세트를 내놓는다.
B 南通拥有红木雕刻，板鹞风筝等多种特色传统工艺品。	B 난통은 홍목조각품, 판요연 등 많은 종류의 특색 있는 전통 공예품을 가지고 있다.
C 这个雕刻栩栩如生，体会了人与自然的和谐统一。	C 이 조각품은 마치 살아있는 것같이 생생하게 사람과 자연의 조화를 구현했다.
D 人生假如走错了方向，停止就是进步。	D 인생은 만약에 방향을 잘못 들면, 멈추는 것이 바로 진보하는 것이다.

해설 C의 두 번째 절에 출현한 '体会(체험해서 깨닫다)'는 어떤 일을 겪어보고 깨달았을 때 쓰는 어휘로 주체는 체험하고 깨달을 수 있는 '사람'이 와야 올바르다. 하지만 보기 C의 주체는 '雕刻(조각품)'로 일단 문장이 올바르지 않음을 알 수 있고, 이 조각품이 사람과 자연의 조화를 구체적으로 실현, 즉 '体现(구현시켰다)'라는 내용이므로 '体会'가 잘못 쓰인 어휘이고 이 어휘 대신에 '体现'을 써야 함을 알 수 있다. 정답은 C이다.

문제 2

A 世上只有想不通的人，没有走不通的路。	A 세상에는 생각이 통하지 않는 사람이 있을 뿐 걸어서 통하지 않는 길은 없다.
B 苏轼在文学和书画领地中均取得了非凡的成就。	B 소식은 문학과 서예, 그림의 영역에서 모두 비범한 성과를 거두었다.
C 在中国民歌的宝库中，陕北民歌有其独特的地位。	C 중국 민요의 보고 중에 섬북민요는 독특한 지위를 가지고 있다.
D 人生就是一次远行，每个人都在不断地寻找着属于自己的远方。	D 인생은 한 번의 원행이라, 모든 사람은 끊임없이 자신만의 원방을 찾고 있다.

해설 B의 '领地(영지)'는 땅을 설명하는 어휘로 바로 앞에서 설명한 '文学和书画(문학과 서예, 그림)'의 수식을 받을 수 없다. 소식이 이 방면에서 성과를 거둔 것이므로 '方面(방면)'이나 '领域(영역)'로 바꾸어야 올바른 문장이 된다. 정답은 B이다.

문제 3

A 这则招商广告一经登出，立刻不少企业关注。	A 이 투자유치 광고는 게재되자 마자, 즉시 적지 않은 기업의 관심을 불러 일으켰다.
B 要么读书，要么旅行，身体和灵魂必须有一个在路上。	B 독서를 하든지, 여행을 하든지, 몸과 정신은 반드시 하나의 길에 있어야 한다.
C 这次海上石油泄漏对当地渔业产生了严重影响。	C 이번에 바다에서 석유가 샌 것은 현지 어업에 심각한 영향을 끼쳤다.
D 在现代社会的高效率、快节奏下，上班族的午餐常吃得太过简单、匆忙。	D 현대사회의 높은 효율과 빠른 리듬 아래, 회사원의 점심식사는 너무 간단하고, 급하게 먹는다.

해설 A의 '立刻不少企业关注'에서 '关注(관심)'를 목적어로 가지는 술어가 없음을 알 수 있다. 더군다나 '立刻(즉시)'라는 부사 뒤에 '不少企业(적지 않은 기업)'라는 명사구가 왔으므로 이 역시 문장에 오류가 있음을 알 수 있다. '关注'와 자주 쓰이는 술어는 '引起(불러 일으키다)'로 '立刻引起了不少企业关注(즉시 적지 않은 기업의 관심을 불러일으켰다)'라고 바꾸어야 올바른 문장이 된다. 정답은 A이다.

A 其实，用新的眼光去观察比观察新事物更为重要。

B 那位教练来了以后，他们队的水平得到了明显的提高。

C 给压岁钱是长辈对晚辈的一种关爱，含有平安吉祥的寓意。

D 孩子们常常希望自己迫不及待地长大，而当他们长大后又开始怀念童年。

A 사실, 새로운 안목으로 관찰하는 것은 새로운 사물을 관찰하는 것보다 더욱 중요하다.

B 그 코치가 온 후에, 그들 팀의 수준은 분명한 향상을 얻었다.

C 세뱃돈을 주는 것은 연장자의 아랫사람에 대한 관심과 사랑이고, 평안하고 길한 의미를 가지고 있다.

D 아이들은 늘 자신이 빨리 자라길 간절히 바라지만, 그들이 성장한 후에는 또 어린 시절을 그리워한다.

해설 D의 '迫不及待'는 긴박해서 기다릴 수 없음을 의미하고, 심정이 절실함을 나타낸다. 그러므로 '长大(자라다)'라는 상태를 꾸미는 것이 아니라, '希望(바라다)'이라는 심정을 나타내는 어휘를 꾸미는 것이 올바르고, 그냥 자라는 것을 바라는 것이 아니라 뒤의 내용을 보면 어렸을 때는 빨리 자라고 싶어하고 커서는 어린 시절을 그리워한다는 내용이므로 바라는 내용을 빨리 자라는 것으로 바꾸어 '孩子们常常迫不及待希望自己很快地长大'가 올바른 문장이 된다. 정답은 D이다.

문제 5

A 道教是在中国土生土长的一种宗教。

B 要改变一个人，首先要改变你对他的看法。

C 我们应该把分歧放在一边，一起为共同的目标而努力。

D 在高楼林立的都市里，能有一个独立的小院子，是无疑很奢侈的。

A 도교는 중국의 토속적인 종교이다.

B 사람을 바꾸려면, 먼저 그에 대한 당신의 시각을 바꾸어야 한다.

C 우리는 이견을 한 켠에 놓아두고, 함께 공동의 목표를 위해 노력해야 한다.

D 고층건물이 즐비한 도시 속에서, 하나의 독립된 정원을 가질 수 있는 것은 틀림없이 사치스러운 것이다.

해설 D에 '是……的' 강조구문이 쓰였는데, '是……的' 강조구문은 술어의 내용을 강조할 때 쓰며 문장의 내용을 꾸미는 일반적인 부사는 모두 '是' 앞에 들어가야 한다. 그런데 부사 '无疑(의심할 여지 없이)'는 '是' 앞에 있어야 하는데 뒤에 있으므로 어순이 잘못되었다. '无疑是很奢侈的(틀림없이 사치스러운 것이다)'로 고쳐야 한다. 정답은 D이다.

문제 6

A 不同的地理环境、历史传统等使各地的建筑呈现出不同的风格。

B 天已近黄昏，太阳慢慢地钻进了厚厚的云层。

C 他回答这个问题时停顿了一下，说明他可能对自己的答案不太确定得好。

D 护林员每天都重复做着同样的工作，他们虽然平凡，责任却重大。

A 다른 지리적 환경, 역사 전통 등은 각지의 건축이 다른 스타일을 나타내게 한다.

B 날이 이미 황혼에 다다르자, 태양은 천천히 두꺼운 구름층을 파고 들었다.

C 그가 이 문제에 대답할 때 잠시 멈춘 것은 그가 아마 자신의 답안에 그다지 확고하지 못함을 설명한다.

D 산림보호원은 매일 같은 일을 중복해서 한다. 그들은 비록 평범하지만, 책임은 오히려 무겁고 크다.

해설 C의 '答案不太确定得好'에서 '确定'은 '확정적이다, 확고하다'라는 의미의 형용사로 앞에서 이미 '不太(그다지 ~하지 않다)'라는 부사가 꾸미고 있어 뒤의 '……得好'는 필요 없는 성분이다. '不太'가 없다고 하더라도 형용사 술어의 정도보어는 '형용사 + 得 + 很(또는 多/不得了/정도의 내용)'의 형식을 띠므로 역시 '……得好'는 잘못되었다는 것을 알 수 있다. '……得好'를 삭제하여 '不太确定(그다지 확고하지 못한다)'으로 바꾸어야 올바른 문장이 된다. 정답은 C이다.

A 人应该善待自己，善待自己的最好方法是善待别人，善待别人的最好方法是宽容别人。

B 读了大半辈子书，倘若有人问我怎么选择一本书，我一定会毫不犹豫地回答：快乐是基本标准。

C 即将建成的水库，不仅能促进本地区工农业的发展，改善航运条件，而且还能起到防洪供水、调节气候的作用。

D 大禹治水的故事家喻户晓，但人们多是把大禹看做一个治水的英雄，实际上大禹最大的功能是，他是中国第一个民族国家——夏王朝的奠基人。

A 사람은 마땅히 자신을 잘 대해야 하는데, 자신을 잘 대하는 가장 좋은 방법은 바로 다른 사람을 잘 대하는 것이고, 다른 사람을 잘 대하는 가장 좋은 방법은 다른 사람을 너그러이 용서하는 것이다.

B 반평생 책을 읽으니, 누군가가 나에게 책을 어떻게 선택하느냐고 묻는다면, 나는 반드시 조금도 주저 없이 즐거움이 기본적인 기준이라고 대답할 것이다.

C 장차 건설할 댐은 이 지역의 농업발전을 촉진시키고, 항운 조건을 개선시킬 뿐만 아니라, 홍수를 방지하고, 기후를 조절하는 작용을 일으킬 수 있다.

D 우 임금이 치수(治水)를 한 이야기는 집집마다 다 알지만, 사람들 대부분이 우 임금을 치수의 영웅으로 본다. 사실 우 임금의 가장 큰 공로는 그가 중국의 첫 번째 민족국가인 하 왕조의 창시자라는 것이다.

해설 D의 '功能(기능)'은 사물이나 방법이 발휘하는 이로운 작용을 의미하므로 HSK에서는 주로 인체기관의 기능을 설명할 때 자주 쓰인다. D에서는 '大禹的功能(우 임금의 기능)'이라고 사람을 설명하는 어휘로 쓰였으므로 '功能(기능)'이라는 어휘가 잘못 쓰였음을 알 수 있다. 뒤의 설명이 하 왕조의 창시자라는 것을 설명했으므로 이는, 우 임금의 '功勋(공로, 공훈)'이 가장 어울리는 어휘임을 알 수 있다. 그러므로 '大禹最大的功勋(우 임금의 공로)'이라고 바꾸어야 올바른 문장이 된다. 정답은 D이다.

A 苏州地处温带，四季分明，气候温和，物产丰富，是闻名遐迩的"鱼米之乡"。

B 以"色绿、香郁、味甘、形美"而著称于世的龙井茶，在历史上留下了不少神奇的传说。

C "种瓜得瓜，种豆得豆"比喻做了什么事就会得到什么样的结果，付出多少努力就会收获多少成果。

D 城市原住民的生活和风俗传统这些非物质文化遗产的保护非常重要。何况这些东西丢失了，那么城市最重要的精神个性就没有了。

A 쑤저우는 온대에 위치하여 사계가 분명하고, 기후가 온화하며, 물자가 풍부해 명성이 두루 알려져 있는 '어미지향(토지가 비옥하고 자원이 풍성한 지역)'이다.

B '색이 푸르고 향이 진하며, 맛이 달고 형태가 예쁜 것'으로 세계적으로 유명한 롱징차는 역사적으로 많은 신기한 전설을 남겼다.

C '种瓜得瓜，种豆得豆(콩 심은 데 콩 나고 팥 심은 데 팥 난다)'는 일을 한 대로 결과를 얻게 되고, 지불한 노력만큼 성과를 얻게 되는 것을 비유한다.

D 도시 원주민의 생활과 풍습전통, 이러한 무형문화유산의 보호는 매우 중요하다. 만약에 이러한 것들을 잃게 되면, 그러면 도시의 가장 중요한 정신과 개성이 없어진다.

해설 D의 '何况(하물며, 더군다나)'은 앞의 내용보다 더 진일보한 내용을 뒤에 써서 연결하는 접속사이다. D의 '何况'을 중심으로 앞의 내용은 '무형문화유산의 보호가 중요하다'이고, 이어지는 내용은 '이것들이 없어지면, 도시의 가장 중요한 정신개성이 없어진다'로 진일보한 내용이 아니라는 것을 알 수 있다. 뒤의 내용에 '那么(그러면)'가 있는 것으로 보아 '何况'이 아니라 가정을 나타내는 '如果(만약)'가 적합하다는 것을 알 수 있고, '如果这些东西丢失了，那么城市最重要的精神个性就没有了(만약에 이러한 것들을 잃게 되면, 그러면 도시의 가장 중요한 정신개성이 없어진다)'로 바꾸어야 올바른 문장이 된다. 정답은 D이다.

TIP 🔘 大人尚且如此，何况小孩子呢？ 어른조차 이러한데, 하물며 어린아이이는요?
→ 어른조차 이러하면, 그보다 나이 어린 어린아이는 더욱 그렇다.

1. C **2.** C **3.** A **4.** B **5.** B

문제 1

滑草是一项十分前卫的运动。它和滑雪一样，能给运动者带来动感和刺激，_____是对于少雪地区的人们来说，就显得更新鲜了。滑草场的场地一般都比较大，而且，滑草场会根据运动者的熟练_____划分不同的区域，让人由浅入深地_____各种技巧。

잔디스키는 매우 혁신적인 운동이다. 그것은 스키처럼 운동하는 사람에게 생동감과 자극을 줄 수 있고, 특히 눈이 적은 지역의 사람들에게는 더욱 신선하게 보인다. 잔디스키장의 부지는 일반적으로 비교적 넓고, 게다가 잔디스키장은 운동하는 사람들의 숙련 정도에 따라 다른 구역을 나누어서, 사람들이 각종 기술을 습득할 때, 아주 초보적인 수준에서 높은 수준으로 들어갈 수 있게 하였다.

A 简直	角度	领悟	A 그야말로 각도 깨닫다
B 过于	密度	领会	B 과도하게 밀도 깨닫다
C 尤其	程度	掌握	C 특히 정도 습득하다
D 格外	宽度	把握	D 남달리 폭 파악하다

해설 **첫 번째 빈칸** – 동사 '是' 앞에 들어갈 성분 즉, 부사를 찾아야 한다. A '简直'는 '상황이나 행동이 확실히 이렇다'라는 것을 과장해서 설명할 때 쓰고, B '过于'는 정도가 지나칠 때, C '尤其'는 앞에서 언급한 범위에서 두드러진 것을 설명할 때, D '格外'는 일반적인 상황이나 상태를 넘어섰을 때 쓰는데, 앞에서 잔디스키가 운동하는 사람에게 생동감과 자극을 줄 수 있다고 설명하고 뒤에는 눈이 적은 지역의 사람들, 역시 잔디스키를 접하는 사람 중에서도 눈이 적은 지역이라는 특수한 상황에 놓인 사람들을 부각시켜 설명했으므로 C가 가장 적합하다.

두 번째 빈칸 – '熟练(숙련)'이라는 어휘와 조합을 이루는 명사를 찾는 문제인데 '숙련'은 익숙하게 단련된 정도를 뜻하므로 C의 '程度 (정도)'와 가장 어울린다. 나머지 어휘는 A '从……角度来看(~각도에서 봤을 때)', B '人口密度(인구밀도)', D '江的宽度(강의 폭)' 등으로 잘 쓰인다.

세 번째 빈칸 – 동사 자리로 목적어 '技巧(기술, 기교)'와 호응하는 동사를 찾는 문제이다. A '领悟'는 '领悟真理(진리를 깨닫다)', B '领会'는 '领会核心(핵심을 이해하다)' 등 깨닫고, 이해하는 것을 설명하므로 기교, 기술과는 적합하지 않다. D '把握'는 '把握机会(기회를 잡다)', '把握情绪(정서를 통제하다)', '有把握(자신감 있다)' 등으로 쓰이고 역시 기교, 기술과는 쓰이지 않는다. C '掌握'는 '掌握技术(기술을 습득하다)', '掌握知识(지식을 습득하다)' 등 기술이나 지식 등을 자신 있게 습득한 것을 설명하므로 가장 적절하다. 정답은 C이다.

문제 2

广东省茂名市气候温和、雨量_____，而且红壤丘陵山地多，非常适宜荔枝的生长。这里出产的荔枝，色泽_____、肉多核小、口感爽滑，享誉国内外_____。茂名市也因此被称为"荔乡"。

광둥성 마오밍시의 기후는 온화하고 (강)우량이 충분하며, 적색토의 언덕으로 된 산지가 많아서 리즈의 생장에 매우 적합하다. 이곳에서 생산된 리즈는 빛깔이 곱고, 과육은 많은데 씨가 작으며, 맛이 시원하고 부드러워 국내외 시장에서 명성을 누리고 있다. 마오밍시 역시 이 때문에 '리즈의 고향'으로 불린다.

A 充分	单纯	场所	A 충분하다 단순하다 장소
B 充足	单调	场合	B 충분하다 단조롭다 자리
C 充沛	鲜艳	市场	C 충분하다 곱다 시장
D 充实	鲜明	现场	D 알차다 선명하다 현장

해설 **첫 번째 빈칸** – A '充分'은 '理由(이유)', '准备(준비)' 등과 함께 쓰고, B '充足'는 '에너지나 자원 등이 충분하다'는 뜻으로 '阳光(햇볕)',

---

'雨量(우량)' 등과 함께 쓰고, C '充沛'는 주로 정신적인 것이 '왕성하다'는 뜻으로 쓰이기 때문에 '精神(기운)'과 잘 쓰이지만, 예외적으로 '雨量(우량)'에도 쓰일 수 있다는 것을 주의해야 한다. D '充实'는 알차고 충실한 것에 쓰이고, '生活(생활)', '内容(내용)'과 함께 잘 쓰인다. 앞에 '雨量(우량)'이라는 주어가 있으므로 술어 역할의 형용사를 찾는 문제이므로, '雨量'과 함께 쓰일 수 있는 것은 B와 C이다.

두 번째 빈칸 – A '单纯'은 복잡하고 번잡하지 않은 것을 설명하고, 사람의 사고에 쓰면 '천진하다'는 뜻으로, '思想单纯(생각이 단순하다)'으로 잘 쓴다. B '单调'는 반복되지만 변화가 별로 없는 것을 가리키고, '生活(생활)', '色彩(색채)' 등과 함께 잘 쓰인다. C '鲜艳'은 빛깔에 주로 쓰이는 것으로 '色泽鲜艳(빛깔이 곱다)'은 잘 쓰이는 조합어휘이다. D '鲜明'은 선명하고 분명한 것을 나타내는 것으로 '色泽(빛깔)', '特色(특색)' 등과 함께 잘 쓰인다. '色泽'의 술어 역할을 할 형용사를 찾는 것이므로 '鲜艳'과 '鲜明'이 적합하기 때문에 C와 D가 적합하다. '单调'는 '빛깔'이 아니라 '색채'와 함께 쓰이는 어휘임을 주의하자.

세 번째 빈칸 – '国内外(국내외)'와 조합되는 명사를 찾아야 하는데 소재가 '荔枝(리즈: 과일 이름)'이고 '享誉(명성을 누리다)'라고 했으므로 '국내외 시장'이 가장 자연스러우므로 C가 제일 적합하다. 나머지 어휘는 A '开会的场所(회의 장소)', B '不重要的场合(중요하지 않은 자리)', D '事故现场(사고현장)'으로 잘 쓰인다. 정답은 C이다.

문제 **3**

压轴戏 ＿＿＿＿ 指一场戏的倒数第二出节目。过去，一场戏都很长，戏班为 ＿＿＿＿ 观众中间离场，会把最 ＿＿＿＿ 的部分排在倒数第二出，也就是压轴戏上。现在，人们多用"压轴戏"来比喻 ＿＿＿＿ 的、最后出现的事件。			압축극은 통상적으로 (전통)극의 뒤에서 두 번째 나오는 프로그램을 가리킨다. 과거에는 극이 모두 길어서 극단이 관중들이 중간에 자리를 뜨는 것을 막기 위해 가장 멋진 부분을 뒤에서 두 번째 프로그램, 바로 압축극에 배치한 것이다. 현재 사람들은 '압축극'으로 이목을 끌거나, 마지막에 나타난 사건을 비유한다.

A	通常	防止	精彩	引人注目	A 통상적으로	방지하다	멋지다	이목을 끌다
B	时常	终止	精确	锦上添花	B 늘	마치다	정확하다	금상첨화
C	照常	阻止	精简	举世瞩目	C 평소대로	저지하다	정간하다	온 세계가 주목하다
D	平常	制止	精致	津津有味	D 평상시에	제지하다	정교하다	흥미진진하다

해설 **첫 번째 빈칸** – '压轴戏'의 정의를 내리는 동사 '指(가리키다)'를 꾸며주는 부사를 찾아야 하는데, 정의를 내릴 때는 통상적인 의미로 내리는 것이 적합하므로 A가 적합하다.

두 번째 빈칸 – 극단이 관중들이 중간에 자리를 뜨는 것을 막는다는 뜻으로 '막다'로 적합한 어휘를 찾아야 하는데, 관중들이 중간에 자리를 뜨는 일이 발생하는 것을 막는다는 의미이므로 A의 '防止(방지하다)'가 가장 적절하다.

세 번째 빈칸 – A '精彩'는 경기, 공연 등이 멋지고 훌륭함을 의미하고, B '精确'는 계산, 분석이 정확함을 의미한다. C '精简'은 정밀하게 잘 골라 뽑는다는 의미로 '精简人员(인원을 정선하다)'으로 잘 쓰인다. D '精致'는 사물을 정교하게 잘 만들었다는 의미로 주로 만들어낸 사물에 잘 쓰인다. '精致的小提琴(정교한 바이올린)'이 기출 조합이다. 공연 중의 가장 '~한' 부분이라고 했으므로 공연이나 경기를 묘사하는 A의 '精彩(멋지다)'가 가장 적합하다.

네 번째 빈칸 – 목적어 '事件(사건)'을 수식하는 성어를 고르는 것이므로 A의 '引人注目(이목을 끌다)'와 C의 '举世瞩目(온 세계가 주목하다)'가 적합하다. '사건이 津津有味(흥미진진하다)'는 내용상 자연스러워 답이 될 수도 있다고 생각할 수 있으나, '津津有味'는 음식과 이야기나 글 등에만 쓰는 어휘이므로 여기에는 적합하지 않다. 정답은 A이다.

문제 **4**

云锣最早出现于唐代，它 ＿＿＿＿ 大小相同而厚度和音高不同的若干铜制小锣组成。人们按照小锣的音高 ＿＿＿＿，用绳子将其 ＿＿＿＿ 于木架上，以小槌击打使之发出声响。云锣常被用于 ＿＿＿＿ 音乐、地方戏曲和寺庙音乐的演奏中。	운라는 최초에 당대에 출현했고, 그것은 크기는 같지만 두께와 음의 높이가 다른 소량의 동으로 만든 작은 운라로 구성되어 있다. 사람들은 작은 운라의 음높이 순서에 따라, 밧줄로 그것을 나무 틀에다가 걸고 작은 망치로 두드려 그것이 소리를 내게 하였다. 운라는 주로 민간음악과 지방극, 사찰음악의 연주에 쓰인다.

A	凭	秩序	粘贴	公民	A ~을 바탕으로	질서	묻히다	국민
B	由	次序	悬挂	民间	B ~으로	순서	걸다	민간
C	朝	名次	装修	民族	C ~를 향해	석차	장식하다	민족
D	趁	程序	布置	种族	D ~를 틈타	절차	배치하다	종족

독해 **71**

첫 번째 빈칸 – A '凭感觉(느낌을 바탕으로)', B '由A组成(A로 구성되다)', C '朝A方向(A방향을 향해)', D '趁年轻(젊음을 틈타)'은 자주 쓰이는 고정격식이므로, B가 가장 적합하다.

두 번째 빈칸 – '按照……(~를 따르다)'의 목적어로 음의 높이와 조합되는 명사를 찾는 것으로 음높이의 B '次序(질서)', C '名次(석차)', D '程序(절차)'는 모두 말이 안 되므로 '按照音高次序(음높이 순서에 따라)'가 가장 적합하여 B가 정답이 될 수 있다는 것을 알 수 있다.

세 번째 빈칸 – 빈칸 뒤의 '于'는 '在'와 같은 의미의 보어로 결국 빈칸에는 뒤에 나온 '木架上(나무 틀)'에 운라를 어떻게 해두었나를 설명할 수 있는 동사가 필요하다. A '粘贴'는 풀 따위를 발라 벽에 붙이는 것을 설명하므로 '粘贴广告(광고를 붙이다)'로 쓰이므로 답이 될 수 없다. C '装修'는 꾸미는 것을 설명하긴 하지만 주로 집의 인테리어에 쓰이는 어휘임을 주의해야 한다. D '布置'는 시설물이나 구조물을 공간에 설치나 배치한다는 뜻이 있으므로 운라를 어떤 장소에 설치하거나 배치하는 것은 되지만 앞에 '用绳子(밧줄을 써서)'라는 내용이 있으므로 밧줄로 운라를 나무 틀에 배치한다는 것은 적합하지 않다. 밧줄을 이용했으므로 걸었다는 내용 즉, '悬挂于木架上(나무 틀에 걸다)' B가 가장 적합하다.

네 번째 빈칸 – 밑줄 바로 뒤의 어휘 '音乐'와 조합을 이룰 수 있는 명사를 찾아야 한다. 국민음악, 민간음악, 민족음악, 종족음악 등 한국어로는 다 되는 것처럼 보여 헷갈릴 수 있으나, 실제로 A '公民音乐(국민음악)'라는 표현은 없으며, 나머지는 조합은 가능하나 일반적으로, 문제에서 자주 출제되는 예술 특히, 민간에서 발달한 예술을 가리킬 때는 '民间艺术(민간예술)', '民间音乐(민간음악)'가 가장 보편적임을 알아두어야 한다. 정답은 B이다.

眼花缭乱的技术 _____ , 使每一项具体的技术都 _____ 贬值的风险。你辛辛苦苦学到的知识随时可能 "报废"。然而，在学习过程中所发展出来的 _____ , 如奋发向上、敢于冒险、 _____ 等，却会成为谁也夺不去的个人资产。因此， _____ 有效的学习能力、学习习惯，比学到具体东西更重要。	현란한 기술혁신은 모든 구체적인 기술이 다 가치절하되는 위험에 직면하게 만든다. 당신이 고생스럽게 배운 지식은 언제든지 '폐기'될 수 있다. 그러나 배우는 과정에서 발전시켜낸 능력, 예를 들면 분발해서 나아가려고 하고, 용감하게 위험을 무릅쓰고, 마음에 깊이 새겨 정진해 나가려는 것 등은 오히려 누구도 빼앗아 갈 수 없는 개인 자산이 될 것이다. 이 때문에 효과적인 학습능력, 학습관을 양성하는 것이 구체적인 것을 배우는 것보다 더욱 중요하다.

A 更正	遭受	品质	聚精会神	培训	A 정정	받다	인품
B 更新	面临	素质	锲而不舍	培养		정신을 집중하다		훈련하다
C 改革	应付	品德	精益求精	操练	B 혁신	직면하다	능력
D 改正	抵制	道德	实事求是	操作		마음에 새기고 정진하다		양성하다

A 정정　　받다　　인품
　정신을 집중하다　　훈련하다
B 혁신　　직면하다　　능력
　마음에 새기고 정진하다　　양성하다
C 개혁　　대응하다　　인품
　훌륭한데 더욱 완벽을 추구하다　　조련하다
D 개정　　저지하다　　도덕
　사실로 옳음을 추구하다　　조작하다

첫 번째 빈칸 – 앞의 '技术'와 조합되는 명사를 찾아야 하는데 A '更正'과 D '改正'은 둘 다 잘못을 고칠 때 쓰는 것으로 각각 '更正错误(오류를 정정하다)', '改正错误(잘못을 고치다)'로 잘 쓰인다. C '改革'는 제도나 기구 따위를 새롭게 뜯어 고친다는 뜻이므로 기술이 아니라 '制度(제도)', '机构(기구)' 등과 함께 쓰인다. B '更新'은 이미 있던 것을 고쳐 새롭게 한다는 뜻으로 '技术(기술)', '纪录(기록)'와 함께 잘 쓰이므로 정답으로 가장 적합하다.

두 번째 빈칸 – A '遭受'는 '불행이나 손해를 입다'라는 뜻으로 주로 나쁜 의미의 명사와 호응하여 '遭受白眼(냉대받다)'으로 자주 쓰이고, B '面临'은 눈 앞에 상황을 마주했다는 뜻으로 '面临危险(위험을 마주하다)'으로 잘 쓰인다. C '应付'는 현재 처한 상황이나 국면에 맞게 대처한다는 뜻으로 주로 '应付局面(국면에 대처하다)'으로 쓰인다. D '抵制'는 배척하거나 보이콧한다는 뜻으로 '抵制外货(외국상품을 배척한다)'로 잘 쓰인다. 가장 적합한 어휘는 B의 '面临'이다.

세 번째 빈칸 – '发展出来的(발전시켜낸)'의 수식을 받는 명사를 찾아야 한다. A '品质', C '品德', D '道德'가 사람을 수식하는 경우에는 모두 사람이 가져야 할 인품과 도덕을 나타내는 어휘들로 발전시킬 수 있는 대상이 아니므로 정답이 될 수 없다. B의 '素质'는 사람이 가지고 있거나 갖추어야 하는 '능력, 자질'을 나타내므로 '发展出来的'을 수식 받는 어휘로 가장 적합하다.

네 번째 빈칸 – '如(예를 들면)' 뒤의 내용이므로 주변의 어휘와 비슷한 내용이 들어가야 한다. 앞에 언급한 것은 분발하는 것과 용감하게 위험을 무릅쓰는 것이므로 앞을 향해 정진해 나간다는 내용이 가장 적합함을 알 수 있다. A '聚精会神'은 정신을 집중해야 하는 '공부에', B '锲而不舍'는 '마음에 새겨 정진해야 할 일에, C '精益求精'은 이미 '잘 하고 있는 일'에, D '实事求是'는 '공부나 연구를 하는 태도'에 쓰이므로 B '锲而不舍'가 가장 적합하다.

다섯 번째 빈칸 – '习惯(습관)'을 목적어로 가지는 동사를 찾아야 한다. A '培训'은 '사람을 훈련하다'는 뜻으로 쓰이고, C '操练'은 '군인이나 말을 훈련하다'라는 뜻, D '操作'는 '기기를 조작한다'는 뜻이므로 정답이 될 수 없다. B '培养'도 일반적으로 '人才(인재)', '孩子(아이)' 등의 사람을 양성한다는 뜻으로 잘 쓰이지만, '习惯(습관)', '能力(능력)'에도 쓸 수 있음을 기억해야 한다. 정답은 B이다.

1. D   **2.** A   **3.** A   **4.** A   **5.** A

문제 1

中国吴桥国际杂技艺术节创办于1987年，是以 "中国杂技之乡"河北省吴桥县 ＿＿＿＿ 的。该艺术节每两年举行一次，现已成功举办 十二 ＿＿＿＿ ，成为世界各国杂技团体 ＿＿＿＿ 形象、交流技艺、增进友谊的平台。

중국 우차오 국제잡기 예술제는 1987년에 창설되었고, '중국 잡기의 고향'으로 허베이성 우차오현에서 명명한 것이다. 이 예술제는 2년마다 한 번 개최되어, 현재 이미 성공적으로 12회 개최되었고, 세계 각국의 잡기팀이 이미지를 뽐내고, 기예를 교류하고, 우의를 증진시키는 플랫폼이 되었다.

A 称呼　卷　呈现
B 任命　番　展现
C 报名　册　提示
D 命名　届　展示

A 부르다　권　드러나다
B 임명하다　번　펼쳐지다
C 신청하다　권　힌트를 주다
D 명명하다　회　뽐내다

해설　**첫 번째 빈칸** – A '称呼'는 '부르다'라는 뜻으로 사람이나 사물에 주로 쓴다. B '任命'은 '任命为 + 직책'의 형태로 쓰여 어떤 직책으로 임명되었는지 설명하는 데 자주 쓰며, '任命为校长(교장으로 임명되다)'과 같이 쓴다. C '报名'은 시험 등을 신청 또는 접수한다는 뜻으로 쓰인다. D '命名'은 이름을 지어준다는 뜻으로 정식적으로 이름을 짓는 경우에 많이 쓴다. 허베이성 우차오현이 '중국잡기의 고향'으로 칭한 것이므로 A와 D가 가능함을 알 수 있다.

두 번째 빈칸 – 숫자 뒤에 밑줄이 있으면 들어가야 할 품사가 양사임을 알아야 한다. 이때는 반드시 무엇을 세는 단위인지 가장 중요한 명사를 찾아야 한다. 뒤에는 ', (쉼표)'로 절이 끝난 것으로 보아 앞에서 언급된 명사를 확인해야 하고, '艺术节'를 세는 양사임을 알아야 한다. D '届'가 바로 경기, 회의, 축제 등의 회차를 세는 양사이므로 가장 적합하다. A '卷'과 C '册'은 책을 세는 단위이므로 적합하지 않고, B '番'은 '~번'이라는 뜻이 있어서 '열두 번 성공적으로 개최되었다'라고 하면 말이 되는 것 같지만, '番'은 숫자 '一'와만 쓰여서 정확하게 횟수를 세기 힘든 '研究(연구)', '讨论(토론)' 등, 또는 '风景(풍경)'을 세는 양사로도 쓰인다.

세 번째 빈칸 – A '呈现景象(풍경이 나타나다)', B '展现新世界(신세계가 펼쳐지다)', D '展示形象(이미지를 뽐내다)' 등의 함께 잘 쓰이는 조합어휘를 암기해 두어야 한다. 밑줄 뒤의 '形象(이미지)'을 목적어로 가지는 술어, 즉 동사를 찾는 문제이므로 정답은 이미지를 뽐내고, 보여주는 '展示'가 적합하다. 정답은 D이다.

문제 2

历史上有许多事是起于 ＿＿＿＿ 的，个人的嗜好、一时的错误，皆足以打开一个新 ＿＿＿＿ 。当其初起时，谁也不在意。以后越走越远，回视作始之时，＿＿＿＿ 。

역사상의 많은 일들은 우연히 일어난 것이고, 개인의 기호, 일순간의 잘못은 모두 새로운 국면을 열기에 충분하다. 그 일이 처음 시작될 때는 누구도 개의치 않는다. 이후에 갈수록 멀어져, 그 일의 시작을 되돌아 봤을 때, 완전히 다른 세상의 일 같아진다.

A 偶然　局面　恍若隔世
B 偶尔　局部　不屑一顾
C 果然　结局　不可思议
D 忽然　全局　恍然大悟

A 우연히　국면　마치 딴 세상 같다
B 때때로　부분　조금도 거들떠 볼 가치가 없다
C 과연　결말　불가사의하다
D 갑자기　전체국면　갑자기 깨닫다

해설　**첫 번째 빈칸** – 역사상의 많은 일들이 어떻게 일어난 것인지를 설명할 수 있는 어휘를 찾아야 한다. A '偶然'은 의도치 않게 우연하게 일어난 일에 쓰이고, B '偶尔'은 빈도수가 많지 않게 가끔 일어나는 일에, C '果然'은 예상한 대로 일어나는 일에, D '忽然'은 돌연 발생한 일에 쓰이는 어휘이다. 내용적으로는 A의 '우연히'와 '갑자기'가 가장 어울리지만, 밑줄 앞에 '起于(~에 기인하다)'가 있으므로 부사인 '忽然'이 목적어로 나올 수 없다. 내용적으로나 어법적으로 A가 가장 적합하다.

두 번째 빈칸 – A '局面'은 어떤 일이 벌어진 상황이나 형편을 나타내는 어휘이고, B '局部'는 국부, 즉 전체가 아닌 부분을 나타내는 어휘이다. C '结局'는 '결말'로 '过程(과정)'에 대비되는 어휘로 자주 등장한다. D '全局'는 '整个局面'의 줄임말로 전체적인 국면을 말한다. 밑줄 앞에 '新(새로운)'이 있으므로 '新'의 수식을 받으면서 '打开(열다)'를 술어로 쓸 수 있는 명사여야 한다. A의 '局面'은 '打开

局面(국면을 열다)'이 조합어휘이기 때문에 적합하지만, '국면'이라는 의미가 포함되어있는 '全局'는 '전체판 혹은 전체적인 형국'을 설명하는 어휘로 '打开'와 호응하지 않음을 알아야 한다.

세 번째 빈칸 – 처음 시작과 멀어진 후에 뒤돌아보면 '어떠하다'는 내용의 글이므로 어떤 형국이 시간이 지나고 나면 어떻게 되는지를 설명할 수 있는 성어를 찾아야 한다. '그 일의 시작을 되돌아 봤을 때'가 전제조건이므로 '완전 다르게 보인다'는 의미의 '恍若隔世(온전히 다른 세상의 일 같다)'가 가장 적합하다. 정답은 A이다.

문제 3

无论做什么事情，都应该**按照**一定的_____，遵循一定的规律，_____向前，千万不可操之过急。**否则**，必将事倍功半，_____。	어떤 일을 하든 간에 모두 일정한 순서와 일정한 규율에 따라, 점점 앞을 향해야 하고, 절대 서둘러서는 안 된다. 그렇지 않으면 힘들인 것에 비해 성과는 적고, 일이 바람대로 되지 않게 될 것이다.

A 次序 逐步 事与愿违	A 순서, 차례 점차 일이 바람대로 되지 않다
B 秩序 依旧 急于求成	B 질서 여전히 일을 이루려 서두르다
C 名次 逐渐 半途而废	C 석차 점차 도중에 포기하다
D 规范 仍旧 南辕北辙	D 규범 여전히 하는 행동이 목적과 상반되다

해설 **첫 번째 빈칸** – 동사 '按照(따르다)'의 목적어가 될 수 있는 명사를 찾아야 한다. 그 앞의 내용이 '어떤 일을 하든 간에'로 일의 전제조건이 통상적으로 일을 할 때 우리가 따라야 하는 것이므로 A '次序(순서, 차례)'나 D '规范(규범)'이 잘 어울림을 알아야 한다.

두 번째 빈칸 – A '逐步'와 C '逐渐'이 같은 의미의 어휘이고, B '依旧'와 D '仍旧'가 같은 의미의 어휘임을 먼저 알아야 한다. 밑줄 뒤의 어휘가 '向前(앞을 향하다)'이므로 '점점 혹은 점차 앞으로 향한다'는 내용이 적합하므로, A와 C가 적합하다.

세 번째 빈칸 – 사자성어 문제로 앞의 '否则'를 힌트로 삼는 것이 좋다. '否则' 앞의 내용은 통상적으로 '~해라/~하지 마라'의 명령투로 그 명령을 듣지 않았을 때 발생 가능한 안 좋은 가정을 '否则' 뒤에 쓰므로 순서에 따라, 규정에 따라, 점점 앞을 향하지 않았을 경우 어떻게 되는지 결과를 추측해보아야 하고, 일반적인 상황이라면 '일이 바람대로 되지 않는다'라는 A '事与愿违'가 가장 적합하다. 정답은 A이다.

문제 4

《城南旧事》是作家林海音**以**其7岁到13岁的生活**为**_____写成的一部自传体短篇小说集。全书用_____的**笔触**，描绘出一_____二十世纪二三十年代老北京的生活**画卷**，_____了很多读者。	《城南旧事》는 작가 린하이인이 그의 7세부터 13세 때의 생활을 배경으로 삼아 쓴 한 편의 자전적인 단편소설집이다. 전부 섬세한 필치로 한 폭의 20세기 2,30년대 베이징의 생활 장면을 묘사해내어, 많은 독자들을 감동시켰다.

A 背景 细腻 幅 感染	A 배경 섬세하다 폭 감염시키다, 감동시키다
B 情节 精确 丛 激励	B 줄거리 정확하다 덤불 격려하다
C 情景 细致 副 勉励	C 정경 세심하다 세트, 벌 장려하다
D 前景 精致 串 感慨	D 장래 정교하다 꿰미, 송이 감격하다

해설 **첫 번째 빈칸** – 밑줄 앞의 내용을 보면 '以A为B(A를 B로 삼는다)'의 패턴을 사용하여 린하이인이라는 작가의 7세부터 13세까지의 생활을 무엇으로 삼아 썼는지에 집중해야 한다. 사람의 어떤 시기의 생활은 배경, 혹은 줄거리로 삼았을 가능성이 가장 크므로 A '背景'과 B '情节' 둘 중의 하나가 답이 될 가능성이 크다.

두 번째 빈칸 – A '细腻'는 문학의 표현 방법이 '섬세하다'는 뜻으로 자주 쓰이고 글과 관련된 내용에 자주 등장한다. B '精确'는 계산이나 분석이 '정확하다'는 뜻으로 쓰이므로 내용과는 관계가 없다. C '细致'는 사람이 '세심하고 꼼꼼하다'는 뜻이므로 작가 린하이인이나 주인공을 묘사하지 않고서는 정답이 될 가능성이 적다. D '精致'는 만들어낸 제품이 '정교하다'는 뜻으로 자주 쓰이므로 역시 이 글과는 어울리지 않는 어휘이다. '~한 필치(글에 나타난 개성)'라고 했으므로 글과 관련된 A가 가장 적합하다는 것을 알 수 있다.

새 번째 빈칸 – 세 번째 빈칸에 들어갈 단어는 모두 양사이다. A '幅'는 그림, B '丛'은 덤불을 셀 때, C '副'는 짝이 있는 것을 세는 양사로 '벌, 세트'로 쓰이고, D '串'은 꿰어져 있는 것(一串珍珠 한 꿰미의 진주, 一串葡萄 한 송이 포도)을 세는 데에 자주 쓰이는데 글에서는 '画卷(긴 그림)'을 셀 수 있는 양사를 찾는 것이므로 A가 가장 적합함을 알 수 있다.

네 번째 빈칸 – 밑줄은 동사의 자리로 '读者(독자)'를 목적어로 삼을 수 있는 동사여야 하는데, B '勉励'는 목적어로 장려하는 내용이 나와야지 사람만 목적어로 올 수 없기 때문에 답이 될 수 없다. D '感慨'도 '감개무량하다'는 뜻으로 사람을 목적어로 쓸 수 없다.

A '感染'은 책이나 사상 등이 사람을 감동시키고 동화시킨다는 뜻이므로 책이 소재인 이 지문의 정답이 될 가능성이 높다. B '激励(격려하다)' 또한 사람을 목적어로 가질 수 있는 동사이므로 B '激励'에 가능성을 두어도 좋지만 A '感染'도 밑줄에 가능한 어휘이다. 정답은 A이다.

문제 5

哭泣是孩子愈合感情创伤的_____过程。哭泣时，孩子的注意力完全集中在自己的感受上，对周围人的告诫和劝慰毫不_____。通过哭泣排解烦恼后，他们又会精神焕发地面对生活。_____父母在孩子哭泣时对其加以责备，他们会觉得_____，情绪陷入低谷，久而久之，孩子可能会变得_____。	우는 것은 아이들이 감정의 상처를 치유하기 위해 <u>필요한</u> 과정이다. 울 때, 아이들의 주의력은 완전히 자신의 감정에 집중되고, 주위 사람들의 훈계와 위로는 조금도 <u>신경 쓰지</u> 않는다. 우는 것을 통해 고민을 없앤 후에 그들은 기운을 내어 생활을 마주하게 된다. <u>만약에</u> 부모가 아이들이 울 때 그것에 대해 질책한다면, 그들은 <u>설상가상</u>이라 느낄 수 있어 기분은 완전히 다운되며 오랜 시간이 지나면 아이들은 아마도 <u>자존감이 낮게</u> 변할 것이다.

A 必要	在意	假如	雪上加霜	自卑
B 难免	操心	与其	热泪盈眶	谦逊
C 必然	在乎	即使	苦尽甘来	虚伪
D 难得	当心	宁可	无精打采	镇定

A 필요하다	신경 쓰다	만약
설상가상이다	자존감이 낮다	
B 면하기 어렵다	걱정하다	~하느니
감격하다	겸손하다	
C 필연적이다	신경 쓰다	설령
고진감래	허위의	
D 얻기 어렵다	조심하다	차라리 ~할지언정
활기가 없다	침착하다	

해설 **첫 번째 빈칸** - 우는 것은 아이들이 감정의 상처를 치유하기 위해 어떠한 과정인지를 묻는 것이다. B '难免'은 피하기 힘든 상황에 자주 쓰이고, C '必然'은 필연적인 내용, D '难得'는 얻기 힘든 사물에 쓰는 어휘이다. 우는 것은 필요한 과정이라는 내용이므로 A가 가장 적합하다.
두 번째 빈칸 - 아이가 울 때, 주위 사람들의 훈계와 위로를 어떻게 여기는지가 관건이다. 또한 바로 앞의 어휘가 '毫不(조금도 ~하지 않다)'임을 확인해야 한다. A '在意'와 C '在乎'는 같은 의미로 신경을 쓴다는 뜻이고, B '操心'은 마음 쓰는 일이 나와야 하는데 보통 '为A操心' 또는 '让A操心'의 형태로 쓴다. D '当心'은 '조심하다'는 뜻으로 뒤에는 조심해야 하는 대상이 온다. 아이들이 울 때 훈계와 위로를 '조금도 ~하지 않는다'는 내용이니 신경 쓰지 않는다는 A '在意'와 C '在乎'가 적합하다.
세 번째 빈칸 - 보기의 어휘들이 접속사이므로 연결되는 접속사나 부사를 확인해야 한다. A '假如'는 '那么/就/会'와, B '与其'는 '不如'와, C '即使'와 D '宁可'는 '也'와 함께 호응하는 접속사이다. 밑줄이 포함된 절의 내용은 아이들이 우는데 부모가 꾸짖는다는 내용이고 뒤에는 아이들이 어떻게 느낄 것인지를 '会'를 써서 결과를 추측하고 있으므로 가정을 나타내는 접속사 A '假如'가 가장 잘 어울린다.

> **TIP** 假如A会B(만약에 A한다면 B할 것이다)/ 与其A不如B(A를 하는 것은 B만 못하다)/
> 即使A也B(설령 A더라도, 역시 B하다)/ 宁可A也B(차라리 A하더라도, B하다)

네 번째 빈칸 - 어울리는 성어를 선택해야 한다. 앞의 내용이 우는 아이에게 가장들이 질책까지 더하는 내용이 나오고, 밑줄 바로 앞이 '他们会觉得(그들은(아이)이 느낀다)'라는 내용이 나왔으므로 아이들이 우는데 가장들이 질책까지 더하면 엎친 데 덮친 격으로 상황이 더 안 좋아짐을 짐작할 수 있고 그에 가장 알맞은 성어는 A '雪上加霜(설상가상이다)'임을 알 수 있다.
다섯 번째 빈칸 - 밑줄 앞의 내용을 보면 '情绪陷入低谷(아이들의 기분이 완전 다운되게 된다)'라는 내용이 나오고 이렇게 되면 아이들이 어떻게 변하는지를 설명할 수 있는 어휘를 선택해야 한다. 앞의 내용과 자연스럽게 이어지려면 부정적인 내용을 설명할 수 있는 어휘가 적절하므로 A와 C 둘 중의 하나임을 알 수 있는데 부모에게 꾸짖음을 당해 기분이 다운되면 C의 '虚伪(위선적)'로 변하는 것보다는 A의 '自卑(자존감이 낮고 열등하다)'하게 변하는 것이 적합하다. 정답은 A이다.

1. C   **2.** A   **3.** B   **4.** A   **5.** A

문제 1

说起香料，似乎总带有异域色彩，<u>然而</u>，樟脑却是个 _____ 。樟脑的原产地是中国，在海上丝绸之路的贸易中，它曾 _____ <u>到多个国家</u>。樟脑还具有<u>药用</u> _____ ，可以醒神、止痛。

향료를 말하자면, 마치 항상 이국적인 색채를 가지고 있는 것 같지만, 장뇌는 오히려 <u>예외</u>다. 장뇌의 원산지는 중국으로, 해상 실크로드 무역에서 그것은 일찍이 많은 국가로 <u>수출되었다</u>. 장뇌는 또한 약의 <u>효능</u>도 가지고 있어, 각성시키고 통증을 멈추게 할 수 있다.

A 极限　开拓　成效
B 意外　发布　功能
C 例外　出口　功效
D 分歧　延伸　性质

A 최대치　개척하다　성과
B 의외　선포하다　기능
C 예외　수출하다　효능
D 차이　뻗어나가다　성질

해설 **첫 번째 빈칸** – A '极限'은 '최대치'라는 뜻이므로 답이 되려면 접속사 '然而(그런데)'과 '却(오히려)' 있기 때문에 앞의 최대치가 아닌 것 같다는 내용이 나와야 하고, B '意外'는 '의외'라는 뜻으로 예상치 못한 내용이 이어지기 때문에 해석상 이어지는 듯하지만 '意外'는 주로 예기치 못한 불행한 사건, 사고 등을 설명하므로 적합하지 않다. D '分歧'는 '차이(불일치)'라는 뜻으로 '달리 하는 두 가지 생각이나 견해' 등에 쓰이므로 내용상 적합하지 않다. 밑줄 앞의 '然而(그런데)'과 '却(오히려)'가 힌트이다. 그 앞의 내용이 향료를 말하면 이국적인 색채를 가지고 있는 것 같지만 그런데 뒤의 '樟脑(장뇌)'는 그렇지 않다는 내용이 나와야 하므로 장뇌만 예외라는 뜻의 C '例外(예외이다)'가 가장 적합하다.
두 번째 빈칸 – 밑줄 뒤의 '到多个国家(여러 국가로)'가 힌트이다. 장뇌가 다른 여러 나라에 어떻게 되었는가가 이어져야 하는데 장뇌는 앞에서 향료, 즉 사물임을 밝혔으므로 C '出口(수출하다)'가 가장 적합함을 알 수 있다. A '开拓'는 개척할 수 있는 '市场(시장)', '命运(운명)', B '发布'는 선포할 수 있는 '命令(명령)', '声明(성명)' D '延伸'은 뻗어나갈 수 있는 '平原(평원)', '山脉(산맥)' 등과 함께 잘 쓰인다.
세 번째 빈칸 – 앞의 '药用(약용)'과 함께 조합을 이룰 명사를 찾아야 한다. A '成效(성과)'는 얻어낸 예상했던 좋은 결과를 뜻하고, B '功能(기능)'은 구실이나 작용을 뜻하여, 주로 인체기관의 기능, 예를 들면 '心脏的功能(심장의 기능)' 등으로 쓰인다. D의 '性质(성질)'는 사물이나 현상이 가지고 있는 고유의 특성을 말하므로 A, B, D는 '药用'과 적합하지 않다. C '功效(효능)'는 '약으로서의 효능을 나타낸다'는 것을 '有药用功效(약용의 효능이 있다)'라고 말할 수 있으므로 C가 가장 적합하다. 정답은 C이다.

문제 2

很多跑步爱好者都喜欢快慢变速跑，即在 _____ 距离内，快跑一分钟、慢跑5分钟 _____ 进行。这样快慢变速跑，能更有效地促进<u>血液</u> _____ 和热量燃烧，达到更佳的锻炼效果。

많은 달리기 애호가들은 모두 빠르기를 바꾸어 뛰는 것을 좋아한다. 즉, <u>규정</u>된 거리 안에서 빠르게 1분 달리고, 천천히 5분 달리는 것을 <u>바꾸어가며</u> 진행한다. 이렇게 빠르기를 바꾸어 뛰는 것은 혈액<u>순환</u>과 칼로리 연소를 효과적으로 촉진시킬 수 있고, 더욱 좋은 단련효과에 도달할 수 있다.

A 规定　交替　循环
B 拟定　交换　调整
C 确定　代替　压缩
D 制定　交叉　流通

A 규정하다　번갈아 교체하다　순환
B (초안을) 세우다　교환하다　조정
C 확정하다　대체하다　압축
D 제정하다　교차하다　유통

해설 **첫 번째 빈칸** – '距离'를 목적어로 가질 수 있는 동사를 찾아야 한다. B '拟定'은 '(초안 등을) 세우다, 입안하다'의 뜻으로 주로 '拟定方案(방안을 세우다)', '拟定草案(초안을 세우다)'으로 쓰인다. C '确定'은 '확실하게 정하다'라는 뜻으로 '确定方向(방향을 확정하다)'으로 잘 쓰인다. D '制定'은 '계획이나 법규 등을 만들어 정한다'는 뜻으로 '制定计划(계획을 세우다)'로 쓰이므로 거리와는 어울리지 않는다. A '规定'은 '수치나 범위 등을 제한하여 정한다'는 뜻으로 '距离'와 가장 잘 어울린다.
두 번째 빈칸 – A '交替'는 '어떤 것이 번갈아 교대하거나 번갈아 바뀐다'는 뜻으로 '昼夜交替(밤낮이 계속 바뀌다)', '季节交替(계절이 교체되다' 등으로 쓰인다. B '交换'은 사물을 서로 바꾸는 것을 의미하고 주로 '交换意见(의견을 교환하다)', '交换商品(상품을 바꾸다)' 등으로 쓰인다. C '代替'는 다른 것으로 대신하는 것을 의미하고 주로 대신하는 사람이나 일과 함께 '代替同事值班(동료를 대신하여 당직을 서다)' 등으로 쓰인다. D '交叉'는 서로 엇갈리거나 마주치는 것을 의미하고 주로 '道路交叉(도로가 교차하다)'로 쓰인다. 앞의 내용이 빠르게 1분 달리는 것과 천천히 5분 달리는 것을 번갈아 바꾸어 진행한다는 내용이므로 A가 가장 적합하다.

세 번째 빈칸 – 앞의 '血液(혈액)'와 조합을 이루는 명사를 찾아야 하는 문제인데 '血液循环(혈액순환)'은 보편적인 어휘라서 찾기 어렵지 않다. 나머지 어휘는 주로 B '人事调整(인사조정)', C '压缩空气(압축공기)', D '流通过程(유통과정)' 등으로 쓰인다. 정답은 A.

문제 3

心理资本是指个体在成长过程中表现出来的一种积极心理 _____，是超越人力资本和社会资本的一种 _____ 心理要素。它将心理学和管理学的理论与实践相结合，拓宽了管理的_____ 。拥有过人心理资本的员工能以积极的情绪 _____ 工作，工作效率也会更高。

심리자본은 성장과정 중에 표현해내는 일종의 긍정적인 심리 상태이고, 인력자본과 사회자본의 일종의 핵심 심리요소이다. 그것은 심리학과 경영학의 이론을 실천과 서로 결합시켜, 경영의 시야를 넓혔다. 뛰어난 심리자본을 가지고 있는 직원은 긍정적인 정서로 일에 몰두하여 일의 효율도 더욱 높아지게 된다.

A 形态	热门	视线	处置
B 状态	核心	视野	投入
C 情景	中央	局限	征服
D 情形	焦点	界限	施展

A 형태	인기 있는	시선	처분하다
B 상태	핵심	시야	투자하다
C 정경	중앙	제한	정복하다
D 정황	초점	경계	(재능을) 펼치다

해설 **첫 번째 빈칸** – 밑줄 앞의 '心理(심리)'와 조합을 이룰 수 있는 명사를 찾아야 하는데 A '形态(형태)', C '情景(정경)', D '情形(정황)'은 심리와 함께 쓸 수 없으므로 B '状态(상태)'가 가장 적합하다는 것을 알 수 있다.

두 번째 빈칸 – 밑줄 뒤의 '心理要素(심리요소)'와 조합을 이룰 수 있는 어휘를 찾아야 한다. A '热门'은 사람을 매료시키거나 이목을 끈다는 뜻이고, B '核心'은 중심이나 중요한 부분을 가리키고, C '中央'은 중심이 되는 곳이나 가운데를 의미하고, D '焦点'은 사람들의 관심이나 주의가 집중되는 사물의 중심부분을 말한다. 그런데, 조합을 이루어야 하는 어휘인 '要素(요소)'가 꼭 필요한 성분 또는 조건을 가리키므로 '중요한 심리요소' 즉, '核心心理要素'가 가장 적합하다.

세 번째 빈칸 – A '视线'은 눈이 가는 길, 주의해야 하는 방향이나 목표를 의미하고, B '视野'는 눈이 보게 되는 범위와 사람이 관찰하거나 인식할 수 있는 영역을 의미한다. C '局限'은 좁은 범위 내에 제한을 두는 것을 의미하고, D '界限'은 영토나 경기장의 구분선 또는 한계를 의미한다. 문제는 '拓宽(넓히다)'의 목적어로 쓰일 수 있는 명사여야 하므로 A '视线(시선)'과 B '视野(시야)'가 둘 다 가능하다는 것을 알 수 있다. 하지만 내용에서는 '관리의 영역'을 넓힌다는 의미가 되어야 하므로 '주의해야 하는 방향이나 범위를 넓힌다'는 '拓宽视线'은 내용상으로는 맞지 않다는 것에 주의해야 한다.

네 번째 빈칸 – A '处置'는 사리가 분명하여 그에 맞게 처리한다는 뜻으로 주로 법에 의거해 처리하는 일에 주로 쓰여 '依法处置(법에 따라 처리하다)'와 같이 표현한다. B '投入'는 힘, 물자 따위를 필요한 곳에 넣는다는 의미로, '投入资金(자금을 넣다)', '投入工作(일에 몰두하다)' 등으로 주로 쓰인다. C '征服'는 높은 산 등의 매우 가기 힘든 곳에 어려움을 이겨내고 가거나, 다루기 어렵거나 힘든 대상을 다룰 수 있게 됨을 의미하여 '征服顶峰(산 정상을 정복하다)', '征服疾病(질병을 정복하다)' 등으로 잘 쓰인다. D '施展'은 기술이나 재능을 펼친다는 뜻으로 '施展才能(재능을 펼치다)'이 제일 많이 쓰이는 조합이다. 밑줄 앞에서는 심리자본을 가지고 있는 직원이 적극적인 정서로 일을 어떻게 했느냐를 설명해야 하므로 '投入工作(일에 (노력이나 힘 따위를) 투자하다= 몰두해서 일하다)'가 가장 적합하다는 것을 알 수 있다. 정답은 B이다.

문제 4

家庭是培养幼儿独立性的首要场所。儿童心理学研究 _____ ：孩子在幼儿时期，心里活动的主动性明显增强，喜欢自己去 _____ 新事物。父母应该把握孩子这个时期的心理特点，_____ ，在确保孩子安全的 _____ 下，放手让他们去做自己感兴趣的事情。

가정은 유아의 독립성을 키우는 첫 장소이다. 아동심리학자가 연구를 통해 다음과 같이 밝혔다. 아이는 유아시기에 심리활동의 주동성이 분명히 강해지는데, 자신이 직접 새로운 것을 체험하는 것을 좋아한다. 부모는 마땅히 아이들의 이 시기의 심리적 특징을 파악해서, 상황에 따라 유리하게 이끌어야 하고, 아이의 안전을 확보했다는 전제 하에 그들이 직접 흥미를 가진 일을 하게 해주어야 한다.

A 表明	体验	因势利导	前提		A 밝히다	체험하다	상황에 따라 유리하게 이끌다	전제
B 声明	领会	因地制宜	背景		B 성명하다	이해하다	지역에 맞게 대책을 세우다	배경
C 公认	示范	实事求是	处境		C 공인하다	시범하다	사실로 옳음을 구하다	처지
D 认可	履行	统筹兼顾	情形		D 인정하다	이행하다	계획을 모두 두루 살피다	정황

해설　**첫 번째 빈칸** – 밑줄 앞의 동사 '研究'와 함께 조합을 이루는 어휘를 찾아야 하는데 '研究表明(연구가 밝히길)', '研究显示(연구가 드러내길)'는 가장 많이 쓰이는 조합이므로 어렵지 않게 A가 가장 적합함을 알 수 있다. 나머지는 B '发表声明(성명을 발표하다)', C '国际上公认(국제적으로 공인하다)', D '认可能力(능력을 인정하다)'로 잘 쓰인다.

두 번째 빈칸 – A '体验'은 '몸소 겪어 보다'라는 의미이다. B '领会'는 '깨달아 이해하다'는 뜻으로 '领会价值(가치를 깨닫다)', '领会核心(핵심을 간파하다)' 등으로 잘 쓰인다. C '示范'은 '시범을 보이다', 즉, '모범적인 행동이나 동작을 보여주다'라는 의미로 '示范动作(시범동작)'로 잘 쓰인다. D '履行'은 '약속 등을 이행하다'는 뜻으로 '履行义务(의무를 이행하다)', '履行合同(계약을 이행하다)' 등으로 잘 쓰인다. 밑줄 뒤의 어휘 '新事物'를 목적어로 가질 수 있는 동사를 찾아야 한다. 아이들이 유아시기에 자신이 직접 '~하는 것을 좋아한다고 했으므로 아이가 할 수 있는 행동만 고려해도 A가 가장 적합하다는 것을 알 수 있다.

세 번째 빈칸 – 부모가 아이의 심리적 특징을 파악해 어떻게 해야 되는지 교육이나 양성과 관련된 성어를 골라야 하는데, B '因地制宜'는 지역관리에 관한 성어이고, C '实事求是'는 학문분야의 학습태도와 관련된 성어이고, D '统筹兼顾'는 계획이나 구상과 관련된 성어이므로 '상황에 따라 유리하게 이끌다'라는 A '因势利导'가 가장 적합함을 알 수 있다.

네 번째 빈칸 – '在……下'는 어떤 상황이나 전제조건을 나타내는 전치사이므로 A의 '前提'가 가장 적합함을 알 수 있다. 정답은 A.

> **TIP** 在……前提/保护/情况下(~전제/보호/상황 아래), 在……方面上(~의 방면에서), 在……过程中(~과정 중에)

문제 **5**

阆中古城位于四川省，距今已有三千多年的历史，是中国"_____最为完好的四大古城"之一。阆中古城的_____呈棋盘式，融南北建筑风格于一体，_____了中国古代的居住风水观。这里山川形势独特，山、水、城融为一体，有"天下第一江山"的_____。	낭중고성은 쓰촨성에 위치하고, 지금으로부터 3천여 년의 역사를 가지고 있으며, 중국의 '보존이 가장 완벽한 4대 고성' 중의 하나이다. 낭중고성의 구조는 바둑판 형식을 띠고, 남북의 건축 스타일이 한데 어우러져, 중국고대의 거주 풍수관을 구체적으로 나타내고 있다. 이곳은 산천의 형세가 독특하고, 산과 물, 성이 혼연일체가 되어 '천하제일 강산'이라는 명성을 가지고 있다.

A 保存	格局	体现	美誉		A 보존하다	구조	구체적으로 나타내다	명성
B 遗传	规格	展现	称呼		B 유전하다	규격	펼쳐지다	호칭
C 遗失	布局	展示	称号		C 유실하다	배치	보여주다	칭호
D 保持	局势	表达	荣誉		D 유지하다	정세	표현하다	영예

해설　**첫 번째 빈칸** – A '保存'은 잘 보존하고 간수하여 남긴다는 뜻으로 '遗物(유물)', '文物(문물)' 등과 함께 잘 쓰인다. B '遗传'은 물려받아 내려오는 것을 의미하고 주로 생물학적으로 부모의 성격, 체질 등이 자손에게 전해지는 것에 주로 쓰여 '遗传基因(유전자를 물려받다)'으로 잘 쓴다. C '遗失'는 가지고 있던 물건을 부주의로 잃어버린 것을 의미하며 '遗失钥匙(열쇠를 잃어버리다)'로 잘 쓰인다. D '保持'는 어떤 상태가 소실되거나 줄고 약해지지 않게 유지한다는 의미로 '保持健康(건강을 유지하다)', '保持原状(원 상태를 유지하다)' 등으로 잘 쓰인다. 밑줄 앞의 내용이 낭중고성이 오랜 역사를 가진 고성으로 잘 보존되어 있음을 설명하므로 A가 적합하다는 것을 알 수 있고, 더군다나 뒤에 '完好'가 있는데 '完好'는 보존이 완벽하거나 손상이 하나도 없이 완벽함을 나타내는 어휘로 '保存(보존하다)', '无损(손상이 없다)'과 잘 쓰이기 때문에 A가 확실히 정답이라는 것을 알 수 있다.

두 번째 빈칸 – 밑줄 뒤에는 바둑판 형식을 띤다고 나와 있으므로 낭중고성의 구조를 나타내는 어휘가 와야 함을 알아야 한다. A의 '格局(구조)'가 가장 적합하다.

세 번째 빈칸 – A '体现'은 구체적으로 나타낸다는 의미로 '体现细节(디테일을 살려주다)', '体现特色(특색을 구현하다)' 등으로 잘 쓰인다. B '展现'은 주로 눈 앞에 어떤 풍경이나 광경 등이 펼쳐지는 것을 의미하고, '展现风景(풍경이 펼쳐지다)', '展现新世界(신세계가 펼쳐지다)' 등으로 잘 쓰이고, C '展示'는 이미지, 장점, 자기자신 등 남에게 보여주고 싶은 부분을 보여준다는 뜻으로 '展示优势(장점을 보여주다)', '展示形象(이미지를 뽐내다)' 등으로 잘 쓰인다. D '表达'는 말이나 행동으로 감정이나 사상을 표현한다는 의미로 '表达感情(감정을 표현하다)'이 가장 많이 쓰인다. '风水观(풍수관)'을 목적어로 삼을 수 있는 동사를 찾아야 하는데 남과 북의 건축물이 한데 어우러져 나타나고 있으므로 '구체적으로 나타내다'의 '体现'이 가장 적합함을 알 수 있다. C '展示'와 D '表达'는 일반적으로 주어가 사람이므로 낭중고성이 주어인 이 밑줄에는 쓰일 수가 없고, B '展现'은 목적어로 '见解(견해)', '观念(관념)' 등의 어휘가 올 수 없다.

네 번째 빈칸 – '有A美誉(A라는 명성을 가지고 있다)'는 고정격식이다. 반드시 암기해 두어야 한다. 정답은 A이다.

> **TIP** 有 A 之称/美称/之誉/美誉 A라는 별칭(명성)을 가지고 있다

1. C **2.** C **3.** B **4.** B **5.** A

小时候，幸福是一件东西，_____ 就幸福；长大后，幸福是一个 _____ ，达到就幸福；成熟后，发现幸福原来是一种心态，_____ 就幸福。	어렸을 때 행복은 하나의 물건이어서 <u>가져야</u> 행복하고, 커서는 행복은 <u>목표</u>여서 도달해야 행복하고, 성숙해지고 나면 행복은 알고 보니 마음상태라는 것을 알게 되어 <u>깨달으면</u> 행복해한다.
A 拥护　梦想　奉献 B 占有　目光　歌颂 C 拥有　目标　领悟 D 拥抱　标志　觉悟	A 옹호하다　꿈　봉헌하다 B 점유하다　눈빛　칭찬하다 C 가지고 있다　목표　깨닫다 D 포옹하다　지표　깨닫다

해설 **첫 번째 빈칸** – A '拥护'는 '立场(입장)을 옹호하다', B '占有'는 '地位(지위)를 점유하다', C '拥有'는 '가지고 있다', 즉 소유하고 있음에 초점을 맞추고 있는 단어로, 목적어는 구체적이거나 추상적인 것 모두 된다. '拥有很多钱(많은 돈을 가지고 있다)', '拥有信心(자신감을 가지고 있다)'으로 자주 쓰인다. D '拥抱'는 '포옹하다'의 뜻으로 사람이나 사물을 껴안는다는 뜻이다. 어릴 때 행복은 물건이라고 했으므로 물건은 '(소유의 뜻으로) 가지고 있다'가 가장 적합하다.
두 번째 빈칸 – A '梦想'은 '꿈', B '目光'은 '안목', C '目标'는 '목표', D '标志'는 '지표, 상징'을 나타내는데, 커서는 행복이 '이것(명사)'이라서 도달하면 행복하다고 했으므로 '达到(도달하다)'의 목적어가 될 수 있는 이것을 찾아야 하는데 '达到目标'는 자주 쓰이는 搭配(조합)이므로 정답으로 C가 가장 알맞다.
세 번째 빈칸 – A '奉献'은 '봉헌하다', 즉 남에게 봉사하거나 기여하는 것을 의미하고, B '歌颂'은 칭찬한다는 뜻인데 '批评(비평하다)'의 반대 개념으로 기억하는 것이 좋다. C '领悟'와 D '觉悟'는 '깨닫다'라는 뜻인데, 성숙한 후에는 행복은 마음상태라고 했으므로 무엇인가에 대해 깨닫는 것이 행복이라고 할 수 있으므로 C와 D가 가장 적합함을 알 수 있다. 전체적으로 모두 가능한 보기는 C이므로 정답은 C이다.

生命就像回声，你送出什么就收回什么，_____ 什么就得到什么。别人怎样对待你，_____ 于你怎样对待他们，这是普遍的_____，爱别人就是爱自己。	생명은 마치 메아리와 같아서 당신이 보낸 것을 거둬들이게 되고, <u>준</u> 것을 얻게 된다. 다른 사람이 당신을 어떻게 대하는지는 당신이 다른 사람을 어떻게 대하는지에 의해 <u>결정된다</u>. 이것은 다른 사람을 사랑하는 것이 바로 자신을 사랑하는 것이라는 보편적인 <u>진리</u>이다.
A 赋予　奠定　真相 B 授予　采取　道理 C 给予　取决　真理 D 供给　收获　理由	A 부여하다　(기초를) 다지다　진상 B 수여하다　(조치를) 취하다　도리 C 주다　결정되다　진리 D 공급하다　수확하다　이유

해설 **첫 번째 빈칸** – A '赋予'는 주로 '意义(의미)를 부여하다', B '授予'는 '奖(상)을 수여하다'라는 것만 기억해도 좋다. C '给予'는 구체적인 사물에는 쓸 수가 없고, 추상적인 것을 '주다' 또는 추상적인 행위를 '해주다'라는 뜻으로 주로 '给予支持(지지해주다)', '给予同情(동정해주다)' 등으로 쓰인다. D '供给'는 어떤 것을 공급한다는 뜻이다. 앞의 내용이 생명이 메아리와 같아서 무엇인가를 '이렇게 해야'만 무엇인가를 얻는다고 했으므로 메아리의 특성은 보낸 소리가 다시 돌아오는 것이므로 '得到(얻다)'의 반대 개념을 찾아야 한다. 그러므로 추상적인 개념의 C '给予(주다)'가 가장 적합함을 알 수 있다.
두 번째 빈칸 – A '奠定'은 '基础(기초)를 다진다'는 뜻으로 쓰이고, B '采取'는 '措施(조치)'와 함께 '采取措施(조치를 취한다)'로 가장 자주 쓰인다. C '取决'는 일반적으로 전치사 '于'와 함께 'A取决于B'의 형식으로 쓰여 'A는 B에 의해 결정된다'로 잘 쓰인다. D '收获'는 '수확하다' 또는 '수확'의 뜻으로 어떤 일을 진행해서 그 일에서 얻은 것이 있었음을 의미한다. 여전히 생명을 메아리에 비교하는 내용으로 앞에는 '다른 사람이 당신을 어떻게 대하는지'가 있고, 뒤에는 '당신이 다른 사람을 어떻게 대하는지'가 있으므로 결국 당신이 하는 만큼 다른 사람이 한다라는 뜻으로 '别人怎样对待你取决于你怎样对待别人(다른 사람이 당신을 어떻게 대하는지는 당신이

다른 사람을 어떻게 대하는지에 달려있다)'이 가장 적합함을 알 수 있고 이어지는 내용으로 이것이 보편적인 사람의 '이치' 혹은 '진리'라고 하는 것이 가장 적합하므로 세 번째 칸은 C '真理(진리)'가 가장 어울린다는 것을 알 수 있고, 그러므로 정답은 C이다.

문제 3

蓝色地带，专指世界上长寿人口比例很高的地区。在这些地方，人们的寿命长得 _____ ，他们到了90岁、100岁还依然 _____ 良好的身体状态和生活能力。 _____ 是什么呢？这些美好的生命传奇和他们的生活习惯密切相关，长寿秘诀就隐藏在他们吃的食物、 _____ 的伙伴以及他们的价值观中。	블루존(Blue Zone)은 세계에서 장수인구 비율이 가장 높은 지역을 가리킨다. 이곳에서는 사람의 수명이 불가사의하게 길고, 그들은 90세, 100세가 되어서도 여전히 좋은 신체상태와 생활능력을 가지고 있다. 비밀은 무엇인가? 이런 아름다운 생명의 신비함은 그들의 생활습관과 밀접한 상관이 관련이 있는데, 장수비결은 그들이 먹는 음식, 왕래하는 친구 및 그들의 가치관 속에 숨겨져 있다.

A 难能可贵	占有	机密	交叉		A 어려운 일을 해내어 대견하다		점유하다	
B 不可思议	拥有	秘密	交往		기밀		교차하다	
C 不相上下	拥护	奥秘	交涉		B 불가사의하다		가지고 있다	
D 不言而喻	占据	焦点	交换		비밀		왕래하다	
					C 막상막하이다		옹호하다	
					신비		협상하다	
					D 말하지 않아도 안다		점거하다	
					초점		교환하다	

해설 **첫 번째 빈칸** – 글의 소재가 '长寿(장수)'이고, 블루존(장수인구 비율이 높은 지역) 사람들의 수명이 어떻게 긴지를 설명할 수 있는 성어가 첫 번째 빈칸에 들어갈 수 있는데, A '难能可贵'는 어려운 일을 해냈을 때 쓰는 말이고, B '不可思议'는 믿기 힘들거나 쉽게 일어날 수 없는 일에 쓰고, C '不相上下'는 수준을 비교하거나 성적을 비교할 때 쓰고, D '不言而喻'는 너무나 명백한 일이어서 말하지 않아도 되는 누구나 알고 있거나 알고 있어야 하는 '重要的(중요한 것)'에 쓴다. 장수 지역의 사람들이 수명이 긴 것에 대한 궁금증을 푸는 내용이므로 B가 제일 적합함을 알 수 있다.
두 번째 빈칸 – 앞의 1번 문제의 첫 번째 빈칸에 들어갈 보기들과 A, B, C는 같은 어휘이므로 1번을 참고하고, D '占据'는 '차지하다'라는 뜻으로 지역(地方)을 점거했을 때 주로 쓰인다. 그런데, 장수지역의 사람들이 90세, 100세가 되어서도 건강한 신체상태와 생활능력을 가지고 있다는 내용이므로 장수지역 사람들만 가지고(= 소유하고) 있는 것을 설명하고 있으므로 B가 적합하다.
세 번째 빈칸 – A '机密'는 기업이나 국가의 비밀을 가리키는 어휘이고, B '秘密'는 가장 일반적으로 쓰는 '비밀'을 뜻하며 '秘诀(비결)'를 대신할 수 있는 어휘이다. C '奥秘'는 비밀 중에서도 '심오한 비밀, 신비'를 뜻하는데 주로 '自然(자연)', '宇宙(우주)'에 관한 내용에서 자주 등장한다. 장수지역 사람들의 장수 비결을 묻고 있으므로 '秘诀(비결)'가 가장 적합하지만 보기에는 없으므로 B '秘密(비밀)'가 가장 적합함을 알 수 있다.
네 번째 빈칸 – A '交叉'는 '교차하다'는 뜻으로 교차하는 도로, 즉, '交叉道路(교차로)'에 쓰이고, B '交往'은 '사람간의 왕래나 사귐'을 의미한다. C '交涉'는 '교섭하다'라는 뜻으로 협상을 의미하고 D '交换'은 '교환하다'라는 뜻이다. 밑줄의 어휘를 수식받는 어휘가 '伙伴(친구, 동반자)', 즉 사람이므로 B의 '交往(왕래하다)'이 가장 적합하다는 것을 알 수 있다. 정답은 B이다.

문제 4

音乐可以 _____ 情绪，而且遵循"同质" _____ 。简单来说，就是当一个人痛苦时应该听悲痛的音乐，把痛苦的情绪完全 _____ 出来。而一个焦虑或愤怒的人应该选择激昂亢奋的音乐，使 _____ 的情绪有所发泄。	음악은 기분을 조절할 수 있고, 게다가 '동질' 원리를 따른다. 간단히 말해, 사람이 고통스러울 때, 비통한 음악을 들어야 고통스러운 기분을 완전히 풀 수 있다. 초조하거나 몹시 화가 난 사람은 흥분되고 격정적인 음악을 들어서 불안한 기분을 좀 풀어야 한다.

A 调和	原则	解放	拘束		A 중재하다	원칙	해방되다	거북하다
B 调节	原理	释放	不安		B 조절하다	원리	풀다	불안하다
C 缓和	道理	播放	沮丧		C 완화되다	도리	방송하다	낙담하다
D 调解	规律	开放	悲哀		D 중재하다	규율	개방하다	비통하다

해설 **첫 번째 빈칸 –** A '调和'는 D '调解'와 근의어로 둘 다 '중재하다'는 뜻을 가지고 있고, 주로 '纠纷(다툼, 분쟁)'과 함께 잘 쓰인다. B '调节'는 '수량, 정도 규모 등을 조정하다'라는 뜻으로 '体温(체온)', '速度(속도)', '音量(음량)' 등과 함께 쓰인다. C '缓和(완화하다)'는 '缓解(완화하다)'와 비슷해 보이는 어휘지만 '缓解'가 '病情(병세)', '压力(스트레스)' 등과 함께 쓰이는 반면, '缓和'는 '气氛(분위기)'과 쓰여 주로 '缓和气氛(분위기를 누그러뜨려 온화하게 만들다)'의 형태로 쓰인다. 음악이 정서를 어떻게 할 수 있는지를 설명해야 하는데 이미 어떤 정도에 처해 있는 정서가 아니라 오히려 수식어가 없는 '情绪(정서)'를 어떤 정도, 즉 나쁘게도, 좋게도 만들 수 있다는 뜻이니, B '调节(조절하다)'가 가장 적합하다.

두 번째 빈칸 – '遵循(따르다)'의 목적어로 쓰일 수 있는 명사를 찾아야 한다. A '原则'는 행동이나 이론에서 일관되게 지켜야 하는 기본적인 규칙을 나타내고, B '原理'는 보편적인 진리를 나타낸다. C '道理'는 사람이 행해야 하는 올바른 이치 혹은 바른 길을 나타내고 D '规律'는 일정한 질서나 차례, 또는 이를 유지하기 위해 정해놓은 본보기를 의미한다. 음악이 '동질'이라는 무엇을 따른다고 설명했는데 C는 사람에게 쓰는 것이므로 제외되고, D는 사실상 '遵循规律(규율을 따르다)'로 가장 잘 어울리는 조합이지만 음악이 '동질'이라는 질서 혹은 본보기를 따른다는 것이 아니라 '동질'이라는 보편적인 진리를 따른다는 것이므로 B가 가장 적합하다. 음악이 '同质(동질)'라는 정해져 있는 규칙을 따라야 하는 것은 아니므로 A 역시 어울리지 않는다.

세 번째 빈칸 – A '解放'은 구속이나 억압, 부담 따위에서 벗어남을 의미한다. B의 '释放'은 '석방하다'는 뜻이 있어 '囚犯(죄수)'과 함께 쓰일 수 있으나 문제로는 잘 나오지 않는 소재이다. 오히려 '일어난 감정 따위를 누그러뜨리다'는 뜻이 있어 '释放压力(스트레스를 풀다)'로 더 자주 쓰인다. C '播放'은 '방송하다'로 방송과 관련된 내용에서만 쓸 수 있으며, D '开放'은 국가 간의 교류, 문, 꽃 등을 설명할 때 주로 쓰인다. '把' 뒤의 목적대상이 '痛苦的情绪(고통스러운 기분)'이므로 이런 감정을 누그러뜨린다의 '释放(풀다)'이 가장 적합함을 알 수 있다.

네 번째 빈칸 – A '拘束'는 '구속하다'의 뜻이 있어 '释放'처럼 '囚犯(죄수)'과 함께 쓰일 수 있으나 역시 흔한 소재가 아니므로 감정이 '거북하다', '부자연스럽다'의 뜻을 기억해야 한다. B '不安'은 '불안하다'의 뜻이고, C '沮丧'은 '낙담하고, 풀이 죽다'의 뜻이다. D '悲哀'는 '몹시 슬퍼 마음이 아프다'는 뜻이다. 밑줄 앞의 내용이 초조하거나 몹시 화가 난 사람이 음악을 통해 이러한 감정을 풀어야 한다는 내용이므로 초조하거나 몹시 화가 난 것을 표현할 수 있는 감정이어야 하므로 B '不安(불안하다)'이 가장 적합함을 알 수 있다. 정답은 B이다.

문제 **5** ▶

兔子的长耳朵有两个功能。首先，长耳朵能够帮助它在 _____ 的夏季散热降温。其次，长耳朵使它的听力更加 _____ 。人们常常看到兔子竖起耳朵，以为它只是简单地 _____ 周围的<u>声音</u>，其实，它还能在听到声音后确定声音后的 _____ ，这样就能在敌人靠近前及时逃跑。

토끼의 긴 귀는 두 가지 기능을 가지고 있다. 먼저, 긴 귀는 그것이 <u>무더운</u> 여름에 열을 발산하여 온도를 낮출 수 있다. 그 다음으로 긴 귀는 청력을 더욱 <u>예민하게</u> 만들 수 있다. 사람들은 토끼가 귀를 쫑긋 세우는 것을 보면, 그것이 단지 단순하게 주위의 소리를 <u>귀 기울여 듣는</u> 것으로 여기지만, 사실 그것은 소리를 들은 후에, 소리의 <u>출처</u>를 확정할 수도 있다. 이렇게 해서 적이 다가오기 전에 제때 달아날 수 있는 것이다.

A 炎热	灵敏	倾听	来源
B 温暖	机灵	辨认	起源
C 灿烂	敏捷	打听	源泉
D 闷热	灵活	分辨	根源

A 무덥다	예민하다	귀 기울여 듣다	출처
B 따뜻하다	영리하다	식별하다	기원
C 찬란하다	민첩하다	알아보다	원천
D (숨 막히게) 덥다	날렵하다	분별하다	근원

해설 **첫 번째 빈칸 –** A '炎热'는 '무덥다'는 뜻으로 더위나 여름과 관련해서 주로 쓴다. B '温暖'은 날씨 이외에도 마음에도 쓸 수 있기 때문에 '温暖的心(따뜻한 마음)'으로도 쓸 수 있다. C '灿烂'은 '눈부시다'는 뜻으로 '阳光(햇빛)' 같은 구체적인 어휘 외에도 '笑容(미소)' 같은 것을 꾸미는 데에도 쓰인다. D '闷热'는 답답할 정도의 후텁지근함을 의미한다. 밑줄이 수식하는 어휘가 '夏季(여름)'이므로 A와 D가 가장 적합함을 알 수 있다.

두 번째 빈칸 – A '灵敏'은 주로 감각기관이나 감각이 예민한 것을 설명하고, B의 '机灵'은 머리가 영리하고 재치 있는 것을 의미하므로 사람을 설명하는 데 주로 쓰인다. C '敏捷'는 생각이나 동작이 빠르고 민첩한 것을 나타내며, D '灵活'는 신체부위가 재빠르거나 사람이 활기가 있음을 의미한다. 토끼의 긴 귀와 청력을 설명할 수 있는 어휘가 와야 하므로 감각기관 또는 감각이 뛰어나거나 예민함을 나타내는 A '灵敏'이 가장 적합하다는 것을 알 수 있다.

세 번째 빈칸 – A '倾听'은 귀 기울여 듣는 것을 설명한다. B '辨认'은 식별해낸다는 뜻으로 주로 '笔迹(필적, 글자체)'와 같이 흔적이나 형체를 분간해내는 것에 쓰인다. C '打听'은 '信息(정보)', '消息(소식)' 등을 알아본다는 뜻으로 쓰인다. D '分辨'는 '是非(시비, 옳고 그름)', '对错(맞고 틀림)' 등과 함께 쓰여 '가려낸다'는 뜻으로 주로 쓰인다. 밑줄에 들어갈 어휘는 '声音(소리)'을 목적어로 취할 수 있는 동사여야 하므로 A '倾听(귀 기울여 듣다)'과 B '辨认(식별하다)'이 가능하다.

네 번째 빈칸 – A '来源'은 '출처'라는 뜻으로, '어디서 나왔는지'에 초점을 맞춰야 하고, B '起源'은 '기원'이라는 의미로, '처음 생긴 곳'에 초점을 맞춰야 한다. C '源泉'은 '원천'의 뜻으로 '사물의 근원, 또는 물이 흘러나오는 근원'을 설명하고, D '根源'은 '근원'으로 해석되어 '사물이 비롯되는 근본이나 원인'을 설명한다. 내용이 토끼가 귀를 세워 주위의 소리를 들은 후에 소리의 '출처' 즉 '어디서 나는지'를 확정 짓는다는 뜻이므로 A가 가장 적합함을 알 수 있다. 정답은 A이다.

1. A　　**2.** B　　**3.** A　　**4.** A　　**5.** D　　**6.** A

7. D　　**8.** B

문제 1

研究指出，一 _____ 优质的**早餐**可以让人思维敏捷，_____ **灵活**，从而提高学习和工作_____，所以早餐一定要吃好。	연구에서, 한 **끼**의 양질의 아침식사는 사람의 사고가 민첩하고, **반응**을 빠르게 할 수 있어 학습과 일의 **효율**을 높일 수 있기 때문에 반드시 아침을 잘 먹어야 한다고 밝혔다.

A 顿	反应	效率		A 끼	반응	효율
B 番	反馈	效益		B 번	피드백하다	효과와 이익
C 吨	反思	成效		C 톤	반성	성과
D 阵	反映	频率		D 차례	반영하다	빈도율

해설　**첫 번째 빈칸** – 밑줄 앞에 숫자 '一'가 있고, 뒤에는 '优质的早餐(양질의 아침식사)'이 있으므로 식사를 세는 양사를 찾는 문제임을 알 수 있다. A '顿'은 끼니를 세는 양사, B '番'은 풍경을 세는 양사로 '一番风景'으로 쓰이고, C '吨'은 무게 단위 '톤(ton)'을 가리키며 D '阵'은 '바탕, 차례'를 나타내는 양사로 '一阵雨(짧게 한 차례 내린 비)'로 잘 쓰이므로 A가 가장 적합함을 알 수 있다.

두 번째 빈칸 – 밑줄 뒤의 '灵活(민첩하다)'와 호응할 수 있는 어휘를 찾아야 하는데, '灵活'는 민첩함을 나타낼 때에는 주로 인체 부위의 반응 즉, '反应'과 잘 쓰이므로 A는 적합하다. B '反馈'는 '피드백하다'의 뜻으로 쓰이고 이 경우 빠르다는 '灵活'가 아니라 '反馈很快(피드백이 빠르다)'라고 하므로 적합하지 않다. C '反思(반성)'는 빠르고 늦음을 나타내는 것이 아니기 때문에 적합하지 않고, 주로 무엇에 대한 반성인지를 나타낼 때 쓰므로 '对自己的反思(자신에 대한 반성)' 등으로 잘 쓰인다. D '反映(반영)'은 '时代的反映(시대적 반영)'으로 잘 쓰인다.

세 번째 빈칸 – 앞의 동사가 '提高(향상시키다)'이므로 밑줄이 명사 자리이고, 동사와 조합되면서 '学习和工作(공부와 일)'의 수식을 받을 수 있는 명사여야 한다. 모든 보기가 '提高'와 쓰일 수 있지만 공부와 일과 결합하여 아침 먹는 것의 장점을 설명할 수 있는 어휘는 A의 '效率(효율)'가 가장 적합하다. B '效益'는 '효과와 이익'으로 '经济效益(경제효과와 이익)', C '成效'는 '효과, 보람'이란 의미로 '努力的成效(노력한 보람)'로 잘 쓰인다. '频率'는 '빈도율'을 나타내며, '发生频率(발생 빈도율)'로 잘 조합되어 쓰인다. 정답은 A이다.

문제 2

温泉是从地下自然涌出的泉水，其水温高于当地年_____气温5℃以上。形成温泉一般要_____地底有热源、岩层中有让泉水涌出的裂隙、地层中有**泉水**_____的空间这三个条件。	온천은 지하에서 자연적으로 솟아오르는 샘물이고, 그 물의 온도는 현지 연평균 기온보다 5℃이상 높다. 온천을 만드는 데는 일반적으로 땅 밑바닥에 열 에너지가 있고, 암층 속에 샘물이 솟아오르게 하는 균열이 있어야 하고, 지층 속에 샘물이 **저장되는** 공간이 있어야 하는 이 세 가지 조건을 **갖추어야** 한다.

A 均匀	包含	配备		A 고르다	포함하다	배치하다
B 平均	具备	储存		B 평균	갖추다	저장하다
C 平行	建立	储蓄		C 평행	세우다	저축하다
D 平衡	占有	储备		D 균형	점유하다	비축하다

해설　**첫 번째 빈칸** – 밑줄 앞에 '현지 년(연)'까지 서술되었고, 뒤에는 '기온'과 구체적이 온도가 있으므로 '연평균 기온'이 가장 자연스럽다는 것은 쉽게 알 수 있기 때문에 B가 적합하다. A '均匀'은 '고르다, 균일하다'라는 뜻으로 '分布均匀(분포가 고르다)'으로 잘 쓰이고, C '平行(평행, 동시의)'은 '平行发展(동시에 발전하다)'으로, D '平衡(균형/균형을 갖춘)'은 '保持平衡(균형을 유지하다)'과 '平衡器官(균형 시스템)'으로 잘 쓰인다.

두 번째 빈칸 – 앞의 조동사 '要(~해야 한다)'와 함께 '这三个条件(이 세가지 조건)'을 목적어로 취할 수 있는 동사가 와야 함을 알 수 있다. A '包含'은 포함되는 대상과 함께 잘 쓰이고, 주로 '运费(운송비)', '餐费(식사비)' 등의 가격과 조합을 이루고, B '具备'는 '조건이나 자격'으로 갖추어야 하는 것과 쓰이므로 '具备素质(자질을 갖추다)', '具备资格(자격을 갖추다)' 등으로 잘 쓰인다. C '建立'는 '세우다'라는 뜻으로 건축물 등과 함께 쓰는 것으로 오해하는 경우가 많은데, 실제로는 '수립하다, 형성하다'의 뜻으로 쓰여 '建立关系(관계를 형성하다)', '建立功勋(공을 세우다)' 등으로 잘 조합된다. D '占有'는 '占有地位(지위를 점유하다)'로 잘 쓰이므로 가장 적합한 것은 B임을 알 수 있다.

세 번째 빈칸 – 앞에는 '샘물', 뒤에는 '공간'이 있으므로 샘물을 '어떻게 하는' 공간인지가 관건이다. A '配备(배치하다, 장만하다)'는 사물을 갖추어 배치하는 것을 의미하고 주로 '配备设备(설비를 장만하다)'로 쓰인다. B '储存(저장하다)'은 물건을 모아 두거나 저장함을 의미하지만, 동사의 역할 보다는 '储存时间(저장시간)', '储存空间(저장공간)' 등으로 명사의 역할로 잘 쓰인다. C '储蓄(저축하다)'는 돈을 은행에 모으는 것을 의미하고 '奖励储蓄(저축을 장려한다)'로 잘 쓰인다. D '储备(비축하다)'는 '미리 준비하여 모아둠'을 의미하고 '储备粮食(식량을 비축하다)'로 잘 쓰인다. '샘물을 저장하는 공간'이라고 해야 하므로 B가 가장 적합하다. 정답은 B이다.

문제 **3** ▶

		사람의 귀는 일종의 '은폐' 기능을 가지고 있고, 그것은 자동적으로 환경 속의 소음을 없애고, 우리가 흥미를 가지는 그 소리들을 부각시킨다. 이 때문에, 설령 우리가 사람 소리가 시끌벅적한 무리 속에 서있어도, 다른 사람이 우리에게 하는 말을 들을 수 있다.

人的耳朵有一种"掩蔽" _____ ，它能自动 _____ 环境中的噪音，而把那些我们感兴趣的声音凸显出来。因此，即使我们站在人声 _____ 的人群中，也能听见别人对我们讲的话。

A 功能	清除	嘈杂		A 기능	깨끗이 없애다	시끌벅적하다
B 性质	排除	拥挤		B 성질	배제하다	붐비다
C 功效	清理	繁忙		C 효용	깨끗이 정리하다	바쁘다
D 性能	解除	混乱		D 성능	제거하다	혼란하다

해설 **첫 번째 빈칸** – 밑줄은 사람의 귀가 가지고 있는 '무엇'이 들어가야 하는데 A '功能(기능)'은 하는 구실이나 작용함을 의미하며 주로 '인체기관'과 조합을 잘 이루므로 A는 적합함을 알 수 있다. B '性质(성질)'는 사물이 가지고 있는 고유의 특성을 나타내지만 인체기관과는 함께 쓰이지 않고, 주로 어떤 성질을 가지고 있는지를 설명하는 데 쓰인다. 예를 들면, '油具有不与水相融的性质(기름은 물과 섞이지 않는 성질을 가지고 있다)'로 쓰인다. C '功效(효능)'는 효험을 나타내는 능력으로 주로 '약초'나 '약' 또는 그러한 효능을 가지고 있는 음식에 잘 쓰이는데 예를 들면, '人参的功效(인삼의 효능)'로 쓴다. D '性能(성능)' 역시 성질이나 능력을 나타내지만 '机器的性能(기계의 성능)'처럼 '기계'에 쓰이므로 구별하기가 쉽다.

두 번째 빈칸 – A '清除(깨끗이 전부 없애다)'는 추상적이든 구체적이든 그 대상을 '깨끗이 없애다'에 초점을 맞춰야 한다. B '排除(배제하다)'는 '받아들이지 않고 제외하다'라는 뜻으로 '排除可能性(가능성을 배제하다)'으로 잘 쓰인다. C '清理(깨끗이 정리, 처리하다)'는 정리나 처리에 초점을 맞추어 '清理书房(서재를 깨끗하게 정리하다)'과 같이 공간을 정리하거나, '清理债务(채무를 말끔히 처리하다)'와 같이 문제가 되는 것을 처리 혹은 처리한다'로 잘 쓰인다. D '解除'는 제한이나 계약 등을 '해제, 파기하다'라는 뜻으로 '解除限制(제한을 풀다)', '解除合同(계약을 파기하다)'으로 잘 쓰인다. 귀가 자동적으로 주위의 '噪音(소음)'을 없앨 수 있다는 내용이 되어야 하므로 A '清除'가 가장 적합함을 알 수 있다.

세 번째 빈칸 – 밑줄 앞의 '人声(사람소리)'이 힌트다. A '嘈杂(시끌벅적하다)'는 '사람들이 시끄럽게 떠든다'는 뜻, B '拥挤(붐비다)'는 '한정된 공간에 사람이나 자동차 따위가 들끓다'라는 뜻, C '繁忙(바쁘다)'은 '일이 많고 어수선하여 매우 바쁘다'라는 뜻, D '混乱(혼란하다)'은 '생각이 어지럽거나 질서가 문란하다'는 뜻이므로 소리를 나타내는 A가 적합함을 알 수 있다. 정답은 A이다.

문제 **4** ▶

		옛날에, 사람들은 국화를 식품, 예를 들면 국화 국, 국화 떡 등을 만드는 데도 썼다. 국화는 베개를 만드는 데도 쓸 수 있는데, 그 신선하고 맑은 냄새는 눈을 맑게 하고, 혈압을 낮출 수 있다. 국화는 품종이 많고 다양하며, 형태 변화가 다양해서 매우 매력적이다. 국화는 내적 아름다움을 가지고 있어, 사람들은 자주 국화에 어떤 상징적인 의미, 예를 들면 강인하고 용감하다는 등의 아름다운 인품을 부여했다.

在古代，人们常用菊花来配制食品，如菊花羹、菊花糕。菊花还可制成枕头，其清新的 _____ 能够明目，降血压。菊花的品种繁多， _____ 变化多样，非常迷人。菊花还有内在美，人们常 _____ 菊花以某种象征意义，如坚韧、勇敢等美好的 _____ 。

A 气味	形态	赋予	品质		A 냄새	형태	부여하다	인품
B 口味	形状	给予	品行		B 입맛	형상	주다	품행
C 风味	状态	授予	品德		C 풍미	상태	수여하다	인품
D 气色	情形	赐予	实质		D 안색	정황	하사하다	실질적이다

첫 번째 빈칸 – A '气味'는 '냄새', B '口味'는 '입맛' 또는 '취향', C '风味'는 풍미나 지역 특색의 맛, D '气色'는 '안색'을 나타내는데, 밑줄을 포함한 내용이 국화로 만든 베개는 그 신선한 '무엇'이 눈을 맑게 하고, 혈압을 낮춘다고 했으므로 '냄새'가 가장 적합하다는 것을 알 수 있다.

두 번째 빈칸 – 앞의 국화를 설명하는 어휘로 밑줄 뒤의 '변화'와 함께 쓰여 '다양하다'라 할 수 있는 어휘를 찾아야 하는데 A '形态(형태)'는 사물의 생김새나 모양을 나타내고, B '形状(형상)'과는 근의어로 비슷하게 쓰여 '국화의 형태, 형상 변화가 다양하다'는 말에 쓰기 적합하다. C '状态(상태)'는 사물이나 현상이 놓여 있는 모양 혹은 형편을 나타내고, 주로 '精神状态(정신상태)', '固体状态(고체상태)' 등으로 쓰여, 사물에 직접적으로 쓰이지 않기 때문에 '국화의 상태변화가 다양하다'는 적합하지 않다. D '情形(정황)'은 사건이나 일의 사정과 상황을 나타내므로 소재가 국화, 즉 식물인 이 글과는 어울리지 않는다.

세 번째 빈칸 – A '赋予(부여하다)'는 주로 '赋予意义(의미를 부여하다)'로 쓰인다. B '给予(주다)'는 '得到(얻다)'의 반의어로 쓰이고 주로 '给予同情(동정해 주다)', '给予支持(지지해 주다)'로 쓰인다. C '授予(수여하다)'는 '授予奖励(상을 수여하다)'이 가장 잘 쓰이는 조합이다. D '赐予(하사하다)'는 '윗사람이 아랫사람에게 물건을 준다'는 의미이다. 밑줄을 포함한 내용이 국화가 내재된 아름다움이 있기 때문에 사람들이 국화에 어떤 의미를 '준다'는 의미므로 A의 '赋予(부여하다)'가 가장 적합하다는 것을 알 수 있다.

네 번째 빈칸 – A '品质(인품, 퀄리티)'는 주로 사람의 품성이나 자질을 나타내고, 또한 사람들이 필요로 하는 기준을 만족시키는 의미로서의 퀄리티를 나타낸다. 예를 들면 '最近写作品下降(최근 글쓰기의 퀄리티가 떨어진다)'이라고 잘 쓰인다. B '品行(품행)'은 몸가짐과 행실을 나타낸다. C '品德(인품)'는 '品质(인품)'와 근의어로 사람의 품성만 나타낼 수 있다. 밑줄 앞의 내용을 보면 국화에게 부여한 무엇이 '강인하고, 용감하다' 등의 의미를 설명하고 있는데, '강인하고 용감하다'는 사람의 자질이나 도덕적 소양을 묘사하는 어휘이므로 '品质'나 '品德'가 어울린다는 것을 알 수 있다. 정답은 A이다.

문제 5

国子监是隋朝以后的中央官学，为中国古代 **教育** _____ 中的最高学府。由于首都北_____，明朝在北京、南京 _____ 设有国子监。国子监接纳全国各族学生，还接待外国学生，为促进中外文化的交流 _____ 了积极的作用。	국자감은 수 왕조 이후의 중앙관학이고, 중국고대 교육 <u>체계</u> 중의 최고학부이다. 수도가 북쪽으로 <u>이전되었기</u> 때문에, 명 왕조 때에는 베이징과 난징에 <u>각각</u> 국자감이 세워졌다. 국자감은 전국 각 민족의 학생들을 받았고, 또한 외국학생들도 받아, 중외문화 교류를 위해 적극적인 작용을 <u>발휘했다</u>.
A 系列　　移　　各自　　发扬 B 系统　　跨　　单独　　发动 C 团体　　挪　　必定　　发布 D 体系　　迁　　分别　　发挥	A 계열　　이동하다　　각자　　드높이다 B 계통　　넘다　　단독으로　　시동 걸다 C 단체　　옮기다　　반드시　　선포하다 D 체계　　이전하다　　각각　　발휘하다

해설 **첫 번째 빈칸** – A '系列(계열, 시리즈)'는 관련이 있어 한 갈래로 이어지는 계통이나 조직을 나타내고, B '系统(계통, 시스템)'은 일정한 체계에 따라 서로 관련되어 있는 부분들의 통일적 조직을 나타낸다. C '团体(단체)'는 같은 목적을 달성하기 위해서 모임 사람들의 조직이나 여러 사람이 모여서 이루어진 집단을 의미하며, D '体系(체계, 시스템)'는 일정한 원리에 따라서 낱낱의 부분이 조직되어 통일된 전체를 의미한다. 밑줄 앞의 어휘 '教育(교육)'와 조합을 이루는 어휘를 찾는다면 A, B, C, D가 모두 가능함을 알 수 있다.

두 번째 빈칸 – A '移(이동하다)'는 '移动(이동하다)', '移民(이민 가다)' 등으로 자주 쓰이는 동사이고, B '跨(넘다)'는 시공간을 건너뛰거나 뛰어넘는 것을 설명하는데 주로 '跨界(크로스오버: 두 가지 이상의 분야에 걸친 것)' 혹은 '跨峰(산을 넘다)'으로 쓰인다. C '挪(옮기다)'는 주로 사물의 위치를 옮기는 것을 의미하며, D '迁(이전하다)'은 철새나 수도가 옮겨 가는 것을 나타내어 '迁都(수도를 옮기다)', '候鸟迁徙(철새가 이전하다)'로 가장 많이 쓰인다. 밑줄 앞에 '首都(수도)'와 방향을 가리키는 '北(북쪽)'이 있으므로 '迁(이전하다)'이 가장 적합하다.

세 번째 빈칸 – A '各自'는 '각각', '따로따로'라는 의미이고, B '单独(단독으로)'는 둘이 아닌 '혼자서', '하나만이'라는 의미이다. C '必定'은 '반드시'라는 부사이고, D '分别'는 '각각'과 '분별하다, 헤어지다'라는 뜻이 있지만 주로 '각각'으로 쓰인다는 것을 알아두자. 밑줄을 포함한 내용은 명 왕조에 국자감은 베이징과 난징에 '따로따로' 설치되었음을 말하고 있으므로 D가 가장 적합하다. A는 주로 사람이 따로따로 무엇인가 할 때 쓰인다는 것을 알아두자.

네 번째 빈칸 – A '发扬(드높이다)'은 '널리 알려 발전시키다'라는 의미로, '发扬精神(정신을 드높이다)', '发扬传统(전통을 드높이다)'으로 자주 쓰인다. B '发动(시동 걸다)'은 주로 기계에 전원을 넣는다는 의미로 쓰이므로 기계에 관한 소재인지를 확인해야 한다. C '发布(선포하다)'는 '명령이나 성명을 정식으로 널리 알린다'는 의미이고 주로 '发布命令(명령을 선포하다)'으로 쓰이며, D '发挥(발휘하다)'는 반드시 '作用'과 결합하여 '发挥作用(작용을 발휘하다)'으로 쓰이는 빈출 어휘임을 알아두자. 밑줄과 호응하는 마지막 명사가 '作用(작용)'이므로 D가 적합하다는 것을 알 수 있다. 정답은 D이다.

人们一直认为，女性要获得 _____ 的成功，就应当"表现得像个男人"。然而研究 _____，表现得刚毅而自信的"强势型"女性，_____ 比"温柔型"女性获得升职的机会少。虽然这些性格特征在男性身上广为推崇，但表现在女性身上，则会 _____ "缺乏可爱"。

A 事业	表明	通常	显得
B 事项	证明	平常	展现
C 事务	指示	时常	展示
D 行业	显示	照常	流露

사람들은 줄곧 여성들이 <u>일</u>의 성공을 얻으려면, '남자처럼 행동'해야 한다고 여겼다. 그런데 연구에서는 다음과 같이 <u>밝혔다</u>. (남자처럼) 강인하고 자신 있게 행동하는 '강한 스타일의' 여성은 <u>통상적으로</u> '온화하고 부드러운' 여성보다 승진의 기회가 적었다. 이런 성격적인 특징은 남성에게 있다면 널리 추종받지만, 여성에서 표현된다면 '귀여움이 부족한 것'<u>처럼 보이게 된다</u>.

A 일	표명하다	통상적으로	~처럼 보이다
B 사항	증명하다	평상시	펼쳐지다
C 사무	지시하다	늘	보여주다
D 업종	드러내 보이다	평소대로	(무심코) 드러나다

해설 **첫 번째 빈칸 -** A '事业(사업, 일)'는 HSK 중점어휘로 목적과 계획을 가지고 지속적으로 경영하는 일을 의미하고, '家庭(가정)'과 대비되는 어휘로서 우리가 일반적으로 경제활동을 하는 모든 일을 총칭하기도 한다. B '事项(사항)'은 '建议事项(건의사항)'으로 자주 쓰인다. C '事务(사무)'는 자신이 맡은 직책과 관련된 일을 처리하는 것을 의미하는데, '事务繁杂(사무가 번잡하다)'로 자주 쓰인다. D '行业(업종)'는 직업이나 영업의 종류를 나타내고, 주로 동사 '从事(종사하다)'와 함께 쓰여 어떤 업종에 종사하는지를 설명한다. 밑줄을 포함한 내용이 '어떤 것'의 성공이므로 이 어떤 것은 총체적이고 일반적인 '일'을 설명하는 것이므로, A가 가장 적합함을 알 수 있다.
두 번째 빈칸 - A '表明(표명하다)'은 '입장이나 태도를 분명히 밝히다'라는 뜻이지만 주로 '研究表明(연구가 밝혔다)'으로 쓰여 연구를 통해 어떤 내용이 밝혀졌는지를 설명한다. B '证明(증명하다)'은 증거를 들어 밝힌다는 뜻이고, C '指示(지시하다)'는 '윗사람이 아랫사람에게 지도하거나 명령하는 것'을 의미하고, 또 '분명하게 가르쳐주는 것'도 의미하는데, 예를 들면 '指示方向(방향을 가리키다)'으로 주로 쓰인다. D '显示(뚜렷하게 나타내 보이다)'는 '显示天赋(타고난 자질을 드러내 보이다)'로 주로 쓰인다. 밑줄 앞에 '研究'가 있으므로 A가 가장 적합함을 알 수 있다.
세 번째 빈칸 - 밑줄을 포함한 내용이 '강한 여성이 부드러운 여성보다 승진의 기회가 적다'라는 결과를 예사롭게 설명하고 있으므로 A '通常(통상적으로)', B '平常(평상시에)', C '时常(늘)', D '照常(평소대로)' 중에 A '通常'이 가장 적합하다는 것을 알 수 있다.
네 번째 빈칸 - A '显得(~처럼 보이다)'는 주로 '显得 + 형용사구/동사구'의 형태로 쓰는데, 예를 들면 '显得很年轻(젊어 보이다)'으로 쓴다. B '展现'은 '(눈앞에) 펼쳐지다'는 뜻으로 주로 '展现新世界(신세계가 펼쳐지다)'로 쓰인다. C '展示(보여주다)'는 주로 '自己(자기 자신)', '优点(장점)', '形象(이미지)' 등과 함께 쓰여 저러한 것들을 '뽐내고 보여준다'는 의미이다. D '流露(무심코 드러나다)'는 주로 사람이 가지고 있는 분위기나 표정, 태도가 은연중에 나타나는 것을 의미하는데, 예를 들면 '流露出自信的神态(자신 있는 표정이 드러났다)'로 쓴다. 밑줄을 포함한 내용을 보면, 강한 성격인 특징이 남자에게 나타나면 추종을 받지만, 여성에게는 귀여움이 부족해 보인다는 내용이므로 '显得'가 가장 적합함을 알 수 있다. 정답은 A이다.

制作一把 _____ 的<u>小提琴</u>，木料的选择可以说是关键。匠人在选择木料时，都非常 _____ 树木年轮的多少。在他们看来，每棵历经岁月洗礼的大树中都 _____ 着一个精灵，而这个精灵正是一把小提琴的 _____。

A 精致	注视	葬	内涵
B 精确	在乎	扛	灵感
C 美观	注重	躲	起源
D 精美	在意	藏	灵魂

하나의 <u>정교하고 아름다운</u> 바이올린을 제작하는 데는 나무재료의 선택이 관건이라고 말할 수 있다. 장인들은 나무재료를 선택할 때, 모두 나무의 나이테의 많고 적음을 매우 <u>중시한다</u>. 그들이 보기에 세월의 시련을 겪은 큰 나무 속에는 하나의 정령이 <u>깃들어 있는데</u>, 이 정령은 바로 바이올린의 <u>영혼</u>인 것이다.

A 정교하다	주시하다	매장하다	내포된 의미
B 정확하다	신경 쓰다	들쳐 메다	영감
C 아름답다	중시하다	숨다	기원
D 정교하고 아름답다	신경 쓰다	깃들다	영혼

해설 **첫 번째 빈칸 -** A '精致(정교하다)'는 주로 '만들어져 있는 물건이 정밀하고 교묘하다'의 의미로, '精致的工艺品(정교한 공예품)'처럼 쓰인다. B '精确(정확하다)'는 '계산이나 분석이 정확하다'는 뜻으로 '精确地分析(정확하게 분석하다)'로 쓰인다. C '美观'과 D '精美'는 둘 다 '외관'에 초점을 맞추어 '외관이 아름답다'는 의미로 쓰인다. 밑줄 뒤에 수식하고 있는 어휘가 '小提琴(바이올린)'이므로 바이올린을 수식할 수 있는 어휘는 A, C, D가 적합하다는 것을 알 수 있다.

두 **번째 빈칸** – A '注视'는 '주시하다'라는 뜻으로 어떤 일이나 목표물에 주의를 집중하여 보는 것을 의미하고, B '在乎', C '注重', D '在意'는 모두 근의어로 '~에 신경 쓰다, 중시하다'라는 뜻으로 자주 쓰이고, 밑줄을 포함한 내용에서 장인들이 나무를 고를 때 나이테를 '어떻게 하는지'를 묻고 있으므로 B, C, D가 모두 적합함을 알 수 있다.

세 번째 빈칸 – A '葬(묻다)'은 주로 땅에 묻는 것을 의미하고, B '扛(어깨에 메다)'은 한쪽 어깨에 들쳐 메는 것을 나타낸다. C '躲(숨다, 피하다)'는 몸을 피하거나 피하여 숨는 것을 의미하며, D '藏(간직하다, 깃들어 있다)'은 '(사물을) 어떤 장소에 간직하거나 감추는 것'을 의미하는데, 이 중에 시련을 겪은 나무에 하나의 정령이 '어떻게 되어 있는지'를 묻는 문제이므로 D가 가장 적합함을 알 수 있다.

네 번째 빈칸 – 깃들어 있는 요정이 바로 이 바이올린의 '무엇'인지를 묻는 문제이므로 A '内涵(내포된 의미)', B '灵感(영감)', C '起源(기원)', D '灵魂(영혼)' 중에 가장 적합한 것은 '영혼'임을 알 수 있다. 정답은 D이다.

문제 8

登山前，人们优先考虑采购的 _____ 应该是登山鞋，选一双尺寸合适、穿着舒适的登山鞋 _____ 重要。此外，登山途中难免会遇到特别 _____ 的环境，所以，防水性也是选购时要考虑的重要 _____ 。	등산 전에, 사람들이 우선적으로 구매를 고려하는 <u>장비</u>는 등산화일 것이다. 한 켤레의 크기가 맞고, 신었을 때 편한 등산화를 고르는 것은 <u>매우</u> 중요하다. 이 외, 등산하는 중에는 <u>습한</u> 환경을 마주할 수 밖에 없게 되기 때문에 방수성 역시 선택 구매할 때 고려해야 하는 중요한 <u>요소</u>이다.
A 材料　不免　残酷　形势 B 装备　格外　潮湿　因素 C 设备　过于　湿润　方案 D 器材　简直　严寒　范畴	A 재료　면할 수 없다　잔혹하다　형세 B 장비　남달리　습하다　요소 C 설비　과하게　촉촉하다　방안 D 기자재　그야말로　몹시 춥다　범주

해설 **첫 번째 빈칸** – A '材料(재료)'는 어떤 일을 하기 위해 필요한 서류 또는 물건을 만드는 데 들어가는 구체적인 것들을 의미하며, B '装备(장비)'는 어떤 일을 하는 데 필요한 기술적인 준비와 차림을 의미한다. C '设备(설비)'는 필요한 시설을 의미하며, D '器材(기자재)'는 기계, 기구, 자재 따위를 통틀어 이르는 말이다. 등산을 할 때 반드시 구매를 고려해야 하는 '무엇'을 찾아야 하는데, 등산하는 데 필요한 사물이니 B '装备(장비)'가 가장 적합함을 알 수 있다.

두 번째 빈칸 – A '不免(면할 수 없다)'은 주로 뒤에 보편적으로 일어날 수밖에 없는 일들이 이어지고, B '格外(남달리)'는 '유달리', '특별히'라는 의미로 보통의 경우와는 다른 경우에 주로 쓴다. C '过于(지나치게)'라는 뜻으로 주로 정도가 심하거나 일정한 한도를 넘어간 것에 쓰고, D '简直(그야말로)'는 과장의 어감을 살릴 때 주로 쓰는데 밑줄이 포함된 내용은 한 켤레의 크기가 맞고, 신었을 때 편한 등산화를 고르는 것은 '어떻게' 중요한지를 묻고 있으므로 내용적으로는 B와 D가 적합함을 알 수 있다.

세 번째 빈칸 – A '残酷(잔혹하다)'는 주로 '残酷的训练(잔혹한 훈련)', '残酷的生活(잔혹한 생활)'에 쓰이고, B '潮湿(습하다)'는 주로 '潮湿的空气(습한 공기)'에 쓰이고, C '湿润(촉촉하다)'은 주로 '眼眶湿润(눈가가 촉촉하다, 울다)'에 쓰이고, D '严寒(몹시 춥다)'은 '天气严寒(날씨가 몹시 춥다)'에 주로 쓰인다. 그런데 밑줄이 포함된 내용은 등산할 때에 '어떤' 환경을 마주할 수 있는데, 바로 이어지는 내용에서 '防水性(방수성)'에 관한 내용이 나오므로 물과 관련 있는 환경임을 알 수 있고, B와 D가 가장 적합함을 알 수 있다.

네 번째 빈칸 – A '形势(형세)'는 일의 돌아가는 판세를 나타내고, B '因素(요소)'는 요소 중에서도 원인으로 되는 요소를 의미한다. C '方案(방안)'은 일을 처리하거나 해결해 나갈 방법이나 계획을 의미하는데 주로 서면화한 것을 말하며, D '范畴(범주)'는 동일한 성질을 가진 부류나 범위를 의미한다. 등산 시에 습한 날씨에 처할 경우도 있기 때문에 등산화를 선택해서 구매할 때 방수성도 고려해야 하는 중요한 '무엇'인지를 찾는 것이 문제이므로 '因素(요소)'가 가장 적합하다는 것을 알 수 있다. 정답은 B이다.

독해 | 제3부분

유형별 전략 01 실전 문제 정답 ▶p.178

1. B　　　　**2.** E　　　　**3.** C　　　　**4.** A　　　　**5.** D

新中式建筑是将中式建筑元素和现代建筑手法相结合而产生的一种建筑形式。

中国的传统建筑主张"天人合一"，"浑然一体"，居住环境讲究"静"和"净"。（1）<u>B 无论</u>是别具一格的江南庭院，还是古朴大气的北方四合院，都追求人与环境的和谐共生。

新中式建筑在传承中国传统建筑精髓的同时，还注重对现代生活价值的"精雕细刻"。与单纯的仿古建筑不同，（2）<u>E 新中式建筑更加关注居住环境的舒适度</u>，比如在设计中更多地考虑房间的采光和通风，更有效地提高卫生间、厨房在居室中的地位，更合理地分配家庭成员的居室等等。另外，外庭院、下沉庭院、内游廊等设计，（3）<u>C 又赋予了新中式建筑更多的现代元素</u>。

新中式建筑在空间结构上有意遵循了传统建筑的布局，并延续了传统建筑一贯采用的覆瓦坡屋顶。不过它并不循章守旧，（4）<u>A 而是</u>吸收了各地的建筑风格，自成一体。

新中式建筑虽然从外在已看不到传统建筑的模样，（5）<u>D 但整体风格上仍保留着其神韵和精髓</u>。而且与之相比，舒适性得到了很大提高。

A 而是吸收了各地的建筑风格
B 无论是别具一格的江南庭院
C 又赋予了新中式建筑更多的现代元素
D 但整体风格上仍保留着其神韵和精髓
E 新中式建筑更加关注居住环境的舒适度

신 중식건축은 중식건축요소와 현대건축수법이 서로 결합되어 나온 건축형식의 일종이다.

중국의 전통건축은 '천인합일(하늘과 사람이 하나가 됨)', '혼연일체(하나가 됨)'를 주장하고, 거주환경은 '조용함'과 '깨끗함'을 중시했다. (1) B 독특한 강남의 정원이든, 소박하고 예스러우며 대범한 북방의 사합원이든, 모두 사람과 환경의 조화로운 공존을 추구했다.

신 중식건축은 중국전통건축의 정수를 계승한 동시에, 현대의 생활가치에 대한 '정조세각(세심하고 정밀하게 다듬는 것)'을 중시한다. 단순한 옛 것을 모방한 건축과 다르게 (2) E 신 중식건축은 거주환경의 쾌적함의 정도에 더욱 관심을 가진다. 예를 들면, 설계할 때에 방의 채광과 통풍을 더 많이 고려하고, 화장실과 주방의 거주공간에서의 지위를 더욱 효과적으로 높이고, 가정구성원의 공간을 더욱 합리적으로 배치하는 등등이 그러하다. 그밖에 외부 정원, 하침식 정원, 내부 복도 등의 설계는 (3) C 신 중식건축에 더 많은 현대적인 요소도 부여했다.

신 중식건축은 공간구조에 있어서는 의도적으로 전통건축의 배치를 따르고, 전통건축이 일관되게 채택해서 썼던 기와를 덮은 경사진 지붕을 것을 유지한다. 그러나 그것은 결코 옛 것을 따르지만은 않고, (4) A 각지의 건축스타일을 흡수해, 스스로 하나의 독자적인 스타일을 이루었다.

신 중식건축은 비록 외관상으로는 이미 전통적인 모습을 볼 수 없지만, (5) D 그러나 전체적인 분위기로는 여전히 그 운치와 정수를 간직하고 있다. 게다가 그것과 비교하면, 쾌적함은 매우 향상되었다.

A 각지의 건축스타일을 흡수했다
B 독특한 강남의 정원이든
C 신 중식건축에 더 많은 현대적인 요소도 부여했다
D 그러나 전체적인 분위기로는 여전히 그 운치와 정수를 간직하고 있다
E 신 중식건축은 거주환경의 쾌적함의 정도에 더욱 관심을 가진다

보기check

A – '而是'는 화자가 인정 또는 긍정하는 부분으로 그 앞의 내용에는 '不是', '非(是)' 등 부정하는 내용이 있을 가능성이 크다는 것을 알아야 한다. '而是'의 뒷부분 즉 인정, 긍정한 부분이 '각지의 건축스타일을 흡수했다'는 내용이므로 앞에서는 흡수하지 않은 것의 내용이나 따르지 않은 내용이 나올 것이라고 추측해야 한다.

B – '无论(~에 상관없이)'이 독해 제3부분에 등장하면 '无论是A还是B，都/也⋯⋯(A든 B든 상관없이, 모두 ~하다)' 또는 '无论 + 什么/哪儿/谁 등의 의문사, 都/也⋯⋯'의 형태만 나온다. 문장 중 선택의문문이나 뒤로 '都/也'가 이어지는 부분을 찾고 내용이 적합한지 확인해야 한다.

C – '又'로 시작했으므로 '不仅/不但' 등의 접속사와 쓰였거나, '既'와 함께 쓰였을 가능성이 크므로 주의하고, '신 중식 건축물에 더 많은 현대적인 요소도 부여했다'고 했으므로 무엇이 신 중식건축물에 현대적인 요소를 부여했는지 주어가 있어야 한다.

D – '但(그러나)'은 내용의 전환을 설명하는데, '但'은 '虽然/尽管(비록)'과 연결되는 접속사이므로 이 점을 먼저 염두에 두고, 뒤의 내용이 '전체적인 분위기로는 여전히 그 운치와 정수를 간직하고 있다'고 했으므로 외부환경이나 겉으로는 바뀌었지만 운치와 정수는 옛날이나 지금이나 여전히 간직하고 있다는 내용이라는 것을 짐작할 수 있다.

E – '신 중식건축은 거주환경의 쾌적함의 정도에 더욱 관심을 가진다'고 했으므로 앞에는 과거의 중식건축에 대한 설명이나 뒤에는 중시하는 거주환경의 쾌적함 정도를 설명할 수 있는 내용을 짐작할 수 있다.

1. 밑줄 뒤의 문장 '还是古朴大气的北方四合院，都追求人与环境的和谐共生'에서 '还是'와 '都'가 들어가 있으므로 미리 짐작했던 '无论是A还是B，都……'의 형식이 되어 B가 정답이라는 것을 알 수 있다.

2. 앞의 내용이 '与单纯的仿古建筑不同(단순한 옛 것을 모방한 건축과 다르게)'이라고 비교대상만 언급했으므로 저것을 비교대상으로 한 주어가 이어져야 하는데, 옛 것을 모방한 건축물과 상반되는 개념은 신 중식건축물이므로 E가 가장 적합함을 알 수 있다.

3. 밑줄 앞의 '外庭院、下沉庭院、内游廊等设计(외부 정원, 하침식 정원, 내부 복도 등의 설계)'는 명사구로 독해 제3부분에서 명사구 뒤에 밑줄이 있으면 이는 주어로 간주하고 그에 적합한 술어를 찾아야 한다. 술어가 될 수 있는 동사로 시작하는 보기는 C가 있고, 외부 정원, 하침식 정원, 내부 복도 등은 현대적인 요소를 부여할 수 있는 주어로 적합하므로 정답은 C이다.

4. 밑줄 앞에 '它并不循章守旧(그것은 결코 옛 것을 따르지만은 않았다)'에서 부정을 먼저 언급했으니 '而是'가 이어 나올 수 있고, 내용 또한 받아들이거나 흡수한 내용이 가장 적합하므로 정답은 A이다.

5. '新中式建筑虽然从外在已看不到传统建筑的模样(신 중식건축은 비록 외관상으로는 이미 전통적인 모습을 볼 수 없다)'에 '虽然(비록)'이 있어 어렵지 않게 D와 연결된다는 것을 알 수 있고, 내용상으로도 '겉으로는 전통적인 보습을 볼 수 없다'라고 했으므로 뒤에는 전환되는 내용인 '(그럼에도) 여전히 그 운치와 정수를 간직하고 있다'가 가장 적합하기 때문에 정답은 D이다.

유형별 전략 02   실전 문제 정답   ▶p.182

1. D   **2.** B   **3.** E   **4.** A   **5.** C

문제 **1-5**

一个教授问他的学生："为什么人生气时说话要用喊？"其中一个学生说："因为我们丧失了冷静。"

"（1）<u>D 但是为什么别人就在你旁边</u>，你还是用喊的，难道就不能小声地说吗？"教授又问。

学生们又七嘴八舌地说了一堆，但是没有一个答案是让教授满意的。最后教授解释说："当两个人生气的时候，心的距离是很远的，（2）<u>B 为了能使对方在这么远的距离也能听见</u>，所以必须用喊，但是在喊的同时人会更生气，距离就更远，距离更远就又要喊得更大声些……"

他接着继续说："当两个人相恋时又会么样呢？（3）<u>E 情况刚好相反</u>，不但不会用喊的，而且说话都很轻声细语，为什么？因为他们的心很近，心与心之间几乎没有距离，所以相恋中的两个人通常是耳语式的说话，但是心中的爱因而更深，到后来根本不需要言语，（4）<u>A 只需要用眼神就可以传情</u>，而那时心与心之间早已经没有距离了……"

最后教授作了一个总结："当两个人争吵时，不要让心的距离变远，（5）<u>C 更不要说些让心的距离更远的话</u>，等过几天，等到心的距离近一些时，再好好地说吧。"

한 교수가 그의 학생들에게 물었다. "왜 사람은 화가 났을 때, 소리를 지를까요?" 그중 한 학생이 말했다. "우리가 냉정함을 잃었기 때문입니다."

"(1) <u>D 그런데 왜 다른 사람이 당신 곁에 있는데도 여러분은 여전히 소리를 지를까요? 작은 소리로 말하면 안 되나요?</u>" 교수는 또 물었다.

학생들은 제각각 잔뜩 이야기했지만, 교수를 만족시키는 대답은 없었다. 마지막에 교수는 설명했다. "두 사람이 화가 났을 때는 마음의 거리가 멀어지는데, (2) <u>B 상대방이 이렇게나 멀리 있는 거리에서도 들을 수 있게 하기 위해서</u> 소리를 질러야 합니다. 하지만 소리를 지르는 동시에 더욱 화가 나게 되고, 거리는 더욱 멀어지죠. 거리가 더욱 멀어지면 더 크게 소리를 질러야 하고……"

그는 이어서 계속 말했다. "두 사람이 연애할 때는 또 어떨까요? (3) <u>E 상황은 딱 반대입니다.</u> 소리를 지를 필요도 없고 게다가 작은 목소리로 이야기해도 됩니다. 왜 그럴까요? 그들의 마음은 가깝고, 마음과 마음의 사이에 거리가 거의 없기 때문에, 서로 연애중인 두 사람은 통상적으로 귓속말처럼 말하는데, 마음 속의 사랑은 더욱 깊어지고 나중에는 아예 말도 필요가 없고, (4) <u>A 단지 눈빛만으로 감정을 전달할 수 있어야</u> 하죠. 그런데, 그때는 마음과 마음 사이에는 이미 거리가 없게 되는데……"

마지막에 교수는 하나의 최종결론을 내렸다. "두 사람이 다툴 때, 마음의 거리가 멀어지게 하지 마세요. (5) <u>C 더욱이 마음의 거리가 더욱 멀어지게 하는 말은 하지 마세요.</u> 며칠 지나서 마음의 거리가 가까워졌을 때, 다시 잘 이야기하세요."

중국어 보기	한국어 번역
A 只需要用眼神就可以传情	A 단지 눈빛만으로 감정을 전달할 수 있어야 한다
B 为了能使对方在这么远的距离也能听见	B 상대방이 이렇게나 멀리 있는 거리에서도 들을 수 있게 하기 위해
C 更不要说些让心的距离更远的话	C 더욱이 마음의 거리가 더욱 멀어지는 말을 하지 마라
D 但是为什么别人就在你旁边	D 그런데 왜 다른 사람이 당신 곁에 있는가
E 情况刚好相反	E 상황은 딱 반대이다

보기check

A – '只需要……(단지 ~하는 것이 필요하다)'가 있으므로 앞이나 뒤에 '不需要(~할 필요는 없다)'가 있을 가능성이 크다는 것을 추측해야 한다. 또한 눈빛만으로 감정을 전달할 수 있어야 하면, 말이나 행동 등으로 감정을 전달할 필요가 없다는 것을 알아야 한다.

B – '为了……(~를 위해서)'가 이끌고 있는 절이 보기로 등장하면 이 절을 위해 해야 하는 행동이 뒤에 이어지므로 뒤에 마침표 '。'를 찍을 수 없음을 알자. (지문에는 밑줄 뒤에 모두 쉼표 ','가 있으므로 해당되지 않는다.) 또한, 상대방이 멀리 있어도 들을 수 있게 하기 위해'라고 했으므로 뒤에는 멀리 있는 상대가 들을 수 있게 해야 하는 행동이 나올 가능성이 크다. 멀리 있는데 들을 수 있게 하려면 소리를 크게 해야 한다는 내용이 이어질 가능성이 가장 크다는 것을 짐작해야 한다.

C – '更不要……(더욱 ~하지 마라)'가 힌트이다. '更(더욱)'은 순접의 부사 즉, 앞에서도 무엇인가를 '不要……(~하지 마라)'라고 했을 가능성이 크다는 것을 짐작해야 한다.

D – '但是(그러나)'는 먼저 '虽然(비록)'을 유추해내고, 내용상으로는 '为什么(왜)'가 있으므로 질문으로 처리되어 D가 들어갈 부분에 물음표 '?'가 있을 가능성이 크다.

E – 상황이 딱 반대라는 것은 E가 들어갈 자리를 기준으로 앞과 뒤에 상반되는 내용이 올 가능성이 크다는 것을 추측해야 한다.

해설

1. 밑줄 뒤의 문장 '你还是用喊的，难道就不能小声地说吗? (여러분은 여전히 소리를 지를까요? 작은 소리로 말하면 안 되나요?)'에서 당신(여러분)이 여전히 소리를 지른다는 것은 질문의 대답에 반박하고 있음을 알 수 있고, 작은 소리로 말해도 될 상황은 다른 사람이 곁에 있는 상황이므로 정답이 D임을 알 수 있다.

2. 밑줄 뒤의 문장이 '所以必须用喊(그래서 반드시 소리를 질러야 한다)'이므로 앞에는 소리를 질러야 할 수밖에 없는 원인이나 목적이 나와야 한다. 먼저 파악한 보기를 통해 상대가 멀리 있어도 들을 수 있게 하기 위해 해야 하는 행동을 소리 지르는 것으로 짐작했으므로 정답은 B임을 알 수 있다.

3. 앞 단락에서는 '当两个人生气的时候(두 사람이 화가 났을 때)'에 대해 설명했고, 3번 앞은 '当两个人相恋时(두 사람이 서로 연애할 때)'는 또 어떠하냐고 물었으므로 상반되는 내용이 나올 것임을 짐작할 수 있어 E가 정답임을 알 수 있다.

4. 밑줄 앞의 내용이 '根本不需要语言(전혀 말이 필요하지 않다)'이라고 했으므로 뒤에는 긍정의 개념으로 '需要'를 쓸 가능성이 크다는 것을 알 수 있고, '서로 연애할 때'라는 것을 전제로 한 결과이므로 A가 적합함을 알 수 있다.

5. 밑줄 앞의 내용이 '不要让心的距离变远(마음의 거리가 멀어지게 하지 마라)'이므로 보기를 통해 짐작한 '更不要说些让心的距离更远的话(마음의 거리가 더욱 멀어지는 말은 하지 마라)'라고 했음을 알 수 있다. 정답은 C이다.

유형별 전략 03 실전 문제 정답 ▶p.186

1. C　　**2.** B　　**3.** A　　**4.** E　　**5.** D

문제 1-5

张大千是20世纪中国著名的艺术大师，绘画、书法、篆刻、诗词无一不通，(1) C 特别是在山水画方面卓有成就。很多人可能不知道，张大千的二哥张善子也是一位画家，而且尤其擅长画老虎。早年，(2) B 他们两人曾经合作画画，经常是

장대천은 20세기 중국의 유명한 예술대가로 회화, 서예, 전각, 시사 등 정통하지 않은 것이 없었다. (1) C 특히 산수화 방면에서 탁월한 성과가 있었다. 장대천의 둘째 형 장선자 역시 한 명의 화가이고, 게다가 특히 호랑이를 잘 그렸다는 것은 많은 사람들이 아마 모를 것이다. 젊을 때 (2) B 그들 두 사람은 합작으로 그림을 그렸는데, 자주 둘째 형이 호랑이를 그리고, 다 그리고 나면 다시 장대천이 산수풍경을 더했다. 사실, 장대천 역시 호랑이를 그릴 줄 알지만, 둘째 형이 호랑이로 명성을

二哥画虎，画完之后再由张大千加上一些山水景物。其实，张大千也会画虎，但因为二哥以画虎享有盛誉，为了二哥，他一直避讳画虎。

有一次，张大千酒后画了一幅《虎图》，本来打算自己留着欣赏，却不慎流落到他人手中。以他当时的名气，(3) A 这幅画很快受到了追捧，成了千金难求的佳作。此后，不少商人登门拜访张大千，出高价请他画虎。张大千后悔不迭，觉得自己对不住二哥。其实，张善子并未因此不高兴，(4) E 反而对张大千画的那幅《虎图》赞赏有加，并且还为那幅画题了字。但是，张大千仍然不能原谅自己。

原本张大千是很爱饮酒的，经历这场风波之后，他立下誓言："从今往后誓不饮酒，也誓不画虎。"从此，(5) D 张大千跟饮酒和画虎都绝了缘。

누리고 있었기 때문에 둘째 형을 위해서 줄곧 호랑이 그리는 것을 꺼렸다.

한 번은 장대천이 술을 마시고 한 폭의 ≪호도≫를 그렸고, 본래는 자신이 감상하려고 남겨놨지만, 조심하지 않아서 다른 사람의 수중에 들어가게 되었다. 당시의 그의 명성으로 (3) A 이 그림은 아주 빠르게 추종을 받았고, 천금을 주고도 구하기 힘든 걸작이 되었다. 이후에 적지 않은 상인들이 장대천을 찾아와 높은 가격을 제시하며 호랑이를 그려줄 것을 부탁했다. 장대천은 후회막급이었고, 자신이 둘째 형에게 잘못을 했다고 여겼다. 사실 장선자는 결코 이 때문에 기분 나빠하지 않았고, (4) E 오히려 장대천이 그린 그 ≪호도≫를 칭찬했으며, 그 그림을 위해 기념으로 글도 남겨주었다. 그러나 장대천은 여전히 자신을 용서할 수 없었다.

원래 장대천은 술 마시는 것을 매우 좋아했지만, 이런 풍파를 겪은 후에, 그는 '오늘 이후부터 술을 끊고, 호랑이 그리는 것을 끊겠어.'라고 맹세했다. 이때부터 (5) D 장대천은 술 마시는 것, 호랑이를 그리는 것과 모두 인연을 끊었다.

A 这幅画很快受到了追捧
B 他们两人曾经合作画画
C 特别是在山水画方面卓有成就
D 张大千跟饮酒和画虎都绝了缘
E 反而对张大千画的那幅《虎图》赞赏有加

A 이 그림은 아주 빠르게 추종을 받았다
B 그들 두 사람은 합작으로 그림을 그렸다
C 특히 산수화 방면에서 탁월한 성과가 있었다
D 장대천은 술을 마시는 것, 호랑이를 그리는 것과 모두 인연을 끊었다
E 오히려 장대천이 그린 그 ≪호도≫를 칭찬했다

보기check A – 주어가 '这幅画(이 그림)'이므로 앞에서 어떤 그림을 설명했음을 짐작할 수 있고, 어떻게 추종 받았는지에 의문을 가질 필요가 있다.
B – '他们两人(그들 두 사람)'이라고 했으므로 앞에서 두 명의 사람이 언급되어야 하고, 그 둘이서 그림을 합작했다는 것은, 한 명이 밑그림을 그리면 한 명이 채색을 하거나, 한 명이 주 사물을 그리면 한 명이 배경을 그렸을 가능성이 크다.
C – '特别是(특히)'는 앞에서 언급한 것의 범위에서 두드러진 것을 설명하므로 '산수화'가 들어갈 수 있는 범위의 내용이 나와야 하고, 모두 뛰어나다는 이야기가 있을 것이라는 것을 짐작할 수 있다.
D – 장대천이 왜 술 마시는 것과 호랑이 그리는 것을 그만두기로 했는지에 대한 설명이 주변에 있어야 한다.
E – '反而(오히려)'은 원래의 상황과 반대되면서 뜻밖의 일이 일어나야 하므로 원래 칭찬할 만한 일이 아니었음을 짐작해볼 수 있고, 장대천의 그림을 칭찬했으므로 E가 들어갈 자리의 주어는 장대천이 아닌 다른 사람이 주어가 되어야 한다.

해설 1. 밑줄 앞에 '绘画、书法、篆刻、诗词无一不通(서예, 전각, 시사 중에 어느 것 하나 정통하지 않은 것이 없다)'이라고 했으므로 앞에서는 예술 분야에서 능력이 두루 뛰어남을 알 수 있고, 자연스럽게 이어지는 내용으로 가장 적합한 것은 그 중에서 두드러진 산수화 방면의 성과를 설명하는 것이 가장 자연스럽다.
2. 밑줄 뒤의 내용은 둘째 형의 등장과 둘째 형이 호랑이를 그리면 장대천이 산수풍경을 그린다고 했으므로 이 둘이 합작해서 그림을 그린다는 내용이 가장 적합함을 알 수 있다. 정답은 B이다.
3. 밑줄 앞 '以当时的名气(당시의 명성으로)'라는 전치사구가 단독으로 부사어 역할을 하고 있고, 뒤에는 '천금을 주고도 얻기 힘든 걸작'이라고 했으므로, 걸작이 될 수 있는 작품이 주어로 있어야 함을 알 수 있다. 정답은 A이다.
4. 밑줄 앞의 내용은 둘째 형인 장선자가 앞서 장대천이 한 행동 때문에 기분 나빠하지 않았고, 즉, 기뻐하고, 밑줄 뒤에는 그 그림을 위해 글도 남겼다라는 것으로 보아, 장선자의 예상치 못했던 반응이 설명되어야 하고, 또한 뒤의 그 그림을 설명하기 위해서는 그림이 언급되어야 하므로 정답이 E임을 알 수 있다.
5. 밑줄 앞의 내용은 장대천이 이 일로 인해 좋아하던 술도 끊고 호랑이도 그리지 않겠다고 맹세하였다는 것이므로 밑줄에는 한 번 더 짚어주어 내용을 마무리해줄 수 있는 설명인 D가 와야 한다.

1. D	**2.** B	**3.** C	**4.** A	**5.** E	**6.** E	**7.** C
8. D	**9.** A	**10.** B				

문제 **1-5**

毛公鼎是西周宣王时期铸造的一件青铜器物，（1）　D 因铸器人为毛公而得名，于1843年在陕西省岐山县被人发现，被誉为晚清"四大国宝"之一。毛公鼎高53.8厘米，重34.7公斤，整体造型浑厚而凝重，纹饰简洁有力、风格古雅朴素。

出土时，毛公鼎几乎完好无损，而且更难能可贵的是，鼎的腹部铸有32行，（2）　B 共500字的金文铭文，字数是全世界现已出土的铸铭青铜器中最多的。在当时，人们不仅依据青铜器的质量和年代来判断价格，铭文的字数也是一项重要标准。字数越多，其价格也越昂贵。因此，（3）　C 毛公鼎自然成了稀世瑰宝。

毛公鼎上的铭文是西周晚期一篇完整的册命书，用词华丽、内容深奥，对人们了解西周历史很有帮助，极具考古研究价值。此外，（4）　A 它在中国古文字学与书法艺术领域，也有着举足轻重的地位。500字的金文纵横有序、结构均匀，长方形的字体，单一看来圆润细腻，整体看来却又雄劲有力，（5）　E 它们标志着西周金文已发展到了十分成熟的阶段。仅就其书法艺术方面的成就而言，毛公鼎铭文也可谓名震古今的杰作了。

모공정은 서주시대 현왕시기에 주조한 청동기이고, (1) D 주조한 사람이 모공이어서 이름을 얻었다. 1843년에 산시성 기산현에서 발견되어, 청대 말엽 '4대 국보' 중의 하나로 불렸다. 모공정은 높이가 53.8cm, 무게가 34.7kg이고, 전체적인 조형은 온화하고 두터우며 묵직하다. 무늬와 도안은 깔끔하고 힘이 있으며 스타일은 예스럽고 우아하고 소박하다.

출토되었을 때, 모공정은 거의 손상 하나 없이 완벽했고, 게다가 대견한 것은 정의 복부에는 32행, (2) B 총 500자의 금문(으로 쓰인) 명문이 새겨져 있었는데, 글자 수는 세계 현재 이미 출토된 명문이 새겨진 청동기 중에 가장 많다. 당시에, 사람들은 청동기의 질과 연대를 근거로 가격을 판단했고, 명문의 글자수 역시 하나의 중요한 기준이었다. 글자수가 많을수록 그 가격 또한 비싸졌다. 이 때문에, (3) C 모공정은 자연스럽게 세상에 보기 드문 진귀한 보물이 되었다.

모공정 위의 명문은 서주말기의 한 편의 완벽한 책명서였고, 어휘는 화려하고 내용은 심오해서, 사람들이 서주역사를 이해하는 데 도움이 되어, 높은 고고학 연구가치를 가지고 있다. 이외에, (4) A 그것은 중국 고문자학과 서예예술 영역에서도 영향력이 큰 지위를 가지고 있다. 500자의 금문은 종횡이 질서 있고 구성이 고르며, 장방형의 글자체는 하나하나 보면 반들반들 매끄럽게 섬세하고, 전체적으로 보면 오히려 강하고 힘이 있는데 (5) E 그것들은 서주금문이 이미 성숙한 단계까지 발전했음을 보여주고 있다. 그것의 서예예술 방면의 성과만으로도 모공정 금문 역시 고금을 막론하고 이름을 떨치는 걸작이라고 할 수 있다.

A 它在中国古文字学与书法艺术领域
B 共500字的金文铭文
C 毛公鼎自然成了稀世瑰宝
D 因铸器人为毛公而得名
E 它们标志着西周金文已发展到了十分成熟的阶段

A 그것은 중국 고문자학과 서예예술 영역에서
B 총 500자의 금문(으로 쓰인) 명문
C 모공정은 자연스럽게 세상에서 보기 드문 진귀한 보물이 되었다
D 주조한 사람이 모공이어서 이름을 얻었다
E 그것들은 서주금문이 이미 성숙한 단계까지 발전했음을 보여주고 있다

보기|check　A – '在……领域(~의 영역에서)'는 전치사구이고, 앞에 '它(그것)'라는 주어가 있으므로 이어지는 내용은 술어로 시작해야 한다. 또한 앞에서 언급한 그것이 중국 고문자학과 서예예술 영역에서 어떤 역할을 했는지, 어떤 영향을 주었는지 또는 어떤 지위에 있었는지 등이 언급되어야 한다.

　　B – '총 500자의 금문(으로 쓰인) 명문'이라는 명사구이므로 단독 주어로 쓰였거나, 목적어로 쓰였음을 짐작할 수 있고, 금문으로 쓰인 명문에 관한 설명이 앞이나 뒤에 이어져야 한다.

　　C – 모공정이 자연스럽게 세상에서 보기 드문 진귀한 보물이 된 원인이나 이유가 앞에 나와야 한다.

해설 1. 앞에는 모공정이 어떤 기물인지를 언급했고, 이어지는 내용은 발견된 시점과 별칭을 언급했으므로 모공정에 대한 전체적인 정보를
설명하고 있음을 알 수 있고, D가 가장 어울린다는 것을 알 수 있다. 주조한 사람이 모공이어서 이름을 얻은 것은 모공정이므로 주어
로 모공정이 와야 하는데 이 역시 들어맞으므로 정답은 D이다.

2. 밑줄 앞에서 모공정 복부에 있는 32행을 언급했는데, 행은 글자들이 모여 있는 줄을 가리키고, 뒤에서는 글자수에 대한 언급이 있으
므로 B가 적합함을 알 수 있다. 보기 파악에서 B는 술어가 필요했는데, 밑줄 앞에 '有'가 있으므로 정답은 B이다.

3. 밑줄 앞에 '因此(이 때문에)'라는 결과를 나타내는 어휘가 있으므로 그 앞의 원인으로 인해 나온 결과가 들어가야 함을 알 수 있다.
앞의 내용은 글자수가 많을수록 가격 역시 비싸진다고 했으므로 이로 인해 모공정이 귀한 물건임을 결과로 설명할 수 있다. 정답은
C이다.

4. 밑줄 앞에서는 '此外(이외에)'라고 해서 또 다른 내용을 설명함을 알 수 있고, 밑줄 뒤에는 영향력이 큰 지위도 가지고 있다고 했으므
로 무엇이 어떤 방면에서 영향력이 큰 지위를 가지고 있는지 설명해야 한다. 정답은 A이다.

5. 밑줄 앞에서는 500자의 금문의 형태와 추상적인 묘사가 언급되었고, 밑줄 뒤에는 서예예술 방면의 성과만으로도 걸작이라고 했으
므로 500자의 금문 형태와 글자체가 서주금문의 무엇을 설명하는지 이어지는 것이 적합하고, 이것으로 E가 가장 적합하다는 것을
알 수 있다. 정답은 E이다.

문제 6-10

一天，大臣纪晓岚和
刘墉陪乾隆皇帝在御花园
散步。纪晓岚问刘墉：
"你们山东的萝卜有多
大？"刘墉一听，喜形于
色，（6）<u>E 兴致勃勃地比划着自己家乡远近闻
名的大萝卜</u>。纪晓岚却不以为然地说："你们
山东的萝卜再大，也不可能比我们直隶的
大。"刘墉听后很不服气，因为谁都知道山东
的萝卜畅销各地，是出了名的大。（7）<u>C 两人
为此争论不休</u>。乾隆皇帝听了觉得很好笑，
说："这有什么，你们两个明日各自准备好最
大的萝卜，带上朝来让大家评一评。"

第二天，刘墉带着一个大萝卜上朝，大
臣看到那么大的萝卜，（8）<u>D 个个赞叹不
已</u>。乾隆问纪晓岚："你的大萝卜在哪儿？"
纪晓岚从袖口内掏出一个又瘦又小的萝卜。大
臣们看了不禁议论纷纷，（9）<u>A 不知他葫芦
里卖的是什么药</u>。乾隆也有些纳闷儿，对纪晓
岚说："你这是开的什么玩笑？"只见纪晓岚
不慌不忙，用非常诚恳的语气说："回皇上，
我让人找遍了直隶全省，才找到这个最大的萝
卜。直隶的土壤较为贫瘠，再加上近半年来天
灾不断，农作物普遍收成不佳，百姓无法缴纳
太多的粮食。请皇上明鉴。"

乾隆这才明白，（10）<u>B 纪晓岚是在借
机反映直隶省经济困难</u>。于是，他想了片刻，
说："直隶穷就少纳粮，山东富就多纳些粮
吧！"

하루는 대신 기효람과 유용이 건륭황제를 모시고 어화원에
서 산책을 하고 있었다. 기효람이 유용에게 물었다. "자네 산
둥의 무는 얼마나 큰가?" 유용이 듣고 희색이 만면하여 (6) <u>E
신이 나서 자신 고향의 안팎으로 유명한 큰 무를 손짓으로 묘
사해 주었다.</u> 기효람은 오히려 수긍하지 않으며 말했다. "자네
산둥의 무가 아무리 커도 우리 즈리의 것만큼은 크지 못할 걸
세." 유용은 듣고 나서 굴복할 수 없었다. 왜냐하면 산둥의 무
가 각지에 팔려나가고 명성이 자자한 것은 누구나 알고 있기
때문이었다. (7) <u>C 두 사람은 이 때문에 논쟁이 끊이지 않았다.</u>
건륭황제는 듣더니 재미있다고 생각하며 말했다. "이게 뭐 대
수인가, 자네들 두 사람 내일 각자 가장 큰 무를 준비해서 조
정에 내놓아 모두에게 평가해달라고 하게나."

이튿날 유용은 큰 무 하나를 조정에 가져왔고, 대신들은 그
렇게나 큰 무를 보고 (8) <u>D 모두 감탄해 마지 않았다.</u> 건륭은
기효람에게 물었다. "자네 무는 어디에 있는가?" 기효람은 소
매에서 하나의 마르고 작은 무를 꺼내었다. 대신들은 보고 나
서 (9) <u>A 그가 무슨 속셈인지 알지 못해</u> 의견이 분분했다. 건
륭 역시 좀 궁금함에 답답하여 기효람에게 물었다. "자네 이게
무슨 장난인가?" 기효람은 당황하지도 서두르지도 않아 보였
고, 매우 간절한 말투로 말했다. "황제께 아뢰옵니다. 저는 즈
리 전체를 찾아다녀 겨우 이 가장 큰 무를 찾아내었습니다. 즈
리의 토양이 척박하고 게다가 근 반년 동안 재해가 끊이지 않
아, 농작물 수확도 좋지 않습니다. 백성들은 너무 많은 세금을
낼 방법조차 없습니다. 부디 황제께서 고명한 판단을 해주시
길 청합니다."

건륭은 그제서야 (10) <u>B 기효람이 이 기회를 빌어 즈리 성
의 경제가 어렵다는 것을 반영하고 있다는 것을</u> 알게 되었다.
그리하여 그는 잠시 생각하더니 말했다. "즈리는 궁핍하니 세
금을 덜 내고, 산둥은 부유하니 세금을 더 내도록 하여라."

A 不知他葫芦里卖的是什么药	A 그가 무슨 속셈인지 알지 못했다
B 纪晓岚是在借机反映直隶省经济困难	B 기효람은 이 기회를 빌어 즈리성의 경제가 어렵다는 것을 반영하고 있다
C 两人为此争论不休	C 두 사람은 이 때문에 논쟁이 끊이지 않았다
D 个个赞叹不已	D 모두가 감탄해 마지 않았다
E 兴致勃勃地比划着自己家乡远近闻名的大萝卜	E 신이 나서 자신 고향의 안팎으로 유명한 큰 무를 손짓으로 묘사하였다

보기check A – '葫芦里卖的是什么药(무슨 속셈인지)'를 알면 쉽지만, 몰라도 앞에 전체 술어인 '不知(모른다)'에 초점을 맞춰 모를 만한 내용이 이어지는 밑줄에는 A가 떠올라야 한다.

B – 기효람이 즈리성의 경제가 어려움을 반영한 내용이 앞에서 설명되어야 한다.

C – 두 사람의 논쟁이 끊이지 않았다고 했으므로 앞에 '두 사람'과 '어떤 논쟁'인지가 설명되어야 한다.

D – '个个(= 每个)'는 앞에서 언급한 모든 사람을 설명하므로 주어는 많은 사람임을 알 수 있고, 감탄할 만한 내용이나 대상이 언급되어야 한다.

E – 신이 나서 자신의 고향의 무를 손짓으로 묘사하려면 누군가가 무에 대해 묻는 내용이 앞에서 언급되어야만 한다.

해설 6. 밑줄 앞에서 기효람이 유용에게 유용의 고향(산둥)에 있는 무의 크기를 물었고, 유용은 희색이 만면했다는 내용이 있으므로 기쁜 마음으로 무에 대한 설명이나 크기가 얼마나 되는지를 설명하는 내용이 이어져야 한다. 또한 신나서 묘사하는 사람(주어) 역시 유용이 되어야 하므로 정답은 E이다.

7. 밑줄 뒤에서 건륭황제가 '这有什么，你们两个明日各自准备好最大的萝卜(이게 뭐 대수인가, 자네들 두 사람 각자 내일 가장 큰 무를 준비하게나)'라고 했으므로 앞에는 두 사람이 무에 대해 어떤 논쟁을 벌이고 있었다는 것을 알 수 있으므로 정답은 C이다.

8. 유용이 큰 무를 조정에 내놓자 대신들이 그 큰 무를 보고 취한 행동이 밑줄에 설명되어야 하므로, 큰 무를 보고 모두 감탄했다는 내용이 가장 적합함을 알 수 있다. 정답은 D이다.

9. 밑줄 앞에는 대신들이 의견이 분분했다는 내용이 언급되고, 뒤에는 건륭 또한 답했다는 내용이 언급되므로 9번에는 사람들이 이해가 가지 않거나 알 수 없다는 내용이 나와야 하므로 '不知(모른다)'가 있는 A가 적합함을 알 수 있다.

10. 밑줄 앞에서 건륭이 그제서야 알았다고 설명했고, 뒤에는 그 결과로 즈리성에 세금을 적게 납부하게 한 내용이 언급되므로 건륭이 알게 된 내용이 기효람이 이 기회를 빌어 즈리의 경제가 어렵다는 것을 반영했다는 것을 알 수 있다. 정답은 B이다.

독해 | 제4부분

유형별 전략 실전 문제 정답					▶p.203
1. D	**2.** C	**3.** B	**4.** B	**5.** A	**6.** D
7. D	**8.** C	**9.** C	**10.** B	**11.** A	**12.** C

문제 1-4

雅马哈是一家著名的钢琴制造公司。经过多年的艰苦努力，该公司控制了整个世界钢琴市场40%的销售量。但与此同时，¹·ᴰ 市场对钢琴的需求量却以每年10%的速度下降，钢琴行业面临危机。雅马哈该

야마하는 유명한 피아노 제조회사이다. 다년간의 고생스러운 노력으로 이 회사는 전체 세계 피아노 시장의 40%의 판매량을 장악했다. 그러나 이와 동시에 ¹·ᴰ 시장의 피아노에 대한 수요량이 오히려 매년 10%의 속도로 줄어들어 피아노 업계는 위기에 부딪쳤다. 야마하는 어떤 전략으로 이 심각한 현실을 대처해야 하는가?

회사는 자세한 조사와 분석을 거쳐, 모차르트 시대가 시작

以什么样的策略来应对这个严峻的现实呢?

公司经过深入调查和分析后发现，从莫扎特时代开始到现在，钢琴的结构和功能几乎没有变化。而且，现代人由于生活节奏快，对学钢琴的兴趣越来越小，许多钢琴都被闲置在家里或者音乐厅，上面布满了灰尘。

雅马哈的 2.C 管理者们认识到：此时再进一步扩大钢琴市场占有率已没有任何意义，因为市场需求已趋于饱和。2.D 即使产品质量再好，成本再低，也解决不了雅马哈目前面临的问题。2.C 他们认为，唯一的出路就是改变钢琴的结构，增加其功能。

于是，雅马哈运用数控技术与光学技术开发了一种先进的装置，钢琴装上这种装置后，可以区分出92种击键的速度和强度，还能精确地记录和重放音乐。3.B 客户不用花太多钱就可以让自己的钢琴拥有新的功能。这受到了大部分客户的欢迎，雅马哈从中创收6000亿元。

3.B 新型钢琴还激起了一些潜在客户学弹钢琴的兴致。受此影响，钢琴使用指南、钢琴演奏磁带等也成了新的收入增长点。虽然，钢琴行业的潜在市场比想象中要大得多，4.B 这一案例充分表明，用全新的眼光来审视现有客户真正的内在需求，挖掘潜在的市场，并以此来制定战略才能够获得持久的发展。

된 이후 지금까지 피아노의 구조와 기능이 거의 변화가 없었고, 게다가 현대인들은 생활리듬이 빠르고, 피아노를 배우는 것에 대한 흥미가 갈수록 작아져 많은 피아노가 집안이나 콘서트 홀에 방치되어 위에는 먼지가 가득 앉아 있다는 것을 발견했다.

야마하의 2.C 관리자들은 시장의 수요가 이미 포화상태이기 때문에, 지금 피아노 시장의 점유율을 더 확대하는 것은 이미 아무런 의미가 없고, 2.D 상품의 질이 아무리 좋고, 원가가 아무리 싸더라도, 야마하가 현재 직면한 문제는 해결할 수 없다는 것을 인식했다. 2.C 그들은 유일한 판로는 피아노의 구조를 바꾸고 그 기능을 늘리는 것이라 여겼다.

그리하여, 야마하는 수치제어 기술과 광학 기술을 운용하여 선진적인 장치를 개발해서 피아노에 이 장치를 설치한 후에 92종의 건반을 치는 속도와 강도를 구별해낼 수 있게 되었고, 또한 음악을 정확하게 기록하고 다시 틀 수 있게 되었다. 3.B 고객들은 많은 돈을 들이지 않고 자신의 피아노가 새로운 기능을 갖게 할 수 있었다. 이것은 대부분의 고객에게 환영을 받았고, 야마하는 그 속에서 6,000억 위안을 창출해낼 수 있었다.

3.B 신형피아노는 일부 잠재적인 고객들이 피아노를 배우려는 흥미를 불러 일으켰고, 피아노 사용지침서와 연주테이프는 새로운 수입의 성장점이 되었다. 확실히, 피아노 업계의 잠재 시장은 상상했던 것보다 훨씬 커서, 4.B 이 사례는 완전히 새로운 안목으로 기존 고객들이 진정으로 원하는 것을 자세히 살펴보고 잠재적인 시장을 발굴해, 이것을 전략으로 삼아야만 지속적인 발전을 얻을 수 있다는 것을 분명히 보여주었다.

문제 1

钢琴行业面临的危机是什么?		피아노 업계가 직면한 위기는 무엇인가?	
A 工人纷纷罢工	B 零件价格上涨	A 노동자들의 잇따른 파업	B 부품 가격 상승
C 恶性竞争频现	D 市场需求量减少	C 부당경쟁의 빈번한 출현	D 시장 수요량 감소

해설 피아노 업계가 직면한 위기가 무엇인지를 맞히는 문제인데 보기를 먼저 매칭시켜 보고, 보기의 핵심어휘인 A '罢工(파업)', B '零件价格(부품 가격)', C '恶性竞争(부당경쟁)', D '需求量(수요량)'을 힌트로, 지문에서 관련된 내용을 찾으면 '市场对钢琴的需求量却以每年10%的速度下降，钢琴行业面临危机(시장의 피아노에 대한 수요량이 오히려 매년 10%의 속도로 줄어들어 피아노 업계는 위기에 부딪혔다)'에서 정답이 피아노에 대한 수요량이 줄어들어서 라는 것을 알 수 있다. A, B, C는 언급되지 않았으므로, 정답은 D이다.

문제 2

雅马哈的管理者们认为应该怎么解决那个问题?		야마하의 관리자들은 그 문제를 어떻게 해결해야 한다고 생각했는가?	
A 进行薪酬改革	B 寻求合作伙伴	A 임금 개혁을 진행해야 한다	B 협력파트너를 구해야 한다
C 增加钢琴功能	D 削减生产成本	C 피아노의 기능을 늘려야 한다	D 생산원가를 깎아야 한다

해설 관리자들의 문제해결 방법을 찾는 것이다. 보기를 먼저 매칭시키면 핵심어휘는 A '薪酬改革(임금 개혁)', B '合作伙伴(협력파트너)', C '钢琴功能(피아노의 기능)', D '生产成本(생산원가)'인 것을 알 수 있고, 이를 힌트로 지문에서 관련된 내용을 찾으면, 세 번째 단락의 '他们认为，唯一的出路就是改变钢琴的结构，增加其功能(그들은 유일한 판로는 피아노의 구조를 바꾸고 그 기능을 늘리는 것

이라 여겼다)'에서 문제해결 방법은 구조를 바꾸는 것과 기능을 높이는 것 두 가지를 생각했다는 것을 알 수 있고, 이중 보기에는 피아노의 기능을 언급하고 있는 C가 정답임을 알 수 있다. '他们(그들)'이 관리자인 것은 세 번째 단락의 시작 부분에 '雅马哈的管理者们认识到(야마하의 관리자들은 인식했다)'가 있으므로 2번의 정답 부분임을 확인할 수 있다. D의 '생산원가'는 언급이 되긴 했지만, '即使产品质量再好、成本再低，也解决不了雅马哈目前面临的问题(상품의 질이 아무리 좋고, 원가가 아무리 싸더라도, 야마하가 현재 직면한 문제는 해결할 수 없다)'라고 했고, 정답 부분의 문장에서 '유일한 방법'이라고 했으므로 다른 보기는 절대 정답이 될 수 없음을 확인할 수 있다.

문제 3

根据第4段，下列哪项正确？	네 번째 단락에 따르면, 아래 어느 항이 정확한가?
A 没有厂商愿意续约	A 제조상이 재계약을 하지 않았다
B 新型钢琴大受欢迎	B 신형피아노는 큰 환영을 받았다
C 雅马哈损失惨重	C 야마하의 손실이 극심하다
D 钢琴维修费用高	D 피아노 수리비용이 높다

해설 　일단 문제를 통해 네 번째 단락에 제한된 내용임을 알아야 하고, 보기의 핵심어휘인 A '续约(재계약)', B '新型(신형)', C '损失(손실)', D '维修费用(수리비용)'을 힌트로 정답 부분을 찾아보면, 먼저 '客户不用花太多钱就可以让自己的钢琴拥有新的功能。这受到了大部分客户的欢迎(고객들은 많은 돈을 들이지 않고 자신의 피아노가 새로운 기능을 갖게 할 수 있었다. 이것은 대부분의 고객에게 환영을 받았다)'에서 새로운 기능이 장착된 피아노가 환영을 받았다는 내용이 있고, 네 번째 단락은 아니지만 이어지는 다음 단락의 시작에서 '新型钢琴(신형피아노)'으로 받아 내용이 시작하므로 네 번째 단락에서 언급한 새로운 기능을 장착한 피아노가 바로 신형피아노라고 확신할 수 있다. 정답은 B이고, 다른 보기는 언급되지 않았다.

문제 4

雅马哈的案例告诉我们：	야마하의 사례는 우리에게 무엇을 알려주는가?
A 要有品牌意识	A 상표인식이 있어야 한다
B 要善于挖掘潜在市场	B 잠재시장 발굴을 잘해야 한다
C 要勇于承担社会责任	C 용감하게 사회적인 책임을 맡아야 한다
D 要争取留住人才	D 인재를 붙잡아 두는 데 힘써야 한다

해설 　우리에게 알려주는 것을 묻는 문제는 시사하는 바, 즉, 주제를 묻는 문제이므로 전체적으로 말하고자 한 내용을 잘 함축하고 있는 보기를 골라야 하고, 지문을 확인하지 않아도 앞서 푼 문제에서 야마하의 수요가 주는 문제를 새로운 기능을 더해 환영을 받았다는 내용만으로도 A의 '品牌意识(상표인식)'나 D의 '留住人才(인재를 붙잡는 것)'와는 관련이 없음을 알 수 있다. 더군다나 마지막 부분에서 '这一案例充分表明，用全新的眼光来审视现有客户真正的内在需求，挖掘潜在的市场，并以此来制定战略才能够获得持久的发展(이 사례는 완전히 새로운 안목으로 기존 고객들이 진정으로 원하는 것을 자세히 살펴보고 잠재적인 시장을 발굴해, 이 것을 전략으로 삼아야만 지속적인 발전을 얻을 수 있다는 것을 분명히 보여주었다)'이라고 했으므로 정답은 B임을 알 수 있다.

문제 5-8

　　夏季烈日炎炎、天气酷热，遮阳伞无疑成了许多人必不可少的防晒"武器"。但是面对市场上琳琅满目的遮阳伞，8.C 我们如何才能买到真正能防紫外线的伞呢？
　　5.A 俗话说"一分钱一分货"，挑选遮阳伞首先要看价格。一把合格的遮阳伞需要经过特殊的涂层处理，即使采用最普通的材料，成本也得20元左右。5.A 价格过低的遮阳伞只能挡住部分阳光，是无法抵挡紫外线的。有些遮阳

　　여름에 무더위가 기승을 부리고 날씨가 몹시 더우면, 양산은 의심할 여지 없이 많은 사람들의 빼놓을 수 없는 자외선 차단의 '무기'가 된다. 그러나 시장에서 넘쳐나는 아름다운 양산을 마주하고 8.C 우리는 어떻게 해야 진정으로 자외선을 차단할 수 있는 양산을 살 수 있는가?
　　5.A '싼 게 비지떡이다'라는 속담이 있듯이, 양산을 고를 때는 먼저 가격을 봐야 한다. 적당한 가격의 양산은 특수한 코팅처리를 거쳐서 설령 가장 평범한 재료를 썼어도, 원가가 20위안 정도는 된다. 5.A 가격이 너무 낮은 양산은 부분적으로만 햇볕을 차단할 뿐이어서 자외선을 막을 방법이 없다. 일부 양산의 가격은 매우 높은데, 이것은 양산의 원단, 부품, 제작기

독해 95

伞的价格很高，这与伞的面料、配件、制作工艺、包装以及品牌等都有关系。

其次要看是否有涂层处理。6.B 遮阳伞的涂层一般有两种颜色——黑色和银色。这两种颜色的涂层都能防紫外线。黑色的可以吸收紫外线，而银色的则有反射和阻挡紫外线的作用。另外，虽然遮阳伞的涂层可以在内侧也可以在外侧，但 6.D 涂层在内侧的防紫外线效果更佳，这是因为外侧的涂层很容易磨损脱落。此外，遮阳伞的颜色与紫外线防护性能也有关。在同等条件下，遮阳伞的颜色越深，其防紫外线的性能越好。

第三要看面料。一般面料较厚且紧密的遮阳伞防紫外线效果更好，涤纶面料的要比棉、丝和尼龙的好。

正常来说，遮阳伞在雨天也可以使用。不过，由于雨水对遮阳伞的涂层 7.B 具有腐蚀作用，所以，最好不要在雨天使用遮阳伞。同时，别忘了做好遮阳伞的保养工作。伞面要是脏了，可以用质地较软的清洗工具蘸取清水轻轻擦拭。7.D 但要注意，清洗遮阳伞不宜过于频繁，否则遮阳伞防紫外线的效果将受到影响。

술, 포장 및 상표 등과 관계가 있다.

그 다음으로 보아야 하는 것은 코팅처리이다. 6.B 양산의 코팅은 일반적으로 두 종류의 색깔– 검은색과 은색이 있다. 이 두 가지 색깔의 코팅은 모두 자외선을 막을 수 있다. 검은색은 자외선을 흡수하지만, 은색은 자외선을 반사시키거나 차단하는 작용을 가지고 있다. 그밖에 양산의 코팅은 안쪽에 해도 되고, 바깥쪽에 해도 되지만, 6.D 안쪽에 코팅을 한 것이 자외선 차단 효과가 더욱 좋은데, 이것은 외측의 코팅은 아주 쉽게 마모되어 떨어져 나가기 때문이다. 이외에, 양산의 색깔은 자외선 차단 성능과도 관련이 있다. 같은 조건이라면, 양산의 색깔이 진할수록 자외선 차단 성능도 좋다.

세 번째로 원단을 봐야 한다. 일반적으로 원단이 비교적 두껍고, 촘촘한 양산이 자외선 차단 효과가 더욱 좋은데, 폴리에스테르 원단은 면, 실크, 나일론보다 좋다.

정상적으로 말하자면, 양산은 비가 내리는 날에도 사용할 수 있다. 하지만, 빗물은 양산의 코팅에 대한 7.B 부식작용을 가지고 있기 때문에, 비가 내리는 날에는 양산을 사용하지 않는 것이 가장 좋다. 동시에 양산을 잘 관리하는 것도 잊어선 안 된다. 양산의 원단 면이 더러워지면 재질이 비교적 부드러운 청소도구로 깨끗한 물을 묻혀서 살살 문질러야 한다. 7.D 그러나 주의해야 할 것은 양산을 너무 빈번하게 청소하는 것은 좋지 않다는 것이다. 자주 청소를 하게 되면, 양산의 자외선 차단 효과에 영향을 미칠 것이다.

문제 5

"一分钱一分货"的意思是：	'一分钱一分货'는 무슨 뜻인가?
A 商品的价格与质量成正比	A 상품의 가격은 질과 정비례한다
B 消费者购物不够理性	B 소비자는 쇼핑할 때 이성적이지 못하다
C 消费者偏爱包装精美的商品	C 소비자는 포장이 정교하게 아름다운 상품을 편애한다
D 商家需要加大广告投入	D 상인은 공고투자를 더욱 늘려야 한다

해설 '一分钱一分货'는 '싼 게 비지떡이다'라는 뜻으로 HSK에서 자주 등장하는 속담으로 그 뜻이 '가격과 질이 정비례한다'라는 것을 알고 있다면 쉽게 풀 수 있는 문제이다. 그러나 뜻을 모른다 하더라도 이 어휘를 힌트로 찾아가면, '俗话说"一分钱一分货"，挑选遮阳伞首先要看价格('一分钱一分货'라는 속담이 있듯이, 양산을 고를 때는 먼저 가격을 봐야 한다)'에서 이 속담이 '가격'과 관련된 것임을 알 수 있고, 이어지는 내용에서 '价格过低的遮阳伞只能挡住部分阳光，是无法抵挡紫外线的(가격이 너무 낮은 양산은 부분적으로만 햇볕을 차단할 뿐이어서 자외선을 막을 방법이 없다)'에서 가격이 저렴하면 필요한 기능을 다 갖추지 못한다는 내용이므로 정답이 A임을 알 수 있다.

문제 6

关于遮阳伞的涂层，可以知道什么？	양산의 코팅에 관해, 무엇을 알 수 있는가?
A 主要起防风的作用	A 주로 바람을 막는 작용을 한다
B 仅一种颜色	B 한 종류의 색깔뿐이다
C 含化学物质	C 화학물질을 함유하고 있다
D 在内侧防护效果更好	D 안쪽이 보호효과가 더욱 좋다

해설 양산의 코팅에 관한 질문으로 핵심어휘인 A '防风(바람막이)', B '一种颜色(한 종류의 색깔)', C '化学物质(화학물질)', D '内侧防护(안

쪽 보호)' 먼저 파악하고 지문을 찾아가면, '遮阳伞的涂层一般有两种颜色(양산의 코팅은 일반적으로 두 종류의 색깔이 있다)'에서 B는 정답이 아님을 알 수 있고, 이어지는 내용에서 '涂层在内侧的防紫外线效果更佳(안쪽에 코팅을 한 것이 자외선 보호효과가 더욱 좋다)'라고 했으므로 정답은 D임을 알 수 있다. A와 C는 언급되지 않았다.

문제 7

根据最后一段，下列哪项正确？ A 遮阳伞面料越薄越好 B 涂层不会被腐蚀 C 雨伞易生锈 D 遮阳伞不宜频繁清洗	마지막 단락을 근거로 하면, 아래 어느 항이 정확한가? A 양산의 원단은 얇을수록 좋다 B 코팅은 부식되지 않는다 C 우산은 쉽게 녹슨다 D 양산을 자주 청소하는 것은 좋지 않다

해설 　일단 '마지막 단락'에 제한된 문제임을 파악하고, 핵심어휘인 A '面料/薄(원단 얇음)', B '不会/腐蚀(부식 안 됨)', C '易生锈(쉽게 녹슴)', D '不宜/清洗(청소하는 것 좋지 않음)'를 힌트로 마지막 단락을 보면, '具有腐蚀作用(부식작용을 가지고 있다)'이라고 했으므로 B는 정답이 아니고, '但要注意，清洗遮阳伞不宜过于频繁(그러나 주의해야 할 것은 양산을 너무 빈번하게 청소하는 것은 좋지 않다는 것이다)'이라고 했으므로 정답은 D임을 알 수 있다.

문제 8

上文主要谈的是什么？ A 紫外线对肌肤的伤害 B 遮阳伞与雨伞的区别 C 挑选遮阳伞的窍门 D 怎样防御紫外线	윗글이 주로 말한 것은 무엇인가? A 자외선의 피부에 대한 손상 B 양산과 우산의 구별 C 양산을 고르는 비법 D 어떻게 자외선을 막을 것인가

해설 　주로 말하고자 하는 것을 묻는 문제는 즉, 글에 어울리는 제목을 찾는 것과 같은 문제로 앞의 문제들을 통해 반드시 '遮阳伞(양산)'이 들어가야 함을 알 수 있기 때문에 B와 C 둘 중의 하나이고, 우산에 대한 언급은 없었으므로 C가 정답임을 쉽게 찾을 수 있다. 정보 글의 특징은 도입부에 질문으로 시작해 그 질문에 대한 답을 주 내용으로 구성하면 질문 자체가 제목이 되는데 이 글 역시 도입부에 '我们如何才能买到真正能防紫外线的伞呢？(우리는 어떻게 해야 진정으로 자외선을 차단할 수 있는 양산을 살 수 있는가?)'라고 했으므로 확실하게 정답이 C임을 알 수 있다.

문제 9-12

海鸥是一种常见的海鸟。由于分布范围广，种群数量比较稳定，海鸥被评为"无生存危机的物种"。11.D 海鸥以鱼、虾和蟹等为食，除此之外，它们还爱拣食人们丢弃的残羹剩饭，故又有"海港清洁工"之称。

12.C 海鸥还是海上航行安全的"预报员"。轮船在海上航行时，常因航海者不熟悉水域环境而触礁、搁浅。9.C 有经验的航海者往往会根据海鸥的行踪来判断周围的环境。海鸥习惯在暗礁或浅滩周围活动，如果看到它们长时间停落在一处鸣噪，航海者就要提防触礁或搁浅的发生了；海鸥还有沿港口出入飞行的习性，航行迷途的话，航海者可以通过观察海鸥的飞行方向，寻找港口。

갈매기는 흔히 볼 수 있는 바닷새이다. 분포범위가 넓고, 종 군수량도 비교적 안정적이어서, 갈매기는 '생존위기가 없는 생물종'으로 평가된다. 11.D 갈매기는 물고기와 새우, 게 등을 먹이로 삼고, 이외에도 사람들이 버린 음식찌꺼기를 잘 주워먹기 때문에 '항구의 청소부'라는 별칭도 가지고 있다.

12.C 갈매기는 또한 항해안전의 '통보관'이다. 증기선이 바다에서 항해를 할 때, 항해자가 잘 모르는 수역환경 때문에 자주 암초에 부딪히고, 좌초되는데, 9.C 경험이 있는 항해사는 늘 갈매기의 행적을 근거로 주위환경을 판단한다. 갈매기는 암초나 물이 얕은 곳 주위에서 활동을 잘 하는데, 만약에 그들이 장시간 한 곳에서 머무르며 요란스럽게 울면, 항해사는 암초에 부딪히거나 좌초될 수 있음을 경계해야 한다. 갈매기는 항구를 따라 드나들며 비행하는 습성이 있는데, 항해 중에 길을 잃었다면, 항해사는 갈매기의 비행방향을 관찰해 항구를 찾을 수 있다.

另外，海鸥还能预报天气。如果海鸥贴近海面飞行，那么未来几天天气可能晴好；如果它们在海边飞来飞去，那么天气将可能变坏；10.B 如果它们远离水面，成群聚集在沙滩上或岩石缝里，则预示着一场暴风雨即将来临。海鸥之所以能预见暴风雨，是因为 11.A 它的骨骼和翅膀上的羽管都是空心管状的，里面充满了空气，它们就像气压表一样能感知气压的变化。

그밖에, 갈매기는 날씨를 예보할 수도 있다. 만약에 갈매기가 해수면에 가까이 붙어 비행을 한다면 다가올 며칠의 날씨는 맑을 것이고, 만약에 그들이 해변가를 계속 날아다닌다면 날씨는 아마 곧 흐리게 될 것이다. 10.B 만약에 수면으로부터 멀리 떨어져 무리 지어 모래사장이나 암석의 틈 안에 모여 있다면, 곧 한 바탕 폭풍우가 올 것이라는 것을 예상할 수 있다. 갈매기가 폭풍우를 예견할 수 있는 것은 11.A 그들의 골격과 날개의 깃털 관이 모두 속이 빈 빨대 형상이어서, 안에 공기가 가득해 그것들이 마치 기압계처럼 기압의 변화를 감지할 수 있기 때문이다.

문제 9

航海者往往根据什么来判断周围环境？	항해사는 늘 무엇을 근거로 하여 주위환경을 판단하는가?
A 海鸥飞行时的队形　　B 海浪的波动幅度	A 갈매기가 비행할 때의 대형　　B 파도의 파동(흔들림) 폭
C 海鸥的行踪　　D 海水温度	C 갈매기의 행적　　D 해수의 온도

해설　항해사가 주위환경을 판단하는 근거를 찾는 문제이고, 보기의 핵심어휘 A '海鸥的队形(갈매기의 대형)', B '海浪的波动幅度(파동의 파동 폭)', C '海鸥的行踪(갈매기의 행적)', D '海水温度(해수온도)'를 힌트로 찾아보면, '有经验的航海者往往会根据海鸥的行踪来判断周围的环境(경험 있는 항해사는 늘 갈매기의 행적을 근거로 주위환경을 판단한다)'이라는 말이 있으므로 정답은 C임을 알 수 있다.

문제 10

海鸥成群聚集在沙滩上可能预示着什么？	갈매기가 무리 지어 모래사장에 모이면 무엇을 예상할 수 있는가?
A 海潮将要退去	A 바다조수가 곧 썰물이 될 것이다
B 暴风雨即将来临	B 폭풍우가 올 것이다
C 可能会发生海啸	C 해일이 발생될 것이다
D 附近会有地震	D 부근에 지진이 있을 것이다

해설　갈매기 무리가 모래사장에 모인 것이 무슨 징조인지를 묻는 것으로 보기의 핵심어휘 A '退去(썰물)', B '暴风雨(폭풍우)', C '海啸(해일)', D '地震(지진)'을 힌트로 지문을 찾아보면, 마지막 단락에서 '如果它们远离水面，成群聚集在沙滩上或岩石缝里，则预示着一场暴风雨即将来临(만약에 수면으로부터 멀리 떨어져 무리 지어 모래사장이나 암석의 틈 안에 모여 있다면, 곧 한 바탕 폭풍우가 올 것이라는 것을 예상할 수 있다)'이라고 했으므로 유일한 언급은 '폭풍우'이기 때문에 정답은 B임을 알 수 있다.

문제 11

关于海鸥，可以知道什么？	갈매기에 관해, 무엇을 알 수 있는가?
A 羽管是空心的	A 깃털 관은 속이 비어있다
B 靠尾巴辨别方向	B 꼬리에 의지해 방향을 분별한다
C 时常攻击航海者	C 자주 항해사를 공격한다
D 以海草为食	D 해초를 먹이로 삼는다

해설　갈매기에 관한 정보를 묻는 문제로, 지문 전체가 갈매기에 대한 내용이므로 언급된 내용이나 사실만 찾아내면 된다. 보기 핵심어휘는 A '羽管(깃털 관)', B '尾巴(꼬리)', C '攻击(공격)', D '海草(해초)'인데 앞의 10번 정답의 근거 부분에 이어지는 내용에서 '它的骨骼和翅膀上的羽管都是空心管状的(그들의 골격과 날개의 깃털 관이 모두 속이 빈 빨대 형상이다)'라고 했으므로 정답은 A임을 알 수 있다. 먹이에 관한 내용은 첫 단락에서 언급하고 있지만 '海鸥以鱼、虾和蟹等为食, 除此之外，它们还爱拣食人们丢弃的残羹剩饭(갈매기는 물고기와 새우, 게 등을 먹이로 삼고, 이외에도 사람들이 버린 음식찌꺼기를 잘 주워먹는다)'이라고 했으므로 '해초를 먹이로 삼는다'는 D는 정답이 될 수 없다.

最适合做上文标题的是：	윗글에 가장 적합한 제목은?
A 奇妙的海洋世界　　B 勇敢的航海者 C 海上预报员——海鸥　D 谁来拯救濒危动物	A 신기한 바다세계　　B 용감한 항해사 C 바다 위의 통보관 갈매기　D 누가 위기의 동물을 구할 것인가

해설　이 글의 '标题' 즉, 제목을 묻는 문제로, 글의 종류가 갈매기에 관한 정보 글이므로 전체적으로 설명하는 대상인 '海鸥(갈매기)'는 반드시 포함되어야 하는데 보기에서 갈매기를 언급한 것이 C밖에 없으므로 쉽게 정답을 찾을 수 있다. 또한 '海鸥还是海上航行安全的 "预报员"(갈매기는 또한 항해안전의 '통보관'이다)라는 설명이 직접적으로 있으므로 정답에 더욱 힘을 실어줄 수 있다. A는 바다세계 전체를 언급해야 하므로 매우 광범위한 제목으로 이 글에는 맞지 않고, B의 항해사는 이야기 속에 언급되기는 하는데 이는 갈매기의 이야기를 뒷받침하기 위해 나온 것이므로 제목이 될 수 없다. 정답은 C이다.

부분별 전략　실전 문제 정답　▶p.210

1. B	**2.** B	**3.** A	**4.** D	**5.** C	**6.** D	**7.** B
8. A	**9.** A	**10.** B	**11.** C	**12.** C	**13.** C	**14.** A
15. B	**16.** B	**17.** A	**18.** C	**19.** C	**20.** D	

3.A 别涅迪克是法国一位化学博士。有一次，他在做实验时，准备将一种溶液倒入烧瓶，可一不小心，烧瓶"哐当"一声掉在了地上。1.B "又得费时间打扫玻璃碎片了！"他懊恼地想。谁知，烧瓶竟然没有碎。以前也常有烧瓶掉在地上，但无一例外全都摔成了碎片。这只烧瓶看上去和其他烧瓶没什么不同，为什么仅有几道裂痕而没有破碎呢？别涅迪克一时找不到答案，于是给这只烧瓶贴上标签，注明问题，然后保存了起来。

　　没过多久，别涅迪克偶然看到报纸上的一篇报道，说有两辆客车相撞，车上的许多乘客都被挡风玻璃的碎片划伤了。他一下子联想到了那只裂而不碎的烧瓶，于是连忙跑到实验室，找出那只烧瓶仔细观察起来，2.B 这才发现烧瓶的瓶壁上有一层薄薄的透明膜。别涅迪克用刀片小心地刮下一片进行化验，结果发现，这只烧瓶曾盛过一种叫硝酸纤维素的化学溶液，那层薄薄的膜就是这种溶液蒸发后残留下来的。残留物遇空气后发生了反应，从而牢牢地粘贴在瓶壁上，2.B 对烧瓶起到了保护作用。

3.A 베네딕투스는 프랑스의 화학 박사이다. 한 번은 그가 실험을 할 때, 한 종류의 용액을 플라스크에 붓는데 조심하지 않아서 플라스크가 '콰당' 소리를 내며 땅에 떨어졌다. 1.B "또 유리파편을 치우느라 시간을 허비해야 하는 군!" 그는 언짢게 생각했다. 누가 알았겠는가? 플라스크는 뜻밖에 깨지지 않았다. 예전에도 플라스크는 자주 땅 바닥에 떨어졌지만, 한 번도 예외 없이 전부 산산조각이 났다. 이 플라스크는 보기에는 다른 플라스크와 다를 것이 없는데 왜 겨우 몇 줄의 균열만 가고 깨지지는 않은 거지? 베네딕투스는 순간 답을 찾지 못하여 이 플라스크에 '문제를 반드시 밝힐 것'이라고 라벨만 붙인 다음 보관했다.

얼마 지나지 않아 베네딕투스는 우연히 신문 상에서 보도를 한 편 보았는데, 손님을 실은 두 대의 차량이 서로 부딪쳐서 차 안의 많은 승객들이 모두 차량보호유리의 파편에 베였다는 것이다. 그는 순간 그 균열은 있지만 깨지지 않은 플라스크가 떠올랐다. 그리하여 얼른 실험실로 달려가 그 플라스크를 찾아내어 자세히 관찰하였고, 2.B 그제서야 플라스크의 벽면에 한 층의 두꺼운 투명막이 있다는 것을 발견하였다. 베네딕투스는 칼로 조심스레 긁어내어 화학실험을 진행하였다. 결과에서 발견한 것은, 이 플라스크는 일종의 니트로셀룰로오스라 불리는 화학 용액이 담겨 있었는데, 그 얇은 막은 이런 용액이 증발한 후의 잔여물인 것이었고, 잔여물이 공기를 만난 후에 반응이 발생하면서 단단하게 플라스크 벽면에 붙어 2.B 플라스크를 보호하는 작용을 일으킨다는 것이다.

別涅迪克想：如果将这种溶液用于汽车玻璃的制造中，以后再发生类似的交通事故，乘客的生命安全岂不是更有保障？4.D 因为这个发现，别涅迪克荣登20世纪法国科学界突出贡献奖的榜首。

베네딕투스는 '만약에 이런 용액을 자동차 유리의 제조에 쓴다면, 이후에 다시 유사한 교통사고가 발생해도 승객들의 생명안전이 어찌 더욱 보장되지 않겠는가?'라고 생각했다. 4.D 이 발견 덕분에 베네딕투스는 영예롭게 20세기 프랑스 과학계에 뛰어난 공헌을 세운 공로상 명단에 맨 처음 등재되었다.

别涅迪克为什么感到懊恼？
A 倒错了溶液
B 要花时间打扫碎玻璃
C 实验结果与假设不符
D 没有多余的烧瓶

베네딕투스는 왜 언짢게 생각했는가?
A 용액을 잘못 부어서
B 유리파편을 치우는 데 시간을 써야 해서
C 실험결과가 가설과 맞지 않아서
D 여분의 플라스크가 없어서

해설 베네딕투스가 왜 언짢게 생각했는지를 묻는 문제이므로 이는 언짢게 생각했다는 내용이 언급된 부분을 찾아가면 ' "又得费时间打扫玻璃碎片了！" 他懊恼地想("또 유리파편을 치우느라 시간을 허비해야 하는 군." 그는 언짢게 생각했다)'이라고 했으므로 유리 파편을 치우는 데 시간을 써야 해서라는 것을 알 수 있다. 정답은 B이다.

根据第2段，那只烧瓶：
A 遇到空气会变色   B 瓶壁上有保护膜
C 材质十分罕见   D 比其他烧瓶薄

2단락을 근거로 하면, 그 플라스크는?
A 공기와 만나 색이 변한다   B 유리벽면에 보호막이 있다
C 재질이 매우 보기 드물다   D 다른 플라스크보다 얇다

해설 2단락에서 힌트를 찾아야 하는 문제이고 플라스크에 관한 문제인데, 보기를 먼저 매칭시키면 핵심어휘는 '空气会变色(공기에 변색된다)', '有保护膜(보호막이 있다)', '罕见(드물다)', '薄(얇다)'인 것을 알 수 있고, 이를 힌트로 2단락을 찾아가면 '这才发现烧瓶的瓶壁上有一层薄薄的透明膜(그제서야 플라스크의 벽면에 한 층의 두꺼운 투명막이 있다는 것을 발견하였다)'라고 하였는데 여기에서는 얇은 막이 있다고만 언급했으므로 아직 정답을 찾기에는 부족하다. 하지만 2단락의 마지막 부분에 '对烧瓶起到了保护作用(플라스크를 보호하는 작용을 일으킨다)'이라고 했으므로 플라스크에 얇은 막이 있는데 이것은 보호막이라는 것을 알 수 있다. 정답은 B이다.

关于别涅迪克，可以知道什么？
A 是一位博士
B 遇事不够冷静
C 被挡风玻璃划伤了
D 获得了物理学奖

베네딕투스에 관해 무엇을 알 수 있는가?
A 한 명의 박사이다
B 문제가 생기면 냉정하지 못하다
C 바람막이 유리에 베였다
D 물리학상을 받았다

해설 베네딕투스에 관해 알 수 있는 것을 찾는 인물정보에 관한 문제이고, 보기를 먼저 매칭시키면 핵심어휘는 '博士(박사)', '不够冷静(냉정하지 못하다)', '被划伤(베였다)', '物理学奖(물리학상)'인 것을 알 수 있고, 이 핵심어휘가 언급이 되었다면 정답일 가능성이 높다. 시작 부분에 '别涅迪克是法国一位化学博士(베네딕투스는 프랑스의 화학 박사이다)'라고 했으므로 정답은 A이다.

最适合做上文标题的是：
A 如何减少交通事故
B 硝酸纤维素的发现
C 小标签大作用
D 藏在烧瓶中的机遇

윗글에 가장 적합한 제목은?
A 어떻게 교통사고를 줄일 것인가
B 니트로셀룰로오스의 발견
C 작은 라벨의 큰 작용
D 플라스크 속에 숨겨진 기회

글에 어울리는 제목을 찾는 문제이다. 전체적으로 플라스크와 관련된 베네딕투스의 일화에 관한 설명이고, 마지막 부분을 보면 '因为 这个发现，别涅迪克荣登20世纪法国科学界突出贡献奖的榜首(이 발견 덕분에 베네딕투스는 영예롭게 20세기 프랑스 과학계 에 뛰어난 공헌을 세운 공로상 명단에 맨 처음 등재되었다)'라고 했으므로 플라스크를 통해 중요한 발견을 했음을 알 수 있고, 이런 내 용과 가장 가까운 보기는 D임을 알 수 있다.

문제 5-8

在鸟类王国中，有很 多出类拔萃的 "音乐 家"。云雀的歌声优美、 嘹亮，黄鹂的歌声流畅、 圆润，富有韵律，深受人 们的喜爱。

然而，很多人都不知道，鸟类是没有声 带的。8.A 那么它们又是怎样 "唱歌" 的呢？ 通过观察我们发现，鸟的喉部有一根较长的气 管，往下分为两支，分别通入左右肺内。而两 个支气管开始分叉的地方就是鸟类特有的发声 器官——鸣管。鸣管内有声膜，歌声就是由肺 里吹出的气流振动声膜而产生的。不过，5.C 鸟 类的鸣管发达程度各不相同，有的比较完整， 有的就非常简单。所以，鸟类的歌声也不尽相 同。这也是为什么云雀、黄鹂等鸟类歌声优 美，而有些鸟类却很少发声的原因。

6.D 那么小鸟们究竟在 "唱" 些什么呢？ 毫无疑问，它们并不是为取悦人类而 "歌唱" 的，而是在向同类传递讯息。例如，大多数雄 鸟会用歌声向异性发出 "请到我这里来" 的邀 请；还有一些鸟会通过歌声提示同伴 "你正在 遭遇危险"；或是告诫其他鸟 "这是我的领 土，切勿入内" 等等。

为了深入研究鸟类的语言，最近，有些鸟 类学家专门编了一本《鸟语辞典》，里面记录 了多种鸟的语言所传达的信息。只要查一查这 本辞典，我们就可以知道大多数小鸟在唱些什 么了。此外，7.D 鸟类学家还根据这部辞典录制 了100多种鸟语唱片。这些唱片可不是用来让你 听 "音乐" 的，它们有很多用途，比如，7.B 有 些唱片可以在农田播放，用来驱散鸟群，以达 到保护庄稼的目的。

조류의 왕국에는 많은 출중한 '음악가'들이 있다. 종달새의 소리는 아름답고 맑고 깨끗하며, 꾀꼬리의 소리는 유창하고 풍부하고 달콤하며 리듬도 풍부하게 가지고 있어 사람들의 많 은 사랑을 받는다.

그런데, 많은 사람들이 조류는 성대를 가지고 있지 않다는 것을 모른다. 8.A 그러면 그들은 어떻게 '노래를 부르는' 것일 까? 관찰을 통해 발견한 것은, 새의 목구멍에는 하나의 비교 적 긴 기관이 있는데, 아래로 두 줄기로 나뉘어져 각각 좌우 폐의 안으로 통한다. 그런데, 이 두 줄기의 기관이 갈라지기 시 작하는 부분이 바로 조류만이 가지고 있는 발성기관인 명관 이다. 명관 안에는 소리를 내는 막이 있는데, 새의 노랫소리는 폐부에서 불어온 기류가 이 소리 막을 진동시켜 만들어내는 것이다. 하지만, 5.C 조류의 명관 발달정도는 모두 다르다. 어 떤 것은 비교적 완벽하고, 어떤 것은 매우 간단하다. 그래서, 조류의 노랫소리도 모두 같지 않다. 이것은 왜 종달새, 꾀꼬리 등의 조류의 노랫소리는 우아하고 아름다운데 어떤 조류들은 오히려 소리를 잘 내지 않는 원인이기도 하다.

6.D 그러면 작은 새들은 도대체 무엇을 '부르는' 것인가? 의 심할 여지없이 그들은 인류를 즐겁게 하기 위해 '노래를 부르 는' 것이 아니라, 같은 조류 무리에게 정보를 전달하려는 것이 다. 예를 들면, 대다수의 수컷 새는 이성에게 '나에게 와주세 요'라는 초대를 보낸다. 또한 일부는 노랫소리를 통해 동료들 에게 '넌 지금 위험에 처해있어'라고 알려주거나, 혹은 다른 새 들에게 '여기는 내 영토이니 들어오지 마라' 등등을 알려준다.

조류의 언어를 깊이 연구하기 위해, 최근에 어떤 조류학자들 이 《조어사전》 한 권을 편집했는데, 그 안에는 많은 조류의 언어가 전달하는 정보를 기록했다. 이 사전을 좀 보기만 해도 우리는 대다수의 작은 새들이 무엇을 노래하는지 알 수 있다. 이외에, 7.D 조류학자들은 이 사전을 근거로 100여 종의 조류 언어 음반을 녹음하여 제작하였다. 이 음반은 결코 당신이 '음 악을 듣게 하는 데 쓰는 것이 아니라, 그것들은 많은 용도를 가지고 있다. 예를 들면, 7.B 어떤 음반들은 논밭에서 틀어 조류 무리를 쫓아내어 농작물을 보호하는 목적을 이루는 데 쓴다.

문제 5

鸟类的歌声为什么会不相同？
A 肺部的工作原理有差别
B 声带厚薄不一
C 鸣管发达程度不一样
D 发声器官的位置不同

조류의 노랫소리는 왜 같지 않은가?
A 폐부가 일하는 원리가 달라서
B 성대의 두께가 달라서
C 명관의 발달정도가 달라서
D 발성기관의 위치가 같지 않아서

조류의 노랫소리가 다른 이유를 묻는 문제이고, 보기를 먼저 매칭시키면, '肺部的工作原理(폐부 일 원리)'나 '声带厚薄不一(성대두 께의 불일치)', '鸣管发达程度不一样(명관 발달정도의 다름)', '发声器官的位置不同(발성기관 위치의 다름)' 등이 있고, 이를 힌트로 지문에서 정답 부분을 찾으면, 두 번째 단락에서 '鸟类的鸣管发达程度各不相同，有的比较完整，有的就非常简单。所以，鸟类的歌声也不尽相同(조류의 명관 발달정도는 모두 다르다. 어떤 것은 비교적 완벽하고, 어떤 것은 매우 간단하다. 그래서, 조류의 노랫소리도 모두 같지 않다)'이라고 했으므로 정답은 C이다.

문제 6

鸟类"唱歌"主要是为了：	조류가 '노래 부르는' 것은 주로 무엇을 위해서 인가?
A 寻找昆虫	A 곤충을 찾기 위해
B 排出体内的废气	B 체내의 안 좋은 가스를 배출하기 위해
C 取悦人类	C 인류를 기쁘게 하기 위해
D 向同类传递信息	D 동료들에게 정보를 전달하기 위해

조류가 노래를 부르는 것이 무엇을 위한 것인지 묻는 문제이고, 그 목적을 찾아야 한다. 세 번째 단락에서 '那么小鸟们究竟在"唱"些什么呢？(그러면 작은 새들은 도대체 무엇을 '부르는' 것인가?)'라고 했으므로 이에 대한 답을 확인하면 되는데, 이어지는 내용에서 '毫无疑问，它们并不是为取悦人类而"歌唱"的，而是在向同类传递讯息(의심할 여지없이 그들은 인류를 즐겁게 하기 위해 '노래를 부르는' 것이 아니라, 같은 조류 무리에게 정보를 전달하려는 것이다)'라고 했으므로 정답은 D임을 알 수 있다.

문제 7

关于鸟语唱片，可以知道什么?	조류언어 음반에 관해, 알 수 있는 것은?
A 鸟类"歌唱"之谜	A 조류가 '노래를 부르는' 수수께끼
B 有些可以用来保护庄稼	B 어떤 것들은 농작물을 보호하는 데 쓸 수 있다
C 比《鸟语辞典》出现得更早	C 《조어사전》보다 더 일찍 출현했다
D 收录了近千种鸟类的声音	D 천 종류에 가까운 조류의 소리를 수록했다

조류언어 음반에 관한 문제이고, 보기를 먼저 매칭시키면 핵심어휘는 '"歌唱"之谜(노래 부르는 수수께끼)', '保护庄稼(농작물 보호)', '出现得更早(일찍 출현)', '千种鸟类(천 종류의 조류)'임을 알 수 있고, 이를 힌트로 지문에서 관련된 내용을 찾으면 '鸟类学家还根据这部辞典录制了100多种鸟语唱片(조류학자들은 이 사전을 근거로 100여 종의 조류언어 음반을 녹음하여 제작하였다)'이라고 했으므로 C는 정답이 될 수 없고, '有些唱片可以在农田播放，用来驱散鸟群，以达到保护庄稼的目的(어떤 음반들은 논밭에서 틀어 조류 무리를 쫓아내어 농작물을 보호하는 목적을 이루는 데 쓴다)'라고 했으므로 정답은 B이다.

문제 8

最适合做上文标题的是：	윗글에 가장 적합한 제목은?
A 鸟类"歌唱"之谜	A 조류가 '노래를 부르는' 수수께끼
B 关爱动物，人人有责	B 동물을 사랑하고 관심을 가지는 것은 모든 사람에게 책임이 있다
C 森林里的舞蹈家们	C 숲 속의 무용가들
D 谁来为动物扰民买单	D 누가 동물이 사람에게 해를 끼치는 것을 위해 돈을 낼 것인가

윗글에 어울리는 제목을 찾는 문제이고, 앞서 푼 문제들을 근거로 추론해보면, 전체적인 글이 조류와 조류의 노랫소리에 관한 글임을 알 수 있다. 더군다나 도입부에서 '那么它们又是怎样"唱歌"的呢？(그러면 그들은 어떻게 '노래를 부르는' 것일까?)'라고 질문을 던진 후에 이에 대한 대답으로 내용이 이어지므로 A가 제목에 가장 적합함을 알 수 있다. 정보 글에서 서두에 질문이 던져지면 질문자체가 제목과 연계됨을 유의해야 한다.

人生到底有多少天？不同的人有不同的答案，在我看来，人的一生只有三天：昨天、今天、明天。经营好这三天，就经营好了一生。

11.A 昨天的日子很长，但不管有多少天，也不管是受到挫折，还是取得辉煌，都不能代表将来。比如 9.A 昨天贫困潦倒的人将来可能会变成富翁；昨天锦衣华食的人将来可能沦为乞丐。这就是三十年河东三十年河西。世上没有永远的胜利，也没有永远的失败，11.C 胜利和失败在合适的条件下是能够转化的。因此，我们不必为昨天的挫折而萎靡不振，也不必为昨天的辉煌而狂妄自大。只有把过去的挫折和辉煌都作为今天的垫脚石，才能攀登美好的明天。

11.A 今天的日子很短。而且正在自己的脚下以秒计算地流逝。今天是昨天和明天的接力处，接力棒交得好，便会走向辉煌的明天；接力出问题，便会前功尽弃。因此，面对今天，我们不要总是怀念过去，过去的就让它过去了，10.B 只有从零开始，脚踏实地，全身心地经营好今天，才会结出丰硕的果实。今天的事一定要今天完成，绝不能推到明天。如果总是面对今天望明日，结果不但今天没有经营好，明天也悄悄地溜走了。

明天的日子还有多长？谁也说不清。明天是辉煌，还是落败？谁也道不明。明天既向我们显示机遇，又向我们发出挑战。明天的希望是美好的，但路途绝不平坦，到处布满荆棘。但有一点是可以肯定的，那就是花好月圆的明天只接纳奋斗不息者。

因此，12.C 我们只有善于汲取昨天的经验和教训，利用今天做好新跨越的准备，斗志昂扬地去挑战明天，才能为人生画上一个圆满的句号。

인생은 도대체 며칠이 있는가? 같지 않은 사람들은 같지 않은 답안을 가지고 있다. 내가 보기에, 사람의 인생은 단지 3일 즉, 어제, 오늘, 내일만 있다. 이 3일을 잘 꾸린 것이 바로 일생을 잘 꾸린 것이다.

11.A 어제의 날은 길지만, 며칠이 있든, 또는 좌절을 받든 아니면 눈부신 성과를 얻든 상관없이 모두 미래를 대표할 수 없다. 예를 들면 9.A 어제 궁핍하고 가난한 사람이 미래에는 부호로 변하기도 하고, 어제의 금의호식한 사람이 미래에 거지로 전락할 수도 있다. 이것이 바로 세상의 흥망성쇠가 변화무상하다는 것이다. 세상에는 영원한 승리가 없고, 영원한 실패도 없다. 11.C 승리와 실패는 적합한 조건 아래에서 바뀔 수 있는 것이다. 이 때문에, 우리는 어제의 좌절 때문에 풀이 죽을 필요가 없고, 또 어제의 눈부신 성과 때문에 안하무인 할 필요도 없다. 과거의 좌절과 눈부신 성과를 모두 오늘의 디딤돌로 삼아야만, 행복한 내일로 오를 수 있다.

11.A 오늘의 날은 짧아서, 자신의 발 아래서 초(단위)로 계산되어 흘러간다. 오늘은 어제와 내일의 릴레이장소(= 이어주는 곳)로, 바통을 잘 건네면 눈부신 내일로 가게 되고, 바통에 문제가 생기면 공든 탑이 무너지게 된다. 이 때문에 오늘을 마주할 때, 우리는 늘 과거를 그리워하지 말고 지나간 것은 바로 지나가게 해야 한다. 10.B 0(처음)부터 시작해서 착실하게 몸과 마음을 다해 오늘을 꾸려야만, 알이 크고 굵은 과실을 맺을 것이다. 오늘의 일은 반드시 오늘 완성해야지, 절대 내일로 미루어서는 안 된다. 만약에, 늘 오늘을 마주하고 내일만 바라본다면, 결과는 오늘 잘 꾸리지 못할 뿐만 아니라, 내일 역시 은밀하게 달아날 것이다.

내일의 날은 얼마나 긴가? 누구도 분명히 말할 수 없다. 내일은 눈부실까, 아니면 실패할까? 누구도 분명히 말할 수 없다. 내일은 우리를 향해 기회를 드러내 보이기도 하고, 또 우리를 향해 도전을 선포하기도 한다. 내일의 희망은 행복한 것이지만, 길은 절대 평탄하지 않고, 도처에 가시가 널려있다. 하지만 확신할 수 있는 점이 있는데, 그것은 바로 원만하고 행복한 내일은 오직 끊임없이 분투하는 자만을 받아들인다는 것이다.

이 때문에, 12.C 우리는 어제의 경험과 교훈을 잘 흡수하고, 오늘을 이용해 새로이 뛰어넘는 준비를 잘 해서 투지 양양하게 내일에 도전해야만, 인생을 위해 하나의 원만한 마침표를 찍을 수 있다.

"三十年河东三十年河西"最可能是什么意思？
A 人生变化无常
B 做事要循序渐进
C 要学会换位思考
D 生活不会一帆风顺

'三十年河东三十年河西'는 무슨 뜻일 가능성이 가장 큰가?
A 인생이 변화무상하다
B 일을 할 때는 순서에 따라 차근차근 진행해야 한다
C 사고를 바꿀 줄 알아야 한다
D 생활은 순조롭지 않을 것이다

지문에 언급된 '三十年河东三十年河西'의 뜻을 묻는 문제이다. 보기를 먼저 매칭해서 '变化无常(변화무상)', '循序渐进(순서에 따라 차근차근 진행)', '换位思考(사고를 바꾸다)', '不会一帆风顺(순조롭지 못하다)'을 핵심어휘로 보고, 앞이나 뒤의 내용이 어떤 내용인지 집중해야 하는데, 앞에서 '昨天贫困潦倒的人将来可能会变成富翁; 昨天锦衣华食的人将来可能沦为乞丐(어제 궁핍하고 가난한 사람이 미래에는 부호로 변하기도 하고, 어제의 금의호식한 사람이 미래에 거지로 전락할 수도 있다)'라고 했으므로 사람은 언제든지 상황이 바뀔 수 있음을 의미한다는 것을 알 수 있다. 정답은 A이다.

문제 10

第3段主要想告诉我们:	3단락은 우리에게 주로 무엇을 말하고자 하는가?
A 别忘掉过去	A 과거를 잊지 마라
B 要经营好今天	B 오늘을 잘 경영해야 한다
C 不能只顾眼前利益	C 눈앞에 있는 이익만 고려해서는 안 된다
D 人生应该过得从容不迫	D 인생은 태연하게 보내야 한다

해설 3단락의 주요내용을 묻는 문제이고, 보기를 먼저 매칭시켜 보면 '别忘掉过去(과거를 잊지 마라)', '经营好今天(오늘을 잘 경영해라)', '只顾眼前利益(눈앞의 이익 보지 마라)', '从容不迫(태연해라)'가 핵심어휘인 것을 알 수 있다. 먼저 3단락은 '今天(오늘)'이라는 어휘가 집중되어 있다는 것을 알아야 하고, '只有从零开始, 脚踏实地, 全身心地经营好今天, 才会结出丰硕的果实(0(처음)부터 시작해서 착실하게 몸과 마음을 다해 오늘을 꾸려야만, 알이 크고 굵은 과실을 맺을 것이다)'이라고 했으므로 좋은 결과를 맺기 위해서 꼭 필요한 것은 오늘을 잘 꾸려야 함을 알 수 있다. 정답은 B이다.

문제 11

根据上文, 下列哪项正确?	윗글에 따르면, 아래에 어느 항이 정확한가?
A 昨天其实很短	A 어제는 사실 매우 짧다
B 明天比今天更重要	B 내일은 오늘보다 더 중요하다
C 胜利和失败会相互转化	C 승리와 실패는 서로 바뀔 수 있다
D 每个人的人生都是圆满的	D 모든 사람의 인생은 모두 원만하다

해설 글에서 알 수 있는 정보를 묻는 문제로, 보기를 먼저 매칭시켜 보면, '昨天很短(어제가 짧다)', '明天/重要(내일이 중요하다)', '胜利和失败/转化(승리와 실패는 바뀐다)', '人生/圆满(인생은 원만하다)'이 핵심어휘인 것을 알 수 있고, 2단락에서 '昨天的日子很长(어제는 길다)'이라고 했고, 3단락에서 '今天的日子很短(오늘이 짧다)'이라고 했으므로 A는 정답이 아니다. 10번 문제에서 오늘을 잘 보내야 좋은 결과를 맺을 수 있다는 내용을 확인했으므로 B가 정답이 될 가능성이 적다는 것을 알 수 있고, D는 포괄적이고 구체적으로 언급한 내용이 지문에는 없다. 2단락에서 '胜利和失败在合适的条件下是能够转化的(승리와 실패는 적합한 조건 아래에서 바뀔 수 있는 것이다)'라고 했으므로 정답은 C이다.

문제 12

最适合做上文标题的是:	윗글에 가장 적합한 제목은?
A 机遇改变人生	A 기회는 인생을 바꾼다
B 要学会给自己减压	B 자신에게 스트레스를 덜 줄 수 있어야 한다
C 把握现在, 经营人生	C 오늘을 잘 파악해, 인생을 경영해라
D 冰冻三尺, 非一日之寒	D 얼음 삼 척은 하루의 추위로 되는 것이 아니다

해설 적합한 제목을 묻는 문제이고, 지문에서 정답을 근거로 할 부분을 따로 찾지 않더라도 앞의 문제들에서 정확한 정답을 골랐다면 '人生变化无常(인생은 변화무상)', '要经营好今天(오늘을 잘 경영해야 한다)', '胜利和失败会相互转化(승리와 실패는 바뀔 수 있다)'가 주된 내용이었으므로 '오늘(지금)을 잘 보내라'는 내용의 글임을 알 수 있고, C를 정답으로 유추할 수 있다. 직접적으로도 마지막 부분에 '我们只有善于汲取昨天的经验和教训, 利用今天做好新跨越的准备, 斗志昂扬地去挑战明天, 才能为人生画上一个圆满的句号(우리는 어제의 경험과 교훈을 잘 흡수하고, 오늘을 이용해 새로이 뛰어넘는 준비를 잘 해서 투지 양양하게 내일에 도전해야만, 인생을 위해 하나의 원만한 마침표를 찍을 수 있다)'라고 했으므로 정답은 C이다.

公元1140年7月的一天，杭州城最繁华的街市突然失火，惊慌的人们纷纷冲进火海抢救自己店铺里的财物，以尽量减少损失。此时，^{14.A} 一位裴姓富商并没有让伙计和奴仆去抢救他当铺和珠宝店里的财物，而是 ^{14.A} 指挥他们迅速撤离，然后派人去长江沿岸平价购回大量木材、砖瓦等建筑用材。大火烧了数日之后，终于被扑灭了。曾经车水马龙的杭州城，已是面目全非，一片狼藉。不久，朝廷下令重建杭州城，并明文规定，凡经营销售建筑用材者一律免税。于是，^{13.C} 城内一时大兴土木，建材供不应求，价格暴涨。裴姓商人趁机抛售，获利远远大于被大火焚毁的损失。

^{15.B} 一个著名企业的总裁谈起他20多年前的一次遭遇。1986年，经商失败的他，背负了一身债务来到一家服装厂打工。^{15.B} 为了还债，他每天都要工作10多个小时。一次，由于工作过度劳累，他在操作电动裁剪机时，竟把一批西装的袖子剪短了一大截。这一剪，他必须赔偿老板几十万元的布款。望着一大堆被剪短的衣料，他欲哭无泪。为了挽回损失，他干脆将错就错，再将衣服的下摆也裁去一截，然后分别在裁短的袖子以及下摆上拼接其他颜色的布料。令人意想不到的是，这种带着早期休闲风格的西服一上市，竟被抢购一空。服装厂老板不但没有亏损，反而多赚了许多。他也因此开创了休闲西装的先河，在服装市场声名大震，为他日后打造自己的"王国"打下了坚实的基础。

^{16.B} 一场危机就是一场灾难。同样，一次危机就是一次机遇。在危机面前，他们都表现出惊人的睿智，成功地将危机变为商机，令人叹服。

서기 1140년 7월 어느 날, 항저우성의 번화한 상점가에 갑자기 불이 났다. 놀라 허둥대던 사람들은 가능한 손실을 줄이기 위해서 잇달아 불속으로 뛰어들어 자신들의 점포의 물건들을 구했다. 이때, ^{14.A} 한 배씨 성의 부유한 상인은 결코 점원들과 하인들로 하여금 그의 전당포와 보석가게 안의 물건을 구해 오라고 하지 않고, ^{14.A} 그들에게 신속하게 철수하라고 지휘하고, 그런 후, 창장 연안으로 사람을 보내어 대량의 목재와 벽돌과 기와 등 건축자재를 보통가격으로 사오라고 하였다. 큰 불은 수일을 태운 후에야 마침내 진압되었다. 일찌감치 거마의 왕래가 끊이지 않던 항저우성은 이미 딴판이 되어 엉망이 되었다. 오래지 않아, 조정에서는 항저우성을 재건하라는 명령이 내려졌고, 게다가, 명문으로 규정하여 건축자재를 판매, 경영하는 모든 사람은 일률적으로 면세해주었다. 그리하여, ^{13.C} 성 내에는 일시에 대규모 토목공사가 일어났고, 건축자재는 수요를 따르지 못해 가격이 폭등했다. 배씨 상인은 이 기회를 틈타 덤핑판매를 하였고, 수익은 불에 탄 손실보다 훨씬 컸다.

^{15.B} 한 유명한 기업총재가 20여 년 전 한 가지 일을 말하기 시작했다. 1986년, 장사에 실패한 그는 채무를 짊어지고, 한 의류공장에 일을 하러 갔다. ^{15.B} 빚을 갚기 위해 그는 매일 10여 시간 동안 일을 하였다. 한 번은 과도한 피로 때문에 그가 전동재단기를 조작할 때, 뜻밖에 한 더미 양복의 소매를 크게 한 마디 잘라버렸다. 이 한 번 자름으로, 그는 사장에게 몇 십만 위안의 천값을 배상해야만 했다. 한 무더기 짧게 잘린 옷감을 보고, 그는 울고 싶어도 눈물이 나지 않았다(울먹거렸다). 손실을 만회하기 위해 그는 아예 잘못된 줄 알면서도 그대로 밀고 나가기로 하고, 옷의 하단부도 한 마디 잘라버리고, 그리고 나서 각각 짧게 잘려진 소매와 하단부에 다른 색깔의 옷감을 갖다 붙였다. 사람들로 하여금 생각지도 못하게 한 것은 이러한 종류의 초기 캐주얼 스타일의 양복은 시장에 출시되자, 뜻밖에 다 팔렸다는 것이다. 의류공장 사장은 적자가 없었을 뿐만 아니라, 오히려 돈을 더 많이 벌었다. 그도 이 때문에 캐주얼 양복의 효시를 열었고, 의류시장에서 명성이 자자했으며, 그가 후일 자신의 '왕국'을 만들기 위해 튼튼한 기초를 다졌다.

^{16.B} 한 번의 위기는 바로 한 번의 재난이다. 똑같이, 한 번의 위기는 바로 한 번의 기회이다. 위기 앞에서, 그들은 모두 사람을 놀라게 할 만한 슬기로움을 보여주었고, 성공적으로 위기를 상업의 기회로 바꾸어 사람을 탄복하게 했다.

문제 13

关于那场大火，下列哪项正确？
A 很快就被扑灭了
B 发生在杭州城重建时
C 致使建筑材料价格上涨
D 是燃放烟花爆竹引起的

그 화재에 관해, 아래에 어느 항이 정확한가?
A 빨리 꺼졌다
B 항저우성이 재건될 때 발생했다
C 건축재료의 가격 상승을 야기했다
D 폭죽을 터트려 일어난 것이다

화재에 관한 것을 묻는 문제로 먼저 글에서 불이 난 사건이 있음을 파악하고, 보기를 매칭시켜 보면 '很快就被扑灭了(빨리 꺼졌다)', '发生在重建时(재건될 때 발생)', '建筑材料价格上涨(건축재료 값 상승)', '烟花爆竹引起(폭죽으로 인한 것)'가 핵심어휘임을 알 수 있다. 화재가 난 부분을 찾아가면, '城内一时大兴土木，建材供不应求，价格暴涨(성내에는 일시에 대규모 토목공사가 일어났고, 건축자재는 수요를 따르지 못해 가격이 폭등했다)'이라고 했으므로 정답은 C임을 알 수 있다.

문제 14

失火时，裴姓富商：	불이 났을 때, 배씨 성의 부유한 상인은?
A 迅速撤离	A 신속하게 철수했다
B 正在外地	B 지금 외지에 있다
C 惊慌失措	C 당황해서 어찌할 줄을 몰랐다
D 组织救火	D 화재진압을 위해 인원을 구성했다

문제에서 불이 났을 때, 배씨 성의 상인이 한 행동을 근거로 푸는 문제임을 먼저 파악해야 하고, 보기를 먼저 확인하고 나서 먼저 '一位裴姓富商(한 배씨 성의 부유한 상인)'이 언급된 부분을 찾고 그 뒤의 내용을 파악해보면, '指挥他们迅速撤离(그들에게 신속하게 철수하라고 지휘했다)'라고 했으므로 정답이 A임을 알 수 있다. '并没有A而是B(A를 하지 않았고, B했다)'는 '不是A，而是B(A가 아니라, B이다)'와 같은 격식으로 A부분을 부정하고, B부분을 긍정한다. 핵심은 긍정한 부분이므로 '而是' 이후만 보면, 좀 더 빠르게 정답을 찾을 수가 있다.

문제 15

关于那位总裁，可以知道什么?	그 총재에 관해, 무엇을 알 수 있는가?
A 学过服装设计	A 패션 디자인을 배웠다
B 曾经欠下很多钱	B 일찍이 많은 돈을 빚졌다
C 因过度劳累而晕倒	C 과로로 쓰러졌다
D 后来被服装厂解雇了	D 후에 의류공장에 의해 해고되었다

이야기 속에 언급된 '总裁(총재)'에 관한 문제로 보기를 먼저 매칭시켜 보면 '服装设计(패션 디자인)', '欠下(빚지다)', '晕倒(쓰러지다)', '被解雇(해고 되다)'가 핵심어휘임을 알 수 있고, '总裁'를 근거로 지문을 찾아가면, 2단락의 시작 부분 '一个著名企业的总裁(한 유명한 기업총재)'에 '总裁'가 언급되므로 2단락을 좀 더 집중해야 하고, 바로 이어지는 내용에서 '为了还债，他每天都要工作10多个小时(빚을 갚기 위해 그는 매일 10여 시간 동안 일을 하였다)'라고 했으므로 정답이 B임을 알 수 있다.

문제 16

上文主要想告诉我们：	윗글은 우리에게 주로 무엇을 말하고자 하는가?
A 人有旦夕祸福	A 사람은 재난이나 행운이 언제든지 찾아올 수 있다
B 危机也是转机	B 위기는 호전의 조짐이기도 하다
C 要有危机意识	C 위기의식을 가져야 한다
D 做生意要讲诚信	D 사업은 신용을 지켜야 한다

이 글이 시사하는 바를 묻는 문제로 보기를 먼저 확인하면 A가 정답이 되려면 이야기의 핵심이 재난과 행운이 언제든지 찾아올 수 있다는 내용이어야 하고, B는 위기가 기회, 또는 더 좋아지는 발판이 되는 내용이어야 한다. C는 위기의식의 중요성이 주된 내용이어야 하고, D는 사업을 할 경우 신용이 얼마나 중요한지에 집중되어야 하는데, 두 개의 이야기 중 하나는 화재가 났으나 대처를 잘해 돈을 번 이야기이고, 하나는 일하는 도중 실수를 했으나 생각을 바꾸어 성공의 발판으로 삼을 이야기로 위기를 하나의 좋은 기회로 바꾼 내용임을 알 수 있다. 위기(재난)는 온 것이라고 볼 수 있지만, 행운이 온 것이 아니라 행운을 만들어간 내용이므로 A는 정답이 될 수 없고, C의 위기의식과 사업의 신용에 대한 전혀 없었으므로 정답이 아님을 아니다. 이 때문에 B가 유력한 정답인데 주로 교훈이나 주제가 언급되는 마지막 부분에서도 '一场危机就是一场灾难。同样，一次危机就是一次机遇(한 번의 위기는 바로 한 번의 재난이다. 똑같이, 한 번의 위기는 바로 한 번의 기회이다)'라고 했으므로 정답은 B이다.

17.A 现在的火力发电一般要白白损失70%的能量，也就是说，燃烧100公斤煤，最多只有30公斤真正被利用，其余70公斤都浪费了。多年来，科学家们一直在寻找提高发电效率的方法，经过长期努力，终于找到了磁流体发电的方法。

磁流体发电，通俗地讲，就是使气体在磁场作用下发电。我们知道，金属之所以会导电，是因为其内部有可自由移动的电子，发电机通过金属线圈在磁场内转动，就会发出电来。可是，气体是绝缘的，其分子内的电子受原子核的"约束"，不能自由移动。那么，磁流体发电机是怎样利用气体发电的呢？

原来，磁流体发电机所使用的气体是经过高温处理的。20.D 在高温条件下，大多数气体分子都会发生电离，这时，18.C 其外层的电子便能自由地向各个方向移动，当它们急速经过强磁场时就会发出电来。但是气体一般要达到7000℃以上的高温，才能变成磁流体发电所需的导电气体，条件十分苛刻。不过，科学家经过研究发现，如果在气体中加入少许钾、钠等物质，就可以使气体在3000℃的温度下成为导电气体，以驱动机体发电。

磁流体发电本身的效率仅为20%左右，但由于其排出的废气温度很高，可被再次送入锅炉转换为蒸汽，用来驱动汽轮机进行二次发电，从而形成高效的联合循环式发电。这样，不仅能将磁流体发电的热效率提高到50%-60%，还能有效地控制氮氧化物等有害气体的产生。因此，19.D 磁流体发电具有高效率、低污染的优点。

19.A/B 此外，磁流体发电机组结构简单，体积小，使用寿命长。而且发电机启动极其迅速，从点火到发电，仅仅需要几十秒钟，要使它停止运行，也只需很短的时间。

现在，磁流体发电已进入工业性试验阶段。不过，它还存在许多问题，有待进一步解决。

17.A 현재의 화력발전은 일반적으로 70%의 에너지를 매우 헛되이 소모하고 있다. 다시 말해, 100kg의 석탄을 태우면 많아야 30kg만이 진짜 이용되고 나머지 70kg은 모두 낭비되는 것이다. 오랫동안 과학자들은 줄곧 발전효율을 향상시킬 방법을 찾고 있었고, 장기적인 노력 끝에 자기유체 발전의 방식을 찾아냈다.

자기유체 발전은 통속적으로 말하면, 바로 기체가 자기장의 작용 아래 전기를 만들어내게 하는 것이다. 우리는 금속에 전기가 흐르는 것은 그 내부에 있는 자유롭게 이동할 수 있는 전자가 있기 때문이라는 것을 안다. 발전기는 금속코일을 통해 자기장 내에서 돌면서, 전기를 만들어내는 것이다. 그러나 기체는 전기를 전달하지 못하고, 그 분자 내의 전자는 원자핵의 '구속'을 받아서 자유롭게 이동할 수가 없다. 그러면, 자기유체 발전기는 어떻게 기체를 이용하여 전기를 만들어내는 것일까?

알고 보니, 자기유체 발전기가 사용하는 기체는 고온 처리를 거친 것이다. 20.D 고온의 조건 아래, 대다수의 기체분자는 전리가 발생하는데, 이때 18.C 그 바깥층의 전자는 바로 자유롭게 각 방향으로 이동할 수 있게 되어 그들이 급속하게 강한 자기장을 지날 때, 전기를 만들어내는 것이다. 그러나 기체는 일반적으로 섭씨 7,000℃ 이상의 고온에 도달해야만 자기유체 발전에 필요한 전도기체가 될 수 있어서 조건이 매우 까다롭다. 하지만, 과학자들은 연구를 통해 만약에 기체 중에 소량의 칼륨, 나트륨 등의 물질을 넣으면 기체가 섭씨 3,000℃의 온도에서도 전도기체가 되어 전기를 만들어내게 할 수 있다는 것을 발견했다.

자기유체 발전의 자체효율은 겨우 20% 정도 밖에 안 되지만, 기타 배출되는 폐기가스의 온도는 매우 높아서 재차 보일러로 보내져 증기로 변환되고, 2차 발전을 진행하는 증기터빈을 구동하는 데 쓰여서 고효율의 연합순환식의 전기를 만들어낼 수 있다. 이렇게 하면, 자기유체 발전의 열효율을 50%에서 60%까지 향상시킬 수 있고, 또한 효과적으로 질소산화물 등의 유해기체의 생성을 통제할 수 있다. 이 때문에 19.D 자기유체 발전은 고효율, 저오염의 장점을 가지고 있다.

19.A/B 이외에도, 자기유체 발전기의 유닛구조는 간단하며, 부피가 작고 사용수명이 길다. 게다가 발전기가 가동되는 것이 매우 빨라, 점화되는 것부터 전기를 만들어내는 데까지 겨우 몇십 초 밖에 걸리지 않고, 가동을 멈추게 하는 것에도 짧은 시간만 있으면 된다.

현재 자기유체 발전은 이미 공업적인 테스트 단계에 들어갔지만, 아직 많은 문제가 있어서, 진일보한 해결을 필요로 한다.

关于火力发电，可以知道什么？ A 损耗能量　　　　B 危险系数高 C 选址灵活　　　　D 机组启动快	화력발전에 관해, 알 수 있는 것은? A 에너지를 축낸다　　　　B 위험계수가 높다 C 부지에 구애받지 않는다　　D 유닛가동이 빠르다

해설　화력발전에 관해 알 수 있는 사실을 묻는 문제로 보기를 먼저 확인하고, 화력발전에 관한 설명을 찾아가야 하는데 도입부에 '现在的 火力发电一般要白白损失70%的能量(현재의 화력발전은 일반적으로 70%의 에너지를 헛되이 소모하고 있다)'이라고 했으므로 정 답은 A이다.

第3段主要谈的是： A 耐高温材料的合成 B 磁流体发电机的构造 C 磁流体发电的工作原理 D 金属导电的原因	세 번째 단락은 주로 말하는 것이 무엇인가? A 내열성이 높은 재료의 합성 B 자기유체 발전기의 구조 C 자기유체 발전의 작업원리 D 금속이 열을 전도하는 원인

해설　3단락을 근거로 풀어야 하는 문제로 보기를 먼저 확인하면 '耐高温合成(내열성 합성)', '磁流体发电机的构造(자기유체 발전기 구 조)', '磁流体发电的工作原理(자기유체 발전의 작업 원리)', '金属导电(금속전도)' 등이 핵심어휘임을 알 수 있고, 3단락을 찾아가면 '其外层的电子便能自由地向各个方向移动，当它们急速经过强磁场时就会发出电来(그 바깥층의 전자는 바로 자유롭게 각 방향으로 이동할 수 있게 되어 그들이 급속하게 강한 자기장을 지날 때, 전기를 만들어내는 것이다)'라는 부분이 있는데 직접적으로 작 업이라고 설명하고 있지 않지만 어떻게 전기를 만들어내는지 '发电(발전)'의 과정을 설명하고 있으므로 C가 정답임을 알 수 있다.

下列哪项不属于磁流体发电的优点？ A 机组寿命长　　　　B 机组体积小 C 成本低　　　　　　D 低污染	아래 어느 항이 자기유체 발전의 장점에 속하지 않는가? A 유닛 수명이 길다　　　B 유닛 부피가 작다 C 원가가 낮다　　　　　D 낮은 오염

해설　부정부사 '不'가 들어간 문제는 유의해서 보아야 하는데, 자기유체 발전의 장점이 아닌 것을 묻는 문제로 장점인 보기를 빼거나 단점을 언급한 부분이 있으면 그것을 근거로 정답을 찾아야 한다. 4단락 마지막 부분에 '磁流体发电具有高效率、低污染的优点(자기유 체 발전은 고효율, 저오염의 장점을 가지고 있다)'이라고 했으므로 D는 정답이 아니고, 5단락 처음에 '此外，磁流体发电机组结构 简单、体积小、使用寿命长(이외에도, 자기유체 발전기의 유닛구조는 간단하며, 부피가 작고 사용수명이 길다)'이라고 했으므로 A 와 B 역시 정답이 될 수 없다는 것을 알 수 있다. 정답은 C이다.

根据上文，可以知道： A 钾元素能使气体绝缘 B 磁流体发电处于基础研究阶段 C 磁流体发电严重污染环境 D 气体在高温下会电离	윗글을 근거로 하여, 알 수 있는 것은? A 칼륨원소는 기체가 전기가 흐르지 않게 할 수 있다 B 자기유체 발전은 기초연구 단계에 처해있다 C 자기유체 발전은 심각하게 환경을 오염시킨다 D 기체는 고온에서 전리된다

해설　글을 근거로 알 수 있는 사실을 찾는 문제로 보기를 먼저 확인하면 '钾元素/气体绝缘(칼륨원소/기체절연)', '基础研究阶段(기초연구 단계)', '污染环境(환경을 오염시킴)', '在高温电离(고온에서 전리)'가 핵심어휘임을 알 수 있고, 이 어휘를 근거로 지문을 찾아가면, 3 단락에서 '在高温条件下，大多数气体分子都会发生电离(고온의 조건 아래, 대다수의 기체분자는 전리가 발생한다)'라고 했으므 로 정답은 D이다.

1. A	**2.** A	**3.** C	**4.** B	**5.** A	**6.** C	**7.** D
8. A	**9.** D	**10.** A	**11.** C	**12.** C	**13.** D	**14.** A
15. C	**16.** A	**17.** A	**18.** B	**19.** A	**20.** B	**21.** C
22. B	**23.** E	**24.** D	**25.** A	**26.** A	**27.** C	**28.** E
29. D	**30.** B	**31.** A	**32.** D	**33.** D	**34.** B	**35.** D
36. B	**37.** D	**38.** C	**39.** B	**40.** C	**41.** B	**42.** B

문제 1

A 如今，消费的形式越来越自由变得。
B 正像智慧常常隐藏在字里行间一样，谬误也是如此。
C 冰山是由雪花积压而成的，它属于淡水，不是咸水。
D 使用电器时，一旦发现漏电现象，应当立即切断电源。

A 오늘날, 소비의 형식은 갈수록 자유롭게 변하고 있다.
B 지혜가 종종 행간에 숨겨져 있는 것처럼, 오류도 그러하다.
C 빙산은 눈이 쌓여 만들어지는 것이어서, 그것은 담수에 속하지, 함수가 아니다.
D 전기기구를 사용할 때, 일단 누전현상이 발견되면 즉시 전원을 끊어야 한다.

단어 隐藏 yǐncáng 동 숨기다, 감추다 | 谬误 miùwù 명 오류, 잘못 | 淡水 dànshuǐ 명 담수, 민물(↔ 咸水 xiánshuǐ 함수, 짠물) | 漏电 lòudiàn 동 누전되다 | 切断 qiēduàn 동 자르다, 끊다

해설 어순 오용의 문제이다. 정도보어의 기본형식은 '동사 + 得 + 부사 + 형용사'이므로 '갈수록 자유롭게 변한다'는 '变(동사: 변하다) + 得 + 越来越(부사: 갈수록) + 自由(형용사: 자유롭다)'가 되어야 하므로 A의 문장이 잘못 되었음을 알 수 있고, '消费的形式变得越来越自由'로 바꾸어야 올바른 문장이 된다. 정답은 A이다.

문제 2

A 动物冬眠的主要原因在于不是缺乏睡眠，而是低温。
B 这项实验推翻了前人的错误理论。
C 经过医生的全力抢救，患者终于醒了过来。
D 北京的胡同宽窄不一，宽的能有30多米，窄的却仅有0.4米。

A 동물이 동면하는 주요원인은 수면 부족이 아니라, 저온에 있다.
B 이 실험은 선인의 잘못된 이론을 뒤집었다.
C 의사의 전력을 다한 구조를 통해, 환자가 마침내 깨어났다.
D 베이징의 골목은 폭이 같지 않은데 넓은 것은 30여 m가 되고, 좁은 것은 오히려 40cm 밖에 되지 않는다.

단어 推翻 tuīfān 동 뒤집어엎다(* 推翻理论 tuīfān lǐlùn 이론을 뒤집다) | 抢救 qiǎngjiù 동 구하다

해설 술어 남용의 문제이다. '原因(원인)', '关键(관건)', '难点(어려운 점)' 등을 설명할 때 자주 쓰는 술어는 '是(이다)'와 '在于(~에 있다)'이다. 즉, A의 원인이 B라고 한다면 'A的原因 + 是 + B' 혹은 'A的原因 + 在于 + B'라고 할 수 있다. 그런데 A는 '동물이 동면하는 주요원인이 수면 부족이 아니라 저온이다'라고 말하고 있으므로 마땅히 '原因不是缺乏睡眠，而是低温'이라고 하거나 '原因不在于缺乏睡眠，而在于低温'이라고 해야 올바른 문장이 된다. 보기에서는 '是'가 이미 있으므로 의미가 중복되는 술어 '在于'가 빠져야 올바른 문장이 된다. 정답은 A이다.

A 生命不是一场竞赛，而是一步一个脚印的旅程。	A 목숨은 경기가 아니라, 한 걸음에 발자국 하나를 새기는 여정이다.
B 这次招聘，我们希望能招到一个认真踏实、富有团结精神的人。	B 이번 초빙에 우리는 한 명의 진지하고 착실하며 단결정신이 많은 사람을 초대할 수 있기를 바란다.
C 本产品易受潮，启封后请盖紧，并放于干燥处，以免防止结块。	C 이 상품은 쉽게 습기가 차서 개봉하고 나면 꽉 닫아야 하고, 덩어리지는 것을 방지하기 위해 건조한 곳에 놓아두어야 한다.
D 这届"挑战杯"的参赛作品质量，与往年相比有了明显的提高。	D 이번 '챌린지 컵' 참가 작품의 질은 과거와 비교했을 때, 분명한 향상이 있다.

단어 **脚印** jiǎoyìn 몡 발자취 | **踏实** tāshi 혱 착실하다, 마음이 편하다 | **受潮** shòucháo 동 습기가 차다 | **启封** qǐfēng 동 개봉하다 | **结块** jiékuài 동 덩어리지다

해설 어휘 남용의 문제이다. 보기 C의 '以免(접속사: ~하지 않도록)'과 '防止(동사: ~방지하다)'는 품사는 다르지만 결국 뒤에 따라 오는 내용이 피하거나 방지해야 하는 단어여서 문장에서는 같은 역할을 하므로 의미가 중복되어 어휘가 남용되었음을 알 수 있다. '放于干燥处，以免结块(덩어리 지지 않도록 건조한 곳에 놓아 두어야 한다)' 또는 '放于干燥处，防止结块(건조한 곳에 놓아 두어 덩어리지는 것을 방지해야 한다)'로 바꾸어야 올바른 문장이 된다. 정답은 C이다.

A 从目前的整体趋势来看，智能电视的前景非常乐观。	A 현재의 전체적인 추세로 봤을 때, 스마트TV의 전망은 매우 낙관적이다.
B 只有对时光充满敬畏的人，才会他们在岁月的长河中收获希望与成功。	B 시간에 경외가 가득한 사람만이어야만 그들은 세월의 강에서 희망과 성공을 거둘 것이다.
C 正确使用安全带，可以使人在交通事故发生时免受60%的伤害。	C 정확하게 안전벨트를 착용하는 것은 사람이 교통사고가 발생했을 때 60%의 상해를 면하게 할 수 있다.
D 科学研究表明，气温对人的记忆效果有一定的影响。	D 과학연구를 통해 밝히길, 기온은 사람의 기억효과에 어느 정도의 영향이 있다고 하였다.

단어 **前景** qiánjǐng 몡 장래, 앞날 | **敬畏** jìngwèi 동 경외하다(* 充满敬畏 chōngmǎn jìngwèi 경외감으로 가득 차다) | **长河** chánghé 몡 긴 과정(* 岁月的长河 suìyuè de chánghé 세월의 긴 과정)

해설 부사어에 부사, 조동사, 전치사구가 모두 있을 경우에 부사어의 어순은 일반적으로는 '부사 + 조동사 + 전치사구'로 주어와 술어 사이에 위치해야 한다. 그런데 보기 B의 후속절의 문장성분을 나누어보면, 아래와 같다.

才　　　　会　　　他们　　在岁月的长河中　　收获　　希望与成功。
부사어(부사) 부사어(조동사) 주어 부사어(전치사구)　술어　　목적어

부사어인 부사, 조동사, 전치사구는 차례대로 나열되어 있지만 '才(부사)'와 '숲(조동사)'가 주어 앞에 있으므로 결국 어순이 잘못 되었음을 알 수 있다. '他们才会在岁月的长河中收获希望与成功(그들은 세월의 강에서 희망과 성공을 거둘 것이다)'가 올바른 문장이다. 정답은 B이다.

A 唐诗能够长期受到人们的喜爱，因其特有的文化内涵是分不开的。	A 당대 시는 장기간 사람들의 사랑을 받을 수 있었고, 그 특유의 문화 의미와 떼어놓을 수 없다.
B 这款游戏最早流行于西方国家，近几年才传入中国。	B 이 놀이는 제일 먼저 서양국가에서 유행했고, 근 몇 년 사이에 중국에 유입되었다.
C 经过漫长的航行，轮船终于抵达了威海港口。	C 긴 항해를 거쳐 선박은 마침내 웨이하이 항구에 도달했다.
D 相传，锯子是由鲁班发明的。	D 전해지는 것에 따르면, 톱은 노반이 발명한 것이다.

단어	**内涵** nèihán 명 (담겨있는) 의미, 내용 | **传入** chuánrù 동 전해져 유입되다 | **航行** hángxíng 동 (배 따위가) 운항하다, 항해하다 | **轮船** lúnchuán 명 (증)기선 | **抵达** dǐdá 동 도착하다 | **锯子** jùzi 명 톱

해설	보기A의 '分不开'는 '(어떤 두 가지를) 떼어놓을 수 없다'는 뜻으로 떼어놓을 수 없는 두 가지를 설명할 때 주로 '~와라는 뜻의 '与', '和', '同', '跟'과 잘 쓰인다. 그런데 A는 '唐诗(당대 시)'는 그 특유의 문화 의미와 떼어놓을 수 없다는 내용이므로 '因(~때문에)'이 아니라 '与', '和', '同', '跟' 중의 하나가 쓰여야 하므로 A가 어휘 오용으로 잘못된 문장이다. '与其特有的文化内涵是分不开的(그 특유의 문화 의미와 떼어놓을 수 없다)'로 바꾸어야 올바른 문장이 된다. 정답은 A이다.

TIP '因'이 잘 쓰이는 고정격식

① 因A而B: A때문에 B하다

예 他们因自己的迟到而自责。 그들은 자신의 지각 때문에 자책했다.

② 因A而得名: A때문에 이름을 얻다

예 月牙泉因水面酷似一弯新月而得名。 위에야 샘은 수면이 하나의 초승달을 몹시 닮아 이름을 얻었다.

문제 6

A 北京房山的十渡风景区是中国北方唯一一处大规模的喀斯特岩溶地貌。 B 在竞争日益激烈的今天，人们更愿意看一些轻松愉快的电视节目。 C 新鲜的杨梅最好先用盐水泡20到30分钟，这样才能比较干净洗得。 D 木兰围场坝上草原一年四季景色皆宜，有"天然画廊"之称。	A 베이징 팡산의 10도 관광구역은 중국북방 유일의 대규모 카르스트 지형이다. B 경쟁이 날로 치열해진 오늘날, 사람들은 더욱 가볍고 유쾌한 TV프로그램들을 보길 원한다. C 신선한 왁스베리는 가장 좋기는 먼저 소금물에 20~30분 정도 담가두는 것인데, 이렇게 해야 비교적 깨끗하게 씻을 수 있다. D 목란위장 패상초원은 1년 사계절 경치가 적절하여, '천연화랑'이라는 별칭을 가지고 있다.

단어	**喀斯特岩溶** kāsītè yánróng 명 카르스트[karst: 화학적으로 용해되어 침식되어 나타나는 지형] | **地貌** dìmào 명 지형 | **杨梅** yángméi 명 왁스베리, 소귀나무 | **皆宜** jiēyí 모두 적합하다 | **画廊** huàláng 명 화랑, 갤러리

해설	어순 오용의 문제이다. 정도보어의 기본형식은 '동사 + 得 + 부사 + 형용사'이므로 '비교적 깨끗이 씻는다'는 '洗(동사: 씻다) + 得 + 比较(부사: 비교적) + 干净(형용사: 깨끗하다)'이 되어야 하므로 C의 문장이 잘못되었음을 알 수 있고, '这样才能洗得比较干净'으로 바꾸어야 올바른 문장이 된다. 정답은 C이다.

문제 7

A 有效的竞争是引导个人努力的最好方法。 B 世界读书日只有一天，但我们要天天读书，因为阅读会让我们终身受益。 C 哲学家的工作是把复杂的世界简单化，而作家却是把简单的世界复杂化。 D 走路时低头含胸容易带来疲劳感，也反而影响心肺功能。	A 효과적인 경쟁은 개인의 노력을 이끌어내는 가장 좋은 방법이다. B 세계 독서의 날은 단지 하루이지만, 우리가 매일 독서하는 것은 독서가 우리의 평생에 도움이 되기 때문이다. C 철학자의 일은 복잡한 세계를 간단하게 하는 것이고, 작가는 오히려 간단한 세계를 복잡하게 하는 것이다. D 길을 걸을 때, 고개를 숙이고 구부정한 것은 쉽게 피로감이 생기게 하고, 심폐기능에도 영향을 끼친다.

단어	**终身** zhōngshēn 명 한평생 | **受益** shòuyì 동 이익을 얻다, 수혜를 받다 | **含胸** hánxiōng 동 구부정하다 | **心肺** xīnfèi 명 심폐

해설	쓸데없는 성분이 있는 어휘 남용의 문제이다. 보기 D에서 '反而(오히려)' 뒤에는 앞에서 언급한 내용과 상반되거나 뜻밖의 일이 벌어지는 상황이 와야 하는데 D는 고개를 숙이고 구부정한 것이 피로감이 생기기도 하고, 심폐기능에 영향도 주는 것이므로 문장에서 말하고자 하는 내용에는 어울리지 않는 어휘이다. 삭제해서 '也影响心肺功能(심폐기능에도 영향을 끼친다)'로 바꾸어야 올바른 문장이 된다. 정답은 D이다.

A 情绪能量心理疗法认为：负面的情绪会导致人体内部能量系统混乱，是成为了心理和精神疾病的根源。

B 在现实生活中，做人的学问往往比做事的学问更具有实用价值，但也更难参透。

C 小说是一种以刻画人物形象为中心，通过完整的故事情节和充分的环境描写来反映社会生活的文学体裁。

D 洛阳桥原名万安桥，位于福建省泉州市东郊的洛阳江上，是中国现存最早的跨海梁式大石桥。

A 정서에너지 심리치료법은 부정적인 정서가 인체 내의 에너지 체계에 혼란을 야기하고, 심리와 정신질환의 근원이라고 여긴다.

B 현실생활 속에서 인간됨의 학문은 늘 일을 처리하는 학문보다 더욱 실용적 가치를 가지지만, 깨닫기도 더욱 어렵다.

C 소설은 일종의 인물의 캐릭터를 묘사하는 것을 중심으로, 완벽한 이야기의 줄거리와 충분한 환경묘사를 통해 사회생활을 반영하는 문학장르이다.

D 뤄양교의 원래 이름은 완안교이고, 푸젠성 취안저우시 동쪽 외곽의 뤄양강 위에 있으며, 중국에서 현존하는 가장 일찍 바다를 가로지른 대석교이다.

단어 负面 fùmiàn 명 부정적인 면(* 负面情绪 fùmiàn qíngxù 부정적인 정서) | 混乱 hùnluàn 형 혼란하다, 어지럽다 | 根源 gēnyuán 명 근원 | 参透 cāntòu 동 깊이 깨닫다, 꿰뚫다 | 刻画 kèhuà 동 새기거나 그리다, 묘사하다 | 体裁 tǐcái 명 장르, 표현양식

해설 의미가 중복되는 성분이 두 개 있는 어휘 남용의 문제이다. 'A是B的根源(A는 B의 근원이다)'과 'A成为了B的根源(A는 B의 근원이 되었다)'은 해석상 약간의 차이는 있지만 'A가 B의 근원'이라는 기본적인 의미는 같다. 그런데 보기 A에서 '是成为了心理和精神疾病的根源'이라고 했으므로 같은 의미의 술어 '是'와 '成为了'를 함께 써서 잘못된 문장임을 알 수 있다. '是心理和精神疾病的根源(심리와 정신질환의 근원이다)' 또는 '成为了心理和精神疾病的根源(심리와 정신질환의 근원이 되었다)'으로 고쳐야 올바른 문장이 된다. 정답은 A이다.

A 竹丝扇是用优质竹丝精心编织而成的一种扇子。其扇面呈桃形，薄而透光，堪称中国工艺品中的一颗明珠。

B 我们之所以倡导使用无磷洗衣粉，是因为磷易造成环境水体富营养化，是破坏水质的因素。

C 人们习惯通过颜色来感知春天的步伐。当柳树染上了浓浓的新绿，当樱花绽放如粉红的云霞，当玉兰飘香洁白如玉，春天就来到了我们的身边。

D 莫言从小就醉心于文学艺术，求知欲极强，但是凡能偶然入目的片纸只言，他都如获至宝。

A 죽사 부채는 우수한 질의 죽사를 정성스럽게 엮어 만든 부채이다. 그 부채면은 하트 모양으로, 얇아서 빛이 투과되며 중국공예품 중의 명주라 할 만하다.

B 우리가 인이 없는 세제를 사용하길 권하는 것은 인이 환경의 수체 부영양화를 조성해 수질을 파괴하기 때문이다.

C 사람들은 색깔을 통해 봄의 걸음을 감지하는 데 익숙해져 있다. 버드나무가 짙은 초록으로 물들고, 벚꽃이 분홍 구름처럼 피고, 옥란이 향을 풍기며 백옥같이 새하얘지면, 봄이 바로 우리의 곁에 온 것이다.

D 모옌은 어려서부터 문학예술에 심취해, 알려는 욕망이 강해, 우연히 눈에 들어온 종이 쪼가리의 한 마디 글도 그는 진귀한 보물을 얻은 것처럼 귀히 여겼다.

단어 桃形 táoxíng 명 복숭아 모양, 하트 모양(* 呈桃形 chéng táoxíng 하트 모양을 띠다) | 堪称 kānchēng 동 ~라고 할 만하다 | 明珠 míngzhū 명 보배, 귀중한 물건 | 倡导 chàngdǎo 동 앞장서서 선도하다 | 磷 lín 명 인[Phosphorus] | 水体富营养化 shuǐtǐ fùyíng yǎnghuà 명 수체 부영양화[eutrophication:물에 영양염류의 농도가 높아지다] | 步伐 bùfá 명 걸음걸이, (일 진행) 속도 | 绽放 zhànfàng 동 (꽃이) 피다 | 云霞 yúnxiá 명 꽃구름, 구름과 노을 | 玉兰 yùlán 명 목련나무, 목련꽃 | 飘香 piāoxiāng 향기가 풍기다 | 醉心 zuìxīn 동 심취하다, 푹 빠지다 | 入目 rùmù 동 보다 | 片纸只言 piànzhǐ zhīyán 성 '종이 쪼가리'의 짤막한 말 | 如获至宝 rúhuò zhìbǎo 성 마치 진귀한 보물을 얻은 듯하다

해설 필요 없는 어휘를 쓴 어휘 남용의 문제이다. '但是(그러나)'는 앞의 문장과 상반되거나 전환되는 내용을 연결하는 접속사이다. 그런데 보기 D는 '但是'를 기준으로 앞의 내용은 모옌이 문학예술에 심취해 알려는 욕망이 강하다는 것이고, 뒤의 내용은 종이 쪼가리의 한 마디 글도 귀하게 여겼다는 내용으로 전환이나 상반되는 것이 아니라 같은 맥락의 내용으로 자연스럽게 이어져 있으므로 '但是'가 불필요하게 쓰인 것을 알 수 있다. '但是'를 삭제하거나, 접속사를 써야 한다면 욕망이 강한 이유로 종이 쪼가리의 한 마디 글도 귀하게 여겼으므로 '但是'를 '所以(그래서)'로 바꾸어도 괜찮다. 정답은 D이다.

A 瑞安高楼地区的土壤中富含微量元素硒，当地出产的杨梅标准达到了国家富硒果蔬菜类。	A 뤼안시의 까오러우현 지역의 토양에는 미량원소 셀레늄을 대량으로 함유하고 있어서, 현지에서 생산한 왁스베리는 국가 셀레늄 풍부 과채류의 기준에 도달했다.
B 熟悉他的人都知道，生活中的他是个性格开朗外向、不拘小节的人，与银幕上的形象完全不同。	B 그를 잘 아는 사람은 모두 생활 속에서 그는 성격이 명랑하고 외향적이며 작은 일에 얽매이지 않는 사람이고, 스크린에서의 이미지와는 완전 다르다는 것을 안다.
C 有些错误，我们也许都知道，却很难改掉。那些能改掉的叫做缺点；改不掉的就成了弱点。	C 어떤 잘못들은 우리가 아마도 모두 알지만, 오히려 고치기가 어렵다. 그것들을 고칠 수 있으면 단점이라고 부르고, 고칠 수 없으면 바로 약점이 된다.
D 以网络技术为重要支撑的知识经济革命，极大地改变了人们的生活方式，加快了社会文明的进程。	D 인터넷 기술을 중요 지지대로 삼은 지식경제 혁명은 사람들의 생활방식을 매우 크게 바꾸었고, 사회문명의 진전을 빠르게 하였다.

단어　土壤 tǔrǎng 명 토양 | 硒 xī 명 셀레늄(selsnium) | 不拘小节 bùjū xiǎojié 성 사소한 일에는 주의를 기울이지 않다 | 银幕 yínmù 명 은막, 스크린 | 支撑 zhīchēng 동 버티다, 지탱하다 | 进程 jìnchéng 명 경과, 진행 과정

해설　논리적 오류의 문제이다. 보기 A의 내용은 뤼안시 까오러우 지역의 토양이 미량원소인 셀레늄을 대량을 함유하고 있어, 현지에서 생산되는 왁스베리라는 과일이 국가 셀레늄 풍부 과채류의 기준에 도달했다는 것인데 '标准(기준)', '达到(도달하다)', '蔬菜类(과채류)'는 논리적으로 맞지도 않고, 술어와 목적어가 호응되지 않는다. '达到标准(기준에 도달하다)'이 조합어휘이므로 '当地出产的杨梅达到了国家富硒果蔬菜类标准(현지에서 생산한 왁스베리는 국가 셀레늄 풍부 과채류의 기준에 도달했다)'으로 바꾸어야 올바른 문장이 된다. 정답은 A이다.

《菜根谭》是明朝洪应明收集编著的一部语录著作，历代以来，人们对其评价＿＿＿＿高。它融儒、道、佛三家思想于一体，从提高人的＿＿＿＿入手，提出了一套完整的＿＿＿＿的方法体系。	《菜根谭》은 명조 때 홍응명이 수집하여 편저한 어록집으로, 각 시대를 거쳐오면서, 사람들의 그것에 대한 평가는 꽤 높다. 그것은 유교, 도교, 불교 3가의 사상이 일체를 이루어 사람들의 수양을 높이는 것에서부터 시작해서, 완벽한 사람의 됨됨이와 처세의 방법체계를 제시해주었다.

A 愈　教养　知足常乐	A ~할수록　교양　만족할 줄 알면 즐겁다
B 尤　人质　礼尚往来	B 더욱　사람의 본질　예의상 오고 가다
C 颇　修养　为人处世	C 꽤　수양　사람의 됨됨이와 처세
D 亦　素质　天伦之乐	D 역시　자질　가족이 누리는 즐거움

단어　受骗 shòupiàn 동 사기를 당하다, 속다 | 语录 yǔlù 명 어록 | 体系 tǐxì 명 체계

해설　**첫 번째 빈칸** – 사람들의 《菜根谭》에 대한 평가가 어떻게 높은지를 설명할 수 있는 부사를 넣어야 하는데, A '愈'는 '越'와 같은 뜻으로 정도가 점점 발전해나감을 설명하는데, 평가가 높을수록 3가의 종교가 일체를 이룬 것이 아니기 때문에 정답이 될 수 없다. B '尤'는 '更'과 같은 뜻으로 비교하여 진일보해진 내용을 설명하는데, 앞에서 비교대상이 없기 때문에 정답이 될 수 없다. C '颇'는 '很'의 뜻으로 정도가 꽤 됨을 설명하고 빈칸에 적합하다. D '亦'는 '也'와 같이 '역시'라는 뜻으로 앞에서 설명한 것과 같은 내용을 설명할 때 쓰는데, 같다고 할 만한 내용이 없으므로 정답이 될 수 없다.
　두 번째 빈칸 – 호응하는 어휘가 '提高(향상시키다)'만 놓고 보면 모든 보기가 가능하지만 앞에서 '人的(사람의)'라고 되어 있으므로 B '人质(사람의 본질)'는 정답이 될 수 없다. A '教养(교양)', C '修养(수양)', D '素质(자질)'는 '提高'와 호응은 하지만 A '教养(교양)'은 학문, 지식 사회생활을 바탕으로 이루어지는 품위를 나타내고, C '修养(수양)'은 몸과 마음을 갈고 닦아 품성이나 도덕 등을 높은 경지로 끌어올린 것을 말하며, D '素质(자질)'는 타고난 소질이나 어떤 분야의 일에 대한 능력을 나타내므로 종교와 관련된 내용이므로 수양이 가장 적합하다는 것을 알 수 있다.
　세 번째 빈칸 – 《菜根谭》이 완벽한 어떤 방법 체계를 제시해주었는지를 선택해야 하는데, 앞에서 언급한 것을 바탕으로 하면 수양을 향상시킬 수 있는, 즉 품성과 도덕과 관련있는 C '为人处世'가 가장 적합하다는 것을 알 수 있다. 정답은 C이다.

"月明星稀"是指皓月当空的夜晚，一些离地球较远，显得较 _____ 的星星不容易被看见，这样天空中的星星看起来就比较 _____ 了。这个成语通常用来比喻一种事物能 _____ 另一种事物。

'月明星稀'는 밝은 달이 뜬 밤에는 지구로부터 멀리 있고, 비교적 어두운 별들은 쉽게 보이지 않아, 이러한 하늘의 별은 보기에는 비교적 드문드문해 보이는 것을 가리킨다. 이 성어는 통상적으로 하나의 사물이 다른 사물을 덮어 가리는 것을 비유하는 데 사용한다.

A 弱	生疏	隐瞒	A 약하다	생소하다	숨기다
B 浅	荒芜	遮挡	B 얕다	황폐하다	가리다
C 暗	稀疏	掩盖	C 어둡다	드문드문하다	덮어 가리다
D 淡	荒凉	隔绝	D 엷다, 연하다	황량하다	차단하다

단어 月明星稀 yuèmíng xīngxī 달은 밝고 별은 드물다 | 皓月 hàoyuè 명 밝은 달

해설 **첫 번째 빈칸** – 밑줄 뒤의 '星星(별들)'을 수식하는 어휘를 찾는 문제인데 앞에서 '皓月(밝은 달)'가 떴을 때 별이 쉽게 보이지 않는다고 했으므로 별들을 수식하는 어휘로는 C '暗(어둡다)'이 가장 적절하다. A '弱'는 '힘(力量)'이 약한 것을 의미하고, B '浅'은 '수심(水深)'이나 '지식(知识)'의 정도가 얕음을 의미하고, D '淡'은 '색깔(颜色)'이 연하거나 음식의 '맛(味道)'이 담백한 것을 의미한다.

두 번째 빈칸 – 앞에서 달빛보다 어둡고 멀리 있는 별이 보기에는 어떤지를 설명할 수 있는 어휘를 찾는 문제이다. A '生疏(생소하다)'는 주로 '环境生疏(환경이 생소하다)'로 생소하고 낯선 것에 쓰고, B '荒芜(황폐하다)'는 주로 '田地荒芜(논밭이 황폐하다)'로 논밭 따위에 농작물이나 풀을 심지 않아 황폐해진 것을 의미하고, D '荒凉'은 주로 '草原荒凉(초원이 황량하다)'으로 쓰여 황폐하고 드넓어서 쓸쓸함이 느껴지는 것을 의미한다. 달빛보다 약한 빛의 별은 보였다 안 보였다 할 가능성이 크고 멀리서는 보이지 않는 별도 많으므로 C '稀疏(드문드문하다)'가 가장 적합하다.

세 번째 빈칸 – 이 성어가 하나의 사물이 다른 사물을 어떻게 하는 것을 비유하는 데 사용하는지를 찾는 문제인데, 밝은 달빛이 어두운 별빛을 가린다는 뜻인데, B '遮挡'은 사물로 무엇인가를 가리거나 막는다는 뜻이므로 다른 사물을 덮는다는 뜻으로는 적절하지 않는다. 정답은 C '掩盖(덮어 가리다)'가 가장 적절하다. A '隐瞒(감추다)'은 주로 '隐瞒真相(진상을 감추다)'로 쓰이며 진실이나 사실을 숨기거나 속이는 것을 의미하고, B '遮挡(가리다)'은 주로 '遮挡阳光(햇볕을 가리다)'으로 쓰여 사물로 가린다는 뜻이며, C '掩盖(덮어 가리다)'는 주로 '掩盖缺点(단점을 가리다)'으로 쓰여 단점이나 사물을 덮어서 안 보이게 한다는 것이고, D '隔绝(차단하다)'는 주로 '和外界隔绝(외부세계와 차단하다)'로 쓰여 끊어서 통하지 못하게 한다는 뜻이다. 정답은 C이다.

与孩子谈话，不仅能刺激孩子的听觉和视觉的发展，对孩子的 _____ 开发也十分有益。研究 _____，如果家长与孩子谈话 _____ 高，尤其是在宝宝9个月至三岁时多与孩子交谈，那么他们的孩子上学后会有明显的 _____。

아이들과 대화를 나누는 것은 아이의 청각과 시각의 발전에 자극을 줄 수 있을 뿐만 아니라, 아이에 대한 사고력 개발에도 매우 도움이 된다. 연구를 통해 표명하길, 만약에 가장이 아이와 대화를 나누는 빈도율이 높으면, 특히, 아기가 9개월일 때부터 3세까지 아이와 많이 대화를 나누면, 그들의 아이들은 학교에 들어간 후에 분명한 우세를 가지게 된다고 하였다.

A 智能	声明	程度	声势	A 지능	성명하다	정도	명성과 위세
B 智商	表明	周期	优点	B I.Q	표명하다	주기	장점
C 理智	表示	幅度	气势	C 이성과 지혜	나타내다	폭	기세
D 智力	显示	频率	优势	D 사고력	드러내다	빈도율	우세

단어 促进 cùjìn 동 촉진시키다 | 热量 rèliàng 명 칼로리(calorie)

해설 **첫 번째 빈칸** – 가장이 아이와 대화를 나누면 아이의 무엇의 개발에 도움이 되는지를 선택해야 하는데 첫 번째 열은 모두 개발할 수 있는 대상이므로 모두 정답으로 가능하다.

두 번째 빈칸 – 밑줄 앞의 '研究'와 함께 쓰일 수 있는 어휘를 찾는 문제인데 연구를 통해 어떤 사실을 밝히는 경우 B '研究表明', D '研究显示'를 주로 쓰므로 B와 D가 정답에 적합함을 알 수 있다. A '声明(성명하다)'은 '公开声明(공개적으로 성명하다)'으로, C '表示'는 의미나 의사를 '나타낸다'는 뜻으로 '表示意思(의사를 나타내다)'로 잘 쓰인다.

세 번째 빈칸 – 밑줄 뒤의 술어가 '高(높다)'이므로 높을 수 있는 주어를 찾아야 하는데 B '周期(주기)'는 '长短(길고 짧음)'을 쓰고,

C '幅度(폭)'는 '大小(크고 작음)'를 쓰고, A '程度(정도)'와 D '频率(빈도율)'만 '高低(높고 낮음)'를 쓰므로 A와 D가 정답으로 가능하다.
네 번째 빈칸 – 어린아이들과 대화를 많이 나누면 그들이 학교에 들어간 후에 좋은 점 즉, 장점이 있다는 말이 되어야 하므로 '장점'이라는 뜻을 가지고 있는 B '优点'과 D '优势'가 정답으로 가능함을 알 수 있다. A '声势(명성과 위세)'와 C '气势(기세)'는 대화를 나눈다고 아이들이 가지게 되는 대상이 아니므로 정답이 될 수 없다. 정답은 D이다.

문제 14

俗话说："尺有所短，寸有所长。"每个人都有自己的优点和缺点，做人不能太骄傲_____，总以为自己才是正确的，而要_____学习别人的长处，来_____自己的**不足**；同时也不要太_____，觉得自己什么都做不好，其实每个人身上都有值得别人学习的地方。	속담에서 '尺有所短，寸有所长'이라고 했다. 모든 사람은 모두 자신만의 장점과 단점을 가지고 있으니 사람은 너무 거만하고 <u>자만하여</u>, 늘 자신이 맞는 것이라고 여겨서는 안 되고, <u>겸손하게</u> 다른 사람의 장점을 본받아 자신의 부족을 <u>메워야</u> 한다. 동시에 너무 <u>열등감</u>을 가져 자신이 어떤 것도 잘할 수 없다고 여겨서는 안 된다. 사실 모든 사람에게는 모두 다른 사람이 본받을 점이 있다.

A 自满	虚心	弥补	自卑		A 자만하다	겸손하다	메우다	열등감을 가지다
B 自主	谦虚	补偿	悲观		B 자주적이다	겸손하다	보상하다	비관적이다
C 自私	称心	补救	消极		C 이기적이다	흡족하다	보완하다	부정적이다
D 自觉	甘心	补贴	卑鄙		D 자각하다	달가워하다	보조하다	비열하다

단어 骄傲 jiāo'ào 형 거만하다(* 骄傲自满 jiāo'ào zìmǎn 거만하고 자만하다)

해설 **첫 번째 빈칸** – '骄傲'와 비슷한 형용사를 찾는 문제인데 '骄傲'가 '거만하다, 자랑스럽다'라는 뜻을 가지고 있으므로 A '自满(자만하다)'이 가장 적합하다는 것을 알 수 있다. '骄傲自满(거만하고 자만하다)'은 자주 쓰이는 조합이다.
두 번째 빈칸 – 밑줄 앞의 내용이 자만해서 늘 자신이 맞는 것이라고 여겨서는 안 된다고 했고, 밑줄 뒤에는 장점을 본받아야 한다고 했으므로 앞의 '骄傲自满(자만하고 거만하다)'의 반대되는 어휘가 필요함을 알 수 있다. A '虚心'과 B '谦虚' 둘 다 사전적 의미로는 '겸손하다'로 풀이되지만 '虚心'은 남의 말을 듣거나 행동함에 있어 잘 받아들일 준비가 되어있다는 뜻이고, '谦虚'는 자신을 낮추고 비워두는 태도를 의미하므로 바로 이어지는 내용이 다른 사람의 장점을 배운다는 것이므로 A '虚心'이 적절함을 알 수 있다.
세 번째 빈칸 – '不足'와 호응하는 어휘를 찾는 문제로, 다른 사람에게 장점을 본받아 자신의 부족을 어떻게 하는지 적절한 동사를 선택해야 한다. A '弥补'는 모자라고 부족한 것을 채운다는 뜻으로 주로 '弥补不足(부족함을 메우다)'로 쓰이고, B '补偿'은 남에게 입힌 손실이나 손해를 배상한다는 뜻으로 주로 '补偿损失(손실을 보상하다)'로 쓰이며, C '补救'는 안 좋은 상황을 구하고 보완한다는 뜻으로 주로 '补救缺点(단점, 결점을 보완하다)'으로 쓰이고, D '补贴'는 보조나 보태주는 것으로 주로 '补贴生活费(생활비를 보조하다)'로 쓰인다. 부족한 것은 채워서 메워야 하는 것이므로 A '弥补'가 가장 적절하다.
네 번째 빈칸 – 자신이 아무것도 잘할 수 없다고 어떻게 해서는 안 되는지를 찾는 문제이다. 잘할 수 없다는 것은 부정적이고 비관적이고, 열등감을 가지고 있는 것이기 때문에 D '卑鄙(비열하다)'를 제외하고는 다 가능하다. 정답은 A이다.

문제 15

吸烟对儿童的影响有多大？某_____对生活在烟草中的儿童，进行了_____**研究**。结果发现，与父母不吸烟的孩子相比，父母吸烟的孩子成年后患颈动脉硬化的_____更大。因此，父母戒烟有助于儿童健康_____。	흡연의 아동에 대한 영향은 얼마나 되는가? 어떤 <u>기구</u>가 담배 속에서 생활하는 아동에 대해 <u>추적</u>연구를 진행했다. 그 결과 부모가 흡연을 하지 않는 아이와 비교했을 때, 부모가 흡연을 하는 아이는 성인이 된 후에 경동맥경화를 앓을 <u>위험</u>이 더욱 크다는 것을 발견했다. 이 때문에 부모가 금연을 하는 것은 아동이 건강하게 <u>성장하는</u> 데 도움이 된다.

A 集团	追究	缺陷	生存		A 집단	추궁하다	결함	생존하다
B 机关	跟随	弊端	养成		B 기관	따르다	폐단	양성하다
C 机构	跟踪	风险	成长		C 기구	추적하다	위험	성장하다
D 团体	伴随	嫌疑	生长		D 단체	동반하다	혐의	생장하다

단어 烟草 yāncǎo 명 연초, 담뱃잎 | 颈动脉 jǐngdòngmài 명 경동맥(* 颈动脉硬化 jǐngdòngmài yìnghuà 경동맥경화)

해설 **첫 번째 빈칸** – A '集团(집단)'은 여럿이 모여 이룬 모임을 뜻하고, B '机关(기관)'은 사회 생활의 영역에서 일정한 역할과 목적을 위해 설치한 기구나 조직, C '机构(기구)'는 많은 사람이 모여 어떤 목적을 위해 구성한 조직, D '团体(단체)'는 같은 목적을 달성하기 위해 모인 사람들의 조직체를 의미하는데 이 모두가 어떤 것에 대한 연구를 진행할 수 있으므로 다른 보기로 정답에 접근하는 것이 좋다.

두 번째 빈칸 – 담배 속에서 생활하는 아동에 대해 어떤 '研究(연구)'를 진행했는지를 찾는 문제이다. A '追究(추궁하다)'는 따져서 밝힌 다는 뜻이지만 특징적인 상황이나 현상이 아니라 사람을 대상으로 하는 어휘이므로 정답이 될 수 없다. B '跟随'와 '伴随'는 '사람과 동 행하거나 사람을 따른다'는 뜻으로 역시 정답이 될 수 없다. '跟踪研究(추적연구)'는 어떤 것을 쫓아 그것에 대해 연구를 진행하는 것으 로 C가 가장 적절하다.

세 번째 빈칸 – 부모가 흡연을 하는 아이는 성인이 된 후에 경동맥경화를 일으킬 '무엇'이 더욱 큰지를 찾는 문제이다. '경통맥경화'라는 질병을 일으키는 것은 건강에 대한 '위험'이므로 C가 가장 적합하다.

네 번째 빈칸 – 아동이 건강하게 무엇을 하는 데 도움이 되는지를 찾는 문제이다. A '生存(생존하다)'은 살아남는 것을 의미하고, B '养成(양성하다)'은 습관 따위를 키우는 것을 의미해 주로 '养成习惯(습관을 기르다)'으로 쓰이며, D '生长(생장하다)'은 주로 동식물의 성 장에 쓰이므로 아이에게 쓸 수 없다. C '成长(성장하다)'이 아이가 자라는 것을 의미하므로 정답으로 가장 적합하다. 정답은 C이다.

문제 16

牡丹是中国特有的名贵花卉，花大色艳、雍 容华贵、芳香浓郁，而且 _____ 繁多，_____ 有"国色天香""花中之王"的美 称，长期以来被人们当做富贵 _____、繁 荣兴旺的象征。牡丹以洛阳、菏泽牡丹最负 _____ 。	모란은 중국에만 있는 유명하고 진귀한 꽃으로, 꽃이 크고 색 깔이 고우며, 온화하고 점잖으며 귀티가 나고, 향이 짙다. 게다 가 품종이 매우 많고, 줄곧 '국색천향', '화중지왕'이라는 명성 을 누려왔고, 오랫동안 사람들에게 부귀와 상서로움, 번영과 흥성의 상징으로 여겨졌다. 모란은 뤄양과 허저 모란이 가장 명성이 높다.

A	品种	素	吉祥	盛名	A 품종	줄곧	상서롭다	명성
B	样品	愈	慈祥	声誉	B 견본	~할수록	자애롭다	명성
C	种类	皆	崇高	盛情	C 종류	모두	숭고하다	극진함
D	产品	亦	仁慈	名誉	D 생산품	역시	인자하다	명예

단어 **牡丹** mǔdān 명 모란(꽃) | **花卉** huāhuì 명 화훼, 화초 | **雍容** yōngróng 형 온화하고 기품 있다(* **雍容华贵** yōngróng huáguì 온화하고 귀티가 나다) | **浓郁** nóngyù 형 짙다(* **芳香浓郁** fāngxiāng nóngyù 향기가 짙다) | **兴旺** xīngwàng 형 흥성하다, 번창하다

해설 **첫 번째 빈칸** – 모란, 즉 꽃(식물)이 소재이므로 밑줄 뒤의 A '品种(품종)'이나 C '种类(종류)'가 '繁多(다양하고 많다)'와 함께 호응하는 것이 가장 적절하다.

두 번째 빈칸 – '有 "A" 美称'은 고정격식으로, 주어가 'A'라는 별칭(명성)을 가지고 있음을 의미하고 '有' 앞에는 '享(향유하다)'과 '素 (줄곧)'가 함께 쓰일 수 있으므로 A가 적합하다.

TIP 素有A美称: A라는 별칭을 줄곧 가지고 있다/ 享有A美誉: A라는 명성을 누리고 있다
(愈 = 越: ~할수록, 皆 = 全: 전부, 亦 = 也: 역시)

세 번째 빈칸 – 모란 꽃이 오랫동안 사람들에게 부귀와 어떤 것의 상징으로 여겨졌는지를 찾는 문제이다. A '吉祥(상서롭다)'은 길함을 나타내고, B '慈祥(자애롭다)'은 나이든 사람의 표정을 나타내고, C '崇高(숭고하다, 고상하다)'와 D '仁慈(인자하다)'는 사람의 인품을 나타내는데 A를 제외한 나머지 보기는 사람을 묘사하는 데 주로 쓰이므로 A가 가장 적합하다는 것을 알 수 있다.

네 번째 빈칸 – 보기 중에서 다른 의미의 어휘인 C'盛情(극진함)'은 '冷漠(냉담함)'의 반의어로 쓰여 사람을 대하는 태도를 설명하므로 이 밑줄에는 적합하지 않고, A '盛名', B '声誉', D '名誉'는 모두 '명예, 명성'의 뜻을 가지고 있는 어휘들이지만 명성을 누린다는 뜻으로 쓸 때, '声誉'와 '名誉'는 '享有'와 호응해 '享有盛誉', '享有名誉(명성을 누리다)'로 쓰이지만 '盛名'은 '负'와 호응해 '负盛名(명성을 누리다)'으로 쓰이는데 밑줄 앞에 '最负'가 있으므로 A가 적합하다는 것을 알 수 있다. 정답은 A이다.

문제 17

菊花石是生长在280万年前的一种天然岩石，它质地坚硬，外观呈青灰色，内有天然 _____ 的白色菊花状结晶体，_____ 自然界中 的菊花，故名菊花石。菊花石 _____ 欣赏价 值极高，精加雕琢便可成为 _____ 工艺品。	국화석은 280만 년 전에 만들어진 천연석으로 재질은 단단하 고 외관은 청회색을 띠며, 안에는 천연으로 형성된 백색국화 형태의 결정체가 있어, 마치 자연 속의 국화 같아서 국화석이 라고 부른다. 국화석 자체의 감상 가치는 매우 높아서, 정교하 게 조각하면 정교하고 아름다운 공예품이 될 수 있다.

A 形成	犹如	本身	精美		A 형성하다	마치 ~와 같다	그 자체	정교하고 아름답다
---	---	---	---		---	---	---	---
B 转变	譬如	各自	精致		B 전환하다	예를 들다	각자	정교하다
C 构成	类似	本人	精密		C 구성하다	유사하다	본인	정밀하다
D 演变	相等	彼此	精确		D 변천하다	같다	서로	정확하다

단어 **质地** zhìdì 명 재질, 자질 | **结晶** jiéjīng 명 결정체 | **雕琢** diāozhuó 동 꾸미다, 조각하다 (* **精加雕琢** jīngjiā diāozhuó 훌륭한데 더 꾸미다)

해설 **첫 번째 빈칸** – 천연으로 어떻게 된 결정체인지를 설명할 수 있는 어휘를 찾는 문제이다. 사물이나 이미지가 만들어지는 것은 A '形成(형성되다)'를 쓰므로 A가 가장 적합하다. B '转变'은 원래 가지고 있던 사고나 태도를 다른 방향으로 전환하는 것을 의미하고 주로 '转变观念(관념을 바꾸다)'으로 쓰이고, C '构成'은 '이루고, 형성한다'는 뜻이 있지만 주로 부분이나 요소들이 모여서 전체를 짜 이룬다는 뜻으로 주로 '构成要素(구성요소)'로 잘 쓰인다. D '演变(변천하다)'은 변화하고 발전한다는 뜻으로 주로 인류의 변천을 나타내 '人类文明的演变过程(인류문명의 변천과정)' 등으로 잘 쓰인다.

두 번째 빈칸 – 소재가 '국화석'이라는 천연석인데 밑줄 뒤에 '자연 속의 국화'가 있으므로 이 천연석이 국화를 닮았다는 것을 설명할 수 있는 어휘를 찾는 문제임을 알 수 있다. 뒤의 '자연 속의 국화'는 '예'가 아니므로 B '譬如'는 먼저 제외되고, C '类似'와 D '相等'은 각각 '유사하다'와 '같다'는 뜻이므로 답이 될 수 있을 것 같지만 둘 다 'A和B类似(A와B는 유사하다)', 'A和B相等(A와B는 같다)'의 형식으로 쓰이고, '相等'은 '닮았다'의 의미가 아닌 '대등하다'라는 의미이므로 정답이 될 수 없다. '마치 ~와 같다'의 의미를 지닌 A가 가장 적합하다.

세 번째 빈칸 – 국화석은 사물이므로 사람을 지칭하는 B '各自'와 C '本人'은 먼저 제외되고 주어가 국화석 하나이므로 D '彼此(서로)' 역시 정답이 될 수 없다. A '本身'은 앞에서 언급한 사물 '그 자체'를 의미하는 어휘이므로 가장 적합하다.

네 번째 빈칸 – 밑줄 뒤의 '工艺品(공예품)'을 수식할 수 있는 적절한 어휘를 찾는 문제이다. C '精密(정밀하다)'는 기계 따위가 정교하고 치밀하여 빈틈이 없다는 뜻으로 주로 '精密仪器(정밀기기)'로 쓰이고, D '精确(정확하다)'는 계산이나 분석이 자세하고 확실하다는 뜻이므로 둘 다 정답이 될 수 없다. A '精美(정교하고 아름답다)'와 B '精致(정교하다)'는 단지 '精美'가 아름답고 정교하다는 뜻으로 좀 더 구체적인 외관이나 디자인의 시각적 정교함을 강조할 뿐 '정교하다'는 공통적인 해석이 가능하므로 공예품을 수식하는 어휘로는 둘 다 가능하다. 정답은 A이다.

문제 18

一位著名翻译家曾指出：翻译是在第三空间创造更 _____ 的东西。他认为一种语言 _____ 成另一种语言会创造出第三空间。第三空间既是原作者与目标读者 _____ 的场域，也是翻译者将原文所体现出的文化、语义在目标读者的社会文化 _____ 中进行定位的场所。	한 명의 유명한 번역가가 일찍이 번역은 제3의 공간에서 더욱 기발한 것을 만들어내는 것이라고 하였다. 그는 한 종류의 언어가 다른 한 종류의 언어로 변환되면 제3의 공간을 만들어내게 된다고 여겼다. 제3의 공간은 원작자와 타켓독자가 소통하는 필드이고, 번역자가 원문에서 살려낸 문화와 어휘의 뜻을 타켓독자의 사회문화 배경 속에서 객관적인 평가를 하는 장소이다.

A 崭新	转移	协调	面貌		A 새롭다	전이하다	협조하다	면모
---	---	---	---		---	---	---	---
B 奇妙	转换	沟通	背景		B 기발하다	변환하다	소통하다	배경
C 新颖	转达	探讨	容貌		C 참신하다	전달하다	탐구하다	용모
D 美妙	转变	洽谈	景色		D 아름답다	전환하다	협의하다	경치

단어 **场域** chǎngyù 명 도메인 | **语义** yǔyì 명 어의, 단어의 뜻 | **定位** dìngwèi 동 객관적으로 평가하다 명 정해진 위치

해설 **첫 번째 빈칸** – 번역이 제3의 공간에서 더욱 어떤 것을 만들어내는지를 찾아야 하는 문제이다. 번역은 기본적으로 있는 어휘를 바꾸는 것이므로 '기존에 없던'이라는 의미를 가지고 있는 A '崭新'과 C '新颖'은 적합하지 않다. D '美妙(아름답다)'는 아름답고 절묘한 것을 나타내는 어휘로 주로 '美妙的歌声(아름다운 노랫소리)'처럼 들리는 것이나 '美妙的风景(아름다운 풍경)'처럼 보이는 것에 쓰이므로 번역을 설명하는 것에는 적합하지 않으므로 B가 가장 적합함을 알 수 있다.

두 번째 빈칸 – 한 언어가 다른 언어로 바뀌는 것을 설명할 수 있는 어휘를 찾는 문제이다. A '转移(전이하다)'는 원래의 위치에서 다른 위치로 옮겨가는 것을 설명하므로 적합하지가 않고, C '传达(전달하다)'는 소식이나 정보 따위를 다른 사람에게 전한다는 뜻이므로 역시 적합하지 않다. D '转变(전환하다)'은 바꾼다는 뜻이 있지만 관념이나 태도 따위가 변해서 달라지는 것을 의미하므로 역시 정답이 될 수 없다. B '转换(변환하다)'은 사물을 아예 다른 것으로 대체하거나 바꾼다는 뜻이 있으므로 B가 가장 적합하다는 것을 알 수 있다.

세 번째 빈칸 – 제3의 공간이 원작자와 타켓독자가 '무엇'을 하는 필드인지를 찾는 문제이다. 좀 더 쉽게 설명하면 번역이라는 공간이 원작자와 그것을 읽는 독자들이 무엇을 하는 장소인지를 묻는 것인데, 결국 번역은 이 둘이 교류하고 소통할 수 있게 해주는 매개체므로 빈칸에 B '沟通(소통하다)'이 가장 적합함을 알 수 있다.

네 번째 빈칸 – '社会文化'와 조합을 이룰 수 있는 명사를 찾는 문제이다. A '面貌(면모)'와 C '容貌(용모)'는 모두 사람의 얼굴 모습을 나타내는 어휘이므로 정답이 될 수 없고, D '景色(경치)' 역시 사회문화와 어울리는 어휘가 아닐 뿐만 아니라 '타켓독자의 경치'라고 타켓독자의 수식을 받을 수 없으므로 정답이 될 수 없다. B의 '背景'을 써 '社会文化背景(사회문화배경)'이라고 하는 것이 가장 자연스럽고 적합함을 알 수 있다. 정답은 B이다.

문제 19

我们看到星星一闪一闪的，不是因为 星星 _____ 的亮度 出现变化，而是与大气的 _____ 有关。大气隔在我们与星星之间，星光需要穿过不同密度和厚度的大气层才能到达地球。大气不是 _____ 透明的，它的透明度会根据密度的不同而产生变化。所以我们透过它来看星星，就会看到星星 _____ 在闪烁。	우리가 별이 반짝반짝 하는 것을 보게 되는 것은 별 자체의 밝기에 변화가 생겨서가 아니라 대기의 차단과 관련이 있는 것이다. 대기는 우리와 별 사이에 있고, 별빛은 다른 밀도와 두께의 대기층을 통과해야만 지구에 도달할 수 있다. 대기는 절대로 투명한 것이 아니고, 그것의 투명도는 밀도의 차이를 근거로 하여 변화가 발생하게 된다. 그래서 우리는 그것을 통해 별을 보면, 별이 마치 반짝이는 것처럼 보이게 된다.
A 本身　遮挡　绝对　好像 B 本人　掩盖　完全　仿佛 C 人家　掩饰　彻底　似乎 D 各自　覆盖　必然　类似	A 그 자체　차단하다　절대로　마치 B 본인　감추다　완전히　마치 C 그 사람　감추다　철저히　마치 D 각자　덮다　반드시　유사하다

단어 亮度 liàngdù 몡 빛의 밝기 | 闪烁 shǎnshuò 동 반짝이다

해설 첫 번째 빈칸 – 별이 소재이므로 사람을 지칭하는 B, C, D는 정답이 될 수 없다. '별 자체'의 밝기 변화를 설명하고 있으므로 A가 가장 적합하다.

두 번째 빈칸 – A '遮挡'은 사물로 가리거나 막는다는 뜻으로 주로 '遮挡阳光(햇볕을 막다)'으로 잘 쓰이고, B '掩盖'와 C '掩饰'는 둘다 감춘다는 뜻이나, '掩饰'는 사람이 사상, 감정, 실수 따위를 다른 사람이 알지 못하게 숨긴다는 뜻으로 '缺点(단점)'과 결합하여 단점을 감춘다는 뜻으로 쓰이지만 '掩盖'는 주로 사물에 쓰이고 사물이나 도구로 다른 사물의 단점이나 감추고 싶은 것을 안 보이게 뒤덮는다는 의미이다. D '覆盖(뒤덮다)'는 지면을 덮은 식물을 의미하거나 어떤 장소를 다른 사물이 뒤덮는 것을 가리킨다. 예를 들면 '冰雪覆盖大地(빙설이 대지를 뒤덮다)'로 쓸 수 있다. 글에서는 별이 반짝이는 것이 대기가 우리의 시야를 가리는 것과 관계 있다는 것이므로 대기가 눈앞을 가리어 막는 것, 즉 A '遮挡'이 가장 적합하다.

세 번째 빈칸 – 대기가 어떻게 투명한 것이 아닌지를 찾는 문제이다. C '彻底(철저히)'는 '일 처리가 빈틈없이 완벽하게'라는 뜻이므로 밑줄에 적합하지 않고, D '必然(반드시)'은 필연적으로 발생된다는 의미의 '반드시'이므로 역시 밑줄에 적합하지 않다. 글의 내용상 '완전히 투명한 것이 아니다'와 '절대로 투명한 것이 아니다'는 모두 가능하므로 A와 B 둘 중에 정답이 있음을 알 수 있다.

네 번째 빈칸 – A '好像', B '仿佛', C '似乎'는 모두 근의어로 '마치 ~같다'는 뜻이고, D '类似'는 '유사하다'는 뜻으로 주로 'A与B类似(A와 B는 유사하다)'로 쓰이는데, 밑줄 뒤에 '반짝이고 있다'라는 동사구가 있으므로 '类似'는 정답이 될 수 없음을 알 수 있다. 정답은 보기의 모든 어휘가 밑줄에 적합한 A이다.

문제 20

每个人的发声 _____ 在尺寸和形态方面不同，所以，每个人的声纹图谱也都存在 _____ ，这使得声纹识别成为可能。声纹识别就是根据说话人的发音 _____ ，自动识别说话人身份的一种生物识别方法。由于声音信号便于远程 _____ ，在基于电信和网络的身份识别应用中，声纹识别更有 _____ 。	모든 사람의 발성기관은 길이와 형태 방면에 있어서 다르다. 그래서 모든 사람의 성문도감 역시 차이가 존재하고, 이것은 성문식별이 가능하게 만들었다. 성문식별은 바로 말하는 사람의 발음특징을 근거로 자동적으로 말하는 사람의 신분을 식별하는 일종의 생물학적인 식별방법이다. 목소리 신호는 원거리에도 전송하기 쉽기 때문에 텔레콤과 인터넷을 기초로 한 신분식별 응용 속에서 성문식별은 더욱 우위를 가진다.
A 神经　偏差　要素　运行　意义 B 器官　差异　特征　传输　优势 C 知觉　差别　特色　输入　奇迹 D 细胞　差距　因素　运输　专长	A 신경　편차　요소　운행하다　의미 B 기관　차이　특징　전송하다　우위 C 지각　다른 점　특색　입력하다　기적 D 세포　격차　요소　운송하다　특기

단어　尺寸 chǐcun 명 사이즈, 적절함｜声纹 shēngwén 명 성문[음성을 그림으로 나타낸 것] (* 声纹图谱 shēngwén túpǔ 성문도감)｜远程 yuǎnchéng 형 장거리의｜基于 jīyú 전 ~에 근거하다

해설　**첫 번째 빈칸** – '发声(발성: 소리를 내다)'과 조합을 이루는 명사를 찾는 문제이므로 B '发声器官(발성기관)'이 가장 자연스러운 조합임을 알 수 있다.

두 번째 빈칸 – A '偏差(편차)'는 수치, 위치, 방향 따위가 기준에서 벗어난 정도를 의미인데 사람의 성문도감 즉 지문 같은 고유 목소리가 차이가 존재한다는 뜻이 되어야 하므로 정답이 될 수 없다. B '差异'와 C '差别'는 둘 다 '차이'를 나타내는데 '差异'는 서로 같지 않고 다른 정도나 상태를 가리키고, '差别'는 둘 이상의 대상을 등급이나 수준 차이를 두어서 구별하는 것을 가리킨다. 성문도감은 사람마다 가지고 있는 다른 정도, 즉 상태이므로 '差异'가 가장 적합함을 알 수 있다. D '差距(격차)'는 수준, 정도의 격차, 거리를 나타내므로 역시 정답이 될 수 없다.

세 번째 빈칸 – 식별에 관한 내용이므로 사람의 '특징'이 가장 적합함을 알 수 있는데, B '特征'과 C '特色' 모두 '특징'을 가리키는 어휘지만 '特色'는 주로 보통의 것과 다른 점을 가리키고, '特征'은 특별히 눈에 띄는 점 혹은 특별하거나 독특한 점을 가리키므로 사람마다 가지고 있는 발음 특징을 말하는 것에는 '特征'이 적합하다는 것을 알 수 있다. A '要素'와 D '因素'는 어떤 것을 이루거나 원인이 되는 '요소'를 가리키므로 정답이 될 수 없다.

네 번째 빈칸 – 밑줄 앞의 내용에서 언급된 '信号(신호)'가 힌트이다. 목소리 신호가 원거리에서도 전달되기 쉽다는 내용인데, '信号(신호)'는 '전달하다' 외에도 '전송하다'와 호응되는 어휘이므로 B '传输'가 적합하다는 것을 알 수 있다. A '运行'은 (교통수단 등이) 운행하는 것을 가리키고, C '输入(입력하다)'는 '기기에 문자나 숫자를 쳐서 넣다'는 뜻이고 D '运输(운송하다)'는 재화를 실어나른다는 뜻이므로 B가 가장 적합하다.

다섯 번째 빈칸 – 앞문제와 연계해 목소리 신호가 원거리에서도 전송하기 쉽기 때문에 신분식별의 응용 속에서 유리하다는 내용이 이어져야 하는데 유리하다는 것은 우위(우세한 점)를 가지고 있다는 뜻이므로 B '优势(우위)'가 가장 적합함을 알 수 있다. 정답은 B이다.

문제 21-25

跳舞草又名情人草，（21）C 是一种极具观赏性的植物。它的株高约为0.6米，叶片两侧长有线形小叶。在阳光的照射下，跳舞草一旦受到声波刺激，侧小叶便会不断地摆动，就像一对舞伴，时而合抱，时而各自旋转。"舞动"中的跳舞草犹如轻舞双翅的蝴蝶，（22）B 又好似舞台上轻舒玉臂的舞者。当夜幕降临之时，（23）E 跳舞草的侧小叶又会贴于枝干上，紧紧依偎在一起，仿佛在安静地休息。这真是植物界罕见的现象！

跳舞草为什么会"跳舞"呢？有植物专家解释道：植物与其他生物一样，都具有很强的生命力，（24）D 为了在自然界生存下来，它们必须努力使自己适应周围的环境条件。强烈的阳光照射，容易使跳舞草的水分迅速蒸掉，叶片也会受到灼伤。为了避免这种伤害，跳舞草就以不停"跳舞"的方式来调节阳光的直射，以便很好地在强光的环境中生存。（25）A 这种说法听上去有一定的道理，但到目前为止，还没有足够的证据可以证实。要想真正解开这个谜，还需要植物学家们继续深入研究。

'무초'는 '연인초'라고도 하고, (21) C 일종의 관상성을 많이 가지고 있는 식물이다. 그것의 높이는 약 0.6m이고, 잎은 양측에 유선형의 작은 잎이 자란다. 햇빛 아래에서, 무초는 일단 소리파동의 자극을 받으면 측면의 작은 잎이 끊임없이 흔들리게 되는데 마치 한 쌍의 춤 파트너가 서로 안기도 했다가, 각자 돌기도 하는 것 같다. '춤 추고' 있는 무초는 마치 두 날개를 가볍게 움직이는 나비와 같기도 하고, (22) B 무대에서 가볍게 팔을 흔드는 무용수 같다. 땅거미가 질 때, (23) E 무초의 측면의 작은 잎은 줄기에 붙게 되는데 한데 붙어 서로 기대고 있는 것이 마치 조용히 쉬는 것 같이 보인다. 이것은 정말 식물계에서는 드문 현상이다!

무초는 왜 '춤 추게' 되는 것일까? 어떤 식물전문가가 설명하길, 식물은 기타생물과 같아서 모두 강한 생명력을 가지고 있고, (24) D 자연계에서 생존해 나가기 위해 그것들은 반드시 자신이 주위의 환경조건에 적응하게 만들어야 한다. 강렬한 햇빛이 내리쬐면 무초의 수분을 빠르게 증발시키고 잎도 화상을 입게 된다. 이러한 해를 피하기 위해 무초는 끊임 없이 '춤 추는' 방식으로 햇빛의 직사를 조절해서, 강한 빛의 환경 속에서 생존하기 쉽도록 한다. (25) A 이러한 설명은 듣기에는 어느 정도의 일리가 있지만, 현재까지 아직 실증할 만한 충분한 증거가 없다. 정말 이 수수께끼를 풀고 싶다면, 식물학자들은 지속적으로 깊이 연구할 필요가 있다.

A 这种说法听上去有一定的道理	A 이러한 설명은 듣기에는 어느 정도의 일리가 있다
B 又好似舞台上轻舒玉臂的舞者	B 무대에서 가볍게 팔을 흔드는 무용수 같다
C 是一种极具观赏性的植物	C 일종의 관상성을 많이 가지고 있는 식물이다
D 为了在自然界生存下来	D 자연계에서 생존해 나가기 위해
E 跳舞草的侧小叶又会贴于枝干上	E 무초의 측면의 작은 잎은 줄기에 붙게 된다

단어 **好似** hǎosì 동 마치 ~와 같다(= 犹如 yóurú) | **跳舞草** tiàowǔcǎo 명 무초(춤추는 식물) | **株** zhū 명 그루, 포기 | **声波** shēngbō 명 음파 | **摆动** bǎidòng 동 흔들거리다 | **时而** shí'ér 부 때때로 | **合抱** hébào 동 양팔로 껴안다 | **旋转** xuánzhuǎn 동 선회하다, 돌다 | **蝴蝶** húdié 명 나비 | **夜幕** yèmù 땅거미, 밤의 장막(* 夜幕降临 yèmù jiànglín 땅거미가 지다) | **依偎** yīwēi 동 기대다 | **仿佛** fǎngfú 부 마치 (~인 것 같다) | **罕见** hǎnjiàn 형 보기 드물다 | **灼伤** zhuóshāng 동 화상을 입다 | **证实** zhèngshí 동 사실을 증명하다 | **谜** mí 명 수수께끼(* 解开谜 jiěkāi mí 수수께끼를 풀다)

보기check A – '这种说法(이러한 설명)'가 있으므로 앞에서는 일리가 있는 설명이 나와야 한다.
B – '又'가 있으므로 호응하는 접속사 '既'를 짐작해볼 수 있고, 무용수 같다고 했으므로 팔 흔드는 것 같은 움직이 설명되어야 한다.
C – 주어는 관상성을 가지고 있는 식물의 이름이거나 그것을 가리키는 대명사여야 한다.
D – 자연계에서 생존해 나가기 위해 어떤 것이 무엇을 해야 하는지가 뒤에 설명되어야 한다.
E – 측면의 작은 잎이 언제 혹은 왜 줄기에 붙는지 이유와 붙어서 어떻게 되는지 결과가 앞뒤로 이어져야 한다.

해설 21 – 밑줄 앞의 내용이 무초의 별칭이고 주어가 무초이므로 무초에 대한 설명이 이어져야 함을 알 수 있다. 어떤 식물에 대한 설명이고, 주어가 식물 이름이어야 하는 C가 가장 적합하다는 것을 알 수 있다.
22 – 밑줄 앞에서 '又'와 연결되는 접속사는 없지만 앞의 내용이 '犹如(마치 ~같다)'를 써서 날개를 가볍게 움직이는 나비와 같다고 했으므로 '又'를 쓰고 '犹如'와 같은 뜻의 '好似'를 사용하여 다른 사물에 비유한 B가 가장 적합하다.
23 – 밑줄 앞은 '땅거미가 질 때'라는 전제 조건이 나왔고, 이어지는 내용은 쉬는 것 같다는 비유를 했으므로 땅거미 질 때 무초가 쉬는 것 같이 잎의 변화가 있는 내용이 나와야 함을 알 수 있다. 정답은 E가 가장 적합하다.
24 – 밑줄 뒤에 그것들이 반드시 주위의 환경조건에 적응하게 만들어야 한다고 했는데 왜 그래야 하는지 원인이나 목적이 없으므로 앞의 내용은 원인이나 목적이 나와야 한다. 그에 어울리는 보기는 '为了(~를 위해)'를 사용해서 목적을 나타낸 D가 가장 적합함을 알 수 있다.
25 – 밑줄 뒤에 '但'이 있으므로 밑줄의 내용은 '但' 이후의 내용과 상반되거나 전환되는 내용임을 알 수 있고, '但' 이후의 내용이 실증할 만한 충분한 증거는 없다고 했으므로 앞에서는 듣기에는 일리가 있다는 보기인 A가 가장 적합함을 알 수 있다.

문제 26-30

硬骨鱼类的腹腔内几乎都有鳔。（26）<u>A 鱼鳔产生的浮力</u>，使鱼在静止状态时，能够自由控制身体处在某一水层。此外，鱼鳔还能使鱼腹腔产生足够的空间，从而防止其内脏器官因水压过大而受损，起到保护内脏器官的作用。可以说，（27）<u>C 鱼鳔掌握着鱼的生死存亡</u>。

有一种鱼却是异类，（28）<u>E 它天生就没有鳔</u>。而且分外神奇的是，它早在恐龙出现之前就已经生活在地球上了，至今已超过4亿年，并且近一亿年来它几乎没有变化。它就是被誉为"海洋霸主"的鲨鱼！鲨鱼用自己的王者风范、强者之姿，创造了无鳔照样追波逐浪的神话。

경골어류의 복강 내에는 거의 모두 공기주머니가 있다. (26) A 공기주머니가 만들어낸 부력은 물고기가 정지된 상태일 때, 자유롭게 물의 한 층에 머물게 통제할 수 있다. 이 외에 공기주머니는 물고기의 복강에 충분한 공간을 만들어내게 하고, 따라서 그 내장기관이 수압이 과하게 세서 손상을 받는 것을 피하고, 내장기관을 보호하는 작용을 한다. 이것으로 (27) C 공기주머니는 물고기의 생사존망을 쥐고 있다고 말할 수 있다.

어떤 물고기는 오히려 다른 종류로, (28) E 그것은 천성적으로 공기주머니가 없다. 게다가 유난히 신기한 것은 그것이 공룡이 출현하기 전에 이미 지구상에 살고 있었다는 것이고, 지금까지 이미 4억 년을 초과했고, 근 1억 년 동안은 거의 변화가 없었다. 그것은 '바다의 패왕'이라고 불리는 상어이다! 상어는 자신만의 왕자의 품격, 강자의 자태로 공기주머니 없이도 변함없이 파도를 쫓아내는 신화를 만들어냈다.

究竟是什么原因让鲨鱼离开了鳔，仍能在水中活得游刃有余呢？科学家们经过研究发现，鲨鱼由于没长鳔，一旦停下来，身子就会下沉。(29) **D** 所以它只能依靠肌肉的运动，永不停息地在水中游弋，这使得鲨鱼不仅拥有了强健的体魄，而且练就了非凡的战斗力。

(30) **B** 原来正是鲨鱼天生的缺陷造就了它的强大。鲨鱼无鳔，这是它的悲，也是它的喜。

A 鱼鳔产生的浮力
B 原来正是鲨鱼天生的缺陷造就了它的强大
C 鱼鳔掌握着鱼的生死存亡
D 所以它只能依靠肌肉的运动
E 它天生就没有鳔

도대체 어떤 원인이 상어가 공기주머니를 떠나게 하고, 여전히 물 속에서 여유롭게 지낼 수 있는 것일까? 과학자들은 연구를 통해 상어는 공기주머니가 자라지 않아 일단 멈추면 몸이 가라앉게 되는데 (29) D 그래서 그것은 근육의 운동에 기댈 수밖에 없고, 끊임없이 물속을 유영해 다닌다. 이것은 상어가 강건한 체력과 정신을 가지게 할 뿐만 아니라, 비범한 전투력을 연마하게 하였다.

(30) B 알고 보니 상어의 천성적인 결함이 그것의 강대함을 만들어냈다. 상어가 공기주머니가 없는 것은 비극이기도 하고, 희극이기도 하다.

A 공기주머니가 만들어낸 부력
B 알고 보니 상어의 천성적인 결함이 그것의 강대함을 만들어냈다
C 공기주머니는 물고기의 생사존망을 쥐고 있다
D 그래서 그것은 근육의 운동에 기댈 수밖에 없다
E 그것은 천성적으로 공기주머니가 없다

단어 | **鱼鳔** yúbiào 명 (어류의) 부레 | **浮力** fúlì 명 부력 | **缺陷** quēxiàn 명 결함 | **造就** zàojiù 동 만들어내다, 양성해내다 | **硬骨鱼** yìnggǔyú 명 경골어 | **腹腔** fùqiāng 복강, 배안 | **分外** fènwài 부 유난히, 유달리(* **分外神奇** fènwài shénqí 유난히 신기하다) | **霸主** bàzhǔ 명 지배자, 제왕 | **鲨鱼** shāyú 명 상어 | **照样** zhàoyàng 부 여전히 | **追波逐浪** zhuībō zhúlàng 물결을 뒤따르다 | **游刃有余** yóurèn yǒuyú 성 힘들이지 않고 여유 있게 일을 처리하다, 능숙하고 여유롭다 | **下沉** xiàchén 동 가라앉다 | **游弋** yóuyì 동 (물 속에서) 노닐다 | **体魄** tǐpò 명 신체와 정신 | **练就** liànjiù 동 연마해 몸에 익히다(* **练就了战斗力** liànjiù le zhàndòulì 전투력을 마스터하다)

보기check A – 명사구이므로 A자체가 주어가 될 확률이 높고 부력이 어떻게 되거나 어떤 작용을 일으킬 것이라는 것을 짐작해야 한다.
B – '原来'는 궁금했던 사실이 풀렸을 때 쓰는 표현인데 뒤에 이어지는 내용이 상어의 천성적인 결함이 강함을 만들어냈다고 했으므로 앞에서는 상어의 천성적인 결함에 대한 설명, 특히 강해지게 만들 수밖에 없는 결함에 대한 설명이 있을 가능성을 짐작할 수 있다.
C – 공기주머니가 물고기의 생사존망을 쥐고 있다는 결론을 내리려면 앞에서 공기주머니의 중요성에 대한 설명이 있어야 한다.
D – '所以'가 있으므로 '因为/由于(~때문에)'를 짐작해볼 수 있고, 왜 근육의 운동에 기댈 수밖에 없는지에 대한 이유나 원인이 이어져야 한다.
E – 그것은 상어라는 것을 짐작할 수 있고, 천성적으로 공기주머니가 왜 없는지 혹은 없어서 어떤 점이 좋고 나쁜지가 주변의 내용으로 이어질 가능성이 크다.

해설 26 – 밑줄 앞에서는 경골어류가 거의 모두 공기주머니가 있다고 설명했고, 이어지는 내용은 정지된 상태일 때 물의 한 층에 머물게 통제할 수 있다고 했으므로 거의 모든 물고기가 가지고 있는 공기주머니가 만들어낸 부력이 들어가야 함을 알 수 있다. 어법적으로도 앞의 물고기가 물의 한 층에 머물 수 있게 할 수 있는 주어가 있어야 하므로 정답은 A이다.
27 – '可以说(~라고 할 수 있다)'는 앞에 나열한 사실이나 내용을 근거로 주관적인 결론을 내릴 때 쓰는 표현이므로 결론의 내용을 담고 있는 보기가 와야 하는데, 앞의 내용이 공기주머니에 관한 내용이므로 공기주머니의 특징이나 중요성이 설명되었음을 알 수 있고, 이로 인한 결과인 C가 가장 적합함을 알 수 있다.
28 – 밑줄 앞은 오히려 다른 한 종류의 물고기가 있다고 설명했는데 그 앞의 내용이 공기주머니가 있는 일반적인 물고기와 공기주머니의 역할을 설명했으므로 이어지는 내용은 공기주머니를 가지고 있지 않은 물고기를 언급했을 가능성이 크므로 E가 가장 적합하다.
29 – 밑줄 앞에 이미 '由于'를 써서 상어가 공기주머니가 자라지 않는 원인을 설명했으므로 뒤에는 이것이 없어 몸이 멈췄을 때 어떻게 되는지의 결과가 이어져야 한다. 이에 적합한 보기는 D이다.
30 – 마지막 단락이므로 글의 결론을 내렸을 가능성이 크고, 밑줄 뒤의 내용이 상어가 공기주머니가 없는 것은 비극이기도 하고, 기쁨이기도 하다고 했으므로 앞의 내용을 통해 상어가 천성적으로 공기주머니가 없는 것은 비극이나 이로 인해 강인해진 것은 기쁨이라는 것을 알 수 있고, 앞의 내용으로 상어의 단점이 그의 강대함을 만들었다는 것을 알게 되었고, 그것이 상어의 비극과 기쁨이라는 내용이 이어지는 것이 가장 자연스럽다. 정답은 B이다.

一位航空管理者上任后，31.A 决定推行一项令人瞠目结舌的"倒奖励"制度，即对及时上报自己在工作中所犯错误的飞行员、机械师和地面指挥者等航空从业人员，予以免除惩罚，并且进行奖励，当然引发重大事故者除外。

不过，32.D 这个决定立即遭到了其他高层的反对。他们认为，这会起到鼓励航空从业人员犯错的作用。此外，飞行员、机械师等航空从业人员众多，这笔奖金的发放会在一定程度上加大财政方面的压力。但这位管理者坚称："通过这个倒奖励制度，航空从业人员可以从同行的错误中有所收获，得到警示，这样就能避免同样的错误再次发生，从而有效地减少事故发生率。而且我深信，如果不推行这项制度，一旦他们犯错，所造成的损失一定会远远高于我们所支出的奖金。"最终，这项决策被通过并迅速开始执行。

33.D 这个只奖不罚的倒奖励制度，极大地鼓舞了航空从业人员的"自我揭发"行为。很多人还会专门随身携带一本小册子，以便及时记录并上报自己所犯的错误。此后，航空管理部门平均每月都能收到2500多封错误报告。

为了能让所有航空从业人员从这些错误中吸取教训，该管理者又让人从错误报告中挑选出一部分典型案例，整理后印制成期刊对外发行，结果每月竟有18万读者订阅。这些读者不仅包括正在从事航空事业的工作人员，还有很大一部分来自飞机制造厂以及航空培训学校。

截止到2013年年底，34.B 倒奖励制度支出的奖金已经超过三亿元，然而却极大地降低了飞行的事故发生率，并避免了由此可能带来的18多亿元的损失。

한 명의 항공관리자가 부임한 후에 31.A 사람들이 놀랄 만한 '역 보상' 제도를 추진할 것을 결정했는데, 이는 바로 자신이 일하는 중에 저지른 잘못을 제때에 상부에 보고한 비행사, 엔지니어, 지상 지휘요원 등 항공업계에 종사하는 인원들에 대해 벌을 면하고, 상을 준다는 것인데, 당연히 중대한 사고를 일으킨 사람은 제외였다.

하지만, 32.D 이 결정은 즉시 다른 고위층 관계자들의 반대에 부딪혔다. 그들은 항공업계 종사자들에게 잘못을 부추기는 효과를 불러일으킬 것이라고 여겼다. 이밖에, 비행사, 엔지니어 등 항공업계 종사자들이 많은데, 이 많은 격려금을 주다 보면 재정 방면의 압박이 있을 수밖에 없었다. 그러나 이 관리자는 "이 역 보상 제도를 통해 항공업계 종사자들은 동료들의 잘못에서 얻는 것들이 있을 것이고, 교훈을 얻을 것입니다. 이렇게 하면 똑같은 잘못이 다시 발생하는 것을 피할 수 있어서 효과적으로 사고 발생률을 줄일 수 있습니다. 게다가 저는 만약에 이 제도를 추진하지 않으면, 일단 그들이 잘못을 해 조성되는 손실은 틀림없이 우리가 지출하는 격려금보다 훨씬 높을 것이라고 믿습니다."라고 완강히 주장하였다. 결국, 이 정책 결정은 통과되어 빠르게 집행되었다.

33.D 이 상만 주고 벌은 주지는 않는 역 보상 제도는 항공업계 종사자들의 '자백' 행위를 아주 크게 격려했다. 많은 사람들이 제때에 자신이 저지른 잘못을 기록하고 보고하기 위해 일부러 한 권의 노트를 들고 다니기도 했다. 이후에 항공관리 부서는 평균 매월 2,500여 통의 실수 보고서를 받을 수 있었다.

모든 항공업계 종사자들이 이 잘못들 속에서 교훈을 얻을 수 있게 하기 위해, 이 관리자는 또한 보고서 중에서 일부 전형적인 사례를 골라내고, 정리한 후에 정기간행물로 만들어 대외적으로 발행하도록 해 결과적으로 매월 뜻밖에 18만 구독자를 가지게 되었다. 이 독자들은 항공업계에 종사하고 있는 인원을 포함하고 있을 뿐만 아니라, 비행기 제조회사 및 항공 훈련학교의 사람들 또한 상당수를 차지하고 있었다.

2013년 말까지, 34.B 역 보상 제도로 지출한 격려금은 이미 3억 위안을 초과했지만, 오히려 비행의 사고발생률은 아주 크게 낮아졌고, 이것으로 가져올 수 있었던 18여 억 위안의 손실을 피했다.

단어 **上任** shàngrèn 통 부임하다 | **推行** tuīxíng 통 추진하다 | **瞠目结舌** chēngmù jiéshé 성 놀라서 어리둥절한 모습, 넋이 나가다 | **上报** shàngbào 통 상부에 보고하다 | **机械师** jīxièshī 명 엔지니어 | **予以** yǔyǐ 통 ~(해)주다 | **高层** gāocéng 형 고위(층)의 | **引发** yǐnfā 통 일으키다 | **坚称** jiānchēng 통 완강히 주장하다 | **警示** jǐngshì 통 경고하다(* **得到警示** dédào jǐngshì 경고(로 인해 무엇을) 얻다) | **支出** zhīchū 통 지출하다 | **决策** juécè 명 정책을 결정하다 | **执行** zhíxíng 통 집행하다 | **鼓舞** gǔwǔ 통 격려하다 | **揭发** jiēfā 통 폭로하다 | **吸取** xīqǔ 통 받아들이다(* **吸取教训** xīqǔ jiàoxùn 교훈을 받아들이다) | **案例** ànlì 명 사례 | **期刊** qīkān 명 정기 간행물 | **订阅** dìngyuè 통 구독하다 | **培训** péixùn 통 양성하다 | **截止** jiézhǐ 통 마감하다

第1段中的画线词语"瞠目结舌"是什么意思？ A 极其吃惊　　　　B 赞叹不已 C 不知所措　　　　D 感到不安	첫 번째 단락 속의 밑줄 그은 어휘 '瞠目结舌'는 무슨 뜻인가? A 매우 놀랐다　　　　B 감탄해 마지 않다 C 어찌할 줄을 모르겠다　　　　D 불안을 느낀다

단어　赞叹 zàntàn 동 감탄하다 | 不知所措 bùzhī suǒcuò 성 어찌할 바를 모르다

해설　'瞠目结舌(놀라 어리둥절하다)'라는 어휘를 알면 쉽게 풀리는 문제이지만 모른다 하더라도 '即对及时上报自己在工作中所犯错误的飞行员、机械师和地面指挥者等航空从业人员，予以免除惩罚，并且进行奖励(이는 바로 자신이 일하는 중에 저지른 잘못을 제때에 상부에 보고한 비행사, 엔지니어, 지상 지휘요원 등 항공업계에 종사하는 인원들에 대해 벌을 면하고, 상을 준다는 것이다)'에서 잘못을 보고했는데 벌을 면할 뿐만 아니라 오히려 상을 주는 제도를 수식하는 어휘기 때문에 '놀랄 만하다'라는 뜻이 가장 적합하고 이에 해당하는 보기는 A이다.

其他高层为什么反对那个决定？ A 财政部门没批准 B 怕被乘客投诉 C 奖金分配不均 D 担心会鼓励员工犯错	기타 고위층 관계자들은 왜 그 결정에 반대했는가？ A 재정부서가 승인하지 않아서 B 승객들에게 신고 당할 것이 두려워서 C 격려금 분배가 고르지 못해서 D 직원들이 잘못을 저지르는 것을 부추길까 걱정되어서

단어　批准 pīzhǔn 동 비준하다 | 投诉 tóusù 동 고발하다, 신고하다

해설　문제의 '고위층 관계자가 반대했다'는 것을 근거로 지문을 찾아가면 '他们认为，这会起到鼓励航空从业人员犯错的作用(그들은 항공업계 종사자들에게 잘못을 부추기는 효과를 불러일으킬 것이라고 여겼다)'이라고 한 부분이 있으므로 정답은 D이다.

"倒奖励"制度实施后，很多航空从业人员： A 申请换岗位 B 开始互相监督 C 抱怨待遇差 D 及时上报错误	'역 보상' 제도를 실시한 후에, 많은 항공업계 종사자들은： A 근무지 변경을 신청했다 B 서로 감독하기 시작했다 C 대우가 나쁘다고 원망했다 D 제때에 잘못을 상부에 보고했다

단어　岗位 gǎngwèi 명 직장, 근무처 | 监督 jiāndū 동 감독하다

해설　'역 보상 제도를 실시한 후에'를 힌트로 삼아 찾아가면 '这个只奖不罚的倒奖励制度，极大地鼓舞了航空从业人员的"自我揭发"行为。很多人还会专门随身携带一本小册子，以便及时记录并上报自己所犯的错误(이 상만 주고 벌을 주지는 않는 역 보상 제도는 항공업계 종사자들의 '자백' 행위를 아주 크게 격려했다. 많은 사람들이 제때에 자신이 저지른 잘못을 기록하고 보고하기 위해 일부러 한 권의 노트를 들고 다니기도 했다)'라고 했으므로 정답은 D이다.

根据上文，下列哪项正确？ A 那位管理者被降职了 B 那项制度非常有效 C 期刊免费赠送给培训学校 D 错误报告千篇一律	윗글을 근거로 하면, 아래에 어느 항이 정확한가？ A 그 관리자는 강직되었다 B 그 제도는 매우 효과가 있었다 C 정기간행물은 훈련학교에 증정되었다 D 실수 보고서는 천편일률적이었다

단어　降职 jiàngzhí 동 강직되다 | 赠送 zèngsòng 동 증정하다 | 千篇一律 qiānpiān yílǜ 성 천편일률적이다

문제 35-38

38.C 艺术之间都是互通的，中国山水画与中国园林更是如此，它们被誉为"姐妹艺术"。

35.D 中国山水画与中国园林的创作都是基于人们亲近自然的愿望。人类原本就居住在大自然中，后来由于社会进步、人口不断聚集，才逐渐形成城市。然而，日益喧嚣、忙碌的都市生活使人们感到厌倦，并萌生了亲近自然的想法。山水画由此产生，但它仅仅是一张图，人们虽然能从中一观自然之美，但很难有切身的体验。因此，为了更真切地欣赏自然美景、感受自然气息，古人便挖湖堆山、养花种草，使自然山水景观再现于自家庭院之中，这便是中国园林的由来。

36.B 中国山水画与中国园林的艺术特征也是一致的。中国山水画不仅讲究形象逼真，还追求意境美。38.C 中国园林同样追求意境美：植物不刻意修剪，但疏密有致、高低有情，可谓"寓诗情画意于自然景物之中"。

此外，中国山水画和中国园林都十分注重借助文学来增强自身的艺术感染力。中国山水画上常常配有诗文，这些诗文不仅能使画儿的"诗情"更加浓郁，还能让画儿的意境更加深远。在中国园林中，题名和楹联等更是不可或缺的部分。曹雪芹在《红楼梦》中写道："偌大景致若干亭榭，无字标题，也觉寥落无趣，任有花柳山水，也断不能生色。"37.D 足见文学对增强中国园林艺术感的重要作用。

38.C 예술끼리는 모두 서로 통하는데, 중국 산수화와 중국 원림은 더욱이 이러하여, 그것들은 '자매예술'로 불린다.

35.D 중국 산수화와 중국 원림의 창작은 모두 사람들의 자연과 가까워지려는 바람을 기초로 하고 있다. 인류는 원래 대자연 속에서 살았는데, 후에 사회가 발달하고, 인구가 끊임없이 집중되면서 도시가 점차 형성되었다. 그러나 나날이 소란스럽고 분주한 도시생활은 사람들을 싫증나게 만들었고, 자연에 가까워지고 싶은 마음이 움트게 만들었다. 산수화는 이 때문에 탄생했지만, 그것은 단지 한 장의 그림일 뿐이어서, 사람들은 비록 그 속에서 자연의 아름다움은 볼 수 있지만, 자신이 직접 체험하기는 어려웠다. 이 때문에 더욱 진정으로 자연의 아름다운 경관을 감상하고, 자연의 숨결을 느끼기 위해, 옛날 사람들은 호수를 파고 산을 쌓고, 꽃을 기르고 풀을 심어 자연산수 경관을 자신들의 정원 속에 재현되게 하였는데 이것이 바로 중국 원림의 유래이다.

36.B 중국 산수화와 중국 원림은 예술적 특징도 일치한다. 중국 산수화는 사실감 있게 묘사하는 것을 중시했고, 또한 예술적 정취도 추구하였다. 38.C 중국 원림 역시 똑같이 예술적 정취를 추구했는데, 식물을 일부러 다듬지는 않았지만 빽빽함의 아름다움이 있었고, 높이의 정감도 있어서 '시의 정감과 그림의 정취가 함축되어 자연의 경치 속에 녹아있다'고 말할 수 있다.

이 외에, 중국 산수화와 중국 원림은 모두 문학의 도움을 빌어 자신의 예술적 감화력을 강화시키는 것을 중시했다. 중국 산수화에는 자주 많은 시문이 곁들여졌는데, 이 시문들은 그림의 '시정(시 속의 감정)'을 더욱 짙게 만들었고, 또한 그림의 예술적 경지를 더욱 깊게 만들었다. 중국 원림에서 이름을 새기는 것과 대련 등은 더욱 없어서는 안 될 부분이었다. 조설근이 《홍루몽》에 "큰 경치에 정자가 있어도 글과 제목이 없으면 쓸쓸하고 재미가 없고, 아무리 꽃과 버드나무와 산수가 있어도 빛을 발할 수 없다."라고 썼다. 37.D 이것으로 문학의 중국 원림의 예술감각을 강화하는 것에 대한 중요한 작용을 충분히 볼 수 있다.

단어 | 互通 hùtōng 통 서로 통하다 | 园林 yuánlín 명 원림 [특정적으로 키운 숲, 호수 등의 자연환경이 있는 중국의 정원] | 基于 jīyú 전 ~를 기초로 하다 | 聚集 jùjí 통 모으다, 집중하다 | 喧嚣 xuānxiāo 형 소란스럽다 | 忙碌 mánglù 형 분주하다 | 厌倦 yànjuàn 통 싫증나다 | 萌生 méngshēng 통 발생하기 시작하다, 움트다 | 切身 qièshēn 형 자신의 | 真切 zhēnqiè 형 참되다, 분명하다 | 气息 qìxī 명 숨결 | 挖湖堆山 wāhú duīshān 호수를 파고 산을 쌓다 | 再现 zàixiàn 통 재현하다 | 由来 yóulái 유래 | 逼真 bīzhēn 형 진짜와 같다 | 意境 yìjìng 명 의경, (작가의 의도가 담긴) 예술적 정취 | 刻意 kèyì 부 일부러 | 修剪 xiūjiǎn 통 (가위로) 다듬다 | 疏密 shūmì 형 빽빽하다 | 有致 yǒuzhì 통 정취가 있다 | 诗情画意 shīqíng huàyì 성 시의 정취와 그림의 분위기 | 借助 jièzhù 통 도움을 받다 | 浓郁 nóngyù 형 짙다, 농후하다 | 深远 shēnyuǎn 형 심원하다, 깊고 크다 | 楹联 yínglián 명 대련[문이나 기둥에 대칭이 되게 써 붙인 글] | 不可或缺 bùkě huòquē 성 없어서는 안 된다, 필수적이다

根据第2段，可以知道什么？ A 中国山水画的出现晚于园林 B 全球人口数量急剧增长 C 城市让生活更加便利 D 中国园林重视亲近自然	두 번째 단락을 근거로 하여, 무엇을 알 수 있는가? A 중국 산수화의 출현은 원림보다 늦었다 B 전세계 인구수량은 급격히 증가하였다 C 도시는 생활이 더욱 편리하게 하였다 D 중국 원림은 자연 친화를 중시하였다.

단어 　急剧 jíjù 用 급격하게

해설　문제의 2단락을 근거로 했다는 것을 힌트로 찾아가면 '中国山水画与中国园林的创作都是基于人们亲近自然的愿望(중국 산수화와 중국 원림의 창작은 모두 사람들의 자연과 가까워지려는 바람을 기초로 하고 있다)'에서 사람들이 자연과 가까워지려는 바람을 기초로 했다는 것은 그만큼 자연친화를 중시했음을 알 수 있다. 정답은 D이다.

第3段主要谈的是： A 中国山水画与园林的区别 B 中国山水画与园林的艺术特征 C 城市让生活更加便利 D 中国园林重视亲近自然	세 번째 단락에서 주로 말한 것은? A 중국 산수화와 원림의 구별 B 중국 산수화와 원림의 예술적 특징 C 도시는 생활을 더욱 편리하게 하였다 D 중국 원림은 자연 친화를 중시하였다

해설　3단락을 근거로 하여 찾아가면, '中国山水画与中国园林的艺术特征也是一致的(중국 산수화와 중국 원림은 예술적 특징도 일치한다)'라고 한 뒤 뒤에는 이를 뒷받침하는 내용을 정리했으므로 3단락은 전체적으로 예술적 특징을 설명했음을 알 수 있다. 정답은 B이다.

《红楼梦》中的那句话说明： A 中国介绍园林的著作极多 B 中国山水画倍受诗人青睐 C 中国山水画与书法互通 D 文学能增强园林的艺术感	《홍루몽》 속의 그 말은 무엇을 설명하는가? A 중국에는 원림을 소개한 저작이 매우 많다 B 중국 산수화가 사람들의 환영을 받았다 C 중국 산수화와 서예는 서로 통하였다 D 문학은 원림의 예술적 감각을 강화시킬 수 있다

단어 　著作 zhùzuò 명 저서, 작품 | 青睐 qīnglài 명 호감, 인기(* 受青睐 shòu qīnglài 인기를 얻다)

해설　문제에서 《홍루몽》 속의 말'을 언급했으므로 이를 근거로 《홍루몽》이 있는 부분을 찾아가면 '偌大景致若干亭榭，无字标题，也觉寥落无趣，任有花柳山水，也断不能生色.'라는 말이 있는데 내용을 몰라도 뒤에 '足见(~라고 볼 수 있다)'이 있으므로 뒤에는 결론을 내린 부분이라는 것을 알 수 있고, '文学对增强中国园林艺术感的重要作用(문학의 중국 원림의 예술감각을 강화하는 것에 대한 중요한 작용이 있다)'이라고 했으므로 정답이 D임을 알 수 있다.

下列哪项最适合做上文的标题？ A 论《红楼梦》的写作背景 B 欣赏山水画的小窍门 C 充满诗情画意的 "姐妹艺术" D 艺术之母——中国园林	아래 어느 항이 윗글의 제목으로 가장 적합한가? A 《홍루몽》의 글 배경을 논하다 B 산수화를 감상하는 비법 C 시의 정감과 그림의 정취를 충만하게 하는 '자매예술' D 예술의 어머니– 중국 원림

단어 　小窍门 xiǎoqiàomén 명 비법, 팁(tip)

해설　이 글에 맞는 제목을 찾는 문제인데, 앞의 문제를 근거로 보면 계속해서 중국 산수화와 원림을 언급하는 것을 확인할 수 있고, 글 서두의 '艺术之间都是互通的，中国山水画与中国园林更是如此，它们被誉为 "姐妹艺术"(예술끼리는 모두 서로 통하는데, 중국 산수화와 중국 원림은 더욱이 이러하여, 그것들은 '자매예술'로 불린다) 부분에서 중국 산수화와 원림을 자매예술로 칭한다는 것을 알 수 있으므로 '자매예술'이라는 것이 들어가는 것이 적합하고, B와 D처럼 '산수화' 혹은 '원림'만 들어간 제목은 적합하지 않다는 것을 알 수 있다. 게다가 3단락에서 '中国园林同样追求意境美：植物不刻意修剪，但疏密有致、高低有情，可谓"寓诗情画意于自然景物之中"(중국 원림 역시 똑같이 예술적 정취를 추구했는데, 식물을 일부러 다듬지는 않았지만 빽빽함의 아름다움이 있었고, 높이의 정감도 있어서 '시의 정감과 그림의 정취가 함축되어 자연의 경치 속에 녹아있다'고 말할 수 있다)'이라고 했으므로 정답은 C이다.

문제 39-42

随着网络技术的普及，一场将纸、笔和打印机等传统办公用品"赶"出办公室的"无纸化办公"潮流，开始在世界各大城市的写字楼中蔓延。

39.B 倡导者们相信，无纸化办公既能节约公司耗材、降低成本，又可以大幅度提高工作效率。这一潮流还得到了众多环保人士的支持，他们认为，办公室少用甚至不用纸张能够有效减少木材的消耗，对保护森林资源具有积极意义。然而，他们并未意识到：作为传统办公用品的代替物，电子传媒工具虽然看起来环保，40.C 实际上却是个"隐形杀手"，因为维持它们运转的电不会凭空而来。

这就造成了一个拆东墙补西墙的尴尬局面：从某种程度上来讲，无纸化办公能起到保护植被、净化空气的作用。但为了给电子传媒工具供电就得多烧煤，而煤炭燃烧时会产生二氧化硫、一氧化二氮等大量有害气体，这又加剧了空气质量的恶化。美国能源部的数据显示，目前在美国，电子设备数据中心每年的用电量约等于两万五千个家庭的用电总和。

除了能源消耗方面的糊涂账，无纸化办公在废弃物处理方面也面临着严峻的挑战。41.B 电子传媒工具更新速度快，会源源不断地产生电子垃圾。据联合国环境规划署统计，目前全球电子垃圾年均量约为4000万吨。电子垃圾中含有大量的汞、铬等有害物质，它们不但会污染垃圾场周围的空气、水和土壤，还会对附近居民的身体健康造成威胁，诱发各种炎症、心脑血管疾病，甚至是癌症。

因此，越来越多的人认为，一味地排除纸、笔和打印机的使用，不仅不能真正解决环境问题，反而会加重其负担。42.B 改进技术才是解决问题的根本途径。一方面，要改进陈旧的制浆造纸的技术，研究如何在生产纸张过程中更多地使用可再生原料和可再生能源，使用

인터넷 기술의 보급에 따라, 종이와 펜, 프린터 등의 전통적인 사무용품 등을 '내쫓는' 사무실의 '무지화 사무(서류 없는 사무)'의 유행은 세계 각 대도시의 오피스 빌딩에서 퍼지기 시작했다.

39.B 창도자들은 무지화 사무가 회사의 소모품을 절약하고, 원가를 낮출 수 있을 뿐만 아니라, 큰 폭으로 일의 효율을 높일 수 있다고 믿는다. 이 유행은 많은 환경보호 인사들의 지지를 얻었고, 그들은 사무실에서 종이를 적게 쓰거나 안 쓰면 나무의 소모를 줄일 수 있고, 삼림자원 보호에 적극적인 의미를 지닌다고 여겼다. 그러나, 그들은 전통적인 사무용품의 대체품으로써 전자매체도구들이 비록 보기에는 환경보호를 하는 것 같지만, 40.C 실제로는 '보이지 않는 살인자'라는 것을 인식하지 못했다. 그것들을 유지하는 데 가동되는 전기는 절로 생겨나는 것이 아니기 때문이다.

이것은 동쪽 벽을 허물고 서쪽 벽을 보수하는 난처한 국면을 만들어냈다. 어떤 정도에서 보자면, 무지화 사무는 식물들을 보호하고, 공기를 정화하는 작용을 가지고 있지만, 전자매체 도구들에게 전기를 제공하기 위해서는 많은 석탄을 태워야 하고, 석탄이 연소될 때에는 이산화탄소, 일산화탄소 등 대량의 유해기체가 만들어져 이것이 공기질의 악화를 더욱 심해지게 만든다. 미국 에너지부의 데이터에 의하면, 현재 미국에서는 전자설비 데이터센터의 매년 전기사용량은 25,000개 가정의 사용전력과 같다고 한다.

에너지 소모방면의 애매함을 제외하고도, 무지화 사무는 폐기물처리 방면에서도 심각한 문제를 마주하고 있다. 41.B 전자매체 도구의 갱신속도가 빨라지는 것이 전자제품 쓰레기를 끊임없이 만들어내는 것이다. UNEP통계에 따르면, 현재 전세계 전자제품 쓰레기는 연평균 양이 약 4,000만 톤이라고 한다. 전자제품 쓰레기 중에는 대량의 수은, 크롬 등의 유해물질을 가지고 있고, 그것들은 쓰레기장 주위의 공기와 물, 토양을 오염시킬 뿐만 아니라, 부근 주민들의 건강에도 위협을 조성하고, 각종 염증, 심뇌혈관 질병, 심지어 암을 유발시킨다.

이 때문에, 갈수록 많은 사람들이 무턱대고 종이와 펜, 프린터의 사용을 배제하는 것은 진정으로 환경문제를 해결할 수 없을 뿐만 아니라, 오히려 그 부담을 가중시키고 있다고 여긴다. 42.B 기술을 개선시키는 것이야말로 문제를 해결하는 근본적인 방법이다. 한 편으로는 오래된 펄프를 만들어 종이를 제조하는 기술을 개선하고, 종이를 제조하는 과정 중에 어떻게

安全无毒并且易分解的化学添加剂等。另一方面，要逐渐淘汰那种庞大且浪费油墨的打印机，研发并推广更环保的便携式打印机。

재생가능 원료와 재생가능 에너지를 더 많이 사용할 것인지, 어떻게 안전하게 독이 없으면서 분해되기 쉬운 화학첨가제 등을 사용할 것인가를 연구해야 한다. 다른 한편으로는 그 크고 인쇄잉크를 낭비하는 프린터를 점차 없애고, 더욱 환경보호가 되는 휴대하기 편한 프린터를 연구개발하고 널리 보급해야 한다.

단어 潮流 cháoliú 圐 조류, 추세, 유행 | 写字楼 xiězìlóu 圐 오피스 빌딩 | 蔓延 mànyán 圐 만연하다 | 倡导者 chàngdǎozhě 圐 창도자, 선도자 | 无纸化办公 wúzhǐhuà bàngōng 圐 무지화 사무(종이나 서류가 없는 사무환경) | 耗材 hàocái 圐 소모품 成本 chéngběn 圐 원가 | 纸张 zhǐzhāng 圐 종이 | 传媒 chuánméi 圐 대중 매체, 미디어 | 隐形 yǐnxíng 휑 모습을 감추다. 투명한(* 隐形杀手 yǐnxíng shāshǒu 보이지 않는 살인자) | 运转 yùnzhuàn 圐 (기계가) 돌아가다 | 凭空而来 píngkōng érlái 잺 이유(근거) 없이 생기다 | 拆东墙补西墙 chāi dōngqiáng bǔ xīqiáng 坹 한편을 돌보다가 다른 한편을 잃는 곤란한 지경에 빠지다 | 尴尬 gāngà 휑 당혹스럽다. 난처하다 | 植被 zhíbèi 圐 식생(식물집단) | 二氧化碳 èryǎng huàtàn 圐 이산화탄소 | 恶化 è'huà 圐 악화시키다 | 总和 zǒnghé 圐 총계. 총합 | 更新 gēngxīn 圐 갱신하다 | 源源不断 yuányuán búduàn 잺 연이어 끊어지지 않다 | 联合国环境规划署 Liánhéguó Huánjìng Guīhuàshǔ 圐 국제연합환경계획 [UNEP: 유엔 산하 환경종합조정기관] | 汞 gǒng 圐 수은 | 铬 gè 圐 크롬 | 土壤 tǔrǎng 圐 토양 | 诱发 yòufā 圐 유발하다(* 诱发疾病 yòufā jíbìng 질병을 유발하다) | 炎症 yánzhèng 圐 염증 | 心脑血管 xīnnǎo xuèguǎn 圐 심뇌혈관 | 癌症 áizhèng 圐 암(의 통칭) | 途径 tújìng 圐 방법, 경로 | 陈旧 chénjiù 휑 오래 되다 | 制浆造纸 zhìjiāng zàozhǐ 펄프를 만들어 종이를 제조하다 | 可再生能源 kězàishēng néngyuán 圐 재생에너지 | 分解 fēnjiě 圐 분해하다 | 添加剂 tiānjiājì 圐 첨가제 | 淘汰 táotài 圐 도태하다, 제거하다 | 庞大 pángdà 휑 매우 크다, 방대하다 | 油墨 yóumò 圐 인쇄 잉크 | 便携式 biànxiéshì 휑 휴대에 간편한

문제 39

下列哪项不是倡导者认为的无纸化办公的好处？	아래의 어느 항이 창도자가 여기는 무지화 사무의 좋은 점이 아닌가？
A 节约耗材	A 소모품 절약
B 材料不易丢失	B 서류를 쉽게 잃어버리지 않는 것
C 提高工作效率	C 일 효율을 높이는 것
D 节省成本	D 원가 절약

해설 '창도자'가 여긴 내용이라는 것을 첫 번째 힌트로 삼고, 무지화 사무의 '좋은 점'을 두 번째 힌트로 삼되 좋은 점이 아닌 것을 찾는 문제이므로 좋은 점을 제외하고 나머지를 정답으로 찾거나 좋지 않은 점을 언급했으면 그것을 근거로 정답을 찾으면 되는데, 2단락에서 '倡导者们相信，无纸化办公既能节约公司耗材、降低成本，又可以大幅度提高工作效率(창도자들은 무지화 사무가 회사의 소모품을 절약하고, 원가를 낮출 수 있을 뿐만 아니라, 큰 폭으로 일의 효율을 높일 수 있다고 믿는다)'라고 했으므로 언급된 A, C, D를 제외하면 B가 정답임을 알 수 있다.

문제 40

为什么说电子传媒工具是"隐形杀手"？	왜 전자매체도구가 '보이지 않는 살인자'인가？
A 有辐射	A 방사능이 있어서
B 使同事间的关系日渐疏远	B 동료들의 관계를 날이 갈수록 소원하게 만들어서
C 耗电量大	C 전력량 소모가 커서
D 易引发呼吸道疾病	D 호흡기관의 질병을 쉽게 불러 일으켜서

단어 辐射 fúshè 圐 방사하다 圐 방사(능) | 疏远 shūyuǎn 휑 소원하다 | 呼吸道 hūxīdào 圐 호흡기관

해설 '보이지 않는 살인자'를 힌트로 찾아가면 '实际上却是个"隐形杀手"，因为维持它们运转的电不会凭空而来(실제로는 '보이지 않는 살인자'라는 것이다. 그것들을 유지하는 데 가동되는 전기는 절로 생겨나는 것이 아니기 때문이다)'에서 그것들을 유지하는 데 가동되는 전기가 절로 생겨나는 것이 아니라고 했으므로 글에서 언급한 이것을 유지하는 데에도 전력이 소모됨을 알 수 있다. 정답은 C이다. A, B, D는 언급되지 않았다.

第4段主要谈的是什么?	네 번째 단락이 주로 말하는 것은 무엇인가?
A 新能源的开发	A 새로운 에너지의 개발
B 电子垃圾的危害	B 전자제품 쓰레기의 해
C 气候变化对人体的影响	C 기후변화의 인체에 대한 영향
D 废弃物的处理方法	D 폐기물 처리방법

해설   4단락을 근거로 찾아가면 '电子传媒工具更新速度快，会源源不断地产生电子垃圾(전자매체 도구의 갱신속도가 빨라지는 것이 전자제품 쓰레기를 끊임없이 만들어내는 것이다)'라고 했고 뒤에 이어지는 내용 역시 전자제품 쓰레기가 만들어내는 폐해에 대해 설명하고 있으므로 정답은 B이다.

根据上文，如何才能真正解决环境问题?	윗글에 따르면, 어떻게 해야 진정으로 환경문제를 해결할 수 있는가?
A 宣传环保知识	A 환경보호 지식을 선전한다
B 改进技术	B 기술을 개선시킨다
C 提倡绿色出行	C 녹색외출(환경을 생각한 외출)을 캠페인 한다
D 植树造林	D 나무를 심어 숲을 조성한다

단어   出行 chūxíng 동 외출하다 | 植树造林 zhíshù zàolín 나무를 심어 숲을 만들다

해설   문제의 '환경문제 해결'을 근거로 찾아가면 마지막 단락에서 '改进技术才是解决问题的根本途径(기술을 개선시키는 것이야말로 문제를 해결하는 근본적인 방법이다)'이라고 했으므로 정답은 B임을 알 수 있다.

쓰기

1. 李春设计了赵州桥。 이춘은 조주교를 설계했다.

2. 我握着手。 나는 손을 꽉 잡고 있다.

3. 眼里闪着泪花。 눈에 눈물이 반짝이고 있다

4. 我们探索奥秘。 우리는 신비를 탐구해야 한다.

5. 我养成了习惯。 나는 습관을 길렀다.

6. 水鸟吞食菜叶。 물새는 잎사귀를 먹는다.

7. 他学习知识。 그는 지식을 공부한다.

8. 飞机飞行。 비행기가 비행한다.

9. 学生爱戴老师。 학생은 선생님을 우러러 섬긴다.

10. 焰火构成了图案。 불꽃이 그림을 구성했다.

문제 1 ▶

隋朝的石匠李春亲自设计了赵州桥。	수왕조의 석장 이춘은 조주교를 설계했다.

해설

隋朝的	石匠	李春	亲自	设计了	赵州桥。
관형어1	관형어2	주어	부사어	술어	목적어
수왕조의	석장	리춘	직접	설계했다	조주교

隋朝的 → '的'가 있으므로 관형어이다.
石匠 → 주어 '李春(이춘–명사)'을 수식하므로 관형어이다.
亲自 → 주어와 술어 사이에 있는 성분은 모두 술어를 꾸며주는 부사어이다.

문제 2 ▶

我紧紧地握着台湾教师的手。	나는 타이완 교사의 손을 꽉 잡고 있다.

해설

我	紧紧地	握着	台湾教师的	手。
주어	부사어	술어	관형어	목적어
나	꽉	쥐고 있다	타이완 교사	손

紧紧地 → '地'가 있으므로 술어 '握(쥐다)'를 꾸며주는 부사어이다.
台湾教师的 → '的'가 있으므로 목적어인 '手(손)'을 수식하는 관형어이다.

문제 3 ▶

赵宇的眼里闪着激动的泪花。	자오위의 눈에 감동의 눈물이 반짝이고 있다.

해설

赵宇的	眼里	闪着	激动的	泪花。
관형어	주어	술어	관형어	목적어
자오위의	눈에	반짝이고 있다	감동의	눈물

赵宇的 → '的'가 있으므로 주어인 눈을 수식하는 관형어이다.
激动的 → '的'가 있으므로 목적어 눈물을 수식하는 관형어이다.

我们要努力探索大自然的奥秘。	우리는 대자연의 신비를 노력해서 탐구해야 한다.

해설

我们	要	努力	探索	大自然的	奥秘。
주어	부사어1	부사어2	술어	관형어	목적어
우리	~해야 한다	노력해서	탐구하다	대자연의	신비

要 → 조동사도 술어를 꾸며주는 성분이므로 부사어이다.
努力 → 형용사가 동사 앞에 있을 경우도 술어를 꾸미는 부사어가 된다.
大自然的 → '的'가 있으므로 목적어 신비를 수식하는 관형어이다.

我养成了做完作业认真检查的习惯。	나는 숙제를 다 하고 열심히 검사하는 습관을 길렀다.

해설

我	养成了	做完作业认真检查的	习惯。
주어	술어	관형어	목적어
나	길렀다	숙제를 끝내고 열심히 검사하는	습관

做完作业认真检查的 → '的'가 있으므로 목적어 습관을 수식하는 관형어이다.

一群水鸟正在吞食漂在水面上的菜叶。	한 무리의 물새는 지금 수면에 떠다니는 잎사귀를 먹고 있다.

해설

一群	水鸟	正在	吞食	漂在水面上的	菜叶。
관형어	주어	부사어	술어	관형어	목적어
한 무리	물새	~중이다	먹다	수면에 떠다니는	잎사귀

一群 → '수량사(명사를 세는 양사)'는 명사를 수식하는 관형어이다.
正在 → 부사가 술어 앞에 있으면 모두 부사어이다.
漂在水面上的 → '漂在水面上(물에 떠다니다)'이라는 동사구이지만 뒤에 '的'가 있으므로 목적어 잎사귀를 수식하는 관형어이다.

他以非凡的毅力刻苦地学习文化知识。	그는 비범한 의지로 고생스럽게 문화지식을 공부하였다.

해설

他	以非凡的毅力	刻苦地	学习	文化	知识。
주어	부사어1	부사어2	술어	관형어	목적어
그	비범한 의지로	고생스럽게	공부하다	문화	지식

以非凡的毅力(비범한 의지로) → 전치사구가 술어 앞에 있으면 부사어이다.
刻苦地 → '地'가 있으므로 술어 '学习(공부하다)'를 꾸며주는 부사어이다.
文化 → 명사이지만 목적어인 문화를 수식하는 성분이므로 관형어가 된다.

一架银白色的飞机在蔚蓝的天空中飞行。	한 대의 은백색의 비행기가 파란 하늘에서 비행한다.

해설

一架	银白色的	飞机	在蔚蓝的天空中	飞行。
관형어1	관형어2	주어	부사어	술어
한 대의	은백색의	비행기	파란 하늘에서	비행하다

一架 → '수량사(명사를 세는 양사)'는 명사를 수식하는 관형어이다.
银白色的 → '的'가 있으므로 주어 '飞机(비행기)'를 수식하는 관형어이다.
在蔚蓝的天空中 → 전치사구가 술어 앞에 있으면 부사어이다.

三班的学生十分爱戴亲切、温和、知识丰富的 王老师。	3반의 학생은 매우 친절하고, 온화하며, 지식이 풍부한 왕 선생님을 우러러 섬긴다.

해설

三班的	学生	十分	爱戴	亲切、温和、知识丰富的	王	老师。
관형어	주어	부사어	술어	관형어1	관형어2	목적어
3반의	학생	매우	추대하다	친절하고, 온화하고, 지식이 풍부한	왕	선생님

三班的 → '的'가 있으므로 주어 '学生(학생)'을 수식하는 관형어이다.
十分 → 부사는 술어 앞에 위치하며 부사어에 속한다.
亲切、温和、知识丰富的 → 형용사구와 동사구가 나열되어 있지만 마지막에 '的'가 있으므로 목적어 '老师(선생님)'를 수식하는 관형어가 된다.
王 → 목적어 '老师(선생님)'를 좀더 구체적으로 설명한 어휘이고, 명사 앞에 있으므로 관형어이다.

문제 10

五彩缤纷的焰火在夜空中构成了一幅美妙无比 的图案。	오색찬란한 불꽃이 밤 하늘에서 한 폭의 아름답기가 비할 바 없는 그림을 구성했다.

해설

五彩缤纷的	焰火	在夜空中	构成了	一幅美妙无比的	图案。
관형어	주어	부사어	술어	관형어	목적어
오색찬란한	불꽃	밤하늘에	구성했다	아름답기가 비할 바 없는	도안

五彩缤纷的 → '的'가 있으므로 주어 불꽃을 수식하는 관형어이다.
在夜空中 → 전치사구가 술어 앞에 있으면 부사어이다.
一幅美妙无比的 → '的'가 있으므로 목적어 '图案(도안, 그림)'을 수식하는 관형어이다.

유형별 전략 02 실전 문제 정답 ▶p.248

1. 一天，张良来到一座桥上，看到一个老头儿。 하루는 장량이 한 다리로 가서 한 명의 노인을 보았다.

2. 下午2:30，小吃店的客人都散了。 오후 2시 30분, 분식집의 손님은 모두 흩어졌다.

3. 给予一个人尊严，才能让他体面地活。 사람에게 존엄을 주어야지만 그를 떳떳하게 살게 할 수 있다.

4. 很久以前，有位国王，他的年纪很大了。 아주 오래 전에 한 국왕이 있었는데, 그는 나이가 많았다.

5. 副院长对六个同学说："你们应该记住一句话—天使能够飞翔，是因为把自己看得很轻。" 부원장은 여섯 명의 학생에게 말했다. "여러분은 천사가 날 수 있는 것은 자신을 가볍다고 보기 때문이라는 말을 기억해야 합니다."

문제 1

一天，张良漫步来到一座桥上，看到桥头坐着 一个衣衫破旧的老头儿。	하루는 장량이 한가롭게 거닐다 한 다리에 가서, 다리 입구 쪽에 앉아있는 한 낡고 허름한 옷을 입은 노인을 보았다.

해설
1. '漫步(한가롭게 거닐다)'는 동작을 꾸며주는 말로 불필요하다.
2. 이미 앞에서 장량이 다리에 갔다는 내용이 있으므로 중복되는 장소 설명인 '桥头坐着(다리 입구 쪽에 앉아있는)' 부분은 불필요하다.
3. 내용상 꼭 필요한 설명이 아니라면 사람을 묘사하는 수식 성분 즉, '衣衫破旧的(옷이 낡고 허름한)'는 삭제하는 것이 좋다.

下午2:30，午餐高峰时间过去了，原本拥挤的小吃店，客人都已慢慢散去了。	오후 2시 30분, 바쁜 점심시간이 지나가자, 원래 붐비던 분식집은 손님들이 모두 천천히 흩어졌다.

해설 1. 핵심은 '2시 30분이 되자 분식집 손님들이 다 흩어졌다'라는 것이다.
2. '午餐高峰时间过去了(바쁜 점심시간이 지났다)'와 '原本拥挤的(원래 붐비던)'라는 분식집을 수식하는 부분은 삭제하는 것이 좋다.
3. '已慢慢(천천히)'은 '散(흩어지다)'을 꾸며주는 말로 필요치 않다.

문제 3

无论多么贫穷，多么卑微，每个人都有尊严，给予一个人尊严，才能让他体面地活。	얼마나 가난하든지, 얼마나 비천하든지에 상관없이 모든 사람은 다 존엄을 가지고 있고, 사람에게 존엄을 주면, 비로소 그로 하여금 떳떳하게 살아가게 할 수 있다.

해설 1. '无论(= 不论/不管)'은 내용상 설명이 꼭 필요한 경우를 제외하고 보통 화자나 주인공이 개의치 않는 부분에 해당되므로 삭제하는 것이 좋다.
2. 핵심은 '사람에게 존엄을 주어야만 그로 하여금 떳떳하게 살아가게 할 수 있다'는 것이므로, '给予一个人尊严，才能让他体面地活' 부분만 남기고 다 삭제해도 좋다.

문제 4

很久很久以前，有位贤明而很受百姓爱戴的国王。这位国王的年纪已经很大了。	아주 아주 오래 전에, 현명하고 백성의 섬김을 받는 국왕이 있었다. 이 국왕은 나이가 아마 많았다.

해설 1. 중첩된 표현은 줄여야 한다.
2. 이 문장에서는 '국왕이 나이가 많다'는 것이 핵심이다.
3. 사람을 묘사하는 부분은 내용 흐름상 꼭 필요하지 않으면 삭제하는 것이 좋기 때문에 '贤明而很受百姓爱戴的(현명하고 백성의 섬김을 받는)'는 삭제하는 것이 좋다.

문제 5

副院长对六个同学说："将来无论你们走到哪里，无论从事什么职业，都应该记住一句话——天使能够飞翔，是因为把自己看得很轻。"	부원장은 여섯 명의 학생에게 말했다. "장래에 여러분들이 어디를 가든지, 어떤 직업에 종사하든지 간에, 모두 천사가 날 수 있는 것은 자신을 가볍게 생각하기 때문이라는 말을 기억해야 합니다."

해설 1. 주인공 '副院长(부원장)'과 대상인 '六个同学(6명의 학생)'는 반드시 들어가야 한다.
2. 중요한 것은 기억해야 하는 그 말이므로 '都应该记住一句话——天使能够飞翔，是因为把自己看得很轻(천사가 날 수 있는 것은 자신을 가볍게 보기 때문이라는 말을 모두 기억해야 한다)'만 남기면 된다.

유형별 전략 03 실전 문제 정답 ▶p.252

1. 六个月后，我问老赵当时的心路历程。 6개월 뒤, 나는 라오짜오에게 당시의 심리변화 과정에 대해 물었다.

2. 梅子是医学院的学生，她跟四个同学到医院实习了。
메이즈는 의학대학의 학생이고, 그녀는 네 명의 친구들과 병원에서 실습했다.

3. 梅子回答：“车上有那么多救护人员，没有我不会受影响。”

메이즈는 대답했다. "차에 이렇게나 많은 구조인원이 있으니 내가 없어도 영향을 주지 않을 거예요."

4. 老赵是一家餐厅里的服务员，他换工作时，几个同事愿意跟着他换工作。

라오짜오는 한 식당의 종업원으로, 그가 직장을 바꿀 때 몇 명의 동료도 그를 따라 직장을 바꾸려 했다.

5. 爸爸的短信让她非常感动。 아빠의 문자메시지는 그녀를 매우 감동시켰다.

문제 1

事件发生六个月之后，我遇到老赵，问他当抢匪闯入的时候他的心路历程。 ▶ 제시어: **当时**	사건 발생 6개월 후에, 나는 라오짜오를 만나, 그에게 강도가 난입했을 때의 그의 심리변화 과정에 대해 물었다.

해설 1. 시간은 간략하게 나타내는 것이 가장 좋다.
2. '그에게 물어봤다는 것은 라오짜오를 만났다는 것이므로 라오짜오를 만났다는 내용은 불필요하므로 바로 '我问老赵(나는 라오짜오에게 물었다)'로 고치는 것이 좋다.
3. '사건의 내용은 간단하게 쓰는 것이 좋지만 제시어가 '当时(당시)'이므로 '当抢匪闯入的时候(강도가 난입했을 때)'를 '当时(당시)'로 고쳐야 한다.

문제 2

梅子是在一所医学院学习的学生。梅子与跟她生活在同一个宿舍里的四个朋友到了一所省内最高等级的医院实习。 ▶ 제시어: **同学**	메이즈는 한 의학대학에서 공부하는 학생이다. 메이즈는 그녀와 한 기숙사 안에서 생활하고 있는 네 명의 친구들과 성 내와 일류급의 병원에서 실습을 했다.

해설 1. 내용상 '医学院(의학대학)'이라는 설명만 들어가면 되므로 첫 번째 문장에서 불필요한 수식어는 삭제하는 것이 좋다.
2. '与跟她生活在同一个宿舍里的四个朋友(그녀와 한 기숙사에서 함께 생활하고 있는 네 명의 친구)'가 그녀의 학교 친구들을 지칭하는 부분이므로 이 부분을 '她的四个同学(그녀의 네 명의 학교친구)'로 바꾸어야 한다.
3. 주요 내용은 병원에서 실습했다는 것이므로 병원을 수식하는 부분 '一所省内最高等级的(성 내의 일류의)'는 삭제해도 좋다.

문제 3

梅子擦着额头的汗水回答道：“车上有那么多医生和护士，缺少我不会影响救护的。” ▶ 제시어: **救护人员**	메이즈는 이마의 땀을 닦으며 대답했다. "차에 그렇게 많은 의사와 간호사가 있으니, 제가 빠진다고 해서 구조에 영향을 주지는 않을 거예요."

해설 1. 사람의 모습이나 상태를 설명하는 어휘는 보통 삭제하는 것이 좋다.
2. 내용상 '医生和护士(의사와 간호사)'가 사람을 구조하는 구조원이므로 제시어 '救护人员'로 바꾸는 것이 맞다.
3. 내용상 '缺少我(내가 빠져도)'는 '没有我(내가 없어도)'로 바꾸어도 된다.
4. 내가 빠져도 상관이 없다는 내용이므로 마지막 '救护'는 쓰지 않아도 좋다.

문제 4

老赵是一家餐厅的服务员，他换工作的时候，餐厅的另一个服务员小丽和在厨房里工作的小张都愿意跟着他从这家餐厅换到另一家。 ▶ 제시어: **同事**	라오짜오는 한 식당의 종업원인데, 그가 직장을 바꿀 때, 식당의 다른 종업원인 샤오리와 주방에서 일하는 샤오짱은 모두 그와 함께 이 식당에서 다른 곳으로 옮기고 싶었다.

1. '……的时候(~할 때)'는 '……时'로 바꾸어도 된다.
2. '餐厅的另一个服务员小丽和在厨房里工作的小张(식당의 또 다른 종업원 샤오리와 주방에서 일하는 샤오짱)'에서 샤오리는 또 다른 종업원이고 샤오짱은 담당하는 부분은 다르지만 같은 직장 내에서 일하는 사람이므로 이 부분 전체를 제시어인 '同事(동료)'로 바꿀 수 있다. 또한 샤오리와 샤오짱은 중요한 인물이 아니기 때문에 이름과 구체적인 인원을 설명할 필요는 없다. '几个同事'로 설명해도 충분하다.
3. '从这家餐厅换到另一家(이 식당에서 다른 곳으로 바꾸다)'는 쉽게 말해 직장을 바꾼다는 것이므로 '换工作(직장을 바꾸다)'로 바꾸는 것이 좋다.

문제 5

她接到了爸爸的短信。大意是：爸爸、妈妈、哥哥、姐姐，我们这一家人都会支持你，以你为最大的骄傲。她看着这条短信，就感动得热泪盈眶。 ▶ 제시어: 让	그녀는 아빠의 문자메시지를 받았다. 대략적인 내용은 '아빠, 엄마, 오빠, 언니, 우리 가족 모두 너를 지지할 것이고, 너를 가장 큰 자랑거리로 삼는단다.'라는 것이었다. 그녀는 이 문자메시지를 보고 감동하여 눈물을 흘렸다.

1. 주인공은 '她(그녀)'이고 중요한 사실은 아버지의 메시지를 받고 감동했다는 것이므로 구체적인 메시지는 생략해도 좋다.
2. 제시어가 '让(사역동사)'이므로 '그녀가 아버지의 메시지를 보고 감동했다'는 것을 '아버지의 메시지가 그녀를 감동시켰다'로 바꾸어야 한다. 즉, '她看着这条短信，就感动得热泪盈眶'을 '爸爸的短信让她非常感动'으로 바꾸어야 한다.
3. 감동해서 눈물 흘렸다는 것은 매우 감동했다는 것이므로 기본내용인 감동했다만 남기면 된다.

유형별 전략 04 실전 문제 정답 ▶p.255

1. 第一个被称为伯乐的人是春秋时代的孙阳。 첫 번째로 백락이라고 불린 사람은 춘추시대의 손양이다.

2. 她说：“刘先生，我们都要记住客人的名字。”

그녀는 말했다. "리우 선생님, 우리는 모두 고객의 이름을 기억해야 합니다."

3. 现在，我写了很多作品。我感到当初很幸运。

현재 나는 많은 작품을 썼고, 나는 당초 매우 행운이었다고 생각한다.

4. 现在，“东郭先生”变成了固定词语，意思是对坏人讲仁慈的人。

현재 '동곽선생'은 고정어휘로 바뀌었고, 의미는 나쁜 사람에게 인자한 사람이다.

5. 驾车的人认为伯乐是傻瓜，因为马没力气、很瘦，所以把它便宜地卖了。

마차를 모는 사람은 백락이 바보라고 여겼고, 말은 힘이 없고, 말라서, 그것을 싸게 팔았다.

문제 1

第一个被称做伯乐的人叫孙阳，他是春秋时代的人。由于他对马很有研究，人们都称他为伯乐。	첫 번째로 백락이라고 여겨진 사람은 손양으로, 그는 춘추시대 사람이다. 그는 말에 대해 조예가 깊었기 때문에 사람들은 모두 그를 백락이라고 불렀다.

1. '第一个被称做伯乐的人叫孙阳(첫 번째로 백락으로 여겨진 사람이 손양)'이라는 것과 '人们都称他为伯乐(사람들이 그를 백락으로 불렀다)'는 것은 의미가 겹치므로 하나로 합치는 것이 좋다.
2. '他是春秋时代的人(그가 춘추시대 사람)'이라는 것은 시간을 알 수 있는 부분이므로 설명해야 한다.
3. '由于他对马很有研究'는 백락이 말에 대해 조예가 깊음을 뜻하는 것이므로 그가 말에 조예가 깊다는 내용은 불필요하다.

她对我说： "刘先生，我们每一层的当班小姐都要记住每一个房间客人的名字。"	그녀는 나에게 말했다. "리우 선생님, 우리 매 층의 담당 여직원들은 모두 모든 객실고객의 성함을 기억해야 합니다."

해설 1. '我们(우리)'과 '每一层的当班小姐(매 층의 담당 여직원)'는 동격이므로 '我们(우리)'으로 정리하는 것이 좋다.
2. '每一个房间的客人(모든 객실의 고객)'에서 '每一个房间的(모든 객실의)'는 불필요한 수식어이므로 삭제하는 것이 좋다.

现在，我已经写了很多作品，出版、发行了一部部小说、戏剧和电影剧本。我越来越体会到我当初是多么幸运。	현재, 나는 어마 많은 작품을 썼고, 소설과 희극, 영화 극본을 한 편 한 편 출판하고 발행했다. 나는 갈수록 내가 당초에 얼마나 행운이었는지를 깨닫게 된다.

해설 1. '我已经写了很多作品(많은 작품을 썼다는 것)'과 '出版、发行了一部部小说、戏剧和电影剧本(소설과 희극, 영화 극본을 한 편 한 편 출판하고 발행했다)'은 겹치는 내용이므로 '我写了很多作品(나는 많은 작품을 썼다)'으로 정리하는 것이 좋다.
2. '我越来越体会到我当初是多么幸运(나는 갈수록 내가 당초에 얼마나 행운이었는지를 깨닫게 된다)'에서는 '幸运(행운이다)'이라는 설명만 들어가도 충분히 의미 전달이 된다.

现在，"东郭先生"已经成为汉语中的固定词语，专指那些不辨是非而滥施同情心、对坏人讲仁慈的人。	현재 '동곽선생'은 어마 중국어의 고정어휘가 되어, 옳고 그름을 분별하지 못해 동정심을 남발하고, 나쁜 사람에게도 인자한 사람을 일컫는다.

해설 1. '已经成为A(이미 A가 되었다)'는 '变成了A(A로 바뀌었다)'로 바꿀 수 있다.
2. '不辨是非而滥施同情心(옳고 그름을 분별하지 못해 동정심을 남용한다)'과 '对坏人讲仁慈(나쁜 사람에게 인자하다)'는 의미가 겹치므로 한 가지로 정리하되 후자 '对坏人讲仁慈'로 정리하는 것이 좋다.

那个驾车的人认为伯乐是个十足的大傻瓜，他觉得自己的这匹马实在太普通了，拉车没什么气力，吃得又多，还骨瘦如柴的，于是，毫不犹豫地把马以低价卖给了伯乐。	큰 마차를 몰던 사람은 백락이 매우 멍청한 사람이라고 여겼고, 그는 자신의 이 말은 실제로는 너무 평범해서 마차를 끌 어떤 힘이 없고, 또 많이 먹는데다가, 골격도 마치 장작 같다고 느꼈다. 그리하여, 조금도 주저하지 않고 말을 싼 값으로 백락에게 팔았다.

해설 1. '马太普通了(말이 너무 평범하다)'와 어떻게 평범한지 설명한 내용(没力气，吃得多，很瘦)은 겹치는 내용이므로 줄여야 하는데, 간단한 표현으로 줄이는 것이 일반적이기 때문에 '말이 평범하다'로 간단하게 줄여도 되지만, 평범한 말의 특징이 광범위하므로 뒤에 설명한 내용으로 줄이는 것이 좋다.
2. '骨瘦如柴(골격이 장작과 같다)'는 말랐다는 표현이므로 '很瘦(마르다)'로 바꿀 수 있다.
3. '以低价卖给了(저가로 팔았다)'라는 표현은 '便宜地卖(싸게 팔았다)'로 더 쉽게 바꿀 수 있다.

1. 儿子小时候特别内向(害羞)，我没想到他竟然会成为一名律师。

아들은 어렸을 때 매우 내성적이어서(수줍음이 많아서), 그가 변호사가 될 거라고는 생각도 못했다.

2. 儿子很聪明，再加上努力，在公司干得非常出色。

아들은 똑똑한데 노력까지 더해, 회사에서 매우 뛰어나게 일했다.

문제 1

儿子小时候一说话就脸红，回答老师问题的时候声音也很小，我当时很替他担心。但随着年龄的增长，他逐渐成熟了，大学毕业后成了一名优秀的律师，真让人吃惊。	아들은 어렸을 때, 말만 해도 얼굴이 빨개지고, 선생님의 질문에 대답할 때 목소리도 작아서, 나는 당시에 매우 걱정했다. 그러나 나이가 많아짐에 따라 그는 점차 성숙해졌고, 대학 졸업 후에는 한 명의 우수한 변호사가 되어 매우 놀랐다.

핵심 아들은 어렸을 때 말만 하면 얼굴이 빨개지고 선생님의 물음에 대답하는 목소리도 작았다 → 대학 졸업 후에 아들은 우수한 변호사가 되어서 정말 놀랐다

해설 1. 내용의 핵심은 수줍음이 많은 아이가 변호사가 되어 놀란 내용이므로 걱정한 내용과 성숙해진 부분은 설명이 불필요하다.
2. 인물묘사는 내용의 흐름상 불필요하면 삭제하거나, 필요하다면 문장에 나열된 어휘를 다 기억해 적는 것보다 모두 의미를 총괄할 수 있는 어휘로 바꾸어 표현하는 것이 좋다.
3. '儿子小时候一说话就脸红，回答老师问题的时候声音也很小(말만 해도 얼굴이 빨개지고 선생님의 질문에 대답할 때 목소리도 작다)'라는 것으로 보아 아들은 '내성적(很内向)'이고 '수줍음을 많이 탄다(很害羞)'라고 표현할 수 있다.
4. '没想到(생각지 못하다)', '竟然(뜻밖에)', '吃惊(놀라다= 惊讶)'은 품사와 사전적인 의미만 다를 뿐, 설명하고자 하는 내용은 같다. 그러므로 아들이 변호사가 되어 놀라게 만든 내용은 생각지 않게 뜻밖에 변호사가 되었다라고 바꿀 수 있다.

문제 2

儿子遗传了父亲聪明的头脑和坚韧的性格，再加上自己的刻苦，他在公司工作干得非常出色，职位也一步步提升。	아들은 아버지의 총명한 두뇌와 강인한 성격을 물려받았고, 자신의 노고까지 더해, 그는 회사에서 뛰어나게 일을 하였고, 직위도 한 단계씩 높아졌다.

핵심 아들은 아버지의 총명한 두뇌를 물려받았다 → 노력까지 더했다 → 회사에서 뛰어나게 일했다

해설 1. 핵심내용은 아버지에게 총명함을 물려받았는데도 열심히 노력까지 해, 일에서 뛰어남을 보였다는 것이다.
2. '儿子遗传了父亲聪明的头脑(아버지의 총명함을 물려받았다)'라는 것은 결국 아들이 똑똑하다는 것이므로 '孩子很聪明'으로 바꿀 수 있다.
3. 자신의 '刻苦(노고, 고생)'를 더했다는 것은 '努力(노력하다)'로 바꿀 수 있기 때문에 '再加上努力'로 고칠 수 있다.
4. '在公司工作干得非常出色(회사에서 뛰어나게 일했다)'에서 일하는 곳이 회사이므로 굳이 쓸 필요가 없다.
5. '职位也一步步提升(직위가 한 단계씩 높아졌다)'은 결국 일을 잘했다는 뜻이므로 '工作干得非常出色'를 썼다면 '职位一步步提升'은 삭제해도 좋다.

1. 爸爸和妈妈觉得我拉小提琴很难听。后来，我偶然找到安静的地方练琴。

   아빠와 엄마는 내가 바이올린을 켜는 것을 듣기 힘들다고 생각하셨다. 후에 나는 우연히 바이올린을 연습할 안정된 곳을 발견했다.

2. 没过几年，他就当上了总经理，还建立了幸福的家庭，感到很充实。

   몇 년 되지 않는 시간 동안 그는 사장이 되었고, 행복한 가정도 꾸려서 보람을 느꼈다.

문제 1 ▶

在爸爸和妈妈看来，我拉小提琴简直就像在锯木头，很难听。他们的看法让我沮丧，也让我不敢在家里练小提琴了。后来，我无意中发现了一个练小提琴的好地方，那儿环境十分安静。于是我到那儿拉小提琴。	아빠와 엄마가 보기에는, 내가 바이올린을 켜는 것이 정말이자 나무토막을 톱질하는 것 같아 듣기 힘들 지경이라고 한다. 부모님의 시선은 나를 낙담하게 만들었고, 또한 집에서 감히 바이올린을 켤 수 없게 만들었다. 후에, 나는 우연히 바이올린을 연습할 좋은 곳을 발견했는데, 그곳의 환경은 매우 조용했다. 그리하여 나는 거거에서 바이올린을 켰다.

핵심 아빠와 엄마는 내가 바이올린 켜는 것을 듣기 힘들다고 느낌 → 후에 나는 우연히 좋은 장소를 찾아 연습함

해설 1. '简直就像在锯木头(정말이지 나무토막을 톱질하는 것 같다)'는 뒤에 이어지는 듣기 힘들다는 것을 부연 설명한 것으로 불필요하다.
　　2. 뒤에서 바이올린을 연습할 곳을 새로 찾아 연습했다는 내용이 있으므로 집에서 연습하지 못했다는 내용은 삭제해도 좋다.
　　3. '无意中发现(우연히 발견하다)'은 '偶然找到(우연히 찾아내다)'로 바꿀 수 있다.
　　4. '好地方'이라는 것은 결국 환경이 조용한 곳이라는 뜻이므로 하나로 합치는 것이 좋다.
　　5. 마지막의 '拉小提琴(바이올린 켜다)'은 연습을 의미하므로 '练琴'으로 줄이는 것이 좋다.

문제 2 ▶

不几年的功夫，他就当上了公司的总经理，并且娶了一个贤惠的妻子。看着自己的家因为自己的努力变得越来越美满，他感到前所未有的充实。	몇 년 되지 않는 시간 동안, 그는 회사의 사장이 되었고, 타불어 슬기로운 아내를 얻었다. 자신의 가정이 자신의 노력으로 인해 갈수록 행복해지는 것을 보고, 그는 전에는 없었던 보람을 느꼈다.

핵심 몇 년 되지도 않아 그는 사장이 됨 → 좋은 아내를 맞이함 → 보람을 느낌

해설 1. '不几年的功夫'는 '몇 년 지나지 않은 시간'으로 '没过几年(몇 년 지나지 않아)'로 바꿀 수 있다.
　　2. '슬기로운 아내를 얻고 자신의 노력으로 가정이 행복해졌다'는 내용은 합쳐서 '그가 행복한 가정을 꾸렸다' 즉, '建立了幸福的家庭'으로 바꾸는 것이 훨씬 간단하고 쉽다.
　　3. 수식어 '前所未有的(전에는 없었던)'는 중요한 부분이 아니므로 삭제해도 좋다.

1. 他发现得到的书是早已失传的《太公兵法》, 他感到很惊讶。从此以后, 他日夜学习这部书, 后来真的成了大军事家, 为汉王朝的建立, 做出了很大的贡献。

그는 얻은 책이 이미 전해지지 않는 《태공병법》이라는 것을 알아내고는 매우 놀랐다. 이후에 그는 밤낮으로 공부해서 후에 정말로 대군사가 되었고 한 왕조의 건립을 위해 매우 큰 공헌을 했다.

2. 有一次期末考试的前一天, 时间已经过去半天了, 而她的功课很多没复习。但她不想放弃午睡, 就让我下午两点叫她。

어떤 기말시험 하루 전, 시간이 이미 반나절이 흘렀는데 그녀의 과목은 많이 복습되지 못했다. 그러나 그녀는 낮잠을 포기하고 싶지 않아했고 나에게 오후 2시에 그녀를 깨워달라고 했다.

문제 1

等到天亮, 他打开手中的书, 他惊奇地发现自己得到的是《太公兵法》, 这可是天下早已失传的极其珍贵的书呀, 他惊异不已。从此后, 他捧着《太公兵法》日夜攻读, 勤奋钻研。后来真的成了大军事家, 做了刘邦的得力助手, 为汉王朝的建立立下了卓著功勋, 名噪一时。	날이 밝자, 그는 수중의 책을 펼쳐 보았고, 그는 놀랍게도 자신이 얻은 것이 《태공병법》이라는 것을 알게 되었다. 이것은 세상에는 이미 전해지지 않는 아주 진귀한 책이어서, 그는 놀라움을 금치 못했다. 이후부터 그는 《태공병법》을 들고 밤낮으로 공부하고 몰두해서 연구했다. 후에 정말 대군사가 되었고, 유방의 오른팔이 되어 한 왕조의 건립을 위해 큰 공을 세워, 이름을 세상에 떨쳤다.

해설
1. 《太公兵法》에 관한 정보로 꼭 필요한 것은 '他得到的(그가 얻은 것)', '已失传的(이미 전해지지 않은 것)'라는 사실이므로 간단하게 '他得到的书是早已失传的《太公兵法》'라고 바꿀 수 있다.
2. '他惊奇不已(그는 놀라움을 금치 못했다)'는 '他感到很惊讶(그는 놀랐다)'로 쉽게 바꿀 수 있다.
3. '日夜攻读(밤낮으로 공부하다)'와 '勤奋钻研(몰두해서 연구하다)'은 겹치는 내용으로 하나로 줄여도 되고, 간단하게 '日夜学习(밤낮으로 공부하다)'로 바꾸어 줄여도 좋다.
4. 유방의 오른팔이 되어 한 일이 왕조 건립을 도운 일이므로 '做了刘邦的得力助手(유방의 오른팔이 되었다)'는 내용은 삭제해도 좋다.
5. '立下了功勋(공훈을 세웠다)'은 좀 더 익숙한 '做出了贡献(공을 세웠다)'으로 바꿀 수 있다.

문제 2

某次期末考试的前一天, 她的功课还有一半没看过, 而这一天的时间也已经过去一半了。如此紧迫的形势都不能破坏她每天一个午觉的习惯, 但临睡前一她叮嘱我下午两点务必把她叫起来。	어떤 기말고사 하루 전, 그녀의 (시험)과목은 아직 반도 보지 못했는데, 아 하루의 시간도 이미 반이나 지나가 버렸다. 이처럼 긴박한 상황조차도 그녀가 매일 낮잠 자는 습관을 깨지 못했다. 하지만 잠들기 전에, 그녀는 나에게 오후 두 시에 반드시 그녀를 깨워달라고 당부했다.

해설
1. '某次'는 '有一次'로 바꿀 수 있다.
2. '她的功课还有一半没看过, 而这一天的时间也已经过去一半了(그녀의 (시험)과목을 반도 못 봤는데 이미 하루의 반이 지나갔다)'는 '时间已经过去半天了, 而她的功课很多没复习(시간이 이미 반나절이 흘렀는데 그녀의 과목은 많이 복습하지 못했다)'로 바꾸어도 좋다.
3. 앞에서 이미 시험 전 날로 시간이 긴박하다는 것을 설명했으므로 '如此紧迫的形势(이처럼 긴박한 상황)'라는 직접적인 수식어는 필요하지 않다.
4. '不能破坏她每天一个午觉的习惯(그녀의 낮잠 자는 습관을 깰 수 없었다)'은 '그녀는 낮잠을 포기하고 싶지 않아했다', 즉, '她不想放弃午睡'로 간단하게 줄일 수 있다.
5. '叮嘱我把她叫起来(나에게 깨워달라고 당부했다)'는 사역으로 바꾸어 '让我叫她(나에게 깨워달라고 했다)'로 바꾸는 것이 쉽다.

						张	良	的	故	事									
		五	天	后	早	上	,	张	良	来	到	桥	上	。	但	老	头	儿	已
经	先	到	了	等	他	。	老	头	儿	生	气	地	说	:"	五	天	后	再	见!"
五	天	后	,	张	良	很	早	就	来	到	桥	上	。	过	了	一	会	儿	,
老	头	儿	来	了	。	他	很	满	意	地	说	:"	年	轻	人	就	应	该	这
样	!"	然	后	交	给	张	良	一	本	书	。	这	本	书	就	是	失	传	已
久	的	《	太	公	兵	法	》。												

장량 이야기

　5일 후 오전에, 장량은 다리에 왔다. 하지만 노인은 이미 먼저 와서 그를 기다렸다. 노인은 화가 나 말했다. "5일 후 다시 만나세!" 5일 후, 장량은 매우 일찍 다리에 왔다. 조금 지나서 노인이 왔다. 그는 만족스러워 하며 말했다. "젊은이는 마땅히 이렇게 해야지!" 그런 후에 장량에게 책 한 권을 주었다. 이 책은 바로 실전된 지 오래된 ≪태공병법≫이었다.

					机	会	的	意	义										
		一	条	船	在	海	上	遇	到	大	风	,	船	翻	了	。	一	个	人
抓	住	了	木	头	飘	到	无	人	岛	上	。	他	没	有	失	去	信	心	,
找	到	吃	的	,	并	用	木	头	建	了	一	个	小	屋	子	保	存	食	物。
		一	个	星	期	过	去	了	,	没	有	船	来	救	他	。	第	十	天,
又	打	雷	又	打	闪	。	雷	电	点	燃	了	小	木	屋	。	他	的	食	物
和	木	屋	烧	没	了	。	他	很	灰	心	,	就	在	一	颗	树	上	自	杀
了	。																		
		就	在	他	停	止	呼	吸	不	久	,	一	条	船	来	了	,	船	长
明	白	了	一	切	。	其	实	是	浓	烟	把	他	们	引	来	的	,	那	个
人	再	坚	持	一	会	儿	就	能	得	救	了	。							
		我	们	不	仅	要	有	创	造	机	会	的	能	力	,	还	要	有	等
待	机	会	的	勇	气	。													

한 척의 배가 바다에서 강풍을 만나, 배가 뒤집어졌다. 한 사람이 나무토막을 잡고 무인도까지 떠밀려갔다. 그는 믿음을 잃지 않고, 먹을 것을 찾아냈고, 나무로 작은 창고를 하나 만들어 식량을 보관했다.

한 주가 지나갔지만 그를 구하러 오는 배는 없었다. 10일 째 되던 날, 천둥과 번개가 쳤다. 벼락이 창고에 불을 냈고, 그의 식량과 창고는 전소했다. 그는 낙담해, 한 나무 위에서 자살했다.

그가 호흡을 멈춘 지 얼마 되지 않아서, 한 척의 배가 왔고, 선장은 (어떤 일이 있었는지) 모든 것을 알 수 있었다. 사실 짙은 연기가 그들을 이끌었고, 그 사람이 조금만 더 버티기만 했어도 바로 구조될 수 있었다.

우리는 기회를 만들어내는 능력을 가져야 할 뿐만 아니라, 기회를 기다리는 용기를 가져야 한다.

문제

一条船在海上遇到大风，船翻了，有一个人幸亏抓住了木头漂游到无人岛上。他并没有失去信心，而是很努力地把能吃的东西都找了来，并用木头建了一个小屋子来保存捡来的食物。这段时间，如果有船从这里经过，他就可以得救子。—	一条船在海上遇到大风，船翻了。一个人抓住了木头飘到无人岛上。他没有失去信心，找到吃的，并用木头建了一个小屋子保存食物。
한 척의 배가 바다에서 강풍을 만나 뒤집어졌고, 한 사람만이 운 좋게 나무토막을 잡고 무인도까지 떠밀려갔다. 그는 결코 믿음을 잃지 않고 노력해서 먹을 수 있는 것들을 찾아왔고, 나무로 하나의 작은 창고를 만들어 주워온 식량을 보관했다. 이 때는 만약에 이곳을 지나가는 배가 있으면 그는 구조될 수 있었다.	한 척의 배가 바다에서 강풍을 만나, 배가 뒤집어졌다. 한 사람이 나무토막을 잡고 무인도까지 떠밀려갔다. 그는 믿음을 잃지 않고, 먹을 것을 찾아냈고, 나무로 작은 창고를 하나 만들어 식량을 보관했다.

해설 1. 중요한 사실은 배가 뒤집어졌는데 한 사람이 무인도에 떠밀려갔다는 것이다. '幸亏(운 좋게)'와 같은 수식어는 불필요하다.
　　　2. '很努力地把能吃的东西都找了来(노력해서 먹을 수 있는 것을 찾아왔다)'는 '找到吃的(먹을 것을 찾아냈다)'로 간단하게 줄일 수 있다.
　　　3. '만약'이 들어간 내용은 가정, 즉, 아직 일어나지 않은 일을 가정한 것이므로 흐름상 꼭 넣어야 이해가 가는 경우 빼고는 삭제하는 것이 좋다.

他每天都登上高处远望，看海上有没有船，可一个星期过去了。连一只船的影子也没看见，他有些着急。第10天，他又登上高处去看，天阴子下来，又是打雷又打闪，忽然，他看见小木屋的方向升起子浓烟。他急忙跑过去，原来是雷电点燃了木屋，他希望下起雨来，一场大雨把火浇灭，因为木屋里有他所有的食物，可是一滴雨也没下，大火把他的食物和木屋一起烧成灰。他心灰意冷地在一棵树上结束了自己的生命。	一个星期过去了，没有船来救他。第十天，又打雷又打闪。雷电点燃了小木屋。他的食物和木屋烧没了。他很灰心，就在一颗树上自杀了。

그는 매일 높은 곳에 올라 바다에 배가 있는지 보았다. 일주일이 지났지만, 배 그림자도 보이지 않았고, 그는 초조해졌다. 10일 째 되던 날, 그는 또 높은 곳에 올랐는데, 날씨가 흐려지더니 천둥과 함께 번개가 치더니 갑자기 창고방향에서 짙은 연기가 피어 오르는 것이 보였다. 그는 얼른 달려가서 보니 창고가 벼락을 맞아 불이 난 것이었다. 창고 안에는 그가 모든 식량이 있었기 때문에 그는 비가 내려서 불을 꺼주길 바랬다. 하지만 한 방울의 비도 내리지 않았고, 큰 불은 그의 식량과 창고를 함께 불태워 재로 만들어 버렸다. 그는 낙담하여 한 나무 위에서 자신의 목숨을 끊었다.	한 주가 지나갔지만 그를 구하러 오는 배는 없었다. 10일 째 되던 날, 천둥과 번개가 쳤다. 벼락이 창고에 불을 냈고, 그의 식량과 창고는 전소했다. 그는 낙담해, 한 나무 위에서 자살했다.

해설 1. 시간의 변화는 기억하는 것이 좋다.
2. 천둥 번개가 치는 것만으로 날이 안 좋아졌음을 설명할 수 있으므로 날이 흐려졌다는 내용은 삭제해도 된다.
3. '大火把他的食物和木屋一起烧成灰(큰 불이 그의 음식과 창고를 다 태워 재로 만들었다)'는 '他的食物和木屋烧没了(그의 식량과 창고가 전소했다)'로 바꿀 수 있다.
4. '结束了自己的生命(자신의 생명을 끝냈다)'은 '自杀了(자살했다)'를 의미한다.

	→	
就在他停止呼吸不久，一只船开子过来，船长看见兒子岛上的小屋和树上的这个人，然后明白了一切。其实是浓烟把他们引到这里来的，他只要再坚持一会就可以得救了。		就在他停止呼吸不久，一只船来了，船长明白了一切。其实是浓烟把他们引来的，那个人再坚持一会儿就能得救了。
그가 호흡을 멈춘 지 얼마 되지 않아서 한 척의 배가 왔고, 선장은 섬와 창고와 나무 위와 그를 보고 (어떤 일이 있었는지) 모든 것을 알 수 있었다. 사실 짙은 연기가 그들을 이곳으로 이끌었고, 그 사람이 조금만 더 버티기만 했어도 바로 구조될 수 있었다.		그가 호흡을 멈춘 지 얼마 되지 않아서, 한 척의 배가 왔고, 선장은 (어떤 일이 있었는지) 모든 것을 알 수 있었다. 사실 짙은 연기가 그들을 이끌었고, 그 사람이 조금만 더 버티기만 했어도 바로 구조될 수 있었다.

해설 1. 불필요한 보어는 삭제하는 것이 좋다. (开过来了 → 来了)
2. 중요한 사실은 선장이 (어떤 일이 있었는지) 모든 것을 알았다는 것과 그가 조금만 더 버티기만 했어도 바로 구조될 수 있었다는 사실이다.

	→	
机会常常在意想不到的时刻到来，对于我们来说，不仅要有创造机会的能力，还要有等待机会的勇气，就像在漫漫长夜等待黎明，太阳总是在最黑暗的时刻之后升起。		我们不仅要有创造机会的能力，还要有等待机会的勇气。
기회는 늘 생각하지 못한 때에 찾아온다. 우리는 기회를 만들어내는 능력을 가져야 할 뿐만 아니라, 또한 기회를 기다리는 용기를 가져야 한다. 마치, 길고 긴 밤에 여명을 기다리면, 태양이 늘 가장 어두운 때가 지나고 나서 떠오르기 시작하는 것처럼.		우리는 기회를 만들어내는 능력을 가져야 할 뿐만 아니라, 기회를 기다리는 용기를 가져야 한다.

해설 1. 이야기에 교훈이 있는 경우는 자신의 생각은 절대 담아서는 안 되며 핵심만 정리해야 한다.
2. '像(마치 ~같다)'을 써서 비유한 내용은 부연설명으로 삭제해야 한다.

제목 '기회'가 가장 핵심어이므로 '机会的意义(기회의 의미)'나 남자가 조금만 더 버텼으면 살 수 있었으므로 '再坚持一会儿(조금만 더 버텨라)'이 가장 알맞다.

					真	诚	的	歉	意										
		飞	机	起	飞	前	，	一	位	乘	客	要	求	空	姐	给	他	一	杯
水	吃	药	。	空	姐	微	笑	着	说	，	飞	机	进	入	平	稳	状	态	后，
会	立	刻	送	水	。														
		15	分	钟	后	，	空	姐	突	然	想	起	忘	了	给	那	位	客	人
送	水	了	。	她	来	到	客	舱	，	微	笑	着	说	：	"	对	不	起	， 耽
误	您	吃	药	的	时	间	了	。	"	乘	客	却	非	常	生	气	。		
		接	下	来	的	飞	行	中	，	空	姐	都	特	意	去	问	那	位	乘
客	是	否	需	要	帮	助	。	但	快	到	达	时	，	乘	客	向	她	要	留
言	本	。	他	好	像	要	投	诉	这	位	空	姐	。	空	姐	再	一	次	微
笑	着	向	他	道	歉	。	乘	客	没	说	话	，	写	了	起	来	。		
		飞	机	降	落	后	，	空	姐	打	开	留	言	本	，	看	到	了	表
扬	信	。	信	中	说	，	因	为	空	姐	的	12	次	微	笑	，	他	决	定
不	写	投	诉	信	，	而	是	表	扬	信	。								

진실된 미안한 마음

비행기가 이륙하기 전에, 한 승객이 승무원에게 약 먹을 물 한 잔을 부탁했다. 승무원은 미소를 지으며 비행기가 안정된 상태에 들어간 후에 바로 드리겠다고 했다.

15분이 지난 후에 승무원은 갑자기 그 승객에게 물을 드려야 하는 것을 잊었다는 것이 생각났다. 그녀는 객실에 가서, 미소를 지으며 "약 먹는 시간을 지체하게 만들어 죄송합니다."라고 말했지만, 승객은 오히려 매우 화를 냈다.

이어진 비행 동안, 승무원은 내내 그 승객에게 도움이 필요한지를 일부러 물었다. 그러나 막 도착하려 할 때, 승객은 그녀에게 고객의 소리 노트를 요구했다. 그는 마치 이 승무원에 대해 불만을 신고하려는 것 같았다. 승무원은 다시 한번 미소를 지으며 그에게 사과했다. 승객은 말없이 쓰기 시작했다.

비행기가 착륙하고 난 후, 승무원은 고객의 소리 노트를 펼쳐보았고, 칭찬편지를 보게 되었다. 편지에는 승무원의 열두 번의 미소 때문에 그는 불만신고가 아니라 칭찬편지를 쓰게 되었다고 쓰여 있었다.

문제 ▶

飞机即将起飞时，一位乘客请求空姐给他倒一杯水吃药。空姐面带微笑地说："先生，为了您的安全，请稍等片刻，等飞机进入平稳飞行状态后，我会立刻给您送水。"	→	飞机起飞前，一位乘客要求空姐给他一杯水吃药。空姐微笑着说，飞机进入平稳状态后，会立刻送水。

비행기가 이륙하려 할 때, 한 명의 승객이 승무원에게 약 먹을 물을 한 잔 따라 달라고 부탁했다. 승무원은 미소를 지으며 "선생님, 안전을 위해서 잠시만 기다려주세요. 비행기가 안정된 비행 상태에 들어가면 바로 물을 드리겠습니다."라고 말했다.

비행기가 이륙하기 전에, 한 승객이 승무원에게 약 먹을 물 한 잔을 부탁했다. 승무원은 미소를 지으며 비행기가 안정된 상태에 들어간 후에 바로 드리겠다고 했다.

해설 '为了您的安全，请稍等片刻(안전을 위해서 잠시만 기다려 달라)'는 것은 결국 비행기가 안정된 상태에 들어가면 물을 주겠다는 말이므로 삭제하는 것이 좋다.

15分钟后，飞机早已进入了平稳飞行状态，这时，空姐突然意识到：糟了，忘记给那位客人送水了！她来到客舱，小心翼翼地把水送到那位乘客跟前，面带微笑地说："先生，实在对不起，由于我的疏忽，耽误了您吃药的时间。"乘客生气地指着手表说："你看看，这都过了多久了？"

→ 15分钟后，空姐突然想起忘了给那位客人送水了。她来到客舱，微笑着说："对不起，耽误您吃药的时间了。"乘客却非常生气。

15분 후에, 비행기는 이미 안정된 비행 상태에 들어갔고, 이 때 승무원 깨달았다. '큰일 났네. 그 승객에게 물을 가져다 드리는 것을 잊었어!' 그녀는 객실로 가서 조심스럽게 물을 그 승객 곁에 두며 미소를 띠고 말했다. "선생님, 제 부주의로 약 먹는 시간을 지체하게 만들어서 정말 죄송합니다." 승객은 화가 나서 손목시계를 가리키며 말했다. "봐봐요. 벌써 얼마나 흘렀는지 알아요?"

15분이 지난 후에 승무원은 갑자기 그 승객에게 물을 드려야 하는 것을 잊었다는 것이 생각났다. 그녀는 객실에 가서, 미소를 지으며 "약 먹는 시간을 지체하게 만들어 죄송합니다."라고 말했지만, 승객은 오히려 매우 화를 냈다.

해설
1. '15分钟后(15분 후)'와 '飞机早已进入了平稳飞行状态(비행기가 안정된 비행 상태에 들어간 때)'는 같은 시간 때이므로 둘 중 하나의 표현만 쓰는 것이 좋고, 간단한 '15분 후'가 더 적절하다.
2. 마음 속 생각은 내용상 중요하지 않으면 통상적으로 삭제하지만 필요하다면 간접표현으로 바꾸는 것이 좋다. '空姐突然意识到：糟了，忘记给那位客人送水了！(승무원은 깨달았다. '큰일 났네. 승객에게 물 가져다 드리는 것을 잊었어')'는 '空姐突然想起忘了给那位客人送水了(승무원은 승객에게 물을 드리는 것을 잊었다는 걸 깨달았다)'로 간단하게 줄이는 것이 좋다.
3. 승객의 대답은 '화를 냈다'는 것이므로 '乘客非常生气'로 바꾸는 것이 좋다.

在接下来的飞行中，为了表示歉意，每次去客舱时，空姐都会特意走到那位乘客跟前，面带微笑地询问他是否需要帮助。但是，那位乘客不理会她。快到目的地时，那位乘客向空姐要留言本，很显然，他要投诉这名空姐，这时空姐虽然很委屈，但仍然面带微笑地说道："先生，请允许我再次向您表示真诚的歉意，无论您提什么意见，我都欣然接受！"那位乘客脸色一紧，好像想说什么，却没有开口，他接过留言本就写了起来。

→ 接下来的飞行中，空姐都特意去问那位乘客是否需要帮助。但快到达时，乘客向她要留言本。他好像要投诉这位空姐。空姐再一次微笑着向他道歉。乘客没说话，写了起来。

이어진 비행 동안, 미안함을 표현하기 위해 매번 객실에 갈 때마다 승무원은 일부러 그 승객 곁에 가서 미소를 띠며 그가 도움이 필요하지 않은지 물어봤다. 하지만 그 승객은 그녀를 상대하지 않았다. 목적지에 도착하려고 할 때, 그 승객이 승무원에게 고객의 소리 노트를 요구했는데, 그가 이 승무원에 대해 불만신고를 하려는 것이 분명했다. 이 때 승무원은 억울했지만 여전히 얼굴에 미소를 띠며 "선생님, 다시 한번 진심으로 사과 드립니다. 어떤 불만을 제기하셔도 기꺼이 받아들이겠습니다!"라고 말했다. 그 승객은 무표정하게 뭔가 말하고 싶은 듯 했으나, 입은 열지 않고, 고객의 소리 노트를 받아 들고, 적기 시작했다.

이어진 비행 동안, 승무원은 내내 그 승객에게 도움이 필요한지를 일부러 물었다. 그러나 막 도착하려 할 때, 승객은 그녀에게 고객의 소리 노트를 요구했다. 그는 마치 이 승무원에 대해 불만을 신고하려는 것 같았다. 승무원은 다시 한번 미소를 지으며 그에게 사과했다. 승객은 말없이 쓰기 시작했다.

해설
1. 비행하는 동안 승무원이 그 승객에게 도움이 필요한지를 일부러 물은 것은 미안함을 표현하기 위해서이므로, '为了表示歉意(미안함을 표현하기 위해서)'는 생략해도 좋다.
2. 직접적인 화법의 내용이 많은 경우는 필요한 내용만 골라 간접화법으로 줄이는 것이 좋다. 마지막 '先生，请允许我再次向您表示真诚的歉意，无论您提什么意见，我都欣然接受! (선생님, 다시 한번 진심으로 사과 드립니다. 어떤 불만을 제기하셔도 기꺼이 받아들이겠습니다!)'는 '空姐再一次微笑着向他道歉(승무원은 다시 한번 승객에게 사과했다)'으로 줄이는 것이 좋다.
3. 내용상의 '好像(마치)' 부분은 추측일 뿐이므로 삭제해도 좋다.

等飞机降落，所有的乘客陆续离开后，空姐紧张地翻开那本留言本，没想到，那位乘客写的并不是投诉信，而是一封表扬信。信中写到："在整个飞行过程中，您表现出的真诚，特别是你的十二次微笑，深深地打动了我，使我最终决定将投诉信改成表扬信。你的服务质量很高，下次如果有机会，我还将乘坐你的这趟航班!"

→ 飞机降落后，空姐打开留言本，看到了表扬信。信中说，因为空姐的12次微笑，他决定不写投诉信，而是表扬信。

비행기가 착륙하고 모든 승객이 떠난 뒤에 승무원은 긴장하며 고객의 소리 노트를 펼쳐보는데, 생각지도 않게 그 승객이 쓴 것은 불만신고가 아니라 칭찬하는 편지였다. 편지에는 '비행하는 내내 당신이 보여준 진심, 특히, 당신의 열두 번의 미소는 저를 깊이 감동시켰고, 결국 제가 불만신고를 칭찬편지로 바꾸게 만들었습니다. 당신와 서비스는 매우 좋았습니다. 다음에도 기회가 있다면 저는 당신의 이 항공편을 이용할 것입니다!'라고 쓰여 있었다.

비행기가 착륙하고 난 후, 승무원은 고객의 소리 노트를 펼쳐보았고, 칭찬편지를 보게 되었다. 편지에는 승무원의 열두 번의 미소 때문에 그는 불만신고가 아니라 칭찬편지를 쓰게 되었다고 쓰여 있었다.

해설
1. 내용상 꼭 필요한 경우를 제외하고, 감정상태의 묘사는 삭제하는 것이 좋다.
2. 마지막 단락의 핵심은 승객이 승무원의 미소 때문에 불만신고가 아니라 칭찬편지를 썼다는 고객의 소리 노트의 내용이다.

제목
1. 제목은 승무원이 보여준 '歉意(미안한 마음)'와 '微笑(미소)'가 들어가는 것이 좋다.
2. '真诚的歉意(진실된 미안한 마음)' 또는 '十二次微笑(열두 번의 미소)'가 가장 적절하다.

						最	后	的	赢	家										
		一	年	秋	天	，		有	位	商	人	来	到	一	个	村	庄	看	亲	戚，
他	发	现	，		当	地	的	玉	米	秸	秆	适	合	编	织	遮	阳	帽	。	这
种	帽	子	很	时	髦	，		很	受	欢	迎	。								
		村	里	的	人	们	听	说	这	件	事	后	，		有	些	不	相	信	。
不	久	，		商	人	请	来	技	术	人	员	教	大	家	编	织	帽	子	，	并
承	诺	高	价	购	买	。		于	是	，		一	直	到	第	二	年	夏	天	， 所
有	人	都	编	帽	子	，		赚	了	钱	。		只	有	一	户	人	家	没	有 做，
他	们	每	天	去	山	里	干	活	。											
		秋	天	来	了	，		人	们	发	现	，		因	为	所	有	人	只	编 帽，
地	荒	了	，		没	有	秸	秆	了	。		可	那	家	人	却	在	荒	山	上 种
满	了	玉	米	，		人	们	只	好	买	他	们	的	秸	秆	。		那	家	人 赚
了	很	多	钱	。																
		有	智	慧	的	人	把	目	光	放	到	了	将	来	。					

최후의 승리한 집

어느 해 가을, 어떤 상인이 한 마을에 친척을 보러 가서 현지의 옥수수 줄기가 차양모자를 짜는 데 적합하다는 것을 발견했다. 이런 모자는 세련돼서 환영 받았다.

마을 사람들은 이 일을 듣고, 조금 믿지 못했다. 얼마 되지 않아서, 상인은 기술자를 초빙해 모두에게 모자를 짜는 방법을 가르치게 했고, 고가로 매입하겠다고 약속했다. 그리하여, 이듬해 여름까지 모든 이가 모자를 짜서 돈을 벌었다. 오직 한 집만 그렇게 하지 않았고, 그들은 매일 산으로 일하러 갔다.

가을이 되었고, 사람들은 모든 사람이 모자만 짜느라 땅이 황량해지고 줄기가 없다는 것을 발견했다. 그러나 그 집 사람들은 오히려 황량한 산에 옥수수를 가득 심어놓았고, 사람들은 어쩔 수 없이 그들의 줄기를 살 수밖에 없었다. 그 집 사람들은 많은 돈을 벌었다.

지혜로운 사람은 시선을 미래에 두었다.

문제

一年秋天，有位商人来到一个村庄看望亲戚。他意外地发现，当地的玉米秸秆柔韧性很强，特别适合编织一种遮阳帽。这种帽子看上去很时髦，在市场上很受欢迎。	→	一年秋天，有位商人来到一个村庄看亲戚，他发现，当地的玉米秸秆适合编织遮阳帽。这种帽子很时髦，很受欢迎。
어느 해 가을, 어떤 상인이 한 마을에 친척을 보러 왔다. 그는 뜻밖에 현지의 옥수수 줄기가 상당히 유연해서 차양모자를 짜는 데 아주 적합하다는 것을 알게 되었다. 이런 모자는 보기에 세련되어서 시장에서 매우 환영 받았다.		어느 해 가을, 어떤 상인이 한 마을에 친척을 보러 가서 현지의 옥수수 줄기가 차양모자를 짜는 데 적합하다는 것을 발견했다. 이런 모자는 세련돼서 환영 받았다.

해설 옥수수 줄기의 성질에 대해 구체적으로 묘사할 필요는 없으므로 '柔韧性很强(상당히 유연하다)'이라는 설명은 삭제하는 것이 좋다.

这个好消息立刻在村里传播开来。原本不值钱的秸秆突然成了宝贝，大家都有些不敢相信。不久，商人请来技术人员向大家传授了遮阳帽的编制方法，并承诺高价购买所有成品。于是，从这年秋天一直到第二年夏天，几乎全村的人都忙着编帽子，家家都赚到了钱。然而，有一户人家却没有加入到编织遮阳帽的队伍中，他们每天跑去山里干活儿。有人劝他们不要错过发财的机会，他们总是摇头拒绝。	→ 村里的人们听说这件事后，有些不相信。不久，商人请来技术人员教大家编织帽子，并承诺高价购买。于是，一直到第二年夏天，所有人都编帽子，赚了钱。只有一户人家没有做，他们每天去山里干活。
이 기쁜 소식은 즉시 마을에 전해졌다. 값어치가 없던 줄기가 갑자기 보물이 되었다고 하니 모두 조금은 믿기가 쉽지 않았다. 얼마 되지 않아서, 상인은 기술자를 초빙해 모두에게 차양모자 짜는 방법을 전수하게 했고, 완제품은 모두 고가로 사들이겠다고 약속했다. 그리하여, 아 해 가을부터 이듬해 여름까지 줄곧 거의 모든 마을사람들이 차양모자를 짜는 데 바빴고, 집집마다 모두 돈을 벌었다. 그러나, 한 집만 오히려 차양모자를 만드는 무리에 들어가지 않았는데, 그들은 매일 산으로 일을 하러 갔다. 어떤 이가 그들에게 돈을 벌 수 있는 기회를 놓치지 말라고 권했지만, 그들은 늘 고개를 가로저으며 거절했다.	마을 사람들은 이 일을 듣고, 조금 믿지 못했다. 얼마 되지 않아서, 상인은 기술자를 초빙해 모두에게 모자를 짜는 방법을 가르치게 했고, 고가로 매입하겠다고 약속했다. 그리하여, 이듬해 여름까지 모든 이가 모자를 짜서 돈을 벌었다. 오직 한 집만 그렇게 하지 않았고, 그들은 매일 산으로 일하러 갔다.

해설 1. '这个好消息在村里传播开来'는 결국 '마을 사람들이 이 소식을 들었다'는 것이므로 좀 더 간단한 표현인 '村里的人们听说这件事'로 바꿀 수 있다.
2. 마지막 부분의 집에 돈을 벌 기회를 놓치지 말라고 권했지만 그들은 고개를 가로저었다는 것은 '거절했음'을 의미하고 그들만 그렇게 하지 않았다는 앞의 설명만 들어가도 충분하다.

转眼间，秋天又来了。村里人突然发现了一个严重的问题：因为只顾着编帽子，没人去种玉米，不少地都荒了，原来存的秸秆也用完了，没法再继续编织遮阳帽子了。 就在大家急得团团转时，有人发现那一家人不知从什么时候开始已经在远处的荒山上种满了玉米。村里人只好争相去买他们的秸秆。就这样，那家人没费多大劲儿，就赚了很多钱。	→ 秋天来了，人们发现，因为所有人只编帽，地荒了，没有秸秆了。可那家人却在荒山上种满了玉米，人们只好买他们的秸秆。那家人赚了很多钱。
눈 깜짝할 새에 가을이 다시 찾아왔고, 마을사람들은 심각한 문제를 발견했다. 모자 짜는 일에만 신경 쓰느라 아무도 옥수수를 심지 않았고, 적지 않은 땅들이 모두 황폐해졌다. 거준에 보관했던 줄기 역시 다 써버렸기 때문에 더 이상 차양모자를 계속해서 팔 방법이 없었다. 모두가 다급해져 허둥지둥할 때, 어떤 이가 그 집안 사람들이 언제부터 시작했는지는 모르지만 이미 멀리 있는 황량한 산에 옥수수를 가득 심어 놓은 것을 발견했다. 마을 사람들은 어쩔 수 없이 다투어 그들의 줄기를 사러 갔다. 이렇게 해서 그 집안 사람들은 큰 힘을 들이지 않고 많은 돈을 벌었다.	가을이 되었고, 사람들은 모든 사람이 모자만 짜느라 땅이 황량해지고 줄기가 없다는 것을 발견했다. 그러나 그 집 사람들은 오히려 황량한 산에 옥수수를 가득 심어놓았고, 사람들은 어쩔 수 없이 그들의 줄기를 살 수밖에 없었다. 그 집 사람들은 많은 돈을 벌었다.

이 단락의 핵심은 '다시 가을이 왔지만 모든 사람이 차양모자를 만드는 것에만 집중하느라 토지가 황폐해져 옥수수 줄기를 얻을 수 없었다'는 것과 '그동안 산에 옥수수 줄기를 가득 심은 그 집 사람에게 줄기를 살 수밖에 없었고, 결국 그 집 사람들은 많은 돈을 벌었다'는 것이다.

当他人追求眼前的利益时，有智慧和远见的人却把目光放到了将来。	→	有智慧的人把目光放到了将来。
다른 사람들이 눈 앞에 있는 이익을 추구할 때, 지혜롭고 멀리 내다볼 줄 아는 사람은 오히려 시선을 미래에 두었다.		지혜로운 사람은 시선을 미래에 두었다.

해설 1. 앞서 파악한 내용을 근거로 하면 이 글이 시사하는 바는 '有智慧的人把目光放到了将来(지혜로운 사람은 시선을 미래에 두었다)'이다.
2. '远见(멀리 내다보다)'과 '把目光放到了将来(시선을 미래에 두었다)'는 내용이 겹치므로 중복해서 쓸 필요가 없다.

제목 1. 마지막에서 언급한 교훈은 지혜로운 사람은 마을사람들이 차양모자를 만드는 데 몰두할 때 미래를 예상하고 산에 옥수수를 심은 집(家)이고, 결국 누구보다 큰 돈을 벌었으므로 이 글의 승리(赢)자임을 알 수 있다.
2. '最后的赢家(최후의 승리한 집)' 또는 '有智慧和远见的人(지혜롭고, 멀리 내다볼 줄 아는 사람)'이 가장 적절하다.

유형별 전략 12 실전 문제 모범 요약 ▶p.297

　　　　　心中的顽石

　　从前，一户人家的菜园里有一块石头。到菜园里的人，一不小心就会碰到它而受伤，这户人家也有过这种经历。儿子问："为什么不把石头搬走？"爸爸回答说："要是能挖走，早就运走了，以后走路小心点。"

　　几年过去了，儿子娶了媳妇，那块石头还在那里。儿媳妇对公公说："因为那块石头经常让我受伤，还是搬走吧。"爸爸重复了当年对儿子说过的话。儿媳妇听了心里很不舒服，决心把石头搬走。

　　一天早上，儿媳妇把水倒在石头的四周，用锤头把石头四周的泥土搅松。意外的是，石头很快松动了，不一会儿就被挖了出来，石头并没有那么大。父亲知道后，不好意思地说，这块石头蒙骗了他们家几代人。

예전에, 한 집안의 채소밭에 돌덩이가 하나 있었다. 채소밭에 간 사람은 조심하지 않으면 그것에 부딪혀 다쳤고, 이 집안 사람들은 모두 이런 경험이 있었다. 아들은 "왜 돌덩이를 치우지 않아요?"라고 물었고, 아버지는 "만약에 파낼 수 있었으면 진작에 치웠을 거야. 이후에 지나다닐 때 조심하거라."라고 대답했다.

몇 년이 지났고, 아들이 결혼을 했는데도 그 돌덩이는 여전히 그곳에 있었다. 며느리는 시아버지에게 "저 돌 때문에 몇 번이나 다쳤으니 치워버려요."라고 말했고, 시아버지는 그 해 아들에게 했던 말을 다시 말했다. 며느리는 듣고 나서 기분이 언짢아, 돌덩이를 치우기로 결심했다.

어느 날 아침, 며느리는 물을 돌덩이 주변에 붓고, 장도리로 돌덩이 주위의 진흙을 휘저었다. 의외인 것은 돌이 아주 빨리 움직였고, 얼마 지나지 않아 파내졌는데 돌덩이는 그렇게 크지 않았다. 시아버지는 알고 난 후, 이 돌덩이가 그들 집안 몇 대의 사람을 속였다고, 겸연쩍어 하며 말했다.

문제

从前，有一户人家的菜园里有一块石头，夫约宽40厘米，高20厘米，也不知从什么时候开始就搁置在那里了。到菜园里的人，一不小心就会碰到那块大石头，不是跌倒就是擦伤。这户人家的人基本上都有过这种痛苦的经历。儿子问："爸爸，那块大石头这么讨厌，为什么我们不把它挖走呢？"爸爸回答说："从我记事起，它就放在那儿了，要是能挖走，你爷爷或者你太爷爷早就把它运走了，可见埋在地下的部分一定很深，与其花时间挖石头，还不如走路小心点。"

→ 从前，一户人家的菜园里有一块石头。到菜园里的人，一不小心就会碰到它而受伤，这户人家也有过这种经历。儿子问："为什么不把石头搬走？"爸爸回答说："要是能挖走，早就运走了，以后走路小心点。"

예전에, 한 집안의 채소밭에 태락 폭은 40cm이고, 높이는 20cm의 돌덩이가 하나 있었는데, 언제부터 거기에 있었는지 알지 못했다. 채소밭에 들어간 사람은 조심하지 않으면 큰 돌에 부딪혔고 걸려 넘어지거나 찰과상을 입었다. 이 집 사람은 모두 이런 고통의 경험을 다 가지고 있었다. 아들이 "아빠, 저 돌은 이렇게나 짜증나는데 왜 우리는 그것을 파내서 치우지 않아요?"라고 묻자, 아버지가 "내가 기억할 수 있을 때부터 큰 것은 저기에 있었단다. 만약에 파내서 치울 수 있었다면, 너네 할아버지나 증조할아버지께서 진작에 옮기셨을 거야. 땅 속의 부분이 틀림없이 깊을 거야. 시간 들여 파내는 것보다 조심해서 지나다니는 것이 낫단다."라고 대답했다.

예전에, 한 집안의 채소밭에 돌덩이가 하나 있었다. 채소밭에 간 사람은 조심하지 않으면 그것에 부딪혀 다쳤고, 이 집안 사람들은 모두 이런 경험이 있었다. 아들은 "왜 돌덩이를 치우지 않아요?"라고 물었고, 아버지는 "만약에 파낼 수 있었으면 진작에 치웠을 거야. 이후에 지나다닐 때 조심하거라."라고 대답했다.

해설 1. 돌에 대한 묘사는 중요한 부분이 아니므로 생략하는 것이 좋다.
2. 아버지가 한 말의 핵심은 돌덩이를 파내서 치울 수 있었으면 진작에 그랬을 것이라는 것이다.

几年过去了，当年的儿子娶了媳妇，当了爸爸，那块石头还是在那里。有一天，儿媳妇对公公说："爸爸，因为那块石头我都摔了好几次了，我们还是把它搬走好了。"爸爸回答说："那块大石头很重的，如果能轻而易举地搬走的话，你们爷爷或太爷爷那一辈早就把它运走了，可想而知，它不是那么好对付的，你以后小心点就是了。"儿媳妇听了非常不是滋味，决定试着把那块让她跌倒许多次的大石头搬走。

→

几年过去了，儿子娶了媳妇，那块石头还在那里。儿媳妇对公公说："因为那块石头经常让我受伤，还是搬走吧。"爸爸重复了当年对儿子说过的话。儿媳妇听了心里很不舒服，决心把石头搬走。

몇 년이 흘렀고, 그 해에 아들은 결혼을 했고, 아빠가 되었는데도 그 돌덩이는 여전히 그곳에 있었다. 어느 날, 며느리가 시아버지에게 말했다. "아버님, 저 돌덩이 때문에 몇 번이나 넘어졌어요. 우리 저것을 치워버리는 것이 좋겠어요." 시아버지는 말했다. "그 돌덩이는 매우 무겁단다. 만약에 쉽게 치울 수 있었다면, 너네 시할아버지나 증조 시할아버지께서 진작에 치웠을 거야. 그러나 처리하기 쉬운 것이 아님을 짐작할 수 있지. 네가 이후에 조심하면 된단다." 며느리는 듣고 나서 기분이 언짢아서 그녀를 여러 번 넘어뜨린 그 돌을 한번 치워보기로 결정했다.

몇 년이 지났고, 아들이 결혼을 했는데도 그 돌덩이는 여전히 그곳에 있었다. 며느리는 시아버지에게 "저 돌 때문에 몇 번이나 다쳤으니 치워버려요."라고 말했고 시아버지는 그 해 아들에게 했던 말을 다시 말했다. 며느리는 듣고 나서 기분이 언짢아, 돌덩이를 치우기로 결심했다.

해설 1. 시아버지의 말은 아들이 어렸을 때 아들에게 한 말과 같기 때문에 '爸爸重复了当年对儿子说过的话(시아버지는 그 해 아들에게 했던 말을 다시 말했다)'라고 해도 좋다.
2. 돌을 수식하는 설명, 즉 '那块让她跌倒许多次的(그녀를 여러 번 넘어뜨린 그)'는 중요하지 않으므로 삭제하는 것이 좋다.

一天早上，儿媳妇来到菜园，她将一桶水倒到石头的四周，十几分钟后，儿媳妇用锤头把大石头四周的泥土搅松。出乎意料的是，几分钟之后石头开始松动了，不一会儿石头就被挖出来了，看看大小，石头并没有父亲所说的那么大。父亲知道这件事情后，很不好意思地说："这块石头竟然蒙骗了我们家几代人！"

→

一天早上，儿媳妇把水倒在石头的四周，用锤头把石头四周的泥土搅松。意外的是，石头很快松动了，不一会儿就被挖了出来，石头并没有那么大。父亲知道后，不好意思地说，这块石头骗了他们家几代人。

어느 날 아침, 며느리는 채소밭에 가서 그녀는 한 통의 물을 돌덩이 주변에 붓고, 몇십 분이 지난 후에, 며느리는 장도리로 큰 돌덩이 주변의 진흙을 휘저었다. 뜻밖인 것은 몇 분도 안 되어 돌이 움직이기 시작했고, 얼마 안 지나 돌덩이는 파내어졌다. 크기를 보니 돌덩이는 결코 아버님이 말한 것처럼 그렇게 크지 않았다. 시아버지는 이 일을 알게 된 후에, 겸연쩍어 하며 말했다. "이 돌덩이가 뜻밖에도 우리 집안 몇 대의 사람들을 속였구나!"

어느 날 아침, 며느리는 물을 돌덩이 주변에 붓고, 장도리로 돌덩이 주위의 진흙을 휘저었다. 의외인 것은 돌이 아주 빨리 움직였고, 얼마 지나지 않아 파내졌는데 돌덩이는 그렇게 크지 않았다. 시아버지가 알고 난 후, 이 돌덩이가 그들 집안 몇 대의 사람들을 속였다고, 겸연쩍어 하며 말했다.

해설 1. 사건에 크게 영향을 주지 않거나 비교적 짧은 시간의 변화는 삭제해도 좋다. 물 붓고 돌덩이 주위의 진흙을 휘젓는 데 걸린 시간은 중요하지 않으므로 '十几分钟后'는 삭제해도 좋다.
2. '蒙骗(속이다)'은 '骗(속이다)'과 같은 뜻이다. 알고 있는 간단하고 쉬운 어휘로 고치는 것이 좋다.

제목 1. '石头(돌덩이)' 또는 '顽石(완석: 가공하지 않은 돌덩이)'가 중심소재이므로 반드시 들어가야 한다.
2. 쉽게 만들려면 '菜园里的一块石头(채소 밭의 돌덩이)'가 간단하다.
3. 실제로 해보지도 않고 마음속으로만 줄곧 안 될 것이라고 여겨 돌을 치우지 않았으므로 '心中的石头(마음속의 돌덩이)' 또는 '心中的顽石(마음속의 완석)'라고 하는 것이 가장 적합하다.

			感	谢	的	力	量										
		文	静	是	一	所	希	望	小	学	的	学	生	,	她	所	在	的	学
校	每	年	都	会	收	到	来	自	社	会	的	大	量	捐	助	,	所	以	文
静	的	学	校	各	方	面	条	件	都	很	好	。							
		一	开	始	,	文	静	和	同	学	们	都	感	到	很	新	奇	,	而
且	会	写	感	谢	信	。	然	而	,	时	间	一	长	,	他	们	都	对	捐
助	习	以	为	常	了	,	也	不	写	感	谢	信	了	。	一	天	,	文	静
的	班	级	来	了	一	位	新	班	主	任	,	李	老	师	。	李	老	师	刚
来	不	久	,	小	学	又	收	到	了	捐	助	物	品	。	文	静	把	物	品
发	给	了	大	家	。	李	老	师	看	到	后	,	问	同	学	们	:	"	你	们
有	没	有	对	捐	助	这	些	东	西	的	爱	心	人	士	表	示	感	谢	呢?"
"	以	前	写	过	感	谢	信	。 "	"	那	现	在	呢	? "	李	老	师	又	问 。
同	学	们	都	低	头	不	语	。	李	老	师	说	: "	那	我	们	去	给	爱
心	人	士	寄	一	些	礼	物	。 "											
		当	天	下	午	,	李	老	师	就	带	同	学	们	去	买	了	粉	条,
又	去	邮	局	把	粉	条	和	感	谢	信	寄	给	了	爱	心	人	士	。	这
时	,	天	已	经	黑	了	。	第	二	天	上	课	时	,	李	老	师	说	:
"	昨	天	我	们	寄	礼	物	用	了	一	下	午	时	间	,	爱	心	人	士
帮	助	我	们	肯	定	用	了	更	长	时	间	。	我	们	写	信	的	时	间
都	没	有	吗	?	我	们	接	受	别	人	的	帮	助	就	要	心	存	感	激。"
		这	件	事	之	后	,	文	静	他	们	会	定	期	给	爱	心	人	士
写	感	谢	信	。	他	们	明	白	了	一	个	道	理	:	接	受	别	人	的
帮	助	,	要	表	示	感	谢	。											

감사의 힘

원찡은 한 희망초등학교의 학생이고, 그녀가 있는 학교는 매년 사회에서 보낸 대량의 후원물품을 받는다. 그래서 원찡의 학교 각 방면의 조건은 모두 좋다.

처음에는 원찡과 친구들이 모두 신기해했고, 게다가 감사편지를 썼다. 그런데 시간이 지나자, 그들은 후원에 대해 익숙해졌고, 감사편지도 쓰지 않았다. 하루는 원찡의 반에 새로운 담임선생님이 왔는데, 막 사범대학을 졸업한 리 선생님이었다. 리 선생님이 온 지 얼마 되지 않아서, 초등학교는 또 후원물품을 받았다. 원찡은 도서와 문구를 모두에게 나누어 주었다. 리 선생님은 보고 나서, 학생들에게 물었다. "여러분은 이 물건들을 후원해주신 분들께 감사의 편지를 쓰진 않나요?" "예전에는 썼습니다." "그러면 지금은요?" 리 선생님이 다시 물었다. 학생들은 모두 고개를 떨구고 아무 말도 하지 않았다. 리 선생님은 "그러면 우리 후원자분들께 선물을 부치러 가요."라고 말했다.

그날 오후에 리 선생님은 학생들을 데리고 당면을 샀고, 우체국에 가서 당면과 감사편지를 후원자에게 부쳤다. 이때, 날은 이미 어두워져 있었다. 이튿날 수업 때, 리 선생님은 "어제 우리는 선물을 부치는 데 오후 반나절을 썼어요. 후원자분들이 우리를 돕는 것은 더 많은 시간을 썼을 거예요. 우리는 편지 쓸 시간도 없을까요? 우리는 다른 사람의 도움을 받으면 감사하는 마음을 가져야 해요."라고 말했다.

이 일이 있은 후에, 원찡과 학생들은 정기적으로 후원자분들께 감사의 편지를 썼다. 그들은 다른 사람의 도움을 받으면 감사함을 표해야 한다는 도리를 깨달았다.

부분별 전략 02 연습 문제 모범 요약 ▶p.307

				精	诚	所	至	，	金	石	为	开			
	西	周	时	，	有	个	叫	熊	渠	子	的	人	。	他	小	时	候	个
子	不	高	，	很	瘦	，	常	拿	着	弓	箭	玩	儿	。	他	有	个	志	向 :
长	大	后	，	要	成	为	一	名	"	神	箭	手	"	。			
	熊	渠	子	长	大	了	，	他	开	始	练	习	射	箭	。	但	有	一
次	，	他	用	尽	全	力	想	把	弓	拉	开	，	也	没	能	拉	满	。	有
人	说	熊	渠	子	一	辈	子	也	不	能	成	为	好	的	弓	箭	手	。	熊
渠	子	却	坚	信	只	要	足	够	努	力	，	就	没	有	做	不	成	的	事 。
后	来	，	他	每	天	用	举	大	石	锁	的	方	式	练	习	臂	力	。	5
年	后	，	他	变	得	很	强	壮	。	他	又	开	始	练	眼	力	，	经	过
刻	苦	的	训	练	，	他	的	眼	力	变	得	十	分	敏	锐	。	他	射	箭
是	百	发	百	中	的	。	人	们	都	夸	他	是	个	射	箭	能	手	。	一
天	，	他	去	拜	访	一	位	智	者	，	智	者	说	: "	你	不	能	只	靠
技	巧	，	要	用	心	去	射	每	一	支	箭	! "	熊	渠	子	回	去	便	开
始	琢	磨	应	该	怎	么	用	心	去	射	箭	。					
	一	天	夜	里	，	熊	渠	子	独	自	在	山	路	上	行	走	，	突
然	看	见	前	面	有	一	只	老	虎	。	他	马	上	用	箭	射	老	虎	，
却	没	听	到	老	虎	的	叫	声	。	他	走	过	去	一	看	，	才	发	现
他	射	中	的	竟	是	一	块	儿	大	石	头	，	而	且	箭	插	入	了	石
头	里	！	那	位	智	者	知	道	这	件	事	后	，	说	道	: "	熊	渠	子

因	为	他	精	神	集	中	,	拥	有	信	念	,	箭	才	能	射	进	石	头
里	去	。	这	真	是	精	诚	所	至	,	金	石	为	开	呀	！"			
		后	来	,	人	们	用	"	精	诚	所	至	,	金	石	为	开	"	来
比	喻	一	个	人	只	要	专	心	致	志	去	做	一	件	事	,	什	么	难
题	都	能	解	决	。														

500

지성이면 감천이다

서주 때, 웅거자라 불리는 사람이 있었다. 그는 어렸을 때 키가 작고 말랐는데, 항상 활과 화살을 가지고 놀았다. 그는 커서 한 명의 '명궁수'가 되겠다는 포부가 있었다.

웅거자는 자랐고, 그는 활 쏘기를 연습하기 시작했다. 하지만, 한 번은 그가 온 힘을 다해 활시위를 당겼는데도 완전히 당길 수가 없었다. 어떤 이는 웅거자가 평생 좋은 궁수가 될 수 없을 것이라고 말했다. 웅거자는 오히려 충분히 노력만 하면 이루지 못할 일은 없을 것이라 굳게 믿었다. 후에, 그는 매일 큰 돌포환을 드는 방식으로 팔 힘을 단련시켰다. 5년 후에, 그는 건장하게 변했다. 그는 또 안력을 단련하기 시작했는데, 고생스러운 훈련 끝에, 그의 안력은 매우 예리해졌다. 그가 활을 쏘면 백발백중이었다. 사람들은 모두 그가 활 쏘기의 달인이라고 칭찬했다. 하루는 그가 한 명의 지자를 찾아 뵀는데, 지자는 "당신은 기교에만 기대어서는 안 됩니다. 마음을 다해 매 화살을 쏘셔야 합니다!"라고 말했다. 웅거자는 돌아가자마자 어떻게 마음을 다해 활을 쏠 것인지를 고민했다.

어느 날 밤에, 웅거자는 혼자 산길을 걸었고, 갑자기 앞에 한 마리의 호랑이가 있는 것을 보았다. 그는 바로 활을 써서 호랑이를 맞추었는데, 오히려 호랑이의 울부짖음을 듣지 못했다. 그가 가서 보고 나서야 그가 맞춘 것은 뜻밖에도 하나의 큰 바위였고, 게다가 화살이 바위 속에 박혔다는 것을 알게 되었다. 그 지자는 이 일을 안 후에 "그가 정신을 집중하고, 신념이 있어 화살이 돌 속에 박힌 것입니다. 이것이야말로 정성이 지극하면 금과 돌도 쪼개어진다(지성이면 감천이다)는 것입니다!"라고 말했다.

후에, 사람들은 '정성이 지극하면, 금과 돌도 쪼개어진다(지성이면 감천이다)'로 한 사람이 정성을 다해 일을 하면 어떤 어려운 문제도 모두 해결할 수 있다는 것을 비유했다.

부분별 전략 03 연습 문제 모범 요약

▶p.315

							一	诺	千	金									
		秦	朝	末	年	楚	国	有	一	个	叫	季	布	的	人	,	他	很	乐
于	助	人	,	只	要	他	答	应	过	的	事	,	就	会	办	到	。	所	以
他	很	受	大	家	的	尊	敬	。											
		秦	朝	灭	亡	后	,	刘	邦	和	项	羽	展	开	大	战	。	季	布
是	项	羽	的	部	下	,	他	多	次	使	刘	邦	军	队	陷	入	困	境	。
因	此	,	当	刘	邦	打	赢	了	战	争	,	建	立	了	汉	朝	,	成	为
皇	帝	后	,	他	下	令	捉	拿	季	布	:	举	报	季	布	行	踪	,	赏
黄	金	千	斤	。	季	布	平	时	非	常	讲	信	用	,	帮	助	过	很	多

100

人，所以许多人不但不上报他的行踪，还冒着生命危险保护他。

　　后来，季布藏到了一个叫朱家的人家里。朱家很欣赏季布，所以帮他去找刘邦亲信滕公，让滕公为季布求情。其实，滕公也认为季布是一个不可多得的人才，就答应了。他去对刘邦说："因为季布有责任心，所以尽力为项羽打仗。您现在这么到处捉拿他。假如他因为害怕，再去别国效力，更麻烦。您还不如就给他一个官职，让他为您做事，为汉朝做出贡献。这样的话，百姓也会赞扬您爱惜人才，愿意归顺您的。"

　　刘邦听后，接受了他的建议，并派人把季布召进宫，任命他为郎中。后来，季布果然对刘邦十分感激，而且竭尽所能为汉朝做出了很大的贡献。

一낙천금

　　진 왕조 말년에 초나라에는 계포라는 사람이 있었다. 그는 남을 잘 도왔고, 약속했던 일이라면 모두 행동으로 옮겼다. 그래서 그는 모두의 존경을 받았다.

　　진나라가 멸망한 후에, 유방과 항우는 큰 전쟁을 전개했는데, 계포는 항우의 부하로, 그는 여러 번 유방의 군대가 곤경에 빠지게 하였다. 이 때문에 유방이 전쟁에서 이기고 한 왕조를 세워 황제가 된 후에, 그는 계포의 행방을 신고하는 자에게 황금 2kg을 상으로 걸고 계포를 잡아들이라고 명령을 내렸다. 계포는 평소에 신용을 중시해 많은 사람을 도왔기 때문에 많은 사람들은 그의 행방을 신고하지 않았을 뿐만 아니라 위험을 무릅쓰고 그를 보호했다.

　　후에, 계포는 주가라는 사람 집에 숨었다. 주가는 계포를 매우 좋아했기 때문에 그는 유방의 측근인 등공을 찾아가 등공이 계포를 위해 인정에 호소해 줄 것을 부탁했다. 사실, 등공 역시 계포를 얻기 힘든 인재라 여겼기에 바로 응낙하였다. 그는 유방에게 "계포는 책임감이 있기 때문에 최선을 다해 항우를 위해 싸울 것입니다. 지금처럼 그를 도처에서 잡아들이려고 해서, 만약에 그가 두려워 다시 다른 나라로 가서 큰 공을 세운다면 더욱 귀찮아집니다. 폐하께서 그에게 관직을 주시고 폐하를 위해 일을 하게 하여, 한 왕조를 위해 공을 세우게 하는 것이 낫습니다. 이렇게 한다면 백성들도 폐하가 인재를 소중히 여긴 것을 찬양하며 폐하를 따르려 할 것입니다."라고 말했다.

　　유방은 듣고 난 후 그의 의견을 받아들였고, 사람을 보내어 계포를 불러들여 그를 낭중에 임명했다. 후에 계포는 과연 유방에게 감격해 최선을 다해 한 왕조를 위해 큰 공을 세웠다.

　　　　　　宁泽涛的成长史

　　　　据宁泽涛的父亲回忆，宁泽涛小时候很怕水。2000年，7岁的宁泽涛还是怕水。宁泽涛的母亲很着急，于是，她给宁泽涛报了游泳培训班。没想到，宁泽涛一开始就表现出了游泳天赋。并遇到了启蒙老师——郭红岩。郭老师说："宁泽涛一教就会，而且特别专心。他的动作非常到位。"宁泽涛进步很快。

　　　　四年后，郭老师把他送进省队。三个月后，他又脱颖而出。2007年，14岁的宁泽涛又被送到海军游泳队。在那里遇到了现在的教练——叶瑾。叶瑾认为，宁泽涛很聪明，但蝶泳和仰泳水平不高。所以自由泳才是他要努力的方向。

　　　　叶瑾偏好用大运动量的训练方式。通常，100米自游泳运动员一天训练量为6000米左右，但宁泽涛甚至达到15000米。宁泽涛的即刻脉搏，有时训练完能达到180次。除了训练，宁泽涛平时喜欢看书，很少看电视、玩电脑。当他向教练抱怨困难时，叶瑾告诉他要承受常人难以忍受的挑战。

　　　　终于，梦想成为现实。2013年全运会，他打破了100米、50米自由泳亚洲记录。2014年亚运会，刷新了100米记录。2015年世锦赛，他又获得了100米自由泳金牌，创造了新的历史！

닝저타오의 성장사

닝저타오의 아버지 기억에 의하면, 닝저타오는 어렸을 때 물을 무서워했다. 2000년, 7세의 닝저타오는 여전히 물을 무서워했다. 닝저타오의 어머니는 조급해져서, 닝저타오에게 수영강습반을 등록해 주었다. 생각지도 못하게, 닝저타오는 처음부터 바로 수영의 재능을 보여주었다. 게다가 일깨움을 줬던 궈훙옌 선생님을 만났다. 궈 선생님은 "닝저타오는 한 번 가르치면 바로 할 줄 알았고, 집중력이 뛰어났으며, 그의 동작은 정확했습니다."라고 말했다. 닝저타오는 빠르게 성장했다.

4년 후에, 궈 선생님은 그를 성 대표팀에 보냈다. 3개월 후에 그는 또 뛰어난 실력을 보였다. 2007년 14세의 닝저타오는 해군수영팀에 보내졌다. 그곳에서 현재의 코치인 예진을 만났다. 예진은 닝저타오가 총명하지만, 접영과 배영 실력이 높지 않아서 자유형이야 말로 그가 노력해야 하는 방향이라고 여겼다.

예진은 엄청난 운동량의 훈련방식을 선호했다. 통상적으로 100m 자유형 선수의 하루 훈련량이 6,000m 정도인데, 닝저타오는 심지어 15,000m에 달했다. 닝저타오의 즉각맥박은 어떤 때 훈련이 끝났을 때에는 180회에 달하기도 했다. 훈련을 제외하고 닝저타오는 평소에 책 보는 것을 좋아하고, TV를 잘 보지 않고, 컴퓨터도 잘 하지 않았다. 그가 코치에게 힘들다고 원망했을 때, 예진은 보통 사람이 참아내기 힘든 도전을 버텨야 한다고 알려 주었다.

마침내 꿈이 현실이 되었다. 2013년 전국체전에서 그는 100m, 50m 자유형에서 아시아 기록을 깼다. 2014년 아시안게임에서 100m 기록을 경신했다. 2015년 세계선수권대회에서 그는 100m 자유형에서 또 금메달을 땄고, 새로운 역사를 만들었다!

쓰기 | Final 전략 & Test

Final 연습 문제 모범 요약 ▶p.331

						张	良	的	故	事									
		张	良	是	汉	高	祖	刘	邦	的	谋	臣	,	在	他	年	轻	时	,
曾	有	过	一	段	故	事	。												
		一	天	,	他	看	到	桥	头	坐	着	一	个	老	头	。	老	头	脱
下	鞋	子	丢	到	桥	下	,	让	张	良	去	捡	回	来	。	张	良	觉	得
老	头	侮	辱	自	己	,	可	是	他	看	到	老	头	年	纪	很	大	了	,
只	好	忍	着	气	给	老	头	捡	回	了	鞋	子	。	谁	知	老	头	让	张
良	帮	他	穿	鞋	。	尽	管	张	良	很	生	气	,	但	他	还	是	帮	老
头	将	鞋	子	穿	上	了	。												
		老	头	笑	着	离	开	了	,	又	转	身	回	来	了	。他	对	张	
良	说	:	"	我	看	你	是	个	人	才	,	值	得	培	养	。	5	天	后	的
早	上	,	到	这	儿	来	等	我	。"	张	良	答	应	了	。	第	5	天	一
早	,	老	头	已	经	现	在	桥	头	等	候	。	他	见	到	张	良	,	责

备张良为什么迟到。说完，他对张良说："5天后再会吧！"张良有些懊悔。

　　到了第5天，老人又早到了。老头责骂张良为什么又迟到了，让他5天后早点过来。张良感到很惭愧。又过了5天，还不到半夜，张良就赶到桥头。过了一会儿，老头见张良早到了，就称赞了他，然后，老头交给张良一本书，说："读了这部书，就可以帮助君王治国家了。"说完，老头离开了。

　　张良发现得到的书是早已失传的《太公兵法》，他感到很惊讶。从此以后，张良日夜学习这部书，后来真的成了大军事家，为汉王朝的建立，做出了很大的贡献。张良能尊敬老人，所才能成就大事业。

장량의 이야기

장량은 한 고조 유방의 책략가이고, 그가 젊을 때, 이야기가 하나 있었다.

하루는 그가 다리 앞쪽에 앉아 있는 한 노인을 보았다. 노인은 신발을 벗어 다리 아래로 던지고는, 장량에게 주워오라고 시켰다. 장량은 노인이 자신을 모욕한다고 여겼지만, 그는 노인이 연세가 많은 것을 보고는 어쩔 수 없이 화를 참고 노인에게 신발을 주워 돌려드렸다. 노인이 장량에게 신발을 신기라고 할 줄 누가 알았겠는가? 장량은 화가 났지만, 그래도 노인에게 신발을 신겨주었다.

노인은 웃으며 떠났다가, 다시 몸을 돌려왔다. 그는 장량에게 말했다. "내가 보기에 자네는 인재라서 가르칠 필요가 있네. 5일 후 아침에 여기 와서 나를 기다리게나." 장량은 동의했다. 5일째 아침에, 노인은 이미 먼저 다리 앞에서 기다리고 있었다. 그는 장량을 보고, 왜 늦었냐며 꾸짖었다. 말이 끝나자, 그는 장량에게 말했다. "5일 후에 다시 만나세!" 장량은 조금 후회가 되었다.

5일째가 되었는데, 노인은 또 일찍 도착했다. 노인은 장량이 어째서 또 늦었냐고 꾸짖었고, 그에게 5일 후에는 일찍 오라고 했다. 장량은 몹시 부끄러웠다. 또 5일이 지나, 한밤중이 되지도 않았는데, 장량은 다리 앞에 갔다. 조금 후에, 노인은 장량이 일찍 도착한 것을 보고, 그를 칭찬했다. 그런 후에, 노인은 장량에게 책 한 권을 주며 말했다. "이 책을 읽으면, 왕이 나라를 다스리는 것을 도울 수 있을 걸세." 말이 끝나자, 노인은 떠났다.

장량은 얻은 책이 이미 전해지지 않는 《태공병법》이라는 것을 알게 외었고, 그는 놀랐다. 이때 이후부터, 장량은 밤낮으로 이 책을 공부했고, 후에 정말 대군사가가 되어, 한 왕조 건립을 위해 큰 공을 세웠다. 장량은 노인을 공경할 줄 알았기 때문에 큰 일을 이루어낼 수 있었다.

做事费力的钱斌

　　钱斌做事总比别人费力。尽管他学习努力，但到初三，也区分不了化学和物理变化。高中时，他很刻苦，最后勉强考进一所师范大学。

　　尽管他很勤奋，他读了四年，才拿到别人三年就能拿到的硕士学位。他又考了三次才考上博士。大学同学都认识他，因为，他的博士开题报告做了23遍才通过。七年后，他才博士毕业了。此时，钱斌已经40岁了，他只有一纸文凭。但他有一个惊人的梦想——上中央电视台的《百家讲坛》栏目，讲他最喜爱的科学巨著《梦溪笔谈》。

　　一次机会，钱斌认识了《百家讲坛》的一位编导马晓燕。马导委婉地拒绝了他。钱斌却不放弃，在家练习演讲，录视频发给马导。第73份视频中，钱斌发生了很大的变化。马导告诉他要把《梦溪笔谈》讲得通俗易懂、生动有趣。他想了一个办法：写稿子给孩子听，如果孩子们听得迷糊，就重写。就这样，讲稿修改了300多次。

　　终于，钱斌去北京试讲了。他克服了紧张，讲得很好。马导让他继续准备后面的演讲。钱斌成功了，终于成为了主讲人。他评价自己："我是一只笨鸟，但一直努力，总有一天能找到自己的蓝天。"

일을 할 때 남들보다 더 힘을 들인 첸삔

첸삔은 일을 할 때 늘 남보다 힘을 들였다. 그는 공부를 열심히 했지만, 중학교 3학년이 되어서도 화학변화와 물리변화의 구별도 잘 하지 못했다. 고등학교 기간동안, 매우 애써서 가까스로 한 사범대학에 합격해 들어갔다.

그는 석사에 합격했고, 4년을 공부하여 다른 사람들이 3년 만에 따는 석사학위를 받았다. 그는 다시 3번 만에 비로소 박사시험에 붙었다. 대학 동문들이 모두 그를 알았는데, 그의 박사논문 연구계획은 스물 세 번만에 겨우 통과했기 때문이다. 7년 후 그는 비로소 박사를 졸업했다. 이때, 첸삔은 이미 40세가 되었고, 졸업증서만이 있었다. 그러나 그는 놀랄만한 꿈, 즉 중앙TV방송국 ≪백가강단≫ 칼럼에서, 그가 가장 좋아하는 과학대작 ≪몽계필담≫을 강의하는 것이었다.

한 번의 기회로 첸삔은 ≪백가강단≫의 PD 마샤오옌을 알게 되었다. 마PD는 완곡하게 그를 거절했다. 첸삔은 오히려 포기하지 않고, 집에서 강연 연습을 했고, 강연 동영상을 마PD에게 보냈다. 73번 째 동영상에서 첸삔은 큰 변화가 생겼다. 마PD는 첸삔에게 ≪몽계필담≫을 대중적이고 이해하기 쉽게, 생동감 있고, 재미있게 강의해야 한다고 알려줬다. 그는 방법을 하나 생각해냈다. 원고를 써서 아이에게 들려주고 만약에 애매하게 듣는 것 같으면 바로 다시 쓰는 것이다. 이렇게 해서, 강의원고를 300여 번을 고쳐 썼다.

마침내 첸삔은 베이징에 가서 시범 강연을 초대 받았다. 그는 긴장됨을 극복하고 강연을 잘 해냈다. 마PD가 그에게 다음 편 강의도 계속 준비하라고 했다. 첸삔은 성공했고, 마침내 주 강연자가 되었다. 그는 자신을 ≪나는 한 마리의 멍청한 새이지만, 끊임없이 노력하여 결국에는 자신만의 푸른 하늘을 찾아냈다.≫라고 평가했다.

STEP 1 > **큰 사건으로 대략적인 내용 기억하기**

	큰 사건	대강의 내용
1	钱斌做事总比别人费力。 첸삔은 일을 할 때 남들보다 더 힘을 들였다.	→ 인물에 관한 기본 정보는 숙지해야 한다. – 중학교 3학년에 화학과 물리변화도 구분하지 못함 – 가까스로 사범대학에 들어감
2	钱斌辛辛苦苦考取了硕士研究生。 첸삔은 고생스럽게 석사에 합격했다.	→ 석사를 합격한 후의 행보가 정리되어야 한다. – 4년 만에 석사학위를 땀 – 세 번 시험 끝에 박사 합격 – 7년 후에 박사 졸업, 이때 40세로 졸업증서 밖에 없음
3	但他有一个惊人的梦想 그는 사람들을 놀라게 할 만한 꿈이 있었는데	→ 화제를 전환시킬 만한 내용이므로 어떤 꿈인지 정확하게 기술하고 이후 어떤 일이 전개되는지 정리되어야 한다. – 중앙TV방송국의 ≪백가강단≫ 프로에 출연하는 게 꿈 – 과학 대작 ≪몽계필담≫을 강연하고 싶어함
4	一次偶然的机会 한 번의 우연한 기회로	→ 우연한 기회로 생긴 사건을 정리해야 한다. – ≪백가강단≫ 마PD를 알게 됨 – 마PD는 강연을 거절했으나 포기하지 않고 동영상을 계속 보냄 – 73번째 동영상에 변화가 생김 – 대중적으로 강의해야 한다는 충고 들음 – 원고를 써서 아이에게 들려주는 방법을 생각해냄
5	终于有一天，钱斌收到了去北京试讲的邀请。 마침내 어느 날, 첸삔은 베이징에 가서 시범 강연할 것을 초대 받았다.	→ 시범 강연 이후의 사건전개가 정리되어야 한다. – 시범 강의를 잘 끝냄 – 마PD가 후속강연 요청 – 강연의 주 진행자가 됨 – 자신에 대해 '멍청한 새지만 노력 끝에 자신만의 하늘을 찾아냈다'고 평가

钱斌做事总比别人费力。尽管他学习努力，但一直到初三，也没有弄清化学变化和物理变化的区别。整个高中期间，他都十分刻苦，成绩还算过得去，最后勉勉强强考进了一所师范大学。	钱斌做事总比别人费力。尽管他学习努力，但到初三，也区分不了化学和物理变化。高中时，他很刻苦，最后勉强考进一所师范大学。
첸삔은 일을 할 때 늘 남보다 힘을 들였다. 그는 공부를 열심히 했지만, 중학교 3학년이 되어서도 화학변화와 물리변화의 구별도 잘 하지 못했다. 고등학교 기간 내내, 크는 매우 애써서 성적은 겨우 무난했고, 마지막에는 가까스로 한 사범대학에 합격해 들어갔다.	첸삔은 일을 할 때 늘 남보다 힘을 들였다. 그는 공부를 열심히 했지만, 중학교 3학년이 되어서도 화학변화와 물리변화의 구별도 잘 하지 못했다. 고등학교 기간 동안, 매우 애써서 가까스로 한 사범대학에 합격해 들어갔다.

단어 **刻苦** kèkǔ 형 몹시 애를 쓰다 | **过得去** guòdequ 동 무난하다(* **算过得去** suànguòdequ 무난한 편이다) | **勉强** miǎnqiǎng 형 간신히 ~하다

해설 1. 내용에 큰 영향을 주는 수식어들을 삭제하는 것이 좋다
2. 가까스로 대학에 합격했다는 내용이 있으므로 성적이 무난했다는 내용은 삭제해도 좋다.

后来，钱斌辛辛苦苦考取了硕士研究生。尽管他比任何一位同学都要勤奋，可别人读了三年就拿到了硕士学位，他却读了四年。之后，他又打算考博，连考三次才如愿以偿。在他就读的大学里，几乎所有的同学都认识他，不过并不是什么好名声。因为，他的博士开题报告做了23遍才通过！这真是"前无古人，后无来者"的记录。最后，他折腾子七年多才拿到博士毕业证书。 此时，钱斌已到了不惑之年。他曾经的同学夫多已经事业有成，而他除子一纸文凭，什么也没有。可就是这样一个看似愚拙的人，却有一个惊人的梦想——上中央电视台的《百家讲坛》栏目，为全国观众讲授他最喜爱的科学巨著《梦溪笔谈》。	尽管他很勤奋，他读了四年，才拿到别人三年就能拿到的硕士学位。他又考了三次才考上博士。大学同学都认识他，因为，他的博士开题报告做了23遍才通过。七年后，他才博士毕业了。此时，钱斌已经40岁了，他只有一纸文凭。但他有一个惊人的梦想——上中央电视台的《百家讲坛》栏目，讲他最喜爱的科学巨著《梦溪笔谈》。
후에, 첸삔은 고생스럽게 석사에 합격했고, 비록 크가 어떤 학우들보다도 부지런했지만, 크나, 다른 사람들이 3년 만에 따는 석사학위를 그는 4년이나 걸렸다. 크 후에, 그는 다시 박사시험을 계획했고, 세 번 만에 뜻을 이루었다. 크가 공부한 대학에서는 거의 모든 학생들이 그를 알았지만, 좋은 의미는 아니였다. 그의 박사논문 연구계획은 스물 세 번만에 겨우 통과했기 때문이다! 이것은 정말 '전무후무'한 기록이었다. 결국, 그는 7년을 고생한 끝에 비로소 박사 졸업장을 가질 수 있었다. 이때, 첸삔은 이미 불혹의 나이가 되었다. 크와 이전 동창들 대부분이 사업에서 성과를 거두고 있었지만, 그는 졸업증서	그는 석사에 합격했고, 4년을 공부하여 다른 사람들이 3년 만에 따는 석사학위를 받았다. 그는 다시 3번 만에 비로소 박사시험에 붙었다. 대학 동문들이 모두 그를 알았는데, 그의 박사논문 연구계획은 스물 세 번 만에 겨우 통과했기 때문이다. 7년 후 그는 비로소 박사를 졸업했다. 이때, 첸삔은 이미 40세가 되었고, 졸업증서만이 있었다. 그러나 그는 놀랄만한 꿈, 즉 중앙TV방송국 《백가강단》 칼럼에서, 그가 가장 좋아하는 과학대작 《몽계필담》을 강의하는 것이었다.

외에는 아무것도 없었다. 그러나 이 보기에 우둔한 사람이 놀랄만한 꿈, 즉 중앙TV방송국 ≪백가강단≫ 칼럼에서, 전국의 관중들을 위해 그가 가장 좋아하는 과학대작 ≪몽계필담≫을 강의하게 되었다.

단어 硕士 shuòshì 명 석사(* 博士 bóshì 박사) | 如愿以偿 rúyuàn yǐcháng 성 바람이 이루어지다 | 开题报告 kāití bàogào 명 논문연구 계획 발표 | 折腾 zhēteng 동 되풀이하다 | 不惑 búhuò 명 불혹, 40세 | 文凭 wénpíng 명 졸업 증서 | 愚拙 yúzhuō 형 어리석고 우둔하다 | 栏目 lánmù 명 칼럼(column) | 巨著 jùzhù 명 대작

해설 1. 앞에서 실력이 좋지 않아 힘들게 합격하고 고생한 내용이 이미 언급되었으므로 중복되는 내용으로 삭제하는 것이 좋다.

2. 그가 다른 사람보다 많이 뒤처지는 것을 설명하기 위해 다른 사람 3년 걸린 석사학위가 4년 걸렸다는 것과 박사 역시 세 번 만에 뜻을 이루었다는 내용은 쓰는 것이 좋다.

3. 이 글에 등장한 '如愿以偿(뜻을 이루다)'은 결국 박사시험에 합격한 것을 의미하므로 '考上博士(박사에 합격했다)'로 바꾸어도 좋다.

4. 박사논문 연구계획이 23번 만에 통과했다는 것을 썼다면 '전무후무한 기록'이라는 부연설명은 삭제해도 좋다.

5. '到了不惑之年(불혹의 나이가 되었다)는 것은 '40岁了(40세가 되었다)'와 같은 의미이므로 쉽고 간단한 표현을 쓰는 것이 좋다.

6. 그가 졸업할 당시 동료들의 상황은 중요한 내용이 아니다. 그가 졸업 증서 하나 밖에 없었다는 것이 핵심이다.

7. 앞에서 이미 여러 차례 첸삔이 여러모로 부족한 실력을 가지고 있다는 것을 설명했으므로 더 이상 반복되는 '우둔하다' 등의 수식어는 삭제하는 것이 좋다.

STEP 4 요약의 기술 3 – 중간 2

一次偶然的机会，钱斌认识了《百家讲坛》的一位编导马晓燕。马导告诉他："要想上《百家讲坛》，你得像主持人那样，在镜头前侃侃而谈。"这其实是委婉地拒绝了他。但是钱斌却当真了，此后，他开始练习演讲，还让妻子帮他录制演讲视频，他从中挑子几段比较满意的发给马导，马导看后忍俊不禁，连连摇头，可他还是没有放弃…… 有一天，当马导看到它发来的第73份视频时，忽觉眼前一亮，那个曾经笨拙、滑稽的演讲者，如今已发生了脱胎换骨的变化。她对钱斌说："第一关你过了，但第二关难度要大得多，你必须得把《梦溪笔谈》讲得深入浅出，能让十二三岁的初中生听懂，并且乐意听。"对于一部科学巨著而言，讲深可能比较容易，但要讲得通俗易懂、生动有趣绝非易事。他想了一个办法：每写一段就读给同事的孩子听，如果他们听得津津有味，稿子就留下；如果他们听得迷迷糊糊，就重写。就这样，10讲的讲稿他总共修改了300多次。

→

一次机会，钱斌认识了《百家讲坛》的一位编导马晓燕。马导委婉地拒绝了他。钱斌却不放弃，在家练习演讲，录视频发给马导。第73份视频中，钱斌发生了很大的变化。马导告诉他要把《梦溪笔谈》讲得通俗易懂、生动有趣。他想了一个办法：写稿子给孩子听，如果孩子们听得迷糊，就重写。就这样，讲稿修改了300多次。

한 번의 우연한 기회로 첸삔은 ≪백가강단≫의 PD 마샤오옌을 알게 되었다. 마PD는 그에게 ≪백가강단≫에 참여하고 싶으면, 진행자처럼 카메라 앞에서 차분하고 당당하게 말해야 해요."라고 말했다. 이것은 사실 완곡하게 그를 거절하는 것이었다. 그러나 첸삔은 진짜로 여겨, 이후에, 그는 강연 연습을 시작했고, 또한 아내가 그를 도와 강연 동영상을 녹화하도록 했다. 그는 그 중에서 만족스러운 몇 개를 골라 마PD에게 보내었고, 마PD는 보고 웃음을 금할 수 없었고, 연이어 고개를 가로저었다. 그러나 그는 포기하지 않았다……
어느 날, 마PD는 그가 보내온 73번 째 동영상을 보는데, 갑자기 눈앞이 번쩍였다. 그 아둔하고, 우스꽝스럽던 강연자가 지금은 이미 환골탈태의 변화가 생긴 것이었다. 그녀는 첸삔에게 "첫 번째 관문은 통과했어요. 하지만 두 번째 관문은 난이도가 더 큽니다. 당신은 반드시 ≪몽계필담≫을 쉽게 이끌어내서 열두세 살의 중학생들도 알아 듣고, 또 재미있게 듣게 만들도록 강의해야 해요." 한 부의 과학 대작입장에서 보면, 깊이 있게 강의하는 것은 비교적 쉬울 수 있으나, 대중적이고 이해하기 쉽게, 생동감 있고, 재미있게 강의하는 것은 결코 쉬운 일이 아니다. 그는 방법을 하나 생각해냈다. 매 단락을 써서 동료들의 아이에게 읽어주고 만약에 그들이 흥미진진하게 들으면 원고는 남겨두고, 그들이 애매하게 듣는 것 같으면 바로 다시 쓰는 것이다. 이렇게 해서, 10강의 강의원고를 그는 총 300여 번을 고쳐 썼다.

한 번의 기회로 첸삔은 ≪백가강단≫의 PD 마샤오옌을 알게 되었다. 마PD는 완곡하게 그를 거절했다. 첸삔은 오히려 포기하지 않고, 집에서 강연 연습을 했고, 강연 동영상을 마PD에게 보냈다. 73번째 동영상에서 첸삔은 큰 변화가 생겼다. 마PD는 첸삔에게 ≪몽계필담≫을 대중적이고 이해하기 쉽게, 생동감 있고, 재미있게 강의해야 한다고 알려줬다. 그는 방법을 하나 생각해냈다. 원고를 써서 아이에게 들려주고 만약에 애매하게 듣는 것 같으면 바로 다시 쓰는 것이다. 이렇게 해서, 강의원고를 300여 번을 고쳐 썼다.

단어 编导 biāndǎo 명 연출자, PD | 镜头 jìngtóu 명 (카메라) 렌즈 | 侃侃而谈 kǎnkǎn értán 성 차분하고 당당하게 말하다 | 委婉 wěiwǎn 형 완곡하다(* 委婉地拒绝 wěiwǎn de jùjué 완곡하게 거절하다) | 当真 dàngzhēn 동 정말로 여기다 | 录制 lùzhì 동 녹음하다, 녹화하다 | 视频 shìpín 명 동영상 | 忍俊不禁 rěnjùn bùjīn 성 웃음을 금할 수 없다 | 眼前一亮 yǎnqián yíliàng 눈 앞이 번쩍이다, (어떤 것이) 눈에 띠다 | 滑稽 huájī 형 익살스럽다 | 脱胎换骨 tuōtāi huàngǔ 성 환골탈태하다 | 过关 guòguān 동 관문을 통과하다 | 深入浅出 shēnrù qiǎnchū 성 심오한 내용을 알기 쉽게 표현하다 | 乐意 lèyì 동 기꺼이 ~하다 | 津津有味 jīnjīn yǒuwèi 성 흥미진진하다 | 迷糊 míhu 형 모호하다

해설 1. 중간2의 핵심사건은 첸삔이 ≪백가강단≫의 마PD를 만나 거절을 당했지만, 계속해서 연습하며 동영상을 촬영하며 포기하지 않았다는 것과 73번 째 동영상에서 변화가 생겨 마PD가 쉽고 간단하게 강연해야 한다는 충고를 들은 첸삔이 아이에게 들려주는 방법을 생각했다는 것이다.
2. 불필요한 대화체와 수식어는 모두 삭제하는 것이 좋다.
3. 아이에게 들려주는 방법을 생각한 것은 중심사건이므로 반드시 넣어야 하는데, 아이들이 이해하지 못하면 반복해서 고쳤다는 내용이 있으므로 아이들이 흥미진진하게 들으면 남겼다는 내용은 충분히 예상되므로 같이 정리할 필요가 없다.
4. 반복해서 고친 것이 생각보다 많다는 것을 설명하기 위해 300번이라는 횟수는 정리해서 쓰는 것이 좋다.

终于有一天，钱斌收到了去北京试讲的邀请。站在令人眩晕的镁光灯下，面对黑乎乎的摄像机镜头时，他突然感觉有点儿紧张。不过，他很快就平静了下来，心想："我付出了那么多努力，做了那么充分的准备，还有什么可紧张的呢？"他一下子找回了之前练习时的感觉，开始滔滔不绝地演讲。观众们也听得异常入神。

下了讲坛，马导微笑着对他说："钱老师，麻烦您回去继续准备后面的演讲吧。"那一刻，钱斌知道，自己终于成功了。曾经被人认为愚拙的钱斌，如今成了中央电视台《百家讲坛》栏目的一位主讲人。钱斌这样评价自己："我是一只笨鸟，飞得不快，但如果不停地飞、拼命地飞，总有一天能找到属于自己的一片蓝天。"

→ 终于，钱斌去北京试讲了。他克服了紧张，讲得很好。马导让他继续准备后面的演讲。钱斌成功了，终于成为了主讲人。他评价自己："我是一只笨鸟，但一直努力，总有一天能找到自己的蓝天。"

마침내 어느 날, 첸삔은 베이징에 가서 시범 강연을 초대 받았다. 사람 현기증 나게 하는 플래시들 아래에서 까만 촬영카메라 렌즈를 마주했을 때, 그는 갑자기 좀 긴장됨을 느꼈다. 하지만, 그는 아주 빠르게 평정심을 찾았고, 마음속으로 '내가 그렇게 많이 노력했고, 그렇게 충분한 준비를 했는데 긴장할 것이 뭐가 있겠어?'라고 생각했다. 그는 단번에 예전에 연습할 때의 감각을 찾았고, 막힘 없이 강연하기 시작했다. 관중들도 대단히 넋을 잃고 들었다.

강단에서 내려오자 마PD가 웃으면서 크에게 "첸 선생님, 번거롭겠지만 돌아가셔서 다음 편 강의도 계속 준비해주세요."라고 말했다. 크때 첸삔은 자신어 마침내 성공했음을 알았다. 사람들에게 어리석다고 여겨졌던 첸삔이 지금 중앙TV방송국의 《백가강단》 칼럼의 주 강연자가 되었다. 첸삔은 이렇게 자신을 평가했다. "나는 한 마리의 멍청한 새여서 빠르게 날지는 못했습니다. 하지만 만약에 끊임없이, 필사적으로 날면, 결국 언젠가는 자신만의 푸른 하늘을 찾아낼 수 있을 것입니다."

마침내 첸삔은 베이징에 가서 시범 강연을 초대 받았다. 그는 긴장됨을 극복하고 강연을 잘 해냈다. 마PD가 그에게 다음 편 강의도 계속 준비하라고 했다. 첸삔은 성공했고, 마침내 주 강연자가 되었다. 그는 자신을 "나는 한 마리의 멍청한 새이지만, 끊임없이 노력하여 결국에는 자신만의 푸른 하늘을 찾아냈다."라고 평가했다.

단어 眩晕 xuànyùn 동 현기증이 나다 | 镁光灯 měiguāngdēng 명 플래시(flash)

해설 1. 끝 부분의 핵심은 첸삔이 긴장을 극복하여 강연이 성공적이었다는 것과 마PD가 계속 강연을 부탁한 것이다.
2. 마지막의 첸삔이 자신을 평가한 내용은 이 글의 핵심부분이자 첸삔이 어떤 인물인지를 알 수 있는 중요한 부분이므로 정리하여 쓰는 것이 좋다.

STEP 6 〉 제목 정하기

해설 1. 주인공 이름이 첸삔이므로 되도록 '钱斌(첸삔)'이라는 이름이 들어가는 것이 좋다.
2. 간단하게 제목을 쓴다면 첸삔이 성공한 이야기를 담고 있으므로 '钱斌的成功故事(첸삔의 성공스토리)'가 좋다
3. 인물에 관한 이야기에 제목을 붙일 때는 인물의 이름을 넣고 인물을 설명할 수 있는 간단한 수식어를 붙이는 것이 좋은데 첸삔은 일을 할 때 남들보다 더 힘을 들이는 편이었으므로 '做事费力的钱斌(일을 할 때 남들보다 더 힘을 들인 첸삔)'이 적절하다.

听力

第一部分

1. D　　**2.** C　　**3.** D　　**4.** B　　**5.** C　　**6.** A　　**7.** D　　**8.** C　　**9.** B　　**10.** A

11. C　　**12.** C　　**13.** C　　**14.** D　　**15.** C

第二部分

16. B　　**17.** D　　**18.** B　　**19.** D　　**20.** B　　**21.** B　　**22.** B　　**23.** C　　**24.** A　　**25.** B

26. B　　**27.** A　　**28.** D　　**29.** D　　**30.** A

第三部分

31. B　　**32.** D　　**33.** B　　**34.** C　　**35.** B　　**36.** B　　**37.** B　　**38.** C　　**39.** A　　**40.** B

41. B　　**42.** C　　**43.** B　　**44.** C　　**45.** D　　**46.** C　　**47.** C　　**48.** A　　**49.** A　　**50.** D

阅读

第一部分

51. D　　**52.** C　　**53.** A　　**54.** B　　**55.** D　　**56.** C　　**57.** B　　**58.** A　　**59.** B　　**60.** A

第二部分

61. A　　**62.** C　　**63.** D　　**64.** B　　**65.** A　　**66.** C　　**67.** C　　**68.** D　　**69.** C　　**70.** D

第三部分

71. E　　**72.** A　　**73.** D　　**74.** C　　**75.** B　　**76.** A　　**77.** E　　**78.** D　　**79.** B　　**80.** C

第四部分

81. B　　**82.** C　　**83.** D　　**84.** C　　**85.** C　　**86.** D　　**87.** B　　**88.** B　　**89.** A　　**90.** B

91. D　　**92.** B　　**93.** C　　**94.** C　　**95.** B　　**96.** C　　**97.** C　　**98.** A　　**99.** D　　**100.** D

书写

					李	克	的	酒	店	梦	想				
		李	克	是	一	名	酒	店	职	员	，	喜	欢	登	山	和	冒	险	活
动	。	虽	然	他	攀	登	了	无	数	的	高	山	，	但	是	最	让	他	留
恋	的	，	还	是	阿	尔	卑	斯	山	。						
		一	天	，	李	克	和	朋	友	们	登	上	一	座	雪	山	。	傍	晚
的	时	候	，	他	们	才	到	达	山	顶	，	由	于	已	经	没	有	力	气
下	山	，	所	以	他	们	决	定	在	山	顶	过	夜	。	吃	过	晚	饭	后，

他们便睡了。突然，几个人被尖叫声吵醒。原来，是一位朋友欣赏到了阿尔卑斯山的夜景。他们看到夜景后也都惊叹起来。当时，李克有了在山顶建立一座酒店的想法。回去以后，李克便计划这件事。但上司看了他的商业计划书后，直接拒绝了他。李克的自尊心受到了打击，于是辞职了。离开公司以后，李克决定自己完成这个梦想。

　　他计划建立一座露天酒店。每个卧室里面只放上双人床和床头柜，洗手间和浴室建在离卧室一米远的地方，每个房间都会安排一名管家。计划是美好的，但酒店在建立过程中，遇到了很多难题。家人和朋友们都反对李克的计划。但最后，酒店还是开张了。山顶酒店只接受网上预订，这个项目吸引了无数的登山客，并且所有预订已经排到第二年的三月份。

　　后来，李克在接受采访时说道："我的目的不是赚钱，而是想让更多人欣赏到美丽的风景。"

리커의 호텔 꿈

　　리커는 한 명의 호텔직원이고, 그는 등산과 모험을 좋아한다. 그는 무수히 많은 높은 산을 등반했지만 가장 그가 미련을 가지게 만드는 것은 에베레스트 산이었다.

　　어느 날 리커는 친구들과 하나의 설산에 올랐다. 해질 무렵이 되어서야 그들은 산 정상에 이르렀고, 이미 하산할 힘이 없어 그들은 산 정상에서 밤을 보내기로 결정했다. 저녁을 먹은 후에, 그들을 바로 잠들었다. 갑자기 몇 사람이 비명소리에 시끄러워 깼다. 알고 보니 한 친구가 에베레스트 산의 야경을 감상한 것이었다. 그들은 야경을 본 후에 감탄을 금할 수 없었다. 당시에 리커는 산 정상에 호텔을 세우는 생각을 했다. 돌아온 이후, 리커는 이 일을 기획했다. 하지만 상사는 그의 상업계획서를 보고 난 후, 바로 거절했다. 리커는 자존심에 상처를 입어 사직했다. 회사를 떠난 이후 리커는 혼자 이 꿈을 완성하기로 결정했다.

　　그는 노천호텔을 짓기로 계획했다. 모든 침실 안에는 더블침대와 협탁만 두고, 화장실과 욕실은 침실로부터 1m 거리 되는 곳에 지으며, 모든 방에는 한 명의 메이드를 배치하는 것으로 계획은 완벽했지만 호텔을 짓는 과정 중에 많은 난제에 부딪쳤다. 가족과 친구들은 모두 리커의 계획에 반대했다. 그러나 결국 호텔은 개장을 했다. 산 정상의 호텔은 인터넷으로만 예약을 받았고, 이 프로젝트는 무수히 많은 등산객들을 매료시켰을 뿐만 아니라, 예약은 이미 이듬해 3월까지 스케줄이 찼다.

　　후에, 리커는 인터뷰할 때 말했다. "나의 목적은 돈 버는 것이 아니라 더 많은 사람들이 아름다운 풍경을 감상하게 하고 싶었던 것입니다."

문제 1

A 记者很尴尬	A 기자는 매우 어색해했다
B 年轻人对评奖结果不满	B 젊은이들은 수상결과에 대해 불만스러웠다
C 余光中是颁奖嘉宾	C 위광중은 시상자이다
D 余光中言语幽默	D 위광중은 유머러스 하다

| 一次颁奖礼上，获奖者除了著名文学家余光中是满头白发的老者外，其他都是年轻人。记者问余光中是否尴尬，他风趣地答道："年长者与年轻人一同得奖，表示他尚未落伍，且雄心仍在。"话音一落，满堂喝彩。 | 어느 시상식에서 수상자는 백발노인인 유명한 문학가 위광중을 제외하고는 모두 젊은 사람이었다. 기자는 위광중에게 어색하지 않은지 물었고, 그는 재미있게 대답했다. "연장자와 젊은이가 함께 상을 받는다는 것은 아직 뒤떨어지지 않았다는 것이고 게다가 여전히 포부가 있다는 거예요." 말이 끝나자, 모든 사람들이 박수갈채를 보냈다. |

단어 颁奖礼 bānjiǎnglǐ 몡 시상식 | 获奖者 huòjiǎngzhě 몡 수상자 | 尴尬 gāngà 혱 곤란하다 | 风趣 fēngqù 혱 흥미롭다 | 尚未 shàngwèi 뷔 아직 ~하지 않다 | 落伍 luòwǔ 동 뒤떨어지다 | 雄心 xióngxīn 몡 포부 | 满堂喝彩 mǎntáng hècǎi 박수갈채를 보내다

해설 '他风趣地答道(그는 재미있게 대답했다)'라고 언급했으므로 위광중이 유머러스 한 사람이라는 것을 알 수 있다. 정답은 D이다.

문제 2

A 供求影响价格	A 공급과 수요는 가격에 영향을 미친다
B 不能浪费粮食	B 식량을 낭비하면 안 된다
C 付出越多收获越大	C 들이는 것이 많을수록 수확도 많다
D 价值不能用金钱衡量	D 가치는 돈으로 비교하면 안 된다

| 小和尚问师傅："一碗米有多大的价值？"师傅说："要看你怎么做了。用十五分钟蒸成米饭，值一块钱，花两个小时做成粽子，值三块钱，在米里加点儿酒曲，几个月后酿成一瓶美酒，那就是二三十块钱的价值了。" | 어린 승려가 스승에게 물었다. "한 그릇의 쌀은 얼마만큼의 가치가 있나요?" 스승이 말했다. "네가 어떻게 하는지에 달려있단다. 15분만에 밥을 지으면 1위안의 가치가 되고, 두 시간만에 쫑즈를 만들면 3위안의 가치가 되고, 밥에 누룩을 더하면 몇 달 뒤에 맛있는 술로 만들어지니, 그것은 20~30위안의 가치가 된단다." |

단어 供求 gōngqiú 동 공급하고 수요되다 | 付出 fùchū 동 (대가를)지급하다 | 衡量 héngliáng 동 비교하다 | 小和尚 xiǎohéshang 몡 어린 승려 | 蒸 zhēng 동 찌다 | 粽子 zòngzi 몡 쫑즈 | 酒曲 jiǔqū 몡 누룩 | 酿 niàng 동 술을 빚다

해설 '用十五分钟蒸成米饭，值一块钱，花两个小时做成粽子，值三块钱，在米里加点儿酒曲，几个月后酿成一瓶美酒，那就是二三十块钱的价值了(15분에 밥을 지으면 1위안의 가치가 되고, 두 시간 만에 쫑즈를 만들면 3위안의 가치가 되고, 밥에 누룩을 더하면 몇 달 뒤에 맛있는 술로 만들어지니, 그것은 20~30위안의 가치가 된단다)'에서 들이는 시간이 많을수록 돈의 가치가 늘어났으므로 '들이는 것이 많을수록 수확도 많다'라고 볼 수 있다. 정답은 C이다

문제 3

A 小孩子摔伤了	A 아이는 넘어져 다쳤다
B 摩托车出了故障	B 오토바이가 고장 났다
C 交警拦住了出租车	C 교통경찰은 택시를 막았다
D 摩托车速度非常快	D 오토바이의 속도가 매우 빠르다

一位出租车司机开车时看见前面有个人疯狂地骑着摩托车，在他的后座上的小孩子快要被甩出去了。司机追上那个人说："伙计，你的孩子快要掉下去了。"此人听后回头一看，吃惊的问："儿子，你妈妈呢？"	한 택시기사가 운전할 때 앞쪽에 어떤 이가 미친 듯이 오토바이를 타고 있고 그의 뒷자리에 앉은 어린아이가 곧 떨어져 나가려고 하는 것을 보았다. 기사는 그 사람을 뒤쫓아가 말했다. "이봐요, 당신의 아이가 곧 떨어지겠어요." 그 사람이 듣고는 뒤를 돌아보며 깜짝 놀라 물었다. "아들아, 네 엄마는?"

단어 疯狂 fēngkuáng 형 미치다 | 甩 shuǎi 동 떨어지다, 내던지다 | 追 zhuī 동 쫓아가다 | 伙计 huǒji 명 친구, 동료 | 掉 diào 동 떨어지다

해설 '有个人疯狂地骑着摩托车(어떤 이가 미친 듯이 오토바이를 타고 있었다)'라고 했는데 여기서 '미친 듯이'는 그만큼 속도가 빨랐음을 알 수 있다. 정답은 D이다.

문제 4

A 魔术师撒谎了 B 交警认出魔术师了 C 魔术师遇到堵车了 D 魔术师开车时喝酒了	A 마술사는 거짓말을 했다 B 교통경찰은 마술사를 알아봤다 C 마술사는 교통체증을 겪었다 D 마술사가 음주운전을 했다
一个著名的魔术师开车超速，被交警拦住，开了罚单。交警递罚单的时候，惊讶地说："你就是那个魔术师吧！"魔术师一听很高兴，以为可以得到通融，没想到交警手拿罚单笑着对他说："你能把它变没了吗？"	한 유명한 마술사가 과속운전을 해서, 교통경찰이 막아 서서 벌금을 부과했다. 교통경찰이 벌금통지서를 전달할 때 깜짝 놀라며 말했다. "당신이 바로 그 마술사군요!" 마술사는 융통성을 얻어낼 수 있을 거라고 생각했기 때문에 듣고 기뻐했다. 하지만 생각지도 못하게 교통경찰이 벌금통지서를 들고 웃으면서 그에게 말했다. "당신은 이것을 없앨 수 있습니까?"

단어 拦住 lánzhù 동 막다 | 罚单 fádān 명 벌금통지서 | 递 dì 동 전달하다 | 通融 tōngróng 동 융통성을 발휘하다 | 撒谎 sāhuǎng 동 거짓말하다

해설 '你就是那个魔术师吧! (당신이 바로 그 마술사군요!)'에서 '그' 마술사라고 한 것은 교통경찰은 그가 누군지를 알고 있다는 것이므로 정답은 B이다.

문제 5

A 堂屋一般不住人 B 古代房屋普遍较高 C "高堂"是对父母的尊称 D "一拜高堂"指夫妻对拜	A 안채는 일반적으로 사람이 살지 않는다 B 옛날 건물은 보통 비교적 높다 C "高堂"은 부모님에 대한 존칭이다 D "一拜高堂"은 부부가 맞절하는 것을 가리킨다
古代，父母的居室一般称为旁屋，它处于房子正中的位置，而且比其他房间高一些。所以子辈为尊重父母，在外人面前称父母为"高堂"。中国传统婚礼仪式上的"一拜高堂"指的就是拜父母。	옛날에 부모님의 방은 일반적으로 旁屋라고 불렀는데, 그것은 방의 정 중앙에 위치에 있었고 게다가 다른 방보다 조금 높았다. 그래서 자식은 부모님을 존경하기 위해서 다른 사람 앞에서 부모님을 '高堂'이라고 불렀다. 중국 전통결혼식의 '一拜高堂'은 부모님께 절하는 것을 가리킨다.

단어 居室 jūshì 명 방 | 一拜高堂 yíbài gāotáng 부모님께 절하다 | 堂屋 tángwū 명 안채 | 尊称 zūnchēng 동 존칭하다

해설 '子辈为尊重父母，在外人面前称父母为"高堂"(자식은 부모님을 존경하기 위해서 다른 사람 앞에서 부모님을 '高堂'이라고 불렀다)'이라고 했으므로 '高堂'이라는 것은 부모님에 대한 존칭이라는 것을 알 수 있다. 정답은 C이다.

A 眼光要长远	A 시선을 멀리 두어야 한다
B 不能急于求成	B 급하게 이루려 해서는 안 된다
C 做事要精益求精	C 일을 할 때는 완벽을 추구해야 한다
D 人的潜力是无限的	D 사람의 잠재력은 무한하다

| "人无远虑必有近忧"，这是一句古老的中国谚语，字面意思是人如果没有长远的谋划忧患，就会有即将到来的忧患。它告诫我们要未雨绸缪，不能只顾眼前而忘却了奋斗的方向和最终目标。 | '人无远虑必有近忧' 이것은 오래된 중국의 속담인데, 글자의 표면적인 의미는 사람이 만약 먼 계획에 대한 걱정이 없다면 곧 도래하는 우환이 생긴다는 것이다. 그것은 우리가 사전에 미리 준비해야지, 눈앞에 것만 보살피느라 분투하고 있는 방향과 최종적인 목표를 잊어서는 안 되는 것을 깨우쳐준다. |

단어 求成 qiúchéng 图 성공을 바라다 | 精益求精 jīngyìqiújīng 완벽을 추구하다 | 潜力 qiánlì 명 잠재력 | 人无远虑必有近忧 rén wú yuǎnlǜ bìyǒu jìnyōu 사람은 먼 앞일을 미리 생각하지 않으면 필시 가까운 우환에 부딪치게 된다 | 谚语 yànyǔ 명 속담 | 谋划 móuhuà 图 계획하다 | 忧患 yōuhuàn 명 우환 | 告诫 gàojiè 图 훈계하다 | 绸缪 chóumóu 图 미리 준비하다. 대비하다 | 忘却 wàngquè 图 잊어버리다 | 奋斗 fèndòu 图 분투하다

해설 '不能只顾眼前而忘却了奋斗的方向和最终目标(눈앞에 것만 보살피느라 분투하고 있는 방향과 최종적인 목표를 잊어서는 안 된다)'라고 했으므로 앞에 있는 것만 보지 말고 시선을 멀리 두고 멀리 내다볼 줄 알아야 한다는 것을 강조하고 있다. 정답은 A이다.

A 做事要有分寸	A 일을 할 때 정도를 지켜야 한다
B 度量大的人更敏感	B 배포가 큰 사람은 더 예민하다
C 脾气好的人更受欢迎	C 성격이 좋은 사람은 더 환영을 받는다
D 有抱负的人往往度量大	D 포부가 있는 사람은 대부분 아량이 넓다

| "宰相肚里能撑船"被用来形容一个人很有度量。一个人度量的大小与他是否志存高远有很大关系。有远大抱负的人是不会计较眼前得失和个人荣辱的。只有胸怀大志才能胸襟开阔。 | '宰相肚里能撑船'은 한 사람의 아량이 넓다는 것을 묘사하는 데 쓰인다. 한 사람의 아량이 크고 작은 것을 그가 원대한 꿈을 가지고 있는지 아닌지와 큰 관계가 있다. 큰 포부가 있는 사람은 눈앞에 있는 득과 실 그리고 개인의 영예와 치욕을 계산하지 않을 것이다. 가슴에 큰 포부를 품어야만 비로소 마음이 넓어질 수 있다. |

단어 敏感 mǐngǎn 형 예민하다 | 宰相肚里能撑船 zǎixiàng dùli néng chēngchuán 아량이 넓다 | 度量 dùliàng 명 아량 | 抱负 bàofù 명 포부 | 计较 jìjiào 图 계산하고 비교하다 | 胸襟开阔 xiōngjīn kāikuò 마음이 트이다

해설 '只有胸怀大志才能胸襟开阔(가슴에 큰 포부를 품어야만 비로소 마음이 넓어질 수 있다)'라고 했으므로 포부가 있는 사람이 아량이 넓다라는 것을 알 수 있다. 정답은 D이다.

A 交友要慎重	A 친구를 사귀는 것은 신중해야 한다
B 人的潜力是无限的	B 사람의 잠재력은 무한한 것이다
C 成功需要别人的帮助	C 성공은 다른 사람의 도움이 필요하다
D 不要忽略眼前的幸福	D 눈앞의 행복을 소홀히 하지 마라

"一个篱笆三个桩，一个好汉三个帮。"在社会生活中，任何一个人都不可能孤立地存在。当他处于孤立无援的境地时，就会感到力量单薄；相反，如果有许多人支持和帮助他，就会使他振作精神，产生巨大的力量。

'一个篱笆三个桩, 一个好汉三个帮.' 사회생활 중 에 누구도 혼자 고립된 채로 존재할 수 없다. 그가 혼자 도움이 없는 상황에 처했을 때, 힘이 약하다고 느낄 것이다. 반대로, 그를 지지하고 도와주는 많은 사람이 있다면 그가 기운을 내게 하고 거대한 힘이 생기게 할 것이다.

단어 慎重 shènzhòng 형 신중하다 | 无限 wúxiàn 형 무한하다 | 忽略 hūlüè 동 소홀히 하다 | 一个篱笆三个桩，一个好汉三个帮 yí ge líba sān ge zhuāng, yí ge hǎohàn sān ge bāng 사람은 혼자 살 수 없다 | 孤立无援 gūlì wúyuán 고립되고 도움이 없다 | 单薄 dānbó 형 부족하다 | 相反 xiāngfǎn 접 반대로 | 振作精神 zhènzuò jīngshén 기운을 내다

해설 '如果有许多人支持和帮助他，就会使他振作精神，产生巨大的力量(그를 지지하고 도와주는 많은 사람이 있다면 그가 기운을 내게 하고 거대한 힘이 생기게 할 것이다)'이라고 했으므로 주변에 도와주는 사람이 없다면 성공하기 힘든 것을 말하고 있으므로 성공에는 다른 사람의 도움이 필요하다는 것을 알 수 있다. 정답은 C이다.

문제 9

A 有得必有失
B 立志要趁早
C 莲花花期较短
D 莲花象征纯洁

A 얻는 것이 있다면 반드시 잃는 것도 있다
B 일찍 뜻을 세워야 한다
C 연꽃의 개화시기는 비교적 짧다
D 연꽃은 순수를 상징한다

一位花贩告诉我，清晨买莲花要挑那些盛开的。因为早上是莲花开放的最好时间。如果一朵莲花早上不开，那中午和晚上就更不会开了。看人也一样，一个人年轻时若没有志气，中年或晚年就更难有志气了。

꽃을 파는 한 상인이 나에게 이른 아침에 연꽃을 사면 꽃이 활짝 피어있는 것으로 골라야 한다고 알려주었다. 아침은 연꽃이 개화하기에 가장 좋은 시간이기 때문이다. 만약 한 연꽃이 아침에 피지 않는다면, 점심, 저녁에는 더욱 피지 않을 것이다. 사람을 봐도 마찬가지다. 만약 한 사람이 젊었을 때 포부가 없다면 중년, 또는 노년에는 더욱 포부가 없을 것이다.

단어 纯洁 chúnjié 형 순수하다 | 花贩 huāfàn 명 꽃 파는 상인 | 清晨 qīngchén 명 이른 아침 | 盛开 shèngkāi 동 꽃이 활짝 피다 | 志气 zhìqì 명 포부

해설 '一个人年轻时若没有志气，中年或晚年就更难有志气了(만약 한 사람이 젊었을 때 포부가 없다면 중년, 또는 노년에는 더욱 포부가 없을 것이다)'라고 했으므로 젊었을 때 포부를 가져야 한다는 말이고 다시 말해 뜻은 일찍 세워야 한다는 것임을 알 수 있다. 정답은 B이다.

문제 10

A 要学会放松
B 旅行能开阔眼界
C 工作让人充满活力
D 过度运动会损害健康

A 느슨해질 줄 알아야 한다
B 여행은 안목을 넓힐 수 있다
C 일은 사람으로 하여금 활기 넘치게 한다
D 과도한 운동은 건강을 손상시킬 수 있다

人的身体就像一部机器，有损耗就要加油。所以放下手边的工作去做一些让自己充满活力的事情吧。例如，到健身房挥汗如雨，和朋友出去玩，抑或和家人去郊区踏青，这些都是给自己加油的好办法。

사람의 몸은 기계와 같아서 소모가 있으면 기름을 넣어야 한다. 그래서 수중의 일을 놓고 자신을 활력이 충만하게 하는 일을 하러 가자. 예를 들면, 헬스장에 가서 비처럼 흐르는 땀을 닦고, 친구와 함께 나가 놀고, 혹은 가족과 함께 교외지역에 나가 봄나들이를 하는 이러한 모든 것들은 자기에게 힘을 주는 좋은 방법이다.

단어 开阔 kāikuò 동 넓히다 | 过度 guòdù 형 과도하다 | 损害 sǔnhài 동 손상시키다 | 机器 jīqì 명 기기, 기계 | 损耗 sǔnhào 명 손실, 소모 | 挥汗 huīhàn 동 땀을 닦다 | 抑或 yìhuò 접 혹은 | 踏青 tàqīng 동 답청하다

해설 '放下手边的工作去做一些让自己充满活力的事情吧(수중의 일을 놓고 자신을 활력이 충만하게 하는 일을 하러 가자)'라고 했으므로 일에서 벗어나 느슨하게 보낼 줄 알아야 한다는 말임을 알 수 있다. 정답은 A이다.

문제 11

A 西安人口众多 B 西安古城墙建于清代 C 西安古城墙保存完整 D 西安自然风景优美	A 시안의 인구는 많다 B 시안 옛 성벽은 청대에 세워졌다 C 시안 옛 성벽은 완벽하게 보전되어 있다 D 시안의 자연풍경은 아름답다
西安古城墙建于明代，至今已有六百多年的历史，作为中国目前保存最为完整的古代城园建筑，西安古城墙为研究明代的历史，军事和建筑等，提供了不可多得的实物资料。	시안 옛 성벽은 명대에 세워졌고, 지금까지 600년이 넘는 역사를 가지고 있으며, 중국에서 현재 가장 완벽하게 보존된 고대 건축물로서 서안 옛 성벽은 명대의 역사와 군사, 건축물 등을 연구하기 위해 흔히 얻기 어려운 실물자료를 제공했다.

단어 古城墙 gǔchéngqiáng 몡 옛 성벽 | 完整 wánzhěng 혱 완정하다, 완벽하다 | 不可多得 bùkě duōdé 흔히 얻기 어렵다 | 实物资料 shíwù zīliào 몡 실물자료 | 众多 zhòngduō 혱 아주 많다 [주로 사람이 많은 것을 형용함]

해설 '作为中国目前保存最为完整的古代城园建筑(중국에서 현재 가장 완벽하게 보존된 고대 건축물로서)'라고 했으므로 시안 옛 성벽은 완벽하게 보전되어 있음을 알 수 있다. 정답은 C이다. 보기 B는 지문 첫 마디에서 '西安古城墙建于明代(시안 옛 성벽은 명대에 세워졌고)'라고 했으므로 답이 아니다.

문제 12

A 坐姿体现人的修养 B 长时间端坐有害健康 C 坐姿影响人的情绪 D 运动可以释放压力	A 앉은 자세로 사람의 교양이 드러난다 B 오랜 시간 바르게 앉아있으면 건강에 해롭다 C 앉은 자세는 사람의 정서에 영향을 준다 D 운동은 스트레스를 풀 수 있다
研究人员通过观察发现，坐得直的人往往显得更自信和有活力。他们认为，这是因为肌肉状态会影响人体激素和神经系统，进而影响情绪。因此，端坐可能是一种简便易行的抗压方法。	연구원은 관찰을 통해 똑바로 앉은 사람이 종종 더 자신감 있고 활력이 있다는 것을 발견했다. 그들은 이것이 근육상태가 사람의 호르몬과 신경계에 영향을 줄 수 있고, 더 나아가 정서에도 영향을 줄 수 있기 때문이라고 생각했다. 이 때문에 바르게 앉는 것은 어쩌면 스트레스는 막을 수 있는 간편한 방법이다.

단어 研究人员 yánjiū rényuán 몡 연구원 | 观察 guānchá 동 관찰하다 | 发现 fāxiàn 동 발견하다 | 活力 huólì 몡 활력 | 肌肉 jīròu 몡 근육 | 激素 jīsù 몡 호르몬 | 神经系统 shénjīng xìtǒng 몡 신경계 | 进而 jìn'ér 젭 더 나아가 | 简便易行 jiǎnbiàn yìxíng 간편해서 하기 쉽다 | 释放 shìfàng 동 석방하다

해설 똑바로 앉는 것이 '影响情绪(정서에도 영향을 줄 수 있다)'라고 했으므로 앉는 자세가 정서에 영향을 줄 수 있다는 것을 알 수 있다. 정답은 C이다.

문제 13

A 企业内部要保持良性竞争 B 企业应提高员工薪酬 C 员工最好接受职业化培训 D 员工要有业余爱好	A 기업 내부에서는 좋은 경쟁을 유지해야 한다 B 기업은 직원의 급여를 올려주어야 한다. C 직원은 전문적인 훈련을 받는 것이 가장 좋다 D 직원은 여가취미가 있어야 한다

<table>
<tr>
<td>通常受过职业化培训的人，潜力能够得到更充分地挖掘，能力也会得到更大程度地提高。所以，企业要想将员工从业余选手转变为职业高手，就应该为员工提供系统的职业化培训。</td>
<td>통상적으로 전문적인 훈련을 받은 사람은 잠재력을 더욱 충분하게 끌어낼 수 있고, 능력 역시 더 큰 정도로 향상될 수 있다. 그래서 기업들은 직원을 아마추어 선수에서 프로 고수로 바꾸고 싶다면 직원들에게 체계적인 전문화 훈련을 제공해야 한다.</td>
</tr>
</table>

단어　培训 péixùn 동 훈련하다 | 潜力 qiánlì 명 잠재력 | 挖掘 wājué 동 발굴하다 | 薪酬 xīnchóu 명 급여

해설　'应该为员工提供系统的职业化培训(직원들에게 체계적인 전문화 훈련을 제공해야 한다)'이라고 했으므로 직원은 전문적인 훈련을 받는 것이 가장 좋다라는 것을 알 수 있다. 정답은 C이다.

문제 14

<table>
<tr>
<td>A 要主动帮助别人
B 饮食营养要均衡
C 做事情要量力而行
D 自己的人生自己做主</td>
<td>A 주동적으로 다른 사람을 도와야 한다
B 음식영양은 균형을 이루어야 한다
C 일하는 것은 능력껏 해야 한다
D 자신의 인생은 자신이 주인이다</td>
</tr>
<tr>
<td>人生就像一顿自助餐。只要你愿意付费，想要什么都可以拿，但是必须自己动手。如果只是一味地等着别人把食物拿给你，你可能很难吃得开心。因为只有你自己知道你想要什么，什么最合你的胃口。</td>
<td>인생은 한 끼의 뷔페와 같다. 당신이 비용을 지불하기만 한다면 원하는 것을 다 가질 수 있지만, 반드시 스스로가 시작해야 한다. 만약에 무턱대고 다른 사람이 음식을 가져다주길 기다린다면 당신은 즐겁게 먹을 수가 없다. 오직 당신만이 자신이 무엇을 원하고, 무엇이 당신의 입맛에 맞는지 알기 때문이다.</td>
</tr>
</table>

단어　自助餐 zìzhùcān 명 뷔페 | 付费 fùfèi 동 비용을 지불하다 | 动手 dòngshǒu 동 시작하다 | 均衡 jūnhéng 형 균형이 잡히다 | 量力 liànglì 동 역량을 가늠하다

해설　'必须自己动手(반드시 스스로가 시작해야 한다)'라는 했는데 이 말은 다른 사람이 아닌 자신이 주체가 되어야 한다는 말이므로 정답은 D이다.

문제 15

<table>
<tr>
<td>A 儿子十分调皮
B 修理工疲惫极了
C 小张对修理工不满
D 小张把水管修好了</td>
<td>A 아들은 장난기가 많다
B 수리공은 몹시 피곤해했다
C 샤오짱은 수리공에게 불만이다
D 샤오짱은 수도관을 다 고쳤다</td>
</tr>
<tr>
<td>小张家水管漏水了，他打电话给修理工，对方说马上就来。结果等了大半天，才看到修理工懒洋洋地走来。修理工问："现在情况怎么样了？" 小张看了他一眼，说："在等你的时间里，我儿子已经学会游泳了。"</td>
<td>샤오짱의 집 수도관에서 물이 새서 그가 수리공에게 전화했더니 상대가 곧 오겠다고 말했다. 결과적으로는 한참을 기다리고 나서야 수리공이 늑장을 부리며 왔다. 수리공이 "지금 상황은 어떤가요?"라고 묻자, 샤오짱은 그를 한 번 보더니 말했다. "당신을 기다리는 시간 동안, 제 아들은 이미 수영을 배워 할 줄 알게 되었네요."</td>
</tr>
</table>

단어　漏水 lòushuǐ 동 물이 새다 | 修理工 xiūlǐgōng 명 수리공 | 懒洋洋 lǎnyángyáng 형 기운이 없는 | 调皮 tiáopí 형 장난스럽다 | 疲惫 píbèi 형 피곤하다

해설　'在等你的时间里，我儿子已经学会游泳了(당신을 기다리는 시간 동안, 제 아들은 이미 수영을 배워 할 줄 알게 되었네요)'라는 말은 수리공이 늦게 와서 그 시간이 아들이 수영을 배워 할 줄 알 정도의 긴 시간이었음을 풍자해서 한 말이므로 샤오짱은 수리공이 늦게 온 것에 대해 불만이라는 것을 알 수 있다. 정답은 C이다.

문제 16-20

女: 我们都知道您创造了万达的商业发展模式，但这样的模式难免会被别人模仿，您是如何看待这个问题的?

男: 商业模式是我们创造的，这种模式确实也有被别人模仿的可能性，不过 16.B 这也逼着我们不断地去创新，并加速转型，在商业地产方面我们已经走出了一条比较顺的路。几年前，我们逐渐向文化和旅游方面转型，也许两年以后大家会看到一个完全不同的万达。

女: 您能跟我们谈谈万达未来的发展重点是什么吗?

男: 两个方面，17.D 文化产业和旅游产业。文化方面我们投资了全世界最大规模的电影产业园区，包括电影、娱乐、科技以及其他文化产业，几年后这些成果会逐渐展示出来。20.B 旅游产业方面，我们投资了四个旅游度假区，每个度假区的规模和投资额都非常大，我相信万达的主业会逐渐从现代商业地产发展为文化、旅游、商业地产三者并重。

女: 您觉得万达之所以发得展这么好，归根于哪些方面呢?

男: 我认为主要有三个方面，18.D 第一是我前面说的敢创新; 第二是能执行，而且 18.A 执行得比较好，我们可以说到就做到; 第三就是有文化，18.C 我们特别注重企业文化，而且这种企业文化还得到了员工的认同。

女: 能跟我们谈谈您的用人留人之道吗?

男: 虽然我们的企业也有人才流失的情况，但总体来讲，流失率并不高，收入比较高是一个方面，19.D 另一个原因可能是团队人际关系比较简单，团队氛围也比较好，这些因素组合在一起，可能就会产生比单纯的收入更值得员工留恋的东西。所以，我觉得企业要想稳定骨干队伍，最重要的是要靠收入以外的东西。

여: 우리는 당신이 완다의 상업발전 모델을 창조해냈다는 것을 압니다. 그러나 이러한 모델은 다른 사람들에게 모방되는 것을 피하기는 어렵습니다. 당신은 이 문제를 어떻게 봅니까?

남: 상업 모델은 우리가 만들어낸 것입니다. 이런 모델은 확실히 다른 사람들에게 모방될 가능성이 있습니다. 그러나 16.B 이것은 우리를 끊임없이 창조하고, 빠르게 전환하도록 압박하고 있습니다. 우리는 상업자산 방면에서는 이미 순조로운 길을 가고 있습니다. 몇 년 전에 우리는 점차적으로 문화와 관광 방면으로 전향하였고, 어쩌면 2년 후에는 모두들 완전히 달라진 완다를 볼 수 있을 것 입니다.

여: 저희들에게 완다의 미래 발전의 중점이 무엇인지 이야기해줄 수 있나요?

남: 17.D 문화산업과 관광산업, 두 가지 방면이 있습니다. 문화 방면에서 우리는 전세계 가장 큰 규모의 영화산업 단지와 영화, 오락, 과학 아울러 기타 문화산업에 투자하는데, 몇 년 후에 이러한 성과들이 점차적으로 드러날 것 입니다. 20.B 관광산업 방면에서 우리는 4개의 휴양지에 투자를 했습니다. 휴양지마다 규모와 투자액은 모두 굉장히 커서, 저는 완다의 주업이 현재의 상업자산에서 문화, 관광, 상업자산, 세 가지 모두 중시하는 것으로 발전할 것이라 믿습니다.

여: 완다가 이렇게 발전이 잘된 이유가 결국 어느 방면 때문이라고 생각합니까?

남: 저는 주로 세 방면으로 생각합니다. 18.D 첫 번째는 제가 앞에서 말했듯이 과감하게 창조하는 것이고 두 번째는 시행하는 것입니다. 게다가 18.D 시행을 잘해야 하고 우리가 말한 것을 할 수 있어야 합니다. 세 번째는 바로 문화가 있어야 합니다. 18.D 우리는 특히 기업문화를 중시하고 게다가 이러한 기업문화는 직원들의 인정을 받고 있습니다.

여: 인재를 남기는 방법에 대하여 얘기해줄 수 있나요?

남: 비록 우리 기업도 인재를 잃어버리는 경우가 있지만, 그러나 전체적으로 말하자면 유실률이 크지는 않습니다. 한편으로는 소득이 비교적 높은 것도 있고 19.D 다른 이유로는 아마도 팀의 대인관계가 비교적 간단하고 팀 분위기도 비교적 좋기 때문일 것입니다. 이러한 요소들이 함께 합쳐져서 아마도 단순한 수입보다 직원들이 더 떠나기 아쉬운 마음이 들 만한 것을 만들어낸 것입니다. 그래서 저는 기업이 안정적인 핵심집단이 되고 싶다면 가장 중요한 것은 수입 이외의 것에 기대야 한다고 생각합니다.

创造 chuàngzào 통 창조하다 | 万达 Wàndá 중국 따롄의 한 대기업 ['大连万达集团股份有限公司'가 정식 명칭임] | 模式 móshì 명 패턴 | 难免 nánmiǎn 통 피하기 어렵다 | 模仿 mófǎng 통 모방하다, 본뜨다 | 逼 bī 통 위협하다 | 转型 zhuǎnxíng 통 전환하다 | 投资 tóuzī 통 (특정 목적을 위해) 투자하다 | 度假区 dùjiàqū 명 휴양지 | 并重 bìngzhòng 통 똑같이 중대시하다 | 执行 zhíxíng 통 실행하다 | 注重 zhùzhòng 통 중시하다 | 认同 rèntóng 인정하다, 승인하다 | 总体来讲 zǒngtǐ lái jiǎng 전체적으로 말하면 | 团队 tuánduì 명 단체, 팀 | 留恋 liúliàn 통 차마 떠나지 못하다, 그리워하다 | 骨干 gǔgàn 명 기본적이며 핵심적인 부분

문제 16

男的认为被别人模仿对万达有什么影响?	남자는 다른 사람에게 모방되면 완다에 어떤 영향이 있을 것이라 생각하는가?
A 阻碍产品更新	A 상품이 더 새로워지는 것을 방해한다
B 加速企业转型	B 기업의 전환을 가속시킨다
C 降低销售利润	C 판매이윤을 내린다
D 有损企业形象	D 기업이미지의 손상이 있다

단어 阻碍 zǔ'ài 통 가로막다 | 更新 gēngxīn 통 경신하다, 갱신하다 | 销售利润 xiāoshòu lìrùn 판매이익

해설 완다가 다른 사람에게 모방되는 문제를 어떻게 보는가 하는 질문에 '这也逼着我们不断地去创新，并加速转型(이것은 우리를 끊임없이 창조하고, 빠르게 전환하도록 압박하고 있습니다)'이라고 했으므로 오히려 기업의 전환을 가속화시킨다고 여긴다는 것을 알 수 있다. 정답은 B이다.

문제 17

万达未来发展的重点是什么?	완다의 미래발전의 중점은 무엇인가?
A 机械制造业 B 电子信息产业	A 기계제조업 B 전자정보산업
C 食品加工业 D 文化与旅游产业	C 식품가공업 D 문화와 관광산업

단어 机械 jīxiè 명 기계, 기계 장치 | 电子信息 diànzǐ xìnxī 명 전자정보

해설 두 가지라고 말하며 '文化产业和旅游产业(문화산업과 관광산업)'라고 언급했다. 정답은 D이다.

문제 18

下列哪项不是万达发展得较好的原因?	다음 중 완다의 발전이 잘된 이유가 아닌 것은?
A 执行力强 B 获得了政府支持	A 시행력이 강하다 B 정부의 지지를 받았다
C 重视企业文化 D 勇于创新	C 기업문화를 중시한다 D 용감하게 창조한다

단어 政府 zhèngfǔ 명 정부

해설 완다의 발전이 잘된 이유가 아닌 것을 물었으므로 잘된 이유를 설명한 부분에서 '第一是我前面说的敢创新(첫 번째는 제가 앞에서 말했듯이 과감하게 창조하는 것입니다)', '执行得比较好(시행을 잘해야 합니다)', '我们特别注重企业文化(우리는 특히 기업문화를 중시합니다)'라고 했으므로 정부의 지지를 받은 내용은 없다는 것을 알 수 있다. 정답은 B이다.

문제 19

万达为什么人才流失率低?	완다는 인재 유실률이 왜 낮은가?
A 工作压力小 B 升职空间大	A 업무스트레스가 적다 B 승진할 자리가 많다
C 假期非常多 D 团队氛围好	C 휴가기간이 많다 D 팀의 분위기가 좋다

단어 升职 shēngzhí 통 승진하다

해설 '另一个原因可能是团队人际关系比较简单，团队氛围也比较好(다른 이유로는 아마도 팀의 대인관계가 비교적 간단하고 팀 분위기도 비교적 좋기 때문일 것입니다)'라고 했으므로 팀의 분위기가 좋은 것이 인재 유실이 적은 이유 중의 하나임을 알 수 있다. 정답은 D이다.

根据对话，下列哪项正确？	대화를 근거로 다음 중 옳은 것은?
A 万达员工待遇不高	A 완다의 직원대우가 높지 않다
B 万达投资了度假区	B 완다는 휴양지에 투자했다
C 万达涉足慈善事业	C 완다는 자선사업에 발을 들여놓았다
D 万达前景不容乐观	D 완다는 전망이 밝지 않다

단어 慈善事业 císhàn shìyè 명 자선사업

해설 '我们投资了四个旅游度假区(관광산업 방면에서 우리는 4개의 휴양지에 투자를 했습니다)'라고 언급한 부분이 있으므로 완다가 휴양지에 투자했다는 것을 알 수 있다. 정답은 B이다.

문제 21-25

男 : 您能谈谈在新的市场环境下，供应商和消费者对电视购物的认知有哪些改变吗？

女 : 供应商和消费者对电视购物的整体认知，概括成一句话，21.B 就是有所期待。以前与供应商谈合作时，它们的第一反应往往是靠儿谱吗？现在，他们还是愿意坐下来跟我们谈一谈的。消费者的态度也有了一个大的转变，这是行业的巨大进步。25.B 电视购物频道，应不断地提高规范程度和服务能力。逐渐实现供应商和消费者的期待，打消其顾虑。

男 : 电视购物有哪些营销功能？

女 : 22.B 电视购物渠道具有试销功能，只需几天时间，就可以让消费者知道你。快速验证你的产品好不好卖。如果卖得不好，企业就应该重新改进产品或开发新产品。不必再浪费大量的人力和资金去生产试销了。如果卖得好，则有助于企业开拓线下市场。所以精明的商人会选择电视购物。电视购物，实际上是一种共赢。我们帮助企业发现问题，把产品做得更完美。同时，产品好了，我们才能卖得好。

男 : 在产品定位上，你们与其它电视购物频道相比，有哪些不同？

女 : 一开始，我们对定位还是很纠结的。低端产品好卖，但已经有很多频道在做了。最终，我们还是决定卖中高端产品。另外，电视购物之前给人的印象是售卖新、奇、特的产品，消费者在其他渠道买不到，而 23.C 我们更愿意卖贴近百姓的产品，

남: 새로운 시장 환경에서 공급업자와 소비자의 홈쇼핑에 대한 인식이 어떤 부분이 바뀌었는지 얘기해주시겠어요?

여: 공급업자와 소비자의 홈쇼핑에 대한 전체적인 인식은 한 마디로 요약하자면 21.B 바로 어느 정도 기대가 있다라는 것입니다. 예전에 공급업자와 합작했을 때, 그들의 첫 번째 반응은 늘 이치에 맞는가? 였습니다. 지금도 그들은 여전히 우리와 앉아서 협상하길 원합니다. 소비자의 태도에도 한 가지 큰 변화가 있는데, 그것은 업종의 큰 발전입니다. 25.B 홈쇼핑 채널은 끊임없이 규범의 정도와 서비스 능력을 높여야 합니다. 공급업자와 소비자의 기대를 점차 실현시켜 그 걱정을 없앱니다.

남: 홈쇼핑에는 어떤 마케팅 기능이 있습니까?

여: 22.B 홈쇼핑에는 테스트용 판매기능이 있습니다. 소비자가 당신을 알게 할 며칠의 시간만 필요합니다. 당신의 상품이 좋은지 안 좋은지 빠르게 검증합니다. 만약 잘 팔리지 않는다면, 기업은 다시 상품을 개선하거나 신상품을 개발해야 합니다. 대량의 인력과 자금을 테스트용 판매상품을 생산하는 데 낭비할 필요가 없습니다. 만약에 잘 팔린다면 기업이 오프라인 시장을 개척하는 데 도움이 됩니다. 그래서 똑똑한 상인은 홈쇼핑을 선택하게 됩니다. 홈쇼핑은 실제로 다같이 이익을 얻는 것입니다. 우리는 기업이 문제를 발견하여 상품을 더욱 완벽하게 하는 것을 도와주고, 동시에 상품이 좋아졌다면 우리는 비로소 잘 팔 수 있습니다.

남: 상품을 정하는 데 있어서 당신들은 다른 홈쇼핑채널과 비교하여 어떤 점이 다릅니까?

여: 처음에, 우리는 상품을 정하는 것에 대하여 고민했습니다. 가격대가 낮은 상품이 팔기 좋지만 그러나 이미 많은 채널에서 하고 있어서 최종적으로 우리는 중, 고급의 상품을 팔기로 결정했습니다. 이 외에도, 홈쇼핑이 이전에 사람들에게 줬던 인상은 새로운 것, 신기한 것, 특별한 것을 파는 것이었습니다. 소비자는 다른 경로로 살 수 없는데도, 23.C 우리는 사람들에게 친밀한 상품을 팔길 더욱 원했습

去掉电视购物的神秘感。走了一年多之后，事实证明，我们的定位是对的。随着消费水平越来越高，我们的路会越来越好走。

男：您觉得未来电视购物的商业生态会有哪些改变？

女：24.A 未来我们会寻求多种形式的合作。比如，与电商合作，这样我们就不用担心被电商吃掉了。从对手到伙伴，或许是商业生态最大的改变。而且，我们会与各类新媒体开拓业务合作。把一切可能的渠道串联起来。24.A 相信跨界合作的尝试，最终会帮助电视购物，成为高品质产品交易的平台。

니다. 홈쇼핑의 신비감은 버렸습니다. 일 년 정도가 지난 후에, 우리가 상품을 맞게 정했다는 사실이 증명되었습니다. 소비자의 수준이 점점 높아짐에 따라서 우리의 길도 점점 좋아질 것입니다.

남: 미래의 홈쇼핑 비즈니스 생태의 어떤 부분이 달라질 것이라고 생각하십니까?

여: 24.A 우리는 미래에 다양한 형태의 합작을 찾을 것입니다. 예를 들면, 인터넷 쇼핑몰과 합작하는 것인데 이렇게 하면 우리는 인터넷쇼핑에 잠식당할 걱정을 하지 않아도 됩니다. 적에서 동료가 되는 것은 어쩌면 비즈니스 생태의 가장 큰 변화일지도 모릅니다. 게다가 우리는 각종 새로운 매개체와 업무합작을 개척할 것입니다. 가능한 모든 방법을 하나로 이을 것입니다. 24.A 크로스오버 합작의 테스트가 최종적으로 홈쇼핑에 도움을 주고 고품질 상품 교역의 플랫폼이 될 것이라 믿습니다.

단어 | **供应商** gōngyìngshāng 명 공급업자 | **电视购物** diànshì gòuwù 명 TV홈쇼핑 | **认知** rènzhī 동 인식하다 | **频道** píndào 명 채널 | **顾虑** gùlǜ 동 걱정하다 | **渠道** qúdào 명 방법, 경로 | **验证** yànzhèng 동 검증하다 | **改进** gǎijìn 동 개선하다 | **开发** kāifā 동 개발하다 | **试销** shìxiāo 동 시험 판매하다 | **开拓** kāituò 동 개척하다 | **线下市场** xiànxià shìchǎng 명 오프라인 | **相比** xiāngbǐ 동 비교하다 | **纠结** jiūjié 동 고민하다 | **低端产品** dīduān chǎnpǐn 명 저급제품 | **中高端产品** zhōnggāoduān chǎnpǐn 명 중고급제품 | **贴近** tiējìn 동 접근하다 | **百姓** bǎixìng 명 백성 | **伙伴** huǒbàn 명 동료 | **串联** chuànlián 동 하나하나 잇다 | **跨界** kuàjiè 크로스오버, 인터미디어 | **尝试** chángshì 동 시도해보다 | **交易** jiāoyì 동 거래하다 | **平台** píngtái 명 플랫폼

문제 21

目前，供应商和消费者对电视购物的态度是什么？
A 表示怀疑　　　　　B 有所期待
C 有些反感　　　　　D 毫不关心

현재, 공급업자와 소비자의 홈쇼핑에 대한 태도는 어떠한가?
A 의심한다　　　　　B 기대한다
C 약간의 반감이 있다　　D 전혀 관심이 없다

단어 | **怀疑** huáiyí 동 의심하다 | **反感** fǎngǎn 동 반감을 가지다 | **毫不关心** háobù guānxīn 관심 없다

해설 | 홈쇼핑에 대한 인식을 물은 질문에 '就是有所期待(바로 어느 정도 기대가 있다라는 것입니다)'라고 언급했으므로 공급업자와 소비자는 홈쇼핑에 대해 기대를 하고 있다는 것을 알 수 있다. 정답은 B이다.

문제 22

女的说的"试销"，是什么意思？
A 打折销售
B 检验产品是否好卖
C 参加产品展览会
D 以旧换新

여자가 말한 '试销'는 무슨 의미인가?
A 할인판매하다
B 상품이 팔기 좋은지 아닌지를 검증하다
C 상품전람회에 참가하다
D 옛 것을 새 것으로 바꿔주다

단어 | **检验产品** jiǎnyàn chǎnpǐn 동 제품을 검사하다 | **展览会** zhǎnlǎnhuì 명 전람회 | **以旧换新** yǐjiù huànxīn 옛 것을 새 것으로 바꿔주다

해설 | '电视购物渠道具有试销功能，只需几天时间，就可以让消费者知道你。快速验证你的产品好不好卖(홈쇼핑에는 테스트용 판매기능이 있습니다. 소비자가 당신을 알게 할 며칠의 시간만 필요합니다. 당신의 상품이 좋은지 안 좋은지 빠르게 검증합니다)'라고 했으므로 테스트용 판매, 즉 좋은 물건지 아닌지를 검증할 수 있다는 뜻이다. 정답은 B이다.

女的更愿意卖什么样的产品?	여자는 어떤 상품을 팔기를 더 원하는가?
A 比较新奇的　　　B 国外进口的	A 비교적 신기한 것　　B 외국에서 수입한 것
C 贴近百姓的　　　D 专门定制的	C 사람에게 친밀한 것　　D 전문적으로 맞춤 제작한 것

단어 新奇 xīnqí 웹 신기하다 | 进口 jìnkǒu 图 수입하다 | 定制 dìngzhì 图 맞춤 제작하다

해설 '我们更愿意卖贴近百姓的产品(우리는 사람들에게 친밀한 상품을 팔길 더욱 원했습니다)'이라고 했으므로 사람에게 친밀한 상품을 팔고 싶어한다는 것을 알 수 있다. 정답은 C이다.

문제 24 ▶

女的如何看待，未来电视购物的商业生态?	여자는 미래의 홈쇼핑 비즈니스 상태를 어떻게 보는가?
A 会谋求跨界合作	A 크로스오버 합작을 모색할 것이다
B 会成立电视购物平台联盟	B 홈쇼핑 동맹을 설립할 것이다
C 应寻求政府的支持	C 정부의 지지를 구해야 한다
D 消费市场不断紧缩	D 소비시장은 끊임없이 축소된다

단어 谋求 móuqiú 图 모색하다 | 联盟 liánméng 웹 연맹, 동맹 | 紧缩 jǐnsuō 图 축소하다

해설 '未来我们会寻求多种形式的合作(우리는 미래에 다양한 형태의 합작을 찾을 것입니다)'라고 언급한 부분의 마지막에 보면, '相信跨界合作的尝试，最终会帮助电视购物(크로스오버 합작의 테스트가 최종적으로 홈쇼핑에 도움을 줄 것을 믿습니다)'라고 했으므로 크로스오버 합작을 모색할 것이라는 것을 알 수 있다. 정답은 A이다.

문제 25 ▶

根据对话，下列哪项正确?	대화에 근거하여, 다음 중 옳은 것은?
A 电视购物产品品质没保障	A 홈쇼핑 상품품질은 보장되지 않는다
B 电视购物频道要改善服务	B 홈쇼핑 채널의 서비스를 개선해야 한다
C 电视购物相当成熟	C 홈쇼핑은 상당히 성숙되었다
D 高端产品利润大	D 고급 상품의 이윤이 크다

단어 保障 bǎozhàng 图 보장하다 | 改善 gǎishàn 图 개선하다 | 成熟 chéngshú 웹 성숙하다

해설 '电视购物频道，应不断地提高规范程度和服务能力(홈쇼핑 채널은 끊임없이 규범의 정도와 서비스 능력을 높여야 합니다)'라고 언급한 부분이 있으므로 홈쇼핑 채널은 서비스를 개선해야 한다는 것을 알 수 있다. 정답은 B이다.

문제 26-30 ▶

女: 你是如何走上设计道路的? 为什么在网上很少看到你工作中创作的作品?

男: 我大学时的专业是工业设计，后来阴差阳错地做了手机主题设计工作。而且发现这个更契合自己的喜好。我个人把创作和工作分得比较开，26.B 因为工作中的设计任务不能完全受自己控制，我不太愿意与大家分享。而工作以外设计出来的作品完全是出于自己的意愿，因此我更愿意拿出来

여: 어떻게 하다가 디자이너의 길로 들어서게 되었나요? 왜 인터넷에서는 당신이 작업 중에 창작한 작품을 보기 어려운가요?

남: 저는 대학교 때 전공이 산업디자인이었습니다. 후에 어찌어찌하여 휴대전화 테마디자인 일을 했습니다. 게다가 이것이 더 제 자신의 기호에 부합하다는 것을 발견했죠. 저는 개인적으로 창작과 일을 비교적 나누는 편인데, 26.B 일 속에서의 디자인 임무는 완전하게 제 자신의 통제를 받을 수 없어, 모두와 함께 나누어 누리는 것을 그다지 원하지 않습니다. 그런데 일 외에 디자인 해내는 작품은 완전히 자

与大家分享。这些作品能够反映我当时的心情、灵感、甚至是一段经历或体验的记录。每当回过头看这些作品的时候，就能回忆起当时的心境与情境。

女：你认为手机主题设计中的哪个部分最花精力？

男：27.A 最花精力的是构思。怎样把功能识别与图标创意相结合是一个难点。并且还要保持统一。所以构思的时间加起来可能要比实际做的时间长。

女：30.A 你经常在手机主题设计大赛中获奖，方不方便透露一下心得？怎么才能让作品脱颖而出呢？

男：平时的所见所闻都可以作为设计的素材，比如去过的地方、看过的电影，每个你接触到的新鲜事物，都可以作为灵感的来源。28.D 当有比赛的时候，就可以随时调用平时积累的这些素材或感触，把它们具象化。总之，就是要多看多观察，这种影响是潜移默化的。从历届比赛来看，由于设计潮流的改变和评委喜好的不同，每届手机主题设计大赛的大奖得主风格都各不相同，很难找到一个可以遵循的规律。我认为只要不盲目跟风，用心去做，都有可能让作品脱颖而出。

女：你认为一个优秀的手机主题设计师应该具备什么样的能力？

男：总体来说，29.D 作为设计师，首先要有卓越的审美能力。至于其他技法、软件操作方面都是次要的，可以后期摸索练习。另外，对产品的理解能力以及对用户需求的准确定位也是必不可少的。而这一切的前提是，喜欢自己所做的事，并坚持下去。只要做到这些，变得优秀就会是必然的结果。

기의 바람에서 나오는 것이기 때문에 저는 더욱 더 끄집어내어 사람들과 함께 나누길 원합니다. 이 작품들은 저의 당시의 기분, 영감, 심지어는 경험이나 체험한 기록까지 반영할 수 있습니다. 매번 이 작품들을 돌아볼 때 당시의 심정과 장면을 기억할 수 있습니다.

여: 휴대전화 테마디자인에서 어느 부분에 가장 힘을 쏟나요?

남: 27.A 가장 힘을 쓰는 곳은 구상입니다. 어떻게 기능식별과 독창적인 아이콘 구상을 서로 결합시키냐 하는 것은 하나의 난점입니다. 게다가 통일을 유지해야 합니다. 그래서 구상을 하는 시간이 합쳐보면 아마 실제 만드는 시간보다 길 것입니다.

여: 30.A 자주 휴대전화 테마디자인 대회에서 상을 받았는데, 노하우를 알려주긴 어렵나요? 어떻게 해야 작품이 두각을 나타내게 할 수 있을까요?

남: 평소에 보고 들은 것은 모두 디자인의 소재로 삼을 수 있습니다. 예를 들면 가본 곳, 본 영화, 당신이 접촉한 모든 신선한 사물들이 모두 영감의 근원이 될 수 있습니다. 28.D 대회가 있을 때에 평소 쌓아놓은 이 소재들이나 감촉 등을 언제든지 사용해, 그것들을 구체적으로 이미지화할 수 있습니다. 한 마디로 말하자면, 많이 보고 많이 관찰해야 하고 이러한 영향은 은연중에 감화되는 것입니다. 그동안의 대회를 보면 디자인 유행의 변화와 심사위원의 기호가 다르기 때문에 매회 휴대전화 테마디자인 대회의 대상 수상자들의 스타일은 모두 달랐고, 하나의 따를 수 있는 규율을 찾기가 힘들었습니다. 저는 맹목적으로 유행을 따르지 않고 마음을 다해 하기만 하면, 모두 작품이 두각을 나타내게 할 수 있다고 생각합니다.

여: 우수한 휴대전화 테마디자이너는 어떠한 능력을 갖춰야 한다고 생각합니까?

남: 종합적으로 말하자면 29.D 디자이너로서 먼저 탁월한 심미 능력이 있어야 합니다. 기타 기법, 소프트웨어 조작 방면은 모두 그 다음이라 후에 연습을 모색해도 됩니다. 이밖에, 상품에 대한 이해 능력 및 사용자의 요구에 대한 정확한 평가 역시 필수적입니다. 이 모든 것의 전제조건은 자신이 하는 일을 좋아하고 꾸준히 해나가는 것입니다. 이런 것들을 하기만 하면 우수하게 변하는 것은 필연적인 결과일 것입니다.

단어 **设计** shèjì 동 설계하다 | **道路** dàolù 명 과정, 길 | **阴差阳错** yīnchā yángcuò 여러 가지 원인으로 인하여 일이 잘못되다 | **契合** qìhé 동 부합하다 | **控制** kòngzhì 동 제어하다 | **分享** fēnxiǎng 동 함께 나누다 | **灵感** línggǎn 명 영감 | **体验** tǐyàn 동 체험하다 | **回头** huítóu 동 고개를 돌리다 | **心境** xīnjìng 명 심경 | **情境** qíngjìng 명 광경, 상황 | **花精力** huājīnglì 에너지를 쏟다 | **构思** gòusī 동 구상하다 | **图标** túbiāo 명 아이콘 | **创意** chuàngyì 독창적인 의견을 제시하다 | **大赛** dàsài 명 큰 경기 | **透露** tòulù 동 누설하다 | **脱颖而出** tuōyǐng érchū 성 자기의 재능을 전부 드러내다 | **素材** sùcái 명 소재 | **接触** jiēchù 동 접촉하다 | **感触** gǎnchù 명 감동, 느낌 | **潜移默化** qiányí mòhuà 성 한 사람의 사상이나 성격 등이 영향을 받아 변화가 생기다 | **评委** píngwěi 명 심사위원 | **遵循** zūnxún 동 따르다 | **盲目** mángmù 형 맹목적인 | **总体来说** zǒngtǐ lái shuō 전체적으로 말하자면 | **卓越** zhuóyuè 형 탁월하다 | **审美** shěnměi 동 아름다움을 감상하고 평가하다 | **软件** ruǎnjiàn 명 소프트웨어 | **操作** cāozuò 동 조작하다

男的为什么不愿意分享工作中设计的手机主题?	남자는 왜 작업 중에 디자인한 휴대전화 테마를 함께 나누길 원하지 않는가?
A 借鉴了他人的经验	A 다른 사람의 경험을 참고로 해서
B 不完全符合自己的意愿	B 자기의 바람과 완전히 부합하지 않아서
C 来征得领导同意	C 상관의 동의를 얻어야 해서
D 担心泄露公司机密	D 회사 기밀이 누설될까 봐

단어 借鉴 jièjiàn 동 참고로 하다 | 泄露 xièlòu 동 누설하다

해설 '因为工作中的设计任务不能完全受自己控制，我不太愿意与大家分享。而工作以外设计出来的作品完全是出于自己的意愿，因此我更愿意拿出来与大家分享(일 속에서의 디자인 임무는 완전하게 제 자신의 통제를 받을 수 없어, 모두와 함께 나누어 누리는 것을 그다지 원하지 않습니다. 그런데 일 외에 디자인 해내는 작품은 완전히 자기의 바람에서 나오는 것이기 때문에 저는 더욱 더 끄집어내어 사람들과 함께 나누길 원합니다)'에서 사람들과 함께 나누고 싶은 것은 자신의 바람에서 나오는 것이라고 했으므로 일에서 디자인한 것은 자신의 바람과는 부합하지 않아서라는 것을 알 수 있다. 정답은 B이다.

男的认为，设计手机主题时哪个部分最花精力?	남자는 휴대전화 테마를 디자인할 때, 어느 부분에 가장 힘을 쏟는가?
A 构思 　　　　B 与客户沟通	A 구상 　　　　B 고객과의 소통
C 软件操作 　　D 实际制图	C 소프트웨어 조작 　D 실제로 이미지로 제작하는 것

해설 '最花精力的是构思(가장 힘을 쓰는 곳은 구상입니다)'라고 했으므로 구상에 힘을 가장 많이 쏟는 것을 알 수 있다. 정답은 A이다.

怎样才有可能让作品在大赛中脱颖而出?	어떻게 해야 작품이 대회에서 두각을 나타나게 할 수 있는가?
A 参考往届参赛作品	A 지난 대회의 작품을 참고해야 한다
B 请专家指点	B 전문가의 지적을 청해야 한다
C 了解评委的喜好	C 심사위원의 기호를 알아야 한다
D 多积累素材	D 소재를 많이 쌓아야 한다

단어 往届 wǎngjiè 명 전회, 지난번 | 参赛 cānsài 동 시합에 참가하다, 경기에 나가다

해설 '当有比赛的时候，就可以随时调用平时积累的这些素材或感触，把它们具象化(대회가 있을 때에 평소 쌓아 놓은 이 소재들이나 감촉 등을 언제든지 사용해, 그것들을 구체적으로 이미지화할 수 있습니다)'라고 했으므로 소재를 많이 쌓는 것이 중요하다고 볼 수 있다. 정답은 D이다.

优秀的手机主题设计师首先应具备什么能力?	우수한 휴대전화 테마디자이너는 먼저 어떤 능력을 갖춰야 하는가?
A 丰富的想象力	A 풍부한 상상력
B 较强的抗压能力	B 비교적 강한 스트레스 극복 능력
C 扎实的绘图功底	C 탄탄한 회화기초
D 卓越的审美能力	D 탁월한 심미 능력

단어 抗压 kàngyā 동 압력에 저항하다 | 扎实 zhāshi 형 튼튼하다 | 绘图 huìtú 동 제도하다 | 功底 gōngdǐ 명 기초, 기본

해설 '作为设计师，首先要有卓越的审美能力(디자이너로서 먼저 탁월한 심미능력이 있어야 합니다)'라고 한 것을 근거로 삼으면 된다. 정답은 D이다.

关于男的，可以知道什么？	남자에 관해서 무엇을 알 수 있는가？
A 多次获奖	A 여러 번 상을 받았다
B 经营了一家手机店	B 한 휴대전화 가게를 경영했다
C 博士还未毕业	C 박사를 아직 졸업하지 않았다
D 想当设计大赛的评委	D 디자인 대회의 심사위원이 되고 싶어한다

단어 经营 jīngyíng 통 운영하다

해설 '你经常在手机主题设计大赛中获奖(당신은 자주 휴대전화 테마 디자인대회에서 상을 받았는데)'이라고 진행자가 언급했으므로 남자는 상을 여러 번 받았다는 것을 알 수 있다. 정답은 A이다.

듣기 제3부분

문제 31-33

| 夏天，人们喜欢用花露水驱蚊。然而很多人不知道，如果花露水使用不当，很可能会造成危险。原来，花露水的主要成分是酒精。酒精具有杀菌、消毒的作用。同时，它还对有机物具有可溶性。花露水中的驱蚊成分，如：避蚊胺或驱蚊脂等有机化合物，都不能溶于水，31.B 只有溶在酒精中才能更好地发挥驱蚊作用。但由于酒精属于易燃物，在常温下遇到明火就会燃烧。因此，要格外注意花露水的使用方法。涂抹花露水前，33.B 最好加入一定比例的水进行稀释。另外，32.D 一定要远离明火。最后，并将花露水放在阴凉且儿童不易碰到的地方。 | 여름에 사람들은 화장수로 모기 쫓기를 좋아한다. 그러나 많은 사람들이 만약 화장수를 적절치 못하게 사용하면 위험을 조성할 가능성이 크다는 것을 모른다. 원래 화장수의 주요 성분은 알코올이다. 알코올은 살균, 소독의 효과를 가지고 있는 동시에 그것은 유기화합물에 대해 가용성을 가지고 있다. 화장수 속의 모기 퇴치 성분, 예를 들면 모기를 피하는 아민이나 모기 퇴치 유지 등 유기화합물은 모두 물에 녹일 수가 없다. 31.B 오직 알코올에 녹여야만 비로소 모기 쫓는 효과를 더 잘 발휘할 수 있다. 그러나 알코올은 인화성 물질에 속하기 때문에 상온에서 불을 만나면 타오르게 된다. 이 때문에 화장수의 사용방법은 각별히 주의해야 한다. 화장수를 바르기 전에 33.B 일정 비율의 물을 넣어서 희석하는 것이 가장 좋다. 이 밖에 32.D 반드시 불을 멀리해야 한다. 마지막으로 화장수를 서늘하고 아이가 만날 수 없는 곳에 두어야 한다. |

단어 花露水 huālùshuǐ 명 화장수 | 驱蚊 qūwén 통 모기를 퇴치하다 | 酒精 jiǔjīng 명 알코올 | 杀菌 shājūn 통 살균하다 | 消毒 xiāodú 통 소독하다 | 可溶性 kěróngxìng 명 가용성 | 避蚊胺 bìwén'àn 명 모기 퇴치제 | **有机化合物** yǒujī huàhéwù 명 유기화합물 | 溶 róng 통 녹이다 | **易燃物** yìránwù 명 인화성 물질 | 燃烧 ránshāo 통 연소하다 | 涂抹 túmǒ 통 칠하다 | 稀释 xīshì 통 희석하다

문제 31

花露水中为什么含有酒精？	화장수에 왜 알코올이 함유되어 있는가？
A 利于提神	A 정신을 차리게 하는 데 이롭다
B 使驱蚊效果更佳	B 모기 퇴치 효과를 더 좋게 한다
C 延长保质期	C 유통기한을 연장한다
D 使其味道更好闻	D 냄새를 더 좋게 한다

提神 tíshén 동 기운나게 하다

'只有溶在酒精中才能更好地发挥驱蚊作用(오직 알코올에 녹여야만 비로소 모기 쫓는 효과를 더 잘 발휘할 수 있다)'이라고 언급한 부분이 있으므로 B가 정답이 된다.

문제 32

使用花露水时，要注意什么?	화장수를 사용할 때 무엇을 주의해야 하는가?
A 不能涂抹伤口　　　 B 不宜过量	A 상처에 바르지 않는다　　 B 한계량을 초과하지 않는다
C 先清洁皮肤　　　　 D 远离明火	C 먼저 피부를 청결하게 한다　 D 불을 멀리한다

伤口 shāngkǒu 명 상처 | 清洁 qīngjié 동 깨끗하게 하다

'一定要远离明火(반드시 불을 멀리해야 한다)'라고 언급했으므로 불은 멀리해야 것을 주의해야 함을 알 수 있다. 정답은 D이다.

문제 33

根据这段话，下列哪项正确?	이 글을 근거로 아래에 어느 항이 정확한가?
A 儿童易对花露水过敏	A 아동은 쉽게 화장수에 민감해진다
B 花露水可以稀释	B 화장수는 희석시킬 수 있다
C 花露水的成本很低	C 화장수의 원가는 낮다
D 花露水驱蚊效果一般	D 화장수의 모기를 쫓는 효과는 보통이다

过敏 guòmǐn 동 알레르기 반응을 일으키다

'最好加入一定比例的水进行稀释(일정 비율의 물을 넣어서 희석하는 것이 가장 좋다)'라고 언급한 부분이 있으므로 화장수는 희석할 수 있다는 것을 알 수 있다. 정답은 B이다.

문제 34-36

　　体操运动员在上器械之前，会在手掌心上抹一种白色粉末，有时也会在器械上抹一些。36.B 为什么要抹这种白色粉末呢? 这种白色粉末叫"碳酸镁"，俗称"镁粉"。34.C 它很轻，具有很强的吸湿性。运动员在比赛时，掌心常会冒汗，这对体操运动员来说非常不利，因为湿滑的掌心会使摩擦力减小，35.B 使得运动员握不住器械。这样不仅影响动作质量，严重时还会使运动员从器械上跌落下来，造成失误，甚至受伤。而碳酸镁不仅能吸去掌心的汗水，同时还能增加掌心与器械之间的摩擦力，这样运动员就能握紧器械，动作质量也会有所保证。

　　체조선수는 기구에 오르기 전, 손바닥에 흰색가루를 바르고 어떤 때에는 기구 위에 바르기도 한다. 36.B 왜 이러한 흰색가루를 바를까? 이 흰색가루를 '탄산 마그네슘'이라고 하는데, 속칭 '초크'라 한다. 34.C 그것은 매우 가볍고 매우 강한 흡습성을 가지고 있다. 운동선수가 시합을 할 때 손바닥에는 자주 땀이 나는데, 이는 체조선수에게 아주 불리하다. 축축하고 미끄러운 손바닥은 마찰력을 감소시키기 때문에 35.B 선수가 기구를 꽉 잡지 못하게 한다. 이는 동작의 퀄리티에 영향을 줄 뿐만 아니라 심할 때는 선수를 기구 위에서 떨어뜨려 실수를 만들어내고, 심지어 다치게 하기까지 한다. 탄산 마그네슘은 손바닥의 땀을 흡수할 수 있을 뿐만 아니라 동시에 손바닥과 기구 사이의 마찰력을 증가시키는데, 이렇게 하면 선수는 기구를 꽉 잡을 수 있고 동작의 퀄리티 역시 어느 정도 보장된다.

体操 tǐcāo 명 체조 | 器械 qìxiè 명 기계 | 手掌心 shǒuzhǎngxīn 명 손바닥 | 抹 mǒ 동 바르다 | 粉末 fěnmò 명 가루 | 碳酸镁 tànsuānměi 명 탄산 마그네슘 | 镁粉 měifěn 명 초크 | 吸湿性 xīshīxìng 명 흡습성 | 冒汗 màohàn 동 땀을 흘리다. 땀이 나다 | 湿滑 shīhuá 형 미끄럽다 | 摩擦力 mócālì 명 마찰력 | 失误 shīwù 동 실수하다 | 受伤 shòushāng 동 부상 당하다 | 汗水 hànshuǐ 명 땀 | 握紧 wòjǐn 동 움켜쥐다 | 保证 bǎozhèng 동 보증하다

关于这种白色粉末，下列哪项正确？	이 흰색 가루에 관해 맞는 것은?
A 有剧毒　　　　　B 比赛禁用 C 能吸收水分　　　D 易使皮肤过敏	A 맹독이 있다　　　　　B 대회에서 사용을 금지한다 C 수분을 흡수할 수 있다　D 쉽게 피부를 민감하게 한다

단어　**剧毒** jùdú 명 맹독, 극독 | **禁用** jìnyòng 동 사용을 금하다

해설　흰색 가루를 언급하다가 '它很轻, 具有很强的吸湿性(그것은 매우 가볍고 매우 강한 흡습성을 가지고 있다)'이라고 했으므로 이 흰색가루는 수분을 흡수할 수 있다는 것을 알 수 있다. 정답은 C이다.

体操运动员掌心出汗，会带来什么问题？	체조선수의 손바닥에 땀이 나면 어떤 문제를 가져오는가?
A 腐蚀器材　　　　B 抓不牢器械 C 加剧紧张感　　　D 增加身体负担	A 기구를 부식시킨다　　B 기구를 꽉 잡지 못한다 C 긴장감을 악화시킨다　D 신체부담을 증가시킨다

단어　**腐蚀** fǔshí 동 부식하다 | **加剧** jiājù 동 격화되다, 악화되다

해설　손바닥에 땀이 난다는 부분에서 '使得运动员握不住器械(선수가 기구를 꽉 잡지 못하게 한다)'라고 했으므로 땀이 나면 기구를 꽉 잡지 못한다는 것을 알 수 있다. 정답은 B이다.

这段话主要谈的是什么？	이 글에서 주로 하고자 하는 말은?
A 体操比赛规则　　　B 碳酸镁的作用 C 比赛注意事项　　　D 运动器械的保养	A 체조대회 규칙　　　B 탄산 마그네슘의 작용 C 대회 주의사항　　　D 운동기구들의 관리

해설　앞부분에서 '为什么要抹这种白色粉末呢？这种白色粉末叫"碳酸镁"(왜 이러한 흰색가루를 바를까? 이 흰색가루를 '탄산 마그네슘'이라고 한다)'라고 화두를 던지며 이 흰색가루에 대해서 계속 설명하는 내용이 나오므로 반드시 '탄산 마그네슘'이나 '흰색가루'는 제목에 들어가야 하는데 B만 언급하고 있고 더군다나 땀으로 인해 꽉 잡지 못하는 것을 잡을 수 있게 해주는 역할도 한다고 앞의 문제에서 언급했으므로 탄산 마그네슘의 작용을 설명하고 있다는 것이 가장 알맞다. 정답은 B이다.

　　研究发现，具有深海潜水本领的动物都有一个神奇的肺。面对深海中的高压，它们的肺即使被压扁收缩至原来体积的15%也不会受到任何伤害。并且可以在短时间内自行恢复。研究者曾研究过海豹的肺组织，发现海豹的肺部表面覆盖着一层由特殊化学物质构成的活性剂，37.B 这种物质使得海豹的肺足够坚韧，可以抵抗高压。另外动物的肌肉中，都 38.B 有一种能将血液中的氧吸收并储存起来的蛋白质——肌红蛋白。根据实验数据，王企鹅、海豹和抹香鲸等深潜高手的肌肉中，肌红蛋白的含量都远远高于陆地动物，所以，它们肌肉中存储的氧气自然也更多，这样凭肌肉中的氧气，它们便可长时间地待在深海中。此外，39.A 具有深潜本领的

　　한 연구에서 심해 잠수능력을 가지고 있는 동물들은 모두 신기한 폐를 가지고 있는 것을 발견했다. 심해의 높은 압력을 만났을 때 그들의 폐는 설령 원래 체적의 15%까지 눌려서 수축되더라도 어떠한 손상도 받지 않는다. 게다가 짧은 시간 내에 스스로 회복할 수도 있다. 연구자는 일찍이 바다표범의 폐 조직을 연구했는데, 바다표범의 폐부 표면에는 한 층의 특수 화학물질로 구성된 활성제가 덮여 있고 37.B 이러한 물질은 바다표범의 폐를 충분히 단단하고 질기게 하여 높은 압력에 저항할 수 있다는 것을 발견했다. 그밖에 동물의 근육에는 모두 38.C 혈액 중의 산소를 흡수하고 쌓아 두는 단백질-미오글라빈이 있다. 실험 데이터에 따르면, 킹 펭귄, 바다표범과 향유고래 등 심해 잠수 고수들의 근육은 미오글라빈의 함량이 육지 동물보다 훨씬 높다. 그래서 그들의 근육에 저장된 산소 역시 자연히 더 많고 이러한 근육 속의 산소를 바탕으로 그들은 긴

动物在下潜过程中，心率会降低，这有助于它们减少能量消耗。研究者发现，小海象在陆地上的平均心跳约为每分钟107次，而当它开始下潜时，心跳则为每分钟39次，不过随着下潜深度的不断加大，心率下降的速度会越来越慢。

시간 동안 심해에 머무를 수 있는 것이다. 이 외에, 39.A 심해 잠수 본능을 가진 동물들이 잠항하는 과정에서 심장 박동율이 내려가는데 이는 그들이 에너지 소모를 감소시키는 데 도움이 된다. 연구자는 어린 바다코끼리가 육지에 있을 때 평균 심장박동이 1분에 약 107차례로 잠항을 시작할 때 심장 박동 수는 1분에 39차례지만 잠항의 깊이가 끊임없이 깊어짐에 따라 심장 박동율이 떨어지는 속도가 점점 느려지는 것을 발견했다.

단어 潜水 qiánshuǐ 동 잠수하다 | 本领 běnlǐng 명 본능 | 肺 fèi 명 폐 | 高压 gāoyā 명 고압 | 压扁 yābiǎn 동 눌러서 납작해지다 | 收缩 shōusuō 동 수축하다 | 体积 tǐjī 명 체적 | 恢复 huīfù 동 회복하다 | 海豹 hǎibào 명 바다표범 | 覆盖 fùgài 동 뒤덮다 | 特殊化学物质 tèshū huàxué wùzhì 명 특수화학물질 | 活性剂 huóxìngjì 명 활성제 | 坚韧 jiānrèn 형 단단하고 질기다 | 肌肉 jīròu 명 근육 | 氧 yǎng 명 산소 | 储存 chǔcún 동 모아두다 | 企鹅 qǐ'é 명 펭귄 | 抹香鲸 mǒxiāngjīng 명 향유고래 | 深潜 shēnqián 동 심해 잠수하다 | 高手 gāoshǒu 명 고수 | 氧(气) yǎng(qì) 명 산소 | 能量消耗 néngliàng xiāohào 명 에너지 소비량

문제 37

关于海豹的肺，可以知道什么?	바다표범의 폐에 관해 알 수 있는 것은?
A 无法收缩　　　　B 非常坚韧	A 수축할 방법이 없다　　B 매우 단단하고 질기다
C 构造简单　　　　D 体积很大	C 구조가 간단하다　　　D 체적이 크다

해설 '这种物质使得海豹的肺足够坚韧，可以抵抗高压(이러한 물질은 바다표범의 폐를 충분히 단단하고 질기게 하여 높은 압력에 저항할 수 있다)'라고 언급했으므로 바다표범의 폐가 매우 단단하고 질기다는 것을 알 수 있다. 정답은 B이다.

문제 38

肌红蛋白有什么功能?	미오글라빈은 어떤 기능이 있는가?
A 使皮肤更有光泽　　B 杀灭细菌	A 피부에 더 광택이 있게 한다　B 세균을 박멸한다
C 存储氧气　　　　　D 增强免疫力	C 산소를 저장한다　　　　D 면역력을 강하게 한다

단어 光泽 guāngzé 명 광택 | 细菌 xìjūn 명 세균 | 存储 cúnchǔ 동 저장하다

해설 '有一种能将血液中的氧吸收并储存起来的蛋白质——肌红蛋白(혈액 중의 산소를 흡수하고 쌓아 두는 단백질-미오글라빈이 있다)'라고 언급했으므로 미오글라빈은 산소를 저장하는 기능이 있다는 것을 알 수 있다. 정답은 C이다.

문제 39

动物在下潜过程中，是如何减少能量消耗的?	동물이 잠항하는 과정 중에 어떻게 에너지 소모를 감소시키는가?
A 降低心率　　　　B 调节体温	A 심장 박동율을 떨어뜨린다　B 체온을 조절한다
C 屏住呼吸　　　　D 暂不进食	C 호흡을 억제한다　　　　D 잠시 밥을 먹지 않는다

단어 调节 tiáojié 동 조절하다 | 屏住 bǐngzhù 동 억제하다 | 呼吸 hūxī 동 호흡하다 | 进食 jìnshí 동 식사하다

해설 '具有深潜本领的动物在下潜过程中，心率会降低，这有助于它们减少能量消耗(심해 잠수 본능을 가진 동물들이 잠항하는 과정에서 심장 박동율이 내려간다. 이는 그들이 에너지 소모를 감소시키는 데 도움이 된다)'라고 했으므로 동물이 잠항하는 과정 중에 심장 박동율을 떨어뜨려 에너지 소모를 감소시킨다는 것을 알 수 있다. 정답은 A이다.

　　某快餐店为了吸引顾客，专门印制了一批带有打折字样的促销宣传单在闹市区发放，然而 40.B 宣传单全部发完后，他们的销售额并没有明显增加。于是，快餐店马上暂停了这一促销活动。几天后，这家快餐店的店面以及网站首页上，同时出现了一则优惠公告，公告规定：顾客如果能满足以下条件中的任意一项，便可享受七五折优惠，41.B 如果满足了所有条件，则有资格享受五折优惠。公告中的条件千奇百怪，比如，顾客要有胡子，梳马尾等，42.C 这引起了不少人的关注。假如有顾客满足公告中的条件，他们在点餐前，需拍照进行证明，并将照片分享到社交网站上，此外，送餐人员上门送餐时，顾客必须以自己传到社交网站上的照片的模样来开门。这其实是给顾客享受优惠设置了门槛，但令人奇怪的是，快餐店的顾客反而越来越多。快餐店的做法 43.C 启示经营者：要想获得成功，就得懂得顾客的心理，激起他们的好奇心，让他们乐于参与到自己设计的活动中来。

어느 패스트푸드점에서 고객을 끌기 위해 할인 문구가 있는 판촉광고 전단을 전문적으로 인쇄하여 번화가에 뿌렸는데 40.B 전단지를 모두 뿌린 이후 그들의 매출 금액에는 뚜렷한 증가가 없었다. 그리하여 패스트푸드점은 곧 바로 이 판촉행사를 잠시 중단했다. 며칠 후, 이 패스트푸드점의 매장과 홈페이지의 첫 페이지에는 동시에 혜택 공고가 등장했는데, 공고 규정은 고객이 만약 이하 조건 중 한 가지를 만족시키면 25%의 할인혜택을 누릴 수 있고, 41.B 만약 모든 조건을 만족시켰다면 50% 할인혜택을 누릴 수 있는 자격을 가지게 된다는 것이었다. 공고에 있는 조건은 특이한 것이 많았다. 예를 들면, 손님은 수염이 있어야 하거나 포니테일 머리를 하고 있어야 한다 등이었는데, 42.C 이는 많은 사람들의 주목을 끌었다. 만약 손님이 공고 속의 조건을 만족시켰다면 그들이 음식을 주문하기 전에 사진을 찍어 증명하고 사진을 SNS에 공유해야 한다. 그 외에 배달원이 배달을 할 때 손님은 반드시 자신이 SNS에 올린 사진의 모습으로 문을 열어야 한다. 이는 사실 손님이 혜택을 누리게 해주는 데에 문턱을 설치한 것인데, 하지만 의아하게 만든 것은 패스트푸드점의 고객이 오히려 점점 갈수록 많아진 것이다. 패스트푸드점의 방법은 43.B CEO들에게 성공을 얻고 싶다면 고객의 심리를 알아야 하고, 그들의 호기심을 불러 일으켜서 그들이 기꺼이 자신들이 설계한 활동에 참여할 수 있게 해야 한다는 것을 일깨워주었다.

단어 快餐店 kuàicāndiàn 몡 패스트푸드 | 促销 cùxiāo 동 판매를 촉진시키다 | 宣传单 xuānchuándān 몡 전단지 | 发放 fāfàng 동 (돈·물자를) 방출하다 | 销售额 xiāoshòu'é 몡 매출 금액 | 促销活动 cùxiāo huódòng 몡 판촉행사 | 优惠 yōuhuì 몡 특혜 | 公告 gōnggào 동 공포하다 | 资格 zīgé 몡 자격 | 千奇百怪 qiānqí bǎiguài 기이하고 다양하다 | 胡子 húzi 몡 수염 | 梳马尾 shūmǎwěi 포니테일 머리를 하다 | 引起 yǐnqǐ 야기하다 | 关注 guānzhù 동 주시하다 | 证明 zhèngmíng 동 증명하다 | 门槛 ménkǎn 몡 문지방, 문턱 | 启示 qǐshì 동 계시하다

문제 40

快餐店为什么暂停发放宣传单？
A 扰乱了周围的秩序
B 营业额没增加
C 遭到了环保组织的抵制
D 印刷费用太高

패스트푸드점은 왜 전단지 뿌리는 것을 잠시 중단했는가?
A 주위의 질서를 어지럽혀서
B 매상이 오르지 않아서
C 환경보호 조직의 저지를 받아서
D 인쇄비용이 너무 비싸서

단어 扰乱 rǎoluàn 동 혼란시키다 | 抵制 dǐzhì 동 억제하다

해설 '宣传单全部发完后，他们的销售额并没有明显增加。于是，快餐店马上暂停了这一促销活动(전단지를 모두 뿌린 이후 그들의 매출 금액에는 뚜렷한 증가가 없었다. 그리하여 패스트푸드점은 곧 바로 이 판촉행사를 잠시 중단했다)'이라고 했으므로 패스트푸드점은 매상의 변화가 없어서, 즉 매상이 오르지 않아서 전단지 뿌리는 것을 중단했다는 것을 알 수 있다. 정답은 B이다.

顾客怎样才能享受五折优惠?	고객은 어떻게 해야 50% 할인혜택을 받을 수 있는가?
A 单次消费超过750元	A 한 번에 750위안 이상을 소비해야
B 满足公告中的所有条件	B 공고 속의 모든 조건을 만족시켜야
C 成为高级会员	C 고급등급의 회원이 되어야
D 通过网络订餐	D 인터넷을 통해 음식을 주문해야

단어　订餐 dìngcān 음식을 주문하다

해설　'如果满足了所有条件，则有资格享受五折优惠(만약 모든 조건을 만족시켰다면 50% 할인혜택을 누릴 수 있는 자격을 가지게 된다는 것이었다)'라고 했으므로 공고 속의 모든 조건을 만족시켜야만 혜택, 즉 50% 할인을 받을 수 있다는 것을 알 수 있다. 정답은 B이다.

关于那则公告，下列哪项正确?	그 공고에 관해 정확한 것은?
A 张贴于各大商场门口	A 각 큰 상점 입구에 게시했다
B 内容每周更新一次	B 내용이 매주 한 번씩 갱신된다
C 引起了顾客的关注	C 고객의 주목을 끌었다
D 侵犯了人们的肖像权	D 사람들의 초상권을 침범했다

단어　张贴 zhāngtiē 동 (공고·광고·표어 등을) 게시하다, 내붙이다 | 侵犯 qīnfàn 동 침범하다 | 肖像权 xiàoxiàngquán 명 초상권

해설　'这引起了不少人的关注(이는 많은 사람들의 주목을 끌었다)'라고 언급한 부분이 있으므로 고객들의 주목을 끌었음을 알 수 있다. 정답은 C이다.

这段话给经营者的启示是什么?	이 글이 CEO들에게 시사하는 것은?
A 要不断改进产品工艺	A 끊임없이 상품공예를 개선해야 한다
B 要把握顾客的心理	B 고객의 심리를 파악해야 한다
C 要了解市场最新动态	C 시장의 최신동태를 잘 알아야 한다
D 要有较强的服务意识	D 비교적 강한 서비스 의식을 가져야 한다

단어　意识 yìshí 명 의식

해설　'启示经营者：要想获得成功，就得懂得顾客的心理(CEO들에게 성공을 얻고 싶다면 고객의 심리를 알아야 한다는 것을 일깨워 준다)'라고 언급한 부분이 있으므로 고객의 심리를 파악해야 한다고 일깨워주고 있다는 것을 알 수 있다. 정답은 B이다.

折旧是指电脑或者车、床等固定资产，在使用过程中，因磨损老化或技术陈旧，导致其价值逐渐损失的现象。44.C 固定资产折旧会降低企业生产的效率。如果企业不及时添置或者更新固定资产，就很难在市场竞争中获胜。其实，在社会上还流行着"知识折旧"的说法。这种说法认为，45.D 一年不学习，我们所拥有的知识总量将会折旧80%。根据这种说法，假如我们一年之内，不获取新知识，就很难跟上这个社会的节奏。这让很多人意识到了，知识储备的紧迫性和重要性。所以，47.C 我们要"活到老，学到老"。46.C 不断学习，以丰富自己的知识储备，这样就无需惧怕知识折旧了。另外，我们在储备知识时，要注意扩大自己的知识面，不要局限于对自己有用，或者自己感兴趣的领域。这样才能适应当下不断变化的社会。

감가상각은 컴퓨터나 자동차, 침대 등 고정자산이 사용 과정 중에 마모와 노화 혹은 기술이 오래되어 그것의 가치를 점차 잃게 되는 현상을 가리킨다. 44.C 고정자산의 감가상각은 기업생산의 효율을 떨어뜨린다. 만약 기업이 고정자산을 즉시 추가 구입하거나 새롭게 바꾸지 않으면 시장 경쟁에서 이기기 어렵다. 사실 사회에서는 '지식의 감가상각'이라는 말이 유행하고 있다. 이런 설명은 45.D 1년간 공부를 하지 않으면 우리가 가진 지식의 총량이 80%로 감가상각 될 것이라고 여겨진다. 이 설명에 따르면, 만약 우리가 1년 안에 새로운 지식을 얻지 않으면 이 사회의 템포를 따라가기 어렵다. 이는 많은 사람들이 지식 비축의 시급성과 중요성을 깨닫게 했다. 그래서 47.C 우리는 '살아있는 한 배우기를 멈추지 않아야' 한다. 46.C 스스로의 지식 비축을 풍부하게 하기 위해 끊임없이 공부하고, 이렇게 하면 지식의 감가상각을 두려워할 필요가 없다. 이밖에 우리가 지식을 비축할 때 자신의 지식의 폭을 확대하는 것에 주의해야 하고, 자기에게 쓸모가 있거나 흥미가 있는 영역에만 국한되어서는 안 된다. 이렇게 해야만 비로소 즉각적이고 끊임없이 변화하는 사회에 적응할 수 있다.

| 단어 | **折旧** zhéjiù 동 감가상각을 하다 | **资产** zīchǎn 명 자산, 산업 | **磨损** mósǔn 동 마모되다 | **老化** lǎohuà 동 노화하다 | **技术陈旧** jìshù chénjiù 명 오래된 기술 | **添置** tiānzhì 동 추가 구입하다 | **知识** zhīshi 명 지식 | **节奏** jiézòu 명 리듬, 템포 | **紧迫性** jǐnpòxìng 명 시급성 | **惧怕** jùpà 동 겁내다 | **局限** júxiàn 동 한정하다

문제 44

固定资产折旧对企业有什么影响?	고정자산 감가상각은 기업에게 어떤 영향을 끼치는가?
A 品质没有保障	A 품질에 보장이 없다
B 打击员工积极性	B 직원의 적극성에 타격을 준다
C 降低生产效率	C 생산효율을 떨어뜨린다
D 赔偿一定违约金	D 일정 정도의 위약금을 배상한다

| 단어 | **保障** bǎozhàng 동 보장하다 | **打击** dǎjī 동 공격하다 | **积极** jījí 형 적극적이다 | **赔偿** péicháng 동 배상하다 | **违约金** wéiyuējīn 명 위약금

| 해설 | '固定资产折旧会降低企业生产的效率(고정자산의 감가상각은 기업생산의 효율을 떨어뜨린다)'라고 했으므로 C가 가장 적합하다.

문제 45

一年不学习，我们的知识会折旧多少?		1년간 공부하지 않으면 우리 지식의 감가상각은 얼마인가?	
A 70%	B 60%	A 70%	B 60%
C 90%	D 80%	C 90%	D 80%

| 해설 | '一年不学习，我们所拥有的知识总量将会折旧80%(1년간 공부를 하지 않으면 우리가 가진 지식의 총량이 80%로 감가상각 될 것이다)'라고 직접적으로 언급했으므로 D가 답이 된다.

根据知识折旧的说法，人们应该怎么做？ A 广泛交友　　　　　B 培养自身兴趣 C 增加知识储备　　　D 要有个性	지식 감가상각의 의견에 따르면 사람들은 어떻게 해야 하는가? A 폭넓게 친구를 사귄다　　　B 자신의 흥미를 기른다 C 지식 비축을 늘린다　　　　D 개성이 있어야 한다

단어　交友 jiāoyǒu 동 친구를 사귀다, 교제하다

해설　'不断学习，以丰富自己的知识储备，这样就无需惧怕知识折旧了(스스로의 지식 비축을 풍부하게 하기 위해 끊임없이 공부하고, 이렇게 하면 지식의 감가상각을 두려워할 필요가 없다)'라고 했으므로 끊임없이 공부해야 하는데 이는 지식 비축을 위한 것이라는 것을 알 수 있다. 정답은 C이다.

下列哪项与这段话的观点一致？ A 一寸光阴一寸金 B 温故而知新 C 学无止境 D 坚持就是胜利	다음 중 이 글의 관점과 일치하는 것은? A 시간은 금이다 B 옛 것을 배우고 익혀 새로운 것을 알다 C 학문에는 끝이 없다 D 견지하는 것이 곧 승리다

단어　温故知新 wēngù zhīxīn 온고지신 | 学无止境 xuéwú zhǐjìng 학문에는 끝이 없다

해설　'我们要"活到老，学到老"(우리는 '살아있는 한 배우기를 멈추지 않아야' 한다)'라고 언급한 부분이 있는데 우리가 살아있는 한 배우기를 멈추지 않아야 한다는 말은 학문에는 나이가 없고, 끝이 없음을 가리킨다. 정답은 C이다.

很多人认为，光滑的冰面比凹凸不平的冰面更滑。但事实并非如此，如果 48.A 你曾在凹凸不平的冰面上，拖过满载重物的小雪橇，你就会发现，这比在光滑的冰面上更省力。也就是说，凹凸不平的冰面比光滑的冰面更滑。这是为什么呢？拿滑冰来说，我们滑冰时，只有鞋底下冰刀的刃口接触冰面。我们整个身体的重量，都作用在面积仅为几平方毫米的刃口上。此时，冰刀的刃口和冰面之间的压强就会增大。而冰的融化，除了和温度有关外，还受压强影响。49.A 压强越大，冰越易融化。这样一来，冰面就会形成一层水。有水作为润滑剂，冰面自然就变得更滑了。50.D 在凹凸不平的冰面上，重物只作用在几个凸起的点上。重物与冰面的接触面变小，压强增大，接触面同样会融化出一层水。所以，也就变得更滑了。	많은 사람들은 매끈한 얼음 면이 울퉁불퉁한 얼음 면보다 더 미끄럽다고 생각한다. 하지만 사실은 결코 이와 같지 않다. 만약 48.A 당신이 울퉁불퉁한 얼음 면에서 무거운 것을 가득 실은 눈썰매를 끈다면 평평한 얼음 면에서 끄는 것보다 더 수월하다는 것을 발견할 것이다. 바로 울퉁불퉁한 얼음 면이 매끈한 얼음 면보다 더 미끄럽다고 말할 수 있다. 이는 왜 그런 것일까? 스케이트로 이야기하자면, 우리가 스케이트를 탈 때 신발 바닥의 칼날만이 얼음 면에 접촉한다. 우리의 모든 신체 중량은 모두 면적이 겨우 몇 제곱 밀리미터 밖에 되지 않는 칼날 위에 작용한다. 이때, 스케이트 날의 칼날과 얼음 면 사이의 압력이 더 커진다. 그런데 얼음이 녹는 것은 온도와 관련있는 것 외에도 압력이 강한 것도 영향을 받는다. 49.A 압력이 크면 클수록 얼음은 쉽게 녹는다. 이렇게 해서 얼음 면은 한 층의 물을 형성한다. 윤활제로 삼는 물이 생기면, 얼음 면은 자연스럽게 더 미끄럽게 변한다. 50.D 울퉁불퉁한 얼음 면 위에서 무거운 것은 단지 몇 개의 볼록한 부분에서만 작용을 한다. 무거운 것은 얼음 면과의 접촉면이 작게 변하면 압력의 강도는 세지면서, 접촉면이 똑같이 한 층의 물을 녹여낸다. 그래서 역시 더 미끄럽게 변하게 되는 것이다.

단어　凹凸 āotū 형 울퉁불퉁하다 | 拖 tuō 동 끌다 | 满载 mǎnzài 동 가득 싣다 | 雪橇 xuěqiāo 명 눈썰매 | 省力 shěnglì 동 수고롭지 않다 | 刃口 rènkǒu 명 칼날 | 接触 jiēchù 동 접촉하다 | 此时 cǐshí 명 지금 | 压强 yāqiáng 명 압력 | 融化 rónghuà 동 녹다 | 润滑剂 rùnhuájì 명 윤활제 | 重物 zhòngwù 명 무거운 것

在凹凸不平的冰面上拖雪橇会怎么样?	울퉁불퉁한 얼음 면에서 눈썰매를 끌면 어떠한가?
A 更省力	A 더 수월하다
B 雪橇会被损坏	B 눈썰매가 파손될 수 있다
C 人不易摔倒	C 사람이 쉽게 넘어지지 않는다
D 方向难控制	D 방향을 통제하기 어렵다

단어 损坏 sǔnhuài 동 손상시키다 | 控制 kòngzhì 동 제어하다

해설 '你曾在凹凸不平的冰面上，拖过满载重物的小雪橇，你就会发现，这比在光滑的冰面上更省力(울퉁불퉁한 얼음 면에서 무거운 것을 가득 실은 눈썰매를 끈다면 평평한 얼음 면에서 끄는 것보다 더 수월하다는 것을 발견할 것이다)'라고 했으므로 울퉁불퉁한 얼음 면에서 눈썰매를 끄는 것이 훨씬 더 수월함을 알 수 있다. 정답은 A이다.

压强增大到一定程度后，冰面会发生什么变化?	압력의 강도가 일정 정도 강해졌을 때 얼음 면에는 어떤 변화가 발생하는가?
A 融化 B 更透明	A 녹는다 B 더 투명해진다
C 更坚硬 D 裂开	C 더 단단해진다 D 벌어진다

단어 透明 tòumíng 형 투명하다 | 坚硬 jiānyìng 형 단단하다 | 裂开 lièkāi 동 벌어지다

해설 '压强越大，冰越易融(압력이 크면 클수록 얼음은 쉽게 녹는다)'이라고 했으므로 A가 정답임을 알 수 있다.

根据这段话下列哪项正确?	이 글을 근거로 아래에 어느 항이 정확한가?
A 滑冰鞋与冰的接触面越大越好	A 스케이트화는 얼음과의 접촉면이 크면 클수록 좋다
B 温度越低冰面越不平	B 온도가 낮을수록 얼음 면은 평평하지 않다
C 滑冰能锻炼平衡力	C 스케이트는 균형감을 단련시킬 수 있다
D 凹凸的冰面更滑	D 울퉁불퉁한 얼음 면이 더 미끄럽다

해설 48번 문제에서도 눈썰매를 끌기 쉬운 것이 울퉁불퉁한 얼음 면이라고 했고 '在凹凸不平的冰面上，重物只作用在几个凸起的点上。重物与冰面的接触面变小，压强增大，接触面同样会融化出一层水。所以，也就变得更滑(울퉁불퉁한 얼음 면 위에서 무거운 것은 단지 몇 개의 볼록한 부분에서만 작용을 한다. 무거운 것은 얼음 면과의 접촉면이 작게 변하면 압력의 강도는 세지면서, 접촉면이 똑같이 한 층의 물을 녹여낸다. 그래서 역시 더 미끄럽게 변하게 되는 것이다)'에서 울퉁불퉁한 면이 왜 더 미끄러운지에 대해 설명하고 있으므로 D가 가장 적합하다.

문제 **51**

A 宋代城市经济的繁荣，有力地促进了年画艺术的发展。
B 许多水生植物都有吸收水中重金属元素的能力，可用来净化污水。
C 符合条件的考生请于5月10号以前办理报名手续。
D 船身在狭窄的河流中~~特别~~显得很庞大。

A 송대 도시경제의 번영은 녠화예술의 발전을 크게 촉진시켰다.
B 많은 수생식물들은 모두 물 속의 중금속 원소를 흡수하는 능력이 있어서 오수를 정화하는 데 쓸 수 있다.
C 조건에 부합하는 수험생들은 5월 10일 이전에 등록수속을 해주세요.
D 선체는 좁은 하류에서는 매우 거대해 보인다.

단어 促进 cùjìn 동 촉진시키다 | 年画 niánhuà 명 녠화, 연화 [설날 때 실내에 붙이는 즐거움과 상서로움을 나타내는 그림] | 重金属元素 zhòngjīnshǔ yuánsù 명 중금속 성분 | 符合 fúhé 동 부합하다 | 狭窄 xiázhǎi 형 협소하다 | 庞大 pángdà 형 거대하다

해설 '显得 + 부사 + 형용사'는 '~해 보인다'라는 격식으로 어떻게 보이는지의 정도를 나타내는 부사는 '显得' 뒤에 가야 하는데, '特别(매우)'는 '显得' 앞에 있고, 정도를 나타내는 부사가 이미 '很(매우)'이 있으므로 있을 필요가 없는 성분이 된다. 남용으로 '特别'를 제거하는 것이 올바르다. 정답은 D이다.

수정 → 船身在狭窄的河流中显得很庞大。

문제 **52**

A 就算不快乐也不要皱眉，因为你永远不知道谁会爱上你的笑容。
B 这时，全场所有人的目光都集中到了他身上。
C 蝉声在朦胧的晨光中显得~~特别~~分外轻逸，似远似近，又似有似无。
D 志在巅峰的攀登者，不会陶醉在沿途的某个脚印之中。

A 설령 즐겁지 않더라도 눈살을 찌푸리지는 마라. 왜냐하면 누군가가 당신의 미소를 사랑하게 될지 당신은 영원히 알 수 없기 때문이다.
B 이때, 공연장의 모든 사람의 시선이 모두 그의 몸에 집중되었다.
C 매미 울음소리는 몽롱한 아침햇살 속에서 유난히 가볍게 흩어지고, 먼 듯 가까운 듯, 있는 듯 없는 듯하다.
D 최고봉에 뜻을 둔 등반자는 길을 따라 난 어떠한 발자국에도 도취되지 않는다.

단어 就算 jiùsuàn 접 설령 ~하더라도 | 皱眉 zhòuméi 동 눈살을 찌푸리다 | 目光 mùguāng 명 시선 | 蝉 chán 명 매미 | 朦胧 ménglóng 형 몽롱한 | 晨光 chénguāng 명 아침햇살 | 逸 yì 동 흩어져 날리다 | 似 sì 부 마치 ~같다 | 巅峰 diānfēng 명 최고봉 | 攀登者 pāndēngzhě 명 등반자 | 陶醉 táozuì 동 도취하다 | 沿途 yántú 부 길을 따라 | 脚印 jiǎoyìn 명 발자국

해설 '轻逸(가볍게 흩어지다)' 앞에 같은 의미를 나타내는 부사 '特别(매우)'와 '分外(유난히)'가 함께 쓰였으므로 남용이다. '特别'를 제거하는 것이 올바르다. 정답은 C이다.

수정 → 蝉声在朦胧的晨光中显得分外轻逸，似远似近，又似有似无。

문제 **53**

A ~~作为~~一种新兴的旅游休闲形式，让农家乐取得了较好的经济效益。
B 创造人的是自然，而启迪和教育人的却是社会。
C 国家大剧院的"蛋壳"形屋顶最大跨度为212米。
D 这部作品结构严谨、语言优美，达到了古典小说的高峰。

A 일종의 새로운 트렌드인 여행휴양 형식은 농가체험 프로그램이 비교적 좋은 경제적 효과와 이익을 얻게 하였다.
B 사람을 창조한 것은 자연이지만, 사람을 일깨우고 교육한 것은 오히려 사회이다.
C 국가대극장의 '달걀 껍데기' 형태의 꼭대기 층은 최대 폭이 212m이다.
D 이 작품은 구성이 깔끔하고, 어휘는 아름다워서 고전소설의 최고봉에 달했다.

作为 zuòwéi 동 ~로 여기다 | 新兴 xīnxīng 형 신흥의 | 效益 xiàoyì 명 효과와 수익 | 创造 chuàngzào 동 창조하다 | 启迪 qǐdí 동 깨우치다 | 蛋壳 dànké 명 달걀껍데기 | 屋顶 wūdǐng 명 천장 | 跨度 kuàdù 명 간격 | 严谨 yánjǐn 형 엄격하다 | 优美 yōuměi 형 우아하다 | 高峰 gāofēng 명 고봉, 절정

해설 '让(사역동사)'이 술어이므로 쉼표 앞에는 주어가 와야 하는데 '作为'가 들어간 구는 자격을 나타내는 부사어로서 주어가 아니다. 그러므로 이 문장은 주어가 없는 문장이 되어 오용이 된다. '作为(~로서)'를 제거하면 '一种新兴的旅游休闲形式(일종의 새로운 트렌드인 여행휴양 형식)'가 주어가 될 수 있으므로 올바른 문장이 된다. 정답은 A이다.

수정 → 一种新兴的旅游休闲形式，让农家乐取得了较好的经济效益。

문제 54

A 在他转身的那一刻，他看到母亲眼里泛起了泪花。 B 打败我们的不是往往挫折，而是面对挫折时的消极心态。 C 长时间穿高跟鞋走路容易引发脚部疾病。 D 卢沟桥两旁有281根汉白玉栏杆，柱头上雕刻着神态各异的石狮子。	A 그가 몸을 돌리던 그때, 그는 어머니의 눈에 글썽거리는 눈물이 솟구치는 것을 보았다. B 우리를 지게 만드는 것은 늘 좌절이 아니라, 좌절을 마주할 때의 부정적인 마음가짐이다. C 장시간 하이힐을 신고 걷는 것은 쉽게 발 부분의 질병을 유발시킨다. D 노구교 양쪽에는 281개의 한백옥의 난간이 있고, 기둥머리에는 분위기가 각기 다른 돌 사자가 새겨져 있다.

단어 泛起 fànqǐ 동 오르다 | 泪花 lèihuā 명 글썽거리는 눈물 | 挫折 cuòzhé 명 좌절 | 消极 xiāojí 형 소극적인 | 心态 xīntài 명 마음가짐 | 引发 yǐnfā 동 유발하다 | 脚部 jiǎobù 명 다리와 발 부분 | 疾病 jíbìng 명 질병 | 卢沟桥 Lúgōu Qiáo 노구교 | 汉白玉 hànbáiyù 명 한백옥, 흰대리석 | 柱头 zhùtóu 명 기둥머리 | 神态 shéntài 명 기색과 자태 | 各异 gèyì 형 각기 다른

해설 '往往(늘, 항상)'은 부사로서, 이 문장의 전체가 '늘 그렇다'는 뜻으로 접속사인 구문인 '不是A, 而是B'에서 먼저 나온 '不是'보다는 앞에 위치해야 하는데 뒤에 있으므로 어순 오용이 된다. '不是' 앞으로 자리를 옮겨야 올바르다. 정답은 B이다.

수정 → 打败我们的往往不是挫折，而是面对挫折时的消极心态。

문제 55

A 新政策对抑制农产品价格过快上涨起到了很好的作用。 B 往刚盛过冰水的玻璃杯里倒开水，玻璃杯很容易炸裂。 C 影楼的楼梯间内贴满了客人们的照片。 D 新疆关于我是一个美丽而神秘的地方，令我心驰神往。	A 새로운 정책은 농산품 가격이 과도하게 빨리 오르는 것에 대해 좋은 작용을 일으킨다. B 막 얼음물을 담았던 유리잔에 끓는 물을 따르면 유리잔은 아주 쉽게 금이 간다. C 사진관의 계단 사이에는 손님들의 사진이 가득 붙어 있다. D 신장은 나에게는 하나의 아름답고 신비한 곳으로, 내 마음을 쏠리게 만든다.

단어 抑制 yìzhì 동 억제하다 | 上涨 shàngzhǎng 동 (가격이) 오르다 | 盛 chéng 동 담다, 넣다 | 玻璃杯 bōlibēi 명 유리잔 | 炸裂 zhàliè 동 갈라지다 | 影楼 yǐnglóu 명 사진관 | 贴 tiē 동 붙이다 | 令 lìng 동 ~하게 하다 | 心驰神往 xīnchí shénwǎng 동경하다

해설 '关于(~에 관하여)'는 대상 전치사로 부사어 역할은 하지 않는 어휘이기 때문에 위치상 오용이고, 또한 문장 내용상 '나에 관해'가 아니라 '내 입장에서'가 필요하므로 '关于我'가 아니라 '对我来说'가 되어야 올바르기 때문에 고쳐야 한다. 정답은 D이다.

수정 → 新疆对我来说是一个美丽而神秘的地方，令我心驰神往。

A 与1900年前相比，全球75%的农作物品种已经消失。 B 他埋头写起作业来，屋里静悄悄的，只听到钢笔在纸上写字的沙沙声。 C 酒后适量喝蜂蜜水有解酒的效果起作用。 D 人类的渔业历史可追溯到旧石器时代，那时人们就以渔猎为生。	A 1900년 이전과 비교했을 때, 전세계 75%의 농작물 품종은 이미 사라졌다. B 그는 몰두해서 숙제를 하느라, 방안은 쥐 죽은 듯 조용하고, 단지 종이 위에 글을 쓰는 '슥삭' 소리만 들릴 뿐이었다. C 음주 후 적정량의 꿀물을 마시면 숙취효과가 있다. D 인류의 어업역사는 구석기시대로 거슬러 올라가는데, 그때 인류는 물고기 사냥으로 생활했다.

단어 **相比** xiāngbǐ 동 ~와 비교하다 | **埋头** máitóu 동 몰두하다 | **静悄悄** jìngqiāoqiāo 쥐 죽은 듯 하다 | **沙沙声** shāshāshēng 명 바스락거리는 소리 | **适量** shìliàng 명 적정량 | **蜂蜜水** fēngmìshuǐ 명 꿀물 | **解酒** jiějiǔ 명 숙취 | **追溯** zhuīsù 동 시간을 거슬러 올라 사물의 근본을 탐구하다 | **旧石器时代** jiùshíqì shídài 명 구석기 시대 | **渔猎** yúliè 동 물고기 사냥

해설 '有效果(효과가 있다)'와 '起作用(작용을 일으키다)'은 기본적으로 같은 의미이기 때문에 같이 쓸 수 없고, '起作用'은 이미 '주 + 술 + 목'을 갖춘 올바른 문장 뒤에 붙었으므로 어법적으로도 맞지 않는다. '起作用'을 제거하는 것이 가장 올바르다. 정답은 C이다.

수정 → 酒后适量喝蜂蜜水有解酒的效果。

A 屋子里飘出一股淡淡的薄荷清香。 B 交通拥堵的很大一部分是一些司机不遵守交通规则。 C 大家敬重她，不只因为她拥有丰富的学识，更因为她有强大的人格魅力。 D 此次调研覆盖1200多家企业，涉及15个行业。	A 방안에 은은하게 박하 향이 피어올라 흩날렸다. B 교통정체의 가장 큰 한 부분은 일부 운전사들이 교통규칙을 준수하지 않는 것으로 인한 것이다. C 모두 그녀를 존경하는데, 그녀가 풍부한 학식을 가지고 있어서 일 뿐만 아니라, 더욱이 그녀가 강한 인격적 매력을 가지고 있기 때문이다. D 이번 조사연구는 1,200여 개 기업을 대상으로, 15개 업종을 포함하고 있다.

단어 **飘** piāo 동 흩날리다 | **淡淡** dàndàn 형 희미하다 | **薄荷** bòhe 명 박하 | **拥堵** yōngdǔ 동 길이 막히다 | **敬重** jìngzhòng 형 존경하다, 공경하다 | **拥有** yōngyǒu 동 가지다 | **学识** xuéshí 명 학식 | **调研** diàoyán 동 연구하다 | **覆盖** fùgài 동 덮다 | **涉及** shèjí 동 관련되다

해설 '交通拥堵的很大一部分(교통정체의 가장 큰 한 부분)'은 '一些司机不遵守交通规则(일부 운전사들이 교통규칙을 준수하지 않다)'가 아니라 이로 인해 일어난 것이므로 문장 말미에 '引起的'가 있어야 올바른 문장이 된다. 정답은 B이다.

수정 → 交通拥堵的很大一部分是一些司机不遵守交通规则引起的。

A 张家界天门山植被丰富，森林覆盖率高达约90%左右，山顶保存着较为完整的原始次生林。 B 为减少汽车尾气对城市空气的污染，不少城市都开展了"无车日"的相关活动，以鼓励更多市民乘坐公共交通工具出行。 C 茂腔是一种流行于山东东部的地方戏曲剧种，因独特的艺术魅力和浓郁的地方特色而深受当地群众喜爱。 D 常做自我反省不仅可以振奋精神、活跃思维，还能增强自信心，从而更好地调整自己的整体状态。	A 장지아제 톈먼산의 식물은 풍부하고, 숲의 복개율은 약 90%에 달하며 산 정상에는 비교적 완벽한 원시 재생림을 보존하고 있다. B 도시 공기를 오염시키는 차량매연을 줄이기 위해, 적지 않은 도시들이 '차가 없는 날'과 관련 있는 행사를 전개해 더욱 많은 시민들이 대중교통을 이용하여 외출할 것을 격려했다. C 마오치앙은 일종의 산둥 동부지역에서 유명한 지방극의 극종인데, 독특한 예술매력과 농후한 지역특색으로 인해 대중들의 많은 사랑을 받았다. D 자주 자기반성을 하는 것은 사기를 진작시키고, 사고를 활발하게 하고, 또한 자신감을 증가시켜 자신의 전체적인 컨디션을 더욱 잘 조정하게 된다.

단어 覆盖率 fùgàilǜ 명 복개율 | 原始次生林 yuánshǐ cìshēnglín 명 원시 재생림 | 尾气 wěiqì 명 배기가스 | 开展 kāizhǎn 동 전개하다 | 鼓励 gǔlì 동 격려하다 | 戏曲 xìqǔ 명 희곡극 | 浓郁 nóngyù 형 진한, 짙은 | 深受 shēnshòu 동 깊이 받다 | 振奋 zhènfèn 동 고무하다 | 活跃 huóyuè 형 활동적이다 | 从而 cóng'ér 접 그렇게 함으로써 | 调整 tiáozhěng 동 조정하다

해설 '约(약, 대략)'와 '左右(좌우)'는 둘 다 어림수를 나타내는 표현으로 하나의 수에 같이 쓸 수 없다. 둘 중 하나는 제거해야 올바른 문장이 된다. 정답은 A이다.

수정 → 张家界天门山植被丰富，森林覆盖率高达约90%，山顶保存着较为完整的原始次生林。

A 一个设计者应该完全了解与其设计有关的特殊生产过程，否则只会事倍功半。 B 他非常喜欢鲁迅的小说，对鲁迅的《呐喊》曾反复阅读，一直被翻得破烂不堪，只好重新装订。 C 书法学习要经过入贴、出贴两个阶段。入贴需要勤奋，达到忘我的程度；出贴则要在手熟的基础上，创出自己的风格。 D 四羊方尊是商朝晚期的青铜礼器、祭祀用品，也是中国现存的商代青铜方尊中最大的一件。	A 설계자라면 마땅히 해당 설계와 관련있는 특수한 생산과정을 완전히 알아야 한다. 그렇지 않으면 힘만 들고 성과는 적게 된다. B 그는 루쉰의 소설을 매우 좋아하여 루쉰의 《呐喊》을 반복해서 읽었는데, 너무 많이 읽어 헤져서 새로이 제본할 수밖에 없었다. C 서예 공부는 입첩, 출첩 두 단계를 거쳐야 한다. 입첩은 나를 잊는 정도에 이를 때까지 부지런해야 하고, 출첩은 숙련된 기초로 자신의 스타일을 만들어내야 하는 것이다. D 사양방존은 상 왕조 말기의 청동예기, 제사용품이고, 중국에서 현존하는 상대 청동방존 중에서 가장 큰 것이다.

단어 特殊生产过程 tèshū shēngchǎn guòchéng 명 특수생산과정 | 事倍功半 shìbèi gōngbàn 힘은 많이 들고 성과는 적다 | 破烂不堪 pòlàn bùkān 헐어빠지다 | 装订 zhuāngdìng 동 제본하다 | 阶段 jiēduàn 명 단계 | 风格 fēnggé 명 성격, 기질 | 商朝晚期 Shāng Cháo wǎnqī 명 상 왕조 말기 | 祭祀 jìsì 동 제사를 지내다 | 现存 xiàncún 동 현존하다

해설 전체 문장의 주어는 '他(그)'인데 마지막 두 절의 너무 많이 읽어서 해진 것과 제본되어진 주어는 《呐喊》이라는 작품이므로 주어가 맞지 않는다. '一直被翻得破烂不堪，只好重新装订' 제일 앞에 주어로 《呐喊》이 와야 올바른 문장이 된다. 정답은 B이다.

수정 → 他非常喜欢鲁迅的小说，对鲁迅的《呐喊》曾反复阅读，《呐喊》一直被翻得破烂不堪，只好重新装订。

A "天河一号"的问世表明，中国已经具备了研制运算速度为每秒千万亿次的超级计算机。 B 这里毗邻多个大型居民住宅区，并有多条公交线路经过，地理位置十分优越。 C 漱口水有抑菌、杀菌的功效，但若不先把牙齿刷干净就使用漱口水，其效果很难保证。 D 攀登过峰峦雄伟的泰山，游览过红叶似火的香山，但我依然对故乡的山情有独钟。	A '천하1호'의 발표는 중국이 이미 연산속도가 초당 천만 억 번의 슈퍼컴퓨터를 연구 제작한 나라가 되었음을 밝혔다. B 이곳은 많은 대형 주택지와 인접하였고, 게다가 경유하는 많은 대중교통 노선이 있어 지리적 위치는 매우 뛰어나다. C 구강 청결제에는 세균을 억제하고 살균하는 효과가 있지만, 만약에 양치를 깨끗하게 하지 않고, 구강청결제를 사용하면 그 효과는 보장하기 어렵다. D 산봉우리가 웅장한 타이산을 등반했고, 낙엽이 불타는 것 같은 시앙산도 유람했지만 나는 여전히 고향의 산에 대한 정이 각별하다.

단어 问世 wènshì 동 발표되다 | 表明 biǎomíng 동 표명하다 | 研制 yánzhì 동 연구제작하다 | 运算 yùnsuàn 동 계산하다 | 毗邻 pílín 동 인접하다 | 优越 yōuyuè 형 우월하다 | 漱口水 shùkǒushuǐ 명 구강 청결제 | 抑菌 yìjūn 세균 억제 | 攀登 pāndēng 동 등반하다 | 峰峦 fēngluán 명 산봉우리 | 游览 yóulǎn 동 (풍경·명승 등을) 유람하다 | 情有独钟 qíngyǒu dúzhōng 성 사람이나 사물에 각별한 애정을 보이다

해설 '具备(갖추다)'는 '조건, 자격, 능력 등을 갖추다'라는 뜻이므로 '计算机(컴퓨터)'를 목적어로 취할 수 없고, 내용상 중국이 슈퍼컴퓨터를 연구 제작한 나라가 되었다는 것이므로 '具备'를 제거하고 술어로 '成为(되다)'를 쓰고 이에 맞추기 위해 마지막에 '的国家(~한 국가)'를 넣어야 올바른 문장이 된다. 정답은 A이다.

수정 → "天河一号"的问世表明，中国已经成为了研制运算速度为每秒千万亿次的超级计算机的国家。

독해 제2부분

在投资的过程中，你_____会遇到一些问题。你最好提前做好心理准备，_____清楚，并有自己的理解。这_____比技巧或者知识更能决定你投资的广度和深度。	투자하는 과정 중에 당신은 머지않아 몇 가지 문제들이 생기게 될 것이다. 당신은 가장 좋기는 분명하게 생각해두고, 자신만의 이해를 가지는 마음의 준비를 잘 해두어야 한다. 이것은 아마 기교 또는 지식보다 당신이 투자하는 폭과 깊이를 더욱 결정할 수 있다.
A 迟早　琢磨　或许 B 未免　反思　倘若 C 将近　辨认　难怪 D 近来　设想　宁可	A 머지않아　깊이 생각하다　아마, 어쩌면 B ~을 면할 수 없다　반성, 사색하다　만일 ~한다면 C 거의~에 근접하다　식별해내다　어쩐지 D 요즘　가상하다　차라리 ~할지언정

단어 迟早 chízǎo 부 조만간 | 琢磨 zhuómo 동 깊이 생각하다 | 或许 huòxǔ 부 아마, 어쩌면 | 未免 wèimiǎn 부 ~을 면할 수 없다 | 反思 fǎnsī 동 반성하다 | 倘若 tǎngruò 접 만일 ~한다면 | 将近 jiāngjìn 동 거의 ~에 근접하다 | 辨认 biànrèn 동 식별해내다 | 难怪 nánguài 부 어쩐지 | 近来 jìnlái 명 요즘 | 设想 shèxiǎng 동 가상하다 | 宁可 nìngkě 부 차라리 ~할지언정

해설 **첫 번째 빈칸** – 문제가 생긴다는 내용을 수식할 수 있는 어휘여야 하므로 A '迟早(머지않아)'와 B '未免(면할 수 없다)'이 문제가 곧 생길 것을 암시하거나 문제가 발생되는 것을 면할 수 없다는 내용이 되므로 가장 적합하다.
두 번째 빈칸 – '清楚'를 보어로 쓰면서 내용상 어떤 마음의 준비를 해야 하는지 설명할 수 있는 동사가 와야 하는데 B '反思'는 '반성', 즉 되돌아 생각해보는 것이므로 '提前(미리)'과 어울리지 않는다. C '辨认(식별하다)' 역시 분별하여 알아본다는 뜻으로 내용하고는 어울리지 않으므로 A와 D가 가장 적합하다.

세 번째 빈칸 – 제시된 접속사와 부사의 특징을 잘 파악해야 하는데 앞에서 설명한 내용이 뒤에 있는 것을 결정할 수도 있다는 추측이 가장 잘 어울리므로 A '或许'가 가장 적합하고 B '倘若'는 '如果(만약)'와 같은 의미로 '那么(그러면)'와 호응해 뒤에는 가정의 결과도 함께 제시되어야 하므로 정답이 아니다. C '难怪(어쩐지)'는 주로 '原来(알고보니)'와 함께 쓰여 궁금했던 사실이 풀렸음을 의미한다. D '宁可(차라리)'는 '也(역시)'와 호응하여 대비되는 두 가지 사실이 모두 마땅치 않을 때 상대적으로 나음을 나타내므로 글의 내용과는 적합하지 않다. 정답은 A이다.

문제 62

如今，与文化关联最 _____ 的技术当属平板电脑和手机，这些 _____ 正在成为最重要的阅读 载体。质疑的声音已不再新鲜，在无法逆转的情况下，人们应早日 _____ 这种转变，而不是等待自己的阅读习惯被改变。

오늘날 문화와 관련이 가장 긴밀한 기술은 단연 태블릿 PC와 휴대전화이다. 이런 장치들은 가장 중요한 읽을거리의 저장장치가 되었다. 의심의 소리들은 이제 더 이상 신선하지 않다. 되돌릴 수 없는 상황에서, 사람들은 신속하게 이러한 변화에 적응해야지 자신의 읽기습관이 바뀌길 기다려서는 안 된다.

A	紧迫	装备	对抗
B	周密	设施	对应
C	紧密	设备	适应
D	紧急	配备	对付

A	긴박하다	장비/ 장착하다	저항하다
B	주도면밀하다	시설	대응하다
C	긴밀하다	설치/ 갖추다	적응하다
D	긴급하다	한 벌의 설비	대처하다

단어 平板电脑 píngbǎn diànnǎo 태블릿 PC | 质疑 zhìyí 동 질의하다 | 逆转 nìzhuǎn 동 역전하다, 뒤집다 | 转变 zhuǎnbiàn 동 전변하다, 바꾸다 | 紧迫 jǐnpò 형 긴박하다 | 装备 zhuāngbèi 명 장비 동 장착하다 | 对抗 duìkàng 동 저항하다 | 周密 zhōumì 형 주도면밀하다 | 设施 shèshī 명 시설 | 对应 duìyìng 동 대응하다 | 紧密 jǐnmì 형 긴밀하다 | 设备 shèbèi 명 설비 동 갖추다 | 适应 shìyìng 동 적응하다 | 紧急 jǐnjí 형 긴급하다 | 配备 pèibèi 명 한 벌의 설비, 한 세트의 설비 | 对付 duìfu 동 대처하다

해설 **첫 번째 빈칸** – '关联(관련 있다)'과 가장 어울리는 어휘를 찾아야 하는데 관계나 연계와 관련 있는 어휘는 C '紧密(긴밀하다)' 밖에 없다.
두 번째 빈칸 – 태블릿 PC와 휴대전화를 지칭할 수 있는 어휘를 찾아야 하는데 이러한 도구나 장치들을 가리키는 어휘는 A, C, D이다. B '设施(시설)'는 어느 공간에 설치되어 있는 장비들을 말하므로 적합하지 않다. 그리고 장비를 가리키긴 하지만 A '装备'는 어떤 활동을 하는 데 필요하거나 시설에 설치해야 하는 장비들을 가리키고, D '配备'는 부품들을 장착한 한 벌, 혹은 한 세트의 기기나 장비들을 가리킨다. 그러므로 기본 개체를 가리키는 어휘로는 C가 가장 적합하다.
세 번째 빈칸 – 사람들이 이런 변화들을 어떻게 해야 하는가를 찾아야 하는데 내용상 A '对抗(저항하다)'은 될 수 없고, B '对应(대응하다)'과 D '对付(대처하다)'는 '어떻게'가 중요한데 설명이 없으므로 C '适应(적응하다)'이 가장 적합함을 알 수 있다. 정답은 C이다.

문제 63

有人推测，地图的 _____ 比文字还早。远在史前时期，人类就已会用符号来记录自己生活的环境、走过的 _____ 。据学者考证，早在一万年前就出现了在地上用简单符号来标识地物的 _____ 地图。

어떤 이는 지도의 기원은 문자보다 더 이르다고 추측했다. 아주 먼 선사시대에 인류는 이미 부호를 사용하여 자신의 생활환경과 걸어온 노선을 기록했다. 학자의 고증에 따르면 일찍이 일만 년 전 땅에 간단한 부호로 지형지물을 표시한 원시의 지도가 출현했다.

A	根源	方位	最初
B	来源	轨道	原装
C	来历	途径	初步
D	起源	路线	原始

A	근원	방향과 위치	최초
B	유래, 출처	궤도	원산지 생산의
C	경력, 내력	경로	시작 단계의
D	기원	노선	원시의

단어 推测 tuīcè 동 추측하다 | 考证 kǎozhèng 동 고증하다 | 根源 gēnyuán 명 근원 | 来源 láiyuán 명 유래 | 轨道 guǐdào 명 궤도 | 原装 yuánzhuāng 형 원산지 생산의, 원산지 완제품의 | 来历 láilì 명 경력, 내력 | 途径 tújìng 명 경로, 과정 | 初步 chūbù 형 시작 단계의 | 起源 qǐyuán 명 기원 동 기원하다 | 路线 lùxiàn 명 노선 | 原始 yuánshǐ 형 원래의

해설 **첫 번째 빈칸** – '地图(지도)'의 수식을 받는 어휘를 찾고, 뒤의 내용을 근거로 지도의 시작이 어땠는지를 설명할 어휘를 찾아야 하는데 A '根源'은 사건의 근본 원인이나 물의 원천 등을 나타내므로 맞지 않고, C '来历'는 사람이나 사물의 내력을 설명하는 어휘로 그동안 어떻게 살아오고 지내왔는지를 나타내는 어휘이므로 적합하지 않다. B '来源'은 '유래'라는 뜻으로 지도와는 호응이 잘 되지만 뒤의 내

용이 지도가 어떻게 해서 만들어졌는가가 아니라 지도의 초기 형태가 어땠는지를 설명하므로 D '起源(기원)'이 가장 적합하다.

두 번째 빈칸 – '走过的(걸어온)'의 수식을 받을 수 있는 어휘를 찾아야 하는데 A '方位'는 방향과 위치 즉, 지도와 연계시키면 어느 지점인지를 설명하는 어휘이므로 '走过的(걸어온)'와는 어울리지 않는다. B '轨道'는 기차 등의 교통수단이 지나는 '선로'를 뜻하므로 적합하지 않고, C '途径'은 일의 처리방향이나 방법, 경로 등을 설명하는 데 주로 쓰이므로 역시 적합하지 않다. 걸어온 D '路线(노선, 길)'이 가장 적합하다.

세 번째 빈칸 – 바닥에 부호를 써서 표시한 지도가 어떤 지도라고 할 수 있는지 설명할 어휘를 찾아야 하는데 원산지의 완제품을 나타내는 B '原装'과 일의 처리 단계 중에서 시작 단계를 나타내는 C '初步'는 적합하지 않다. A '最初'는 '最初地图(최초의 지도)'라는 말로는 자연스럽고 적합하지만 이는 지도라고 불리는 사물 중에 처음의 것을 설명하므로 땅에 부호로 표시한 것은 원시의 1차적인 지도라고 볼 수 있기 때문에 D '原始'가 가장 적합하다. 정답은 D이다.

鸡首壶是西晋时出现的一种瓷壶，因壶嘴为鸡首状而得名，鸡首起初只起 ＿＿＿＿ 作用。至东晋，鸡首与壶腹 ＿＿＿＿，成为可以出水的流部，才具有了实用性。唐代以后，鸡首壶逐渐淡出了历史 ＿＿＿＿。"鸡"与"吉"谐音，鸡首壶表达了古代人们追求 ＿＿＿＿ 生活的美好愿望。	'鸡首壶(계수호: 닭 머리 모양의 주전자)'는 서진 때 발견된 자기 주전자이다. 주전자의 주둥이가 닭 머리의 형상이어서 이름이 지어졌고, 닭의 머리는 처음에는 단지 <u>장식</u>의 효과를 낸 것이었다. 동진에 이르러 닭 머리는 주전자 몸통과 <u>서로 통하여</u> 물이 나갈 수 있는 주둥이가 되어 실용성을 가지게 되었다. 당대 이후 계수호는 점차 역사의 <u>무대</u>에서 서서히 사라졌다. '鸡(jī)'와 '吉(jí)'가 같은 음이어서 계수호는 옛날 사람들이 <u>길한</u> 생활을 추구하는 아름다운 바람을 표현하였다.

A 修复	接连	平台	慈祥	A 수리 복원하다	잇달아, 연속해서	옥상 테라스	
B 装饰	想通	舞台	吉祥		자애롭다		
C 装修	衔接	平面	光明	B 장식하다	서로 통하다	무대	
D 掩饰	相应	台阶	如意		길하다		
				C 인테리어 하다	맞물리다	평면	
					빛나다		
				D 감추다	상응하다, 적합하다	계단	
					뜻대로 되다		

단어 瓷壶 cíhú 자기 주전자 | 淡出 dànchū 동 (사람·사물이) 소리 소문 없이 서서히 사라지다 | 谐音 xiéyīn 동 (글자의) 독음이 같거나 비슷하다 | 修复 xiūfù 동 수리하여 복원하다 | 接连 jiēlián 부 잇달아 | 平台 píngtái 명 옥상 테라스 | 慈祥 cíxiáng 형 자상하다 | 装饰 zhuāngshì 동 장식하다 | 舞台 wǔtái 명 무대 | 吉祥 jíxiáng 형 길하다 | 衔接 xiánjiē 동 맞물리다 | 平面 píngmiàn 명 평면 | 光明 guāngmíng 형 빛나다 | 掩饰 yǎnshì 동 감추다 | 相应 xiāngyìng 형 적합하다 | 台阶 táijiē 명 계단 | 如意 rúyì 동 뜻대로 되다

해설 **첫 번째 빈칸** – 계수호의 닭 머리 부분이 처음에 어떤 작용을 했는지를 설명할 수 있는 어휘를 찾아야 하는데 A '修复'는 유물 등을 '수리 복원한다'는 뜻이고, C '装修'는 실내구조 따위를 '인테리어 하다'는 뜻이고, D '掩饰'는 잘못이나 단점 등을 '감추다'는 뜻이므로 적합하지 않다. 처음에는 장식의 의미만 있었음을 알 수 있으므로 B가 가장 적합하다.

두 번째 빈칸 – 닭의 머리 부분과 주전자 몸통이 어떻게 되었는지를 설명할 어휘를 찾아야 하는데 A '接连'은 '연거푸, 잇달아'라는 뜻으로 '接连发生(잇달아 발생하다)'처럼 쓰이고, C '衔接'는 '맞물리다'라는 뜻으로 사물과 사물이 붙어서 '이어지다'로만 본다면 가능해 보이지만 주전자는 안이 연결되어 통하는 것이기 때문에 단순히 사물이 붙어 맞물린다는 뜻의 '衔接'는 적합하지 않다. D '相应'은 '상응하다'는 뜻으로 서로 적합함을 나타내므로 '相应的待遇(상응하는 대우)'처럼 쓰이고 내용에는 적합하지 않다. 안이 서로 뚫려 통한다는 B '相通'이 가장 적합하다.

세 번째 빈칸 – 역사와 조합을 이루고 '淡出(서서히 사라지다)'와 호응을 하는 명사를 찾아야 하는데 '淡出舞台(무대에서 조용히 사라지다)'가 조합으로 자주 쓰이기 때문에 B가 가장 적합하고, A '平台'는 '옥상 테라스' 등의 용도에 따라 다양하게 활용될 수 있는 공간을 설명하므로 내용상 맞지 않고, C '平面(평면)'과 D '台阶(계단)' 역시 내용과는 거리가 멀다.

네 번째 빈칸 – '生活'를 수식할 수 있는 어휘를 먼저 찾으면 B, C, D가 모두 가능한데 앞에서 '吉(길하다)'의 언급이 있었으므로 쉽게 B '吉祥(길하다)'이 적합함을 알 수 있다. A의 '慈祥'은 나이든 사람의 얼굴 표정이 '자애롭다'라는 뜻이므로 내용과 어울리지 않는다. 정답은 B이다.

所谓暴走就是沿着一定的路线徒步行走，时间由一日到数日不等。_____ 一种极限运动，暴走 _____ 着人们的心理素质和身体素质。不过，暴走不同于其他野外 _____ 等极限运动，因为它不需要付出较大的经济 _____ 去购买设备，只需要一双好鞋和一瓶水，外加几片面包就可以了。	소위 '暴走(폭주)'라는 것은 바로 일정한 노선을 따라 걸어서 이동하는 것인데 시간은 하루에서 수일까지 같지 않다. 일종의 극한 운동으로서, 폭주는 사람들의 심리자질과 신체능력에 도전한다. 하지만 폭주는 기타 다른 야외탐험 등과는 다른 극한운동이다. 왜냐하면 그것은 비교적 많은 경제적 대가를 지불하여 장비를 구매할 필요가 없고, 단지 한 켤레의 좋은 신발과 한 병의 물, 추가로 몇 조각의 빵만 있어도 되기 때문이다.

A	作为	挑战	探险	代价	A ~로서	도전하다	탐험하다	대가
B	对于	挑衅	勘探	价值	B ~에 대해	도전하다	조사하다	가치
C	按照	考验	冒险	资本	C ~에 따라	시험하다	모험하다	자본, 자금
D	依据	检验	保险	物资	D 근거하다	검증하다	보험	물자

단어 沿着 yánzhe 개 (일정한 노선을) 따라서 | 徒步行走 túbù xíngzǒu 걸어서 이동하다 | 作为 zuòwéi 동 ~로 여기다, ~의 자격으로서 | 探险 tànxiǎn 동 탐험하다 | 代价 dàijià 명 대가 | 挑衅 tiǎoxìn 동 도전하다 | 勘探 kāntàn 동 조사하다 | 考验 kǎoyàn 동 시험하다 | 冒险 màoxiǎn 동 모험하다 | 资本 zīběn 명 자본, 자금 | 依据 yījù 동 근거하다 | 检验 jiǎnyàn 동 검증하다 | 保险 bǎoxiǎn 명 보험 | 物资 wùzī 명 물자

해설 첫 번째 빈칸 – '暴走(폭주)'가 한 종류의 극한 운동이라는 분류, 자격을 설명하고 있으므로 신분이나 자격을 나타내는 A '作为'가 가장 적합하다.
두 번째 빈칸 – '暴走(폭주)'도 일종의 운동이므로 자신의 능력에 '도전하다'는 뜻으로는 A와 B가 가장 적합하지만 B '挑衅'은 남에게 싸움을 걸거나 도발한다는 개념의 '도전하다'이므로 내용과는 맞지 않아, A가 가장 적합함을 알 수 있다.
세 번째 빈칸 – '野外(야외)'와 어울리는 내용이어야 하므로 A '探险(탐험)'이 가장 적합하다. C '冒险'은 위험을 무릅쓴다는 내용으로 운동을 설명하는 내용과는 어울리지 않는다.
네 번째 빈칸 – '暴走(폭주)'가 돈이 많이 안 든다는 내용이므로 경제적인 비용, 즉 '经济代价(경제적 대가)'가 가장 적합하다. 정답은 A이다.

从第一届奥运会开始，奥运与营销的缘分就已注定。经过100多年的 _____ ，奥运营销之路越走越顺畅，营销方式也 _____ 。奥运所带来的 _____ 逐渐被人们所认知，吸引着世界各国 _____ 申办奥运会，各大企业也为与奥运挂钩而不断努力。	제1회 올림픽부터 시작해서 올림픽과 마케팅의 인연은 이미 운명으로 정해져 있었다. 100여 년 동안의 탐색을 거쳐 올림픽 마케팅의 길은 갈수록 순조로웠고, 마케팅 방식 역시 나날이 새로워졌다. 올림픽이 가져오는 효과와 수익은 점차 사람들에게 알려져 세계 각국이 서로 앞다투어 올림픽을 신청하고, 각 대기업 역시 올림픽과 제휴를 맺기 위해 끊임없이 노력하게 이끌어냈다.

A	检测	与时俱进	丰收	逐年	A 검사, 측정하다	시대와 같이 전진하다	풍년이 들다
					해마다		
B	探讨	千方百计	成效	照样	B 연구 토론하다	갖은 방법을 다 써보다	효능, 효과
					그대로 하다		
C	探索	日新月异	效益	争相	C 탐색하다	나날이 새로워지다	효과와 수익
					서로 다투어		
D	摸索	与日俱增	收益	随即	D 모색하다	날이 갈수록 많아지다	이득, 수입
					바로, 즉시		

단어 缘分 yuánfèn 명 인연, 연 | 营销 yíngxiāo 동 (상품을) 판매하다, 마케팅하다 | 注定 zhùdìng 동 운명으로 정해져 있다 | 顺畅 shùnchàng 형 순조롭다, 원활하다 | 挂钩 guàgōu 동 손을 잡다, 제휴하다 | 检测 jiǎncè 동 검사하다 | 与时俱进 yǔshí jùjìn 시대와 같이 전진하다 |

丰收 fēngshōu 통 풍년이 들다 | 逐年 zhúnián 부 해마다 | 探讨 tàntǎo 통 연구 토론하다 | 千方百计 qiānfāng bǎijì 갖은 방법을 다 써보다 | 成效 chéngxiào 명 효능, 효과 | 照样 zhàoyàng 통 그대로 하다 | 探索 tànsuǒ 통 탐색하다 | 日新月异 rìxīn yuèyì 나날이 새로워지다 | 效益 xiàoyì 명 효과와 수익 | 争相 zhēngxiāng 부 서로 다투다 | 摸索 mōsuǒ 통 모색하다 | 与日俱增 yǔrì jùzēng 날이 갈수록 많아지다 | 收益 shōuyì 명 이득, 수입 | 随即 suíjí 부 바로, 즉시

해설 **첫 번째 빈칸** – 100여 년 간의 '무엇'을 거쳐 올림픽 마케팅의 길이 순조로울 수 있었는지 적합한 어휘를 찾아야 하는데 어떤 일을 고민하고 찾는다는 내용은 C '探索'와 D '摸索'가 적합하다.

두 번째 빈칸 – '营销方式(영업방식)'이 어떻게 변했는지를 설명할 수 있어야 하므로 A '与时俱进', C '日新月异', D '与日俱增'이 모두 적합하다.

세 번째 빈칸 – 각국이 올림픽을 신청하고, 대기업들이 연계하고 싶어하게 만든 올림픽이 가져온 장점을 설명할 수 있는 어휘여야 하므로 '수익', '효과'라는 뜻의 C '效益'와 D '收益'가 적합하다. B '成效'는 일 처리의 성과나 보람을 말하므로 내용과는 적합하지 않다.

네 번째 빈칸 – 세계 각국이 올림픽 신청을 어떻게 했는가를 설명할 수 있어야 하므로 C '争相(서로 다투어)'이 가장 적합함을 알 수 있다. 정답은 C이다.

문제 67

如今，很多商品都唾手可得，许多人反而觉得喜悦感和 _____ 感越来越少。这就是所谓的 _____，也是拒买族出现的原因。拒买族 _____ 理性购物，减少浪费，不让泛滥的物质掩盖生活的 _____ 。	오늘날, 많은 상품들은 모두 쉽게 손에 넣을 수 있어, 많은 사람들은 오히려 희열감과 만족감이 점점 감소하고 있다. 이것이 바로 소위 <u>사물의 발전이 극에 달하면 반드시 반전한다</u>는 것이며, 선택적 구매족이 생겨난 원인이기도 하다. 선택적 구매족은 이성적으로 구매하고, 낭비를 줄여서 넘쳐나는 물질이 생활의 <u>본질</u>을 가리지 못하게 해야 한다고 <u>주장한다</u>.
A 知足　乐极生悲　提倡　气质 B 充实　南辕北辙　宣扬　品质 C 满足　物极必反　主张　本质 D 充足　苦尽甘来　倡议　实质	A 만족스럽게 여기다　한창 즐거울 때 슬픈 일이 생기다 　제창하다　기질, 성격 B 충실하다　하는 행동과 목적이 상반되다 　널리 알리다　품질 C 만족하다　사물의 발전이 극에 달하면 반드시 반전한다 　주장하다　본질 D 충분하다　고진감래 　제안하다　실질

단어 唾手可得 tuòshǒu kědé 성 쉽게 손에 넣을 수 있다. 식은죽먹기이다 | 拒买族 jùmǎizú 선택적 구매족 | 泛滥 fànlàn 통 (못된 것이) 범람하다 | 掩盖 yǎngài 통 덮어 가리다. 감추다 | 乐极生悲 lèjí shēngbēi 한창 즐거울 때 슬픈 일이 생기다 | 提倡 tíchàng 제창하다 | 气质 qìzhì 명 기질, 성격 | 充实 chōngshí 형 충분하다 | 南辕北辙 nányuán běizhé 하는 행동과 목적이 상반되다 | 宣扬 xuānyáng 통 널리 알리다 | 物极必反 wùjí bìfǎn 사물의 발전이 극에 달하면 반드시 반전한다 | 主张 zhǔzhāng 통 주장하다 | 本质 běnzhì 명 본질 | 苦尽甘来 kǔjìn gānlái 고진감래 | 倡议 chàngyì 통 제안하다 | 实质 shízhì 명 실질, 본질

해설 **첫 번째 빈칸** – 물건을 얻음으로써 가지는 감정으로 '感'과 함께 쓰일 수 있는 어휘를 찾아야 하는데 '喜悦感(희열감)'이 앞에 있으므로 '만족감'이 가장 적합하고, 이에 해당하는 보기는 A '知足'와 C '满足'이다. D '充足'는 에너지나 자원이 충분하다는 뜻으로 내용과 맞지 않고, B '充实'는 내용이나 생활이 '알차다, 충실하다'는 뜻으로 적합하지 않다.

두 번째 빈칸 – 손쉽게 물건을 얻을 수 있는 반면에 점점 희열감과 만족감은 떨어진다는 내용을 담고 있는 성어를 찾아야 하므로 C '物极必反(사물의 발전이 극에 달하면 반드시 반전한다)'이 가장 적합하다.

세 번째 빈칸 – 선택적 구매족의 주관적 생각을 밝혔으므로 C '主张(주장하다)'이 가장 적합함을 알 수 있다. A '提倡'은 불특정 대상을 향해 일반적인 도리나 이치를 호소하는 것이므로 적합하지 않고, B '宣扬'은 정신이나 전통 따위를 널리 알린다는 뜻이므로 적합하지 않고, D '倡议'는 '제안하다'는 뜻이지만 정식적으로 발의한다는 뜻이므로 내용과는 어울리지 않는다.

네 번째 빈칸 – '생활'의 수식을 받을 수 있는 어휘여야 하고 범람하는 물질이 생활의 무엇을 가리지 않게 해야 하는지가 힌트이므로 C '本质'가 가장 적합함을 알 수 있다. 정답은 C이다.

脊兽是中国古建筑檐角、屋脊上所安放的兽件，它经历了 _____ 的发展历程，从功能性的建筑 _____，变成了具有多种风格和寓意的 _____ 艺术。梁思成曾这样 _____ 脊兽：本来极无趣笨拙的实际部分成了整个建筑物美丽的冠冕。

'脊兽(척수: 중국 고대건축물 처마나 지붕 위의 동물 형상의 조형물)'는 중국 고대건축물 처마 끝이나 지붕 등마루에 설치되어 있는 동물형상의 조형물로, 그것은 기나긴 발전과정을 거쳐 기능성의 건축물 구조재에서 많은 스타일과 우의를 가지고 있는 민속예술로 변하였다. 양사성은 일찍이 척수를 본래 둔하고 재미도 없는 실제 부분이 전체 건축물의 아름다운 모자가 되었다고 평가했다.

A	频繁	硬件	风气	揭露	A 빈번하다	하드웨어	풍조, 기풍	폭로하다
B	遥远	零件	习俗	确信	B 까마득하다	부속품	풍속	확신하다
C	定期	附件	作风	吹捧	C 날짜를 정하다	부속품	태도	치켜세우다
D	漫长	构件	民俗	评价	D 멀다, 길다	구조재(구성재료)	민속	평가하다

단어 屋脊 wūjǐ 명 용마루 | 寓意 yùyì 명 함축된 의미 | 无趣 wúqù 형 재미 없다. 취미가 없다 | 笨拙 bènzhuō 형 멍청하다 | 冠冕 guānmiǎn 명 고대 제왕이나 관원이 쓰던 모자 | 频繁 pínfán 형 빈번하다 | 硬件 yìngjiàn 명 하드웨어 | 风气 fēngqì 명 풍조 | 揭露 jiēlù 동 폭로하다 | 遥远 yáoyuǎn 형 까마득하다 | 零件 língjiàn 명 부속품 | 习俗 xísú 명 풍속 | 确信 quèxìn 동 확신하다 | 定期 dìngqī 동 날짜를 정하다 | 附件 fùjiàn 명 부속품 | 作风 zuòfēng 명 태도 | 吹捧 chuīpěng 동 치켜세우다 | 漫长 màncháng 형 멀다. 길다 | 构件 gòujiàn 명 구조재 | 评价 píngjià 동 평가하다

해설 첫 번째 빈칸 – 척수가 어떤 발전과정을 거쳤는지를 설명할 수 있는 어휘를 찾아야 하는데 A '频繁'은 빈번함을 나타내고, C '定期'는 '정기적'이라는 뜻과 '날짜를 정한다'는 뜻으로 적합하지 않다. B '遥远'과 D '漫长'이 의미상으로 둘 다 긴 시간을 나타내지만 B '遥远'은 먼 시간이나 장소를 말할 때 쓰는 어휘이므로 발전과정을 수식하는 데는 적합하지 않다.
두 번째 빈칸 – 척수가 기능성의 건축물 '무엇'이었는지를 설명할 수 있는 어휘를 찾아야 하는데 '功能性(기능성)'이라는 수식어가 있으므로 건축물의 재료, 즉 '구조재'라는 설명이 가장 적합하다. 그러므로 D '构件'이 가장 적합하다. B '零件'과 C '附件'은 주로 기기나 기계에 쓰인다.
세 번째 빈칸 – 척수가 다양한 스타일과 우의를 담고 있는 어떤 예술로 바뀌었는지 설명할 수 있는 어휘를 찾아야 하는데 A '风气'는 한 사회의 기풍이나 풍조를 나타내고, C '作风'은 사람의 기품이나 태도를 나타내는 어휘이므로 적합하지 않다. B '习俗'과 D '民俗'가 적합하다.
네 번째 빈칸 – 이어지는 내용이 '梁思成(양사성: 건축가)'의 척수에 대한 개인 견해이므로 D '评价(평가하다)'가 가장 적합하다. 정답은 D이다.

华罗庚把读书过程总结为"由厚到薄"和"由薄到厚"两个阶段。当你对书的内容有了 _____ 的了解，抓住了全书的 _____ 时，书就由厚变薄了。如果在读书过程中，你还能对各章节做深入 _____，在每页上添加注解，_____ 参考资料，书又会愈读愈厚。读书就是由厚到薄，再由薄到厚的双向过程。

화뤄겅은 독서과정을 '두꺼운 것에서 얇게'와 '얇은 것에서 두껍게'의 두 단계로 총결하였다. 당신이 책의 내용에 분명한 이해를 가지고, 책의 요점을 포착해냈을 때 책은 두꺼운 것에서 얇게 변한다. 만약에 책을 읽는 과정 중에 당신이 각 장과 절에 깊이 탐구할 수 있고, 매 페이지에 주해를 달아 참고자료를 보충할 수 있다면 책은 읽을수록 두꺼워질 것이다. 독서는 바로 두꺼운 것에서 얇게 다시 얇은 것에서 두껍게 변하는 쌍방향 과정이다.

A	细致	课题	检讨	补救	A 섬세하다	프로젝트	검토하다	보완하다
B	精致	主题	探测	弥补	B 정교하고 치밀하다	주제	관측하다	보충하다
C	透彻	要点	探讨	补充	C 분명하다	요점	탐구하다	보충하다
D	彻底	重心	探索	补偿	D 철저하다	(일의) 중심	탐색하다	보상하다

| 단어 | 細致 xìzhì 휑 세밀하다 \| 課題 kètí 몡 프로젝트 \| 檢討 jiǎntǎo 동 검토하다 \| 補救 bǔjiù 동 보완하다 \| 精致 jīngzhì 휑 정교하고 치밀하다 \| 主題 zhǔtí 몡 주제 \| 探測 tàncè 동 관측하다 \| 弥補 míbǔ 동 보충하다 \| 透徹 tòuchè 휑 투철하다, 분명하다 \| 探討 tàntǎo 동 탐구하다 \| 補充 bǔchōng 동 보충하다 \| 彻底 chèdǐ 휑 철저하다 \| 探索 tànsuǒ 탐색하다 \| 補償 bǔcháng 동 보상하다 |

해설 **첫 번째 빈칸** – 당신이 책에 어떤 이해를 가지고 있는지를 설명할 수 있는 어휘로 '了解'와 조합을 이루는 어휘를 찾아야 한다. A '細致', C '透徹', D '彻底'는 모두 가능하지만, B의 '精致(정교하다)'는 주로 정교하게 만들어진 제품 등에 쓰이므로 적합하지 않다.

두 번째 빈칸 – 책의 무엇을 '抓住(포착하다, 잡다)'하는지를 설명할 수 있는 어휘를 찾아야 하는데 프로젝트를 나타내는 A '課題'와 일의 요점과 사물의 무게 중심을 나타내는 D '重心'은 적합하지 않으므로 B '主題'와 C '要点'이 적합하다.

세 번째 빈칸 – 각 장과 절에 깊이 무엇을 할 수 있는지를 설명할 수 있는 어휘를 찾아야 하는데 A '檢討(검토하다)'는 '어떤 사실이나 내용을 분석하여 따지다'라는 뜻으로 깊이 할 수 있는 부분이지만 일반사람들이 일반적인 책에 진행할 수 있는 어휘가 아니라, 자신이 잘 알고 있는 분야나 전문적인 분야의 지식이 있는 사람이 그 방면의 자료 등을 검토할 때 쓰이는 어휘이므로 적합하지 않다. B '探測(탐측하다)'는 '기상이나 적의 동정 따위를 탐색하여 측량하다'는 뜻이므로 역시 적합하지 않다. '탐구하다, 찾다'의 뜻의 C '探討'와 D '探索'가 적합하다.

네 번째 빈칸 – A '補救缺点(단점을 보완하다)', B '弥補不足(부족함을 메우다)', D '補償損失(손실을 보상하다)'는 고정적으로 쓰이는 조합이므로 암기해두는 것이 좋다. 책에 주해를 달아 참고자료를 넣는 것은 보충하는 내용이므로 C '補充'이 가장 적합하다. 정답은 C이다.

문제 70

| 1960年，世界上第一部水墨动画片《小蝌蚪找妈妈》在中国 ＿＿＿＿＿ 。作为世界动画史上的一大创举，它将中国传统的水墨画融入到动画中 ＿＿＿＿＿ 。片中虚虚实实的意境和轻灵优美的 ＿＿＿＿＿ ，体现了中国画"似与不似之间"的美学 ＿＿＿＿＿ ，使动画片的艺术格调有了重大 ＿＿＿＿＿ 。 | 1960년 세계 첫 번째 수묵애니메이션《小蝌蚪找妈妈》가 중국에서 <u>탄생</u>했다. 세계 애니메이션 역사상 전례 없는 시도로서, 그것은 중국전통의 수묵화를 애니메이션에 융합시켜 <u>제작하였다</u>. 애니메이션 속의 여백을 담은 예술적 분위기와 생동감 있고 아름다운 <u>화면</u>이 중국화의 '닮은 듯 안 닮은 듯한' 미학적 <u>특징</u>을 구현했고, 애니메이션의 예술격조가 중대한 <u>돌파구</u>를 가지게 만들었다. |

A 产生　鉴定　屏幕　专长　改善	A 생기다　　　　감정하다　　　스크린
B 呈现　操作　侧面　特长　改进	특기, 전문기술　개선하다
C 降临　制定　镜头　特色　超越	B 나타나다　　　조작하다　　　측면
D 诞生　制作　画面　特征　突破	특기, 장기　　개선, 개량하다
	C 일어나다　　　제정하다　　　렌즈, 장면
	특색, 특징　　넘다, 넘어서다
	D 탄생하다　　　제작하다　　　화면
	특징　　　　　돌파하다

| 단어 | 水墨 shuǐmò 몡 수묵 \| 创举 chuàngjǔ 몡 최초의 시도 \| 融入 róngrù 동 융합하다 \| 虚虚实实 xūxūshíshí 몡 허실, 거짓과 진실 \| 意境 yìjìng 몡 예술적 경지 \| 轻灵 qīnglíng 휑 가볍고 재빠르다 \| 体现 tǐxiàn 동 구현하다 \| 鉴定 jiàndìng 동 감정하다 \| 屏幕 píngmù 몡 스크린 \| 专长 zhuāncháng 몡 전문기술 \| 改善 gǎishàn 동 개선하다 \| 呈现 chéngxiàn 동 나타나다 \| 操作 cāozuò 동 조작하다 \| 侧面 cèmiàn 몡 측면 \| 改进 gǎijìn 동 개선하다 \| 降临 jiànglín 동 일어나다 \| 制定 zhìdìng 동 제정하다 \| 镜头 jìngtóu 몡 렌즈, 장면 \| 超越 chāoyuè 동 넘다, 넘어서다 \| 诞生 dànshēng 동 탄생하다 \| 制作 zhìzuò 동 제작하다 \| 特征 tèzhēng 몡 특징 \| 突破 tūpò 동 돌파하다 |

해설 **첫 번째 빈칸** – 첫 수묵애니메이션이 중국에서 만들어졌다는 것을 설명할 수 있는 동사를 찾아야 하는데 이러한 사물이 없었는데 생겨난 것은 D '诞生'이 가장 적합하다. A '产生'은 주로 감정이 '생기다', B '呈现'은 상황이나 경치가 '나타나다', C '降临'은 어둠 등이 '깔리다'는 뜻으로 적합하지 않다.

두 번째 빈칸 – 이 애니메이션을 '제작하다'는 의미가 와야 하므로 D '制作'가 가장 적합하다. A '鉴定'은 제품이나 사람을 '감정하다'는 의미고, B '操作'는 기기를 '조작하다'는 뜻이고, C '制定'은 목표나 계획을 '정하다'는 뜻이므로 적합하지 않다.

세 번째 빈칸 – 이 애니메이션이 보여주는 영상적인 '화면'을 뜻하는 어휘가 와야 하므로 D '画面'이 가장 적합하다.

네 번째 빈칸 – A '专长'과 B '特长'은 전문적인 기술이나 특징을 나타내므로 적합하지 않고, C '特色'와 D '特征'이 적합하다.

다섯 번째 빈칸 – 이 애니메이션의 아름다운 화면이 애니메이션의 예술적인 격조에 무엇을 가져오게 했는지를 찾아야 하는데 '부닥친 어려움이나 문제를 해결할 수 있는 통로'를 나타내는 D '突破(돌파구)'가 가장 적합하다. 정답은 D이다.

문제 71-75

众所周知，缺乏运动有许多害处，（71）<u>E 比如会导致肥胖、血压升高等</u>。其实，缺乏运动可能还会对骨骼造成伤害。也许很多人会对此产生疑问：运动不当会导致骨骼损伤，不运动为什么也会伤害到骨骼呢？

科学研究表明：骨骼是一种具有独特构造的高密度结缔组织，（72）<u>A 在结构上主要分为皮质骨和松质骨两类</u>。<u>其中</u>，松质骨对维持骨骼形态的作用更大，它虽然仅占人类骨量的20%，但却构成了80%的骨表面。换句话说，松质骨是保护人类骨骼不受伤害的第一道防线。不过，人类的松质骨的密度却不是很理想，这就增加了骨折和骨质疏松的风险。

其实，（73）<u>D 原始人</u>的松质骨密度远比现代人的大。这主要归功于<u>他们</u>艰苦卓绝的生存方式——狩猎。研究人员发现，原始人的骨骼几乎与猿类动物的同样强壮，然而，进入农业文明后，（74）<u>C 随着狩猎活动逐渐消失</u>，体力劳动有所减少，人类松质骨的密度也随之减小。研究人员因此得出结论：运动的缺乏导致了人类松质骨密度的减小，也使得骨骼的强健度越来越低。

<u>所以</u>，（75）<u>B 要想让骨骼变得更加强壮</u>，不妨多运动运动。

운동 부족이 많은 나쁜 점, (71) E 예를 들면 비만과 혈압 상승 등을 초래할 수 있다는 것을 모든 사람이 다 알고 있다. 사실 운동이 부족한 것은 골격에도 상해를 조성한다. 어쩌면 많은 사람들이 이에 대해 '운동이 적당하지 않다고 골격손상을 초래하다니, 운동을 하지 않으면 왜 골격을 손상하게 되는 걸까?'하는 의문이 생길 것이다.

과학자들은 연구를 통해 다음과 같이 밝혔다. 골격은 일종의 독특한 구조의 고밀도 결체조직으로 (72) A 구조적으로 봤을 때 주로 피질골과 해면골 두 종류로 나뉜다. 그중에서 해면골의 골격형태 유지에 대한 작용이 더 크다. 그것은 비록 사람 골량의 20%를 차지하지만, 오히려 80%의 골표면을 조성한다. 바꿔 말하면, 해면골은 사람의 골격이 상처를 입지 않게 보호하는 첫 번째 방어선인 것이다. 하지만 사람 해면골의 밀도가 오히려 이상적이지 않으면 이것은 골절과 골다공증의 위험을 증가시킨다.

사실, (73) D 원시인들의 해면골의 밀도는 현대인의 것보다 훨씬 컸는데, 이것은 주로 그들이 고생스러운 생활방식인 '수렵'에 공을 돌린다. 연구원이 원시인의 골격이 거의 원원류 동물의 것과 똑같이 강했지만 농업문명에 들어서고 난 후, (74) C 수렵활동이 점차 사라짐에 따라 육체적 노동이 다소 감소하면서 사람의 해면골의 밀도 역시 그것에 따라 감소하였다는 것을 발견했다. 연구원은 이것으로 운동의 부족이 사람의 해면골의 밀도 감소를 초래했고, 골격의 강도 역시 갈수록 낮게 만들었다는 결론을 얻었다.

그래서 (75) B 골격을 더욱 강하게 만들고 싶다면 많이 운동하는 것이 좋다.

A 在结构上主要分为皮质骨和<u>松质骨</u>两类
B 要想让骨骼变得更加强壮
C 随着狩猎活动逐渐消失
D <u>原始人</u>的松质骨密度远比现代人的大
E 比如会导致肥胖、血压升高等

A 구조적으로 봤을 때 주로 피질골과 해면골 두 종류로 나뉜다
B 골격을 더욱 강하게 만들고 싶다면
C 수렵활동이 점차 사라짐에 따라
D 원시인들의 해면골의 밀도는 현대인의 것보다 훨씬 컸다
E 예를 들면 비만과, 혈압상승 등을 초래할 수 있다

단어 　肥胖 féipàng [형] 비만이다 | 骨骼 gǔgé [명] 골격 | 结缔组织 jiédì zǔzhī [명] 결체조직 | 皮质骨 pízhìgǔ [명] 피질골 | 松质骨 sōngzhìgǔ [명] 해면골 | 防线 fángxiàn [명] 방어선 | 骨折 gǔzhé [동] 골절되다 | 骨质疏松 gǔzhì shūsōng 골다공증의 | 艰苦卓绝 jiānkǔ zhuójué 비할 바 없이 고생스럽다 | 猿类 yuánlèi [명] 원원류 | 强壮 qiángzhuàng [형] 건장하다

해설 　71 – 밑줄 앞에 운동 부족에도 나쁜 점이 있다고 했으므로 어떤 나쁜 점이 있는지 설명이 필요하므로 나쁜 점의 예로 E가 가장 적합하다.
　　　72 – 밑줄 뒤에 '其中(그 중에서)'이라는 어휘를 써서 해면골의 작용을 언급했으므로 앞에서는 해면골이 포함되어 있는 더 큰 범위나 해면골과 다른 골(뼈)가 언급되어야 하므로 A가 적합함을 알 수 있다.
　　　73 – 밑줄 뒤에 이어지는 내용이 '그들의 고생스러운 생활방식인 '수렵'에 그 공을 돌린다'라고 했는데 여기서 '그들'은 수렵을 생활방식으로 삼는 원시인을 가리키므로 밑줄에는 원시인에 관한 설명이 들어 있어야 함을 알 수 있다. 그러므로 밑줄에는 D가 가장 정합하다.

74 – 밑줄 뒤의 내용인 육체적 노동이 다소 감소하고 사람의 해면골의 밀도가 감소한 이유가 언급되어야 하는데 앞에서는 원시인이 수렵활동으로 인해 해면골의 밀도가 크다고 했으므로 수렵활동이 사라지면서 육체적 노동과 사람들의 해면골의 밀도가 감소했다고 짐작할 수 있다. C가 가장 자연스럽다.

75 – 밑줄 앞에는 '所以(그래서)'가 있고, 이어지는 내용에는 많이 운동해야 한다고 나왔으므로 왜 해야 하는지에 대한 원인이나 목적이 언급되어야 하고, 결론 부분이므로 골격에 강한 정리가 나오는 것이 가장 적합하다. 정답은 B이다.

문제 76-80

在人类社会中，我们很少能看到像狼那样把个体与团体结合得如此完美的团队。我们总是走到<u>两个极端</u>，要么太过于追求个体的价值实现而忽视了整体的利益，要么注重整体的利益而牺牲了个体的利益，(76) <u>A 很难达到两者的平衡</u>。

在一个企业或者团队中，每一个成员都要面临这样的问题，走哪个极端都不是好的解决办法。一个优秀的员工一定要在两者之间取得平衡。同时，个体与整体之间并不一定是互相抑制、此消彼长的绝对对立。<u>相反</u>，优秀的员工<u>不仅能在两者之间取得平衡</u>，(77) <u>E 还能让两者产生互相促进的作用</u>。

一个优秀的团队，能把各种人才聚合在一起。<u>大家会在工作中对别人进行了解</u>，(78) <u>D 在沟通中发现别人的许多优点</u>。这时，聪明的员工总能发现自己的不足和别人的长处，取长补短，虚心向周围的人学习。同时，大家也会为了共同的目标而改变自己以前不好的生活和工作习惯，使自己变得更加优秀。

员工是一个团队最为宝贵的财富。(79) <u>B 团队为员工提供了施展才华的舞台</u>，<u>实现理想的机会</u>。但作为团队的一员，即使再受重视、再有才华，也不能以自我为中心。(80) <u>C 团队的性质决定了每个员工只是团队的一部分</u>，而<u>不是整体</u>。员工所有工作都应该是以实现团队的目标为中心的。

인류사회 속에서 우리는 늑대처럼 그렇게 개체와 단체의 결합이 이처럼 완벽한 팀을 거의 볼 수 없다. 우리는 늘 두 개의 극단으로 간다. 너무 과도하게 개체의 가치실현을 추구하기 위해 전체의 이익을 소홀히 하거나, 전체의 이익을 중요시 해서 개체의 이익을 희생하거나 하여 (76) A 양자의 균형에 도달하기는 매우 어렵다.

한 기업 혹은 팀에서 매 구성원은 모두 어느 극단으로 가든 모두 좋은 해결방법이 아니게 되는 이러한 문제를 맞닥뜨리게 된다. 한 명의 우수한 직원은 반드시 양자간의 균형을 얻는다. 동시에 개체와 전체간에 결코 서로 억압하고, 한쪽이 내려가면 한쪽이 올라가는 절대적인 대립은 아니다. 반대로 우수한 직원은 양자간에 균형을 얻을 수 있을 뿐만 아니라 (77) E 또한 양자가 서로 촉진하는 작용이 생기게 할 수 있다.

하나의 우수한 팀은 각종인재를 한데 모을 수 있다. 모두가 일에서 다른 사람을 알아가고, (78) D 소통하는 중에 다른 사람의 많은 장점을 발견한다. 이때, 똑똑한 직원은 늘 자신의 부족과 다른 사람의 장점을 발견하여 장점을 취하고 단점을 보완하고, 겸손하게 주위사람들을 본받을 수 있다. 동시에 모두 공통의 목표를 위해 자신의 이전의 안 좋은 생활과 작업 습관을 바꾸어 자신을 더욱 우수하게 만들 수 있다.

직원은 하나의 팀의 가장 귀중한 재산이다. (79) B 팀은 직원들에게 재능을 펼칠 무대와 꿈을 실현시킬 기회를 제공한다. 하지만 팀의 일원으로서 설령 아무리 중시받고, 재능이 있을지라도 자신을 중심으로 삼아서는 안 된다. (80) C 팀의 성질은 모든 직원이 단지 팀의 일부분이지 전체는 아니라는 것을 결정짓는다. 직원의 모든 일은 모두 팀의 목표를 실현시키는 것을 중심으로 해야 하는 것이다.

A 很难达到两者的平衡
B 团队为员工提供了施展才华的舞台
C 团队的性质决定了每个员工只是团队的一部分
D 在沟通中发现别人的许多优点
E 还能让两者产生互相促进的作用

A 양자의 균형에 도달하기는 매우 어렵다
B 팀은 직원들에게 재능을 펼칠 무대를 제공한다
C 팀의 성질은 모든 직원이 단지 팀의 일부분이라는 것을 결정짓는다
D 소통하는 중에 다른 사람의 많은 장점을 발견한다
E 또한 양자가 서로 촉진하는 작용이 생기게 할 수 있다

<table>
<tr><td>단어</td></tr>
</table>

단어 极端 jíduān 명 극단 | 忽视 hūshì 동 소홀히 하다 | 注重 zhùzhòng 동 중시하다 | 牺牲 xīshēng 동 희생하다 | 平衡 pínghéng 형 균형이 맞다 | 抑制 yìzhì 동 억제하다 | 此消彼长 cǐxiāo bǐzhǎng 성 잃는 것이 있으면 얻는 것도 있기 마련이다 | 聚合 jùhé 동 모으다 | 取长补短 qǔcháng bǔduǎn 성 장점을 취하여 단점을 보완한다 | 虚心 xūxīn 형 겸손하다 | 施展才华 shīzhǎn cáihuá 재능을 발휘하다

해설

76 – 앞에 '我们总是走到两个极端(우리는 늘 두 개의 극단으로 간다)'이라는 내용이 있고, 균형을 맞추기 힘든 두 가지 상황이 나오므로 A가 가장 적합하다.

77 – 앞에 '不仅(~뿐만 아니라)'이 있으므로 호응하는 '还(또한)'가 있는 E를 제일 먼저 짐작해볼 수 있고, '相反(반대로)'이 있으므로 앞에서 양자의 안 좋은 점이나 잘 안 되는 내용이 언급되었다면 이어지는 내용은 양자에 대한 좋은 내용이 언급되어야 하므로 이를 만족하는 E가 정답이다.

78 – 밑줄 앞에 모두가 일 속에서 다른 사람을 알아간다고 했으므로 이어지는 내용도 비슷한 맥락인 소통하는 중에 다른 사람의 장점을 발견한다는 D가 가장 적합하고, D에는 장점을 발견할 수 있는 주체가 필요한데 앞의 '大家'를 연결하면 자연스러우므로 정답은 D이다.

79 – 밑줄 앞은 직원이 팀의 가장 귀한 재산이라고 설명했고, 이어지는 내용은 '이상을 실현시키는 기회'라는 명사가 이어졌으므로 가장 귀한 재산을 위해 '이상을 실현시키는 기회'를 어떻게 해야 하는지 설명할 수 있는 부분이 들어가야 하므로 '提供(제공하다)'을 술어로 쓰고 있는 B가 가장 적합하다.

80 – 밑줄에 이어지는 내용이 전체는 아니라고 했으므로 앞에서는 '전체'의 반대 개념인 '부분'이라는 말이 들어가는 것이 가장 자연스럽다. 정답은 C이다.

독해 제4부분

문제 81-84

水泥发明后，人们在使用过程中发现，这种人造"石头"虽然很硬，却 81.B 存在不足之处：脆，经不起冲击，抗拉强度低。为解决这些问题，人们绞尽了脑汁。

有一位名叫莫尼埃的法国园艺师，他家有个很大的花园，来赏花的游客络绎不绝。不过，82.C 花坛经常被游客不小心踩坏，这让莫尼埃烦恼不已。怎样才能让花坛变得更坚固呢？

一天，莫尼埃在花园里移栽花木时不小心将花盆掉到了地上，花盆被摔得粉碎。然而，花根四周的泥土却紧紧抱成一团，并没有散开。83.D "原来是花的根系纵横交错，把松软的泥土牢牢地连在一起了！"莫尼埃不禁感叹道。

受此启发，莫尼埃仿照花的根，用铁丝织成网架，又把水泥、砂石浇在上面，混在一起，砌成了花坛，用这种方法做成的花坛果然比从前坚固。就这样，一位既不是工程师，也不是建筑材料专家的园艺师发明了一种崭新的建筑材料——钢筋混凝土。直到现在，钢筋混凝土仍然是主要建筑材料之一。

시멘트가 발명된 후에, 사람들은 사용하는 과정 중에 이런 인조 '돌'이 매우 단단하지만, 오히려 81.B 부족한 부분이 있다는 것을 발견했는데 잘 부서지고, 충격을 버티지 못하고, 장항력이 낮다는 것이다. 이런 문제를 해결하기 위해, 사람들은 머리를 짜내었다.

모니에라는 프랑스 원예사가 있었는데, 그의 집에는 큰 화원이 있었고, 꽃을 구경하러 오는 여행객들이 끊이지 않았다. 하지만 82.C 화단은 자주 여행객들이 조심하지 않아 밟혀 망가졌고, 이것은 모니에를 고민하게 만들었다. 어떻게 해야 화단을 더욱 견고하게 할 수 있을까?

하루는 모니에가 화원에서 꽃을 옮겨 심는데 조심하지 않아서 화분을 땅에 떨어뜨렸고, 화분은 산산조각이 났다. 그런데, 꽃뿌리 주위의 진흙은 오히려 단단하게 뭉쳐져 있어 떨어지지 않았다. 83.D "꽃의 뿌리가 엉켜있어서 말랑한 진흙을 단단히 한데 뭉쳐놓았던 것이구나!" 모니에는 감탄했다.

영감을 받은 모니에는 꽃의 뿌리를 본떠 철사로 그물망을 만들었고, 또한 시멘트와 모래, 자갈을 위에 뿌려 한데 섞이게 하고, 층층이 화단으로 만들었다. 이런 방법으로 만든 화단은 과연 이전보다 견고했다. 바로 이렇게 해서, 엔지니어도, 건축 재료 전문가도 아닌 한 명의 원예사가 일종의 새로운 건축재료인 강철콘크리트를 발명했다. 지금까지 강철콘크리트는 여전히 주요 건축재료 중 하나이다.

摔破花盆是生活中常见的事情，但是莫尼埃却能从中获得灵感，最终发明了混凝土。正如一位名人所说："在观察的领域中，机遇只偏爱那种有准备的头脑。"84.C 细心观察、抓住机遇，每个人都可以创造出不平凡的业绩。

화분을 깨트리는 것은 생활 속에서 흔한 일이지만, 모니에는 오히려 그 속에서 영감을 얻었고, 결국 콘크리트를 발명했다. 한 유명인사가 "관찰이라는 영역에서 기회는 준비된 머리만을 편애합니다."라고 말했듯이, 84.C 세심하게 관찰하고 기회를 잡으면, 모든 사람이 평범하지 않은 업적을 만들어낼 수 있다.

단어 ┃ 水泥 shuǐní 명 시멘트(cement) ┃ 移栽 yízāi 동 (주로 새싹을) 옮겨 심다 ┃ 脆 cuì 형 쉽게 부서지다 ┃ 冲击 chōngjī 명 충격 ┃ 经不起 jīngbuqǐ 동 감당할 수 없다 ┃ 抗拉强度 kànglā qiángdù 명 항장력 [잡아당겨 물체가 파괴되는 파괴강도] ┃ 绞尽 jiǎojìn 동 쥐어짜다 ┃ 园艺师 yuányìshī 명 원예사 ┃ 赏 shǎng 동 감상하다 ┃ 络绎不绝 luòyì bùjué 성 왕래가 끊이지 않다 ┃ 花坛 huātán 명 화단 ┃ 抱成一团 bàochéng yìtuán 성 똘똘 뭉치다 ┃ 散开 sànkāi 동 흩어지다 ┃ 交错 jiāocuò 동 엇갈리다. 뒤얽히다 ┃ 松软 sōngruǎn 형 말랑말랑하다 ┃ 启发 qǐfā 명 깨우침. 영감 ┃ 仿照 fǎngzhào 동 모방하다, 본뜨다 ┃ 铁丝 tiěsī 명 철사 ┃ 砂石 shāshí 명 모래와 자갈 ┃ 砌 qì 동 층계를 쌓다 ┃ 崭新 zhǎnxīn 형 (기존에 없던) 새로운 ┃ 钢筋混凝土 gāngjīn hùnníngtǔ 명 철근콘크리트 ┃ 灵感 línggǎn 명 영감 ┃ 偏爱 piān'ài 동 편애하다 ┃ 机遇 jīyù 명 기회 ┃ 平凡 píngfán 형 평범하다 ┃ 业绩 yèjì 명 업적

문제 81

水泥存在哪方面的不足？	시멘트는 어떤 방면의 부족함이 존재했는가?
A 造价高 　　　　 B 经不住冲击	A 가격이 높게 형성되었다 　 B 충격을 버틸 수 없다
C 不可循环利用 　　 D 不够硬	C 재활용을 할 수 없다 　　 D 단단하지 못하다

단어 ┃ 经不住 jīngbuzhù 동 감당할 수 없다 ┃ 循环 xúnhuán 동 순환하다

해설 ┃ '存在不足之处：脆，经不起冲击，抗拉强度低(부족한 부분이 있다는 것을 발견했는데 잘 부서지고, 충격을 버티지 못하고, 장항력이 낮다는 것이다)'라고 언급했으므로 B가 적합하다.

문제 82

莫尼埃因为什么而烦恼？	모니에는 어떤 문제 때문에 고민했는가?
A 游客越来越少	A 여행객들이 갈수록 적어져서
B 花的种类不多	B 꽃의 종류가 많지 않아서
C 花坛常被踩坏	C 화단이 자주 밟혀서 망가져서
D 花园面积太小	D 화원의 면적이 너무 작아서

해설 ┃ '花坛经常被游客不小心踩坏，这让莫尼埃烦恼不已(화단은 자주 여행객들이 조심하지 않아 밟혀 망가졌고, 이것은 모니에를 고민하게 만들었다)'라고 했으므로 C가 가장 적합함을 알 수 있다.

문제 83

根据第3段，下列哪项正确？	세 번째 단락을 근거로 하면, 아래 어느 항이 정확한가?
A 移栽的花没有成活	A 옮겨 심은 꽃이 살지 못했다
B 花盆完好无损	B 화분은 조금의 손상도 없었다
C 莫尼埃成了一名工程师	C 모니에는 한 명의 엔지니어가 되었다
D 花的根使泥土更牢固	D 꽃의 뿌리가 시멘트를 더욱 견고하게 만들었다

단어 ┃ 栽 zāi 동 심다, 재배하다 ┃ 无损 wúsǔn 동 손상이 없다 ┃ 牢固 láogù 형 견고하다

해설 ┃ '原来是花的根系纵横交错，把松软的泥土牢牢地连在一起了！(꽃의 뿌리가 엉켜있어서 말랑한 진흙을 단단히 한데 뭉쳐놓았던 것이구나!)'라고 한 부분에서 꽃의 뿌리가 시멘트를 견고하게 만들었다는 사실을 유추할 수 있다. 정답은 D이다.

上文主要想告诉我们：	윗글은 우리에게 무엇을 말하고자 하는가?
A 做事要果断	A 일에는 결단력이 있어야 한다
B 不要害怕挫折	B 좌절을 두려워하지 마라
C 要善于观察	C 관찰을 잘해야 한다
D 要勇于挑战权威	D 용감하게 권위에 도전해야 한다

단어　果断 guǒduàn 〔형〕 과단성이 있다 | 挫折 cuòzhé 〔명〕 좌절, 실패 | 权威 quánwēi 〔형〕 권위 있다

해설　앞의 문제를 풀면서 이미 주인공이 관찰을 통해 어떤 사실을 발견했다는 것을 알 수 있고, 지문에서 '细心观察、抓住机遇，每个人都可以创造出不平凡的业绩(세심하게 관찰하고 기회를 잡으면, 모든 사람이 평범하지 않은 업적을 만들어낼 수 있다)'라고도 직접적으로 언급했으므로 D가 가장 적합함을 알 수 있다.

内蒙古鄂尔多斯市有一个地处沙漠腹地的小村庄。85.C 这里常年干旱，每当刮风时，都会卷起铺天盖地的黄沙，水成了当地人朝思暮想的期盼。为此，先人为这个村子取了一个和水有关的名字，泊江海。然而，期盼并能不变成现实。由于沙漠面积不断扩大，许多人不得不离开家园。而如今，泊江海却绿树成荫，还成了一个木材生产基地。这个奇迹是如何产生的呢？

原来，为了防风固沙，人们想尽了办法，20世纪90年代初，当地政府号召老百姓种植沙柳。86.D 沙柳是极少数可以生长在盐碱地的沙漠植物之一。而且，杨树、柳树等大径木被砍掉以后，很难再存活，而沙柳生长两三年左右，如果把它的枝干全部砍掉，它还能长出通直而粗壮的主干来。

人们发现，除了可以防风固沙，沙柳还是制造纤维板的上好原料。于是，泊江海又建起了人造板厂，87.B 工厂高价收购沙柳充分调动了人们种沙柳的积极性，无垠的沙漠开始被成片的沙柳覆盖，卖沙柳也成了当地很多家庭最主要的收入来源。

另外，沙柳还可以用来发电，研究发现，沙柳的发热量很高，甚至超过了许多常规火力发电厂所采用的煤种。2007年，泊江海建起了中国第一个地处沙漠，以沙生灌木为原料的生物质热电厂，离电厂不到两公里的地方是一个甲醇化工厂，电厂的用水全部都来自这个化工

네이멍구 어얼둬쓰 시에는 사막 한 가운데 위치한 작은 마을이 있다. 85.C 이곳은 일년 내내 건조하고, 매번 바람이 불 때마다 온 천지를 뒤덮는 모래를 말아 올려, 물이 현지인들이 늘 고대하는 바람이 되었다. 이 때문에 선인들은 이 마을에 하나의 물과 관련된 포장하이(호수, 강, 바다)라는 이름을 지어주었다. 그러나 기대는 결코 현실이 되지는 않았다. 사막의 면적이 끊임없이 넓어져 많은 사람들이 고향을 떠날 수밖에 없었다. 그런데 지금은 포장하이는 오히려 녹음이 우거지고, 목재생산의 기지가 되었다. 이 기적은 어떻게 생긴 것인가?

알고 보니, 바람을 막고 모래를 고정시키기 위해, 사람들은 최선을 다해 방법을 찾았고, 20세기 90년대 초에 현지 정부가 시민들에게 사막버드나무를 심을 것을 호소했다. 86.D 사막버들은 알카리 토양인 사막에서 자랄 수 있는 극히 드문 식물 중 하나이다. 게다가, 백양나무와 버드나무 등 지름이 큰 나무는 잘린 후에, 다시 생존하기 어려우나, 사막버들은 2,3년 생장하고, 만약에 그것의 가지를 전부 베어버리면, 그것에서 또 곧고 굵직한 줄기가 자랄 수 있다.

사람들은 바람을 막고 모래를 고정시킬 수 있는 것 외에도 사막버들이 섬유패널을 제조하는 고급재료라는 것을 발견했다. 그리하여 포장하이에는 인조패널 공장이 세워졌고, 87.B 공장이 고가로 사막버들을 구매하여 사람들이 사막버들을 심는 적극성을 불러일으켰다. 끝이 없던 사막은 드넓은 사막버들로 뒤덮었고, 사막버들 판매도 현지 많은 가정의 가장 주요한 수입원이 되었다.

그 밖에, 사막버들은 전기를 만드는 데에도 쓸 수 있다. 연구를 통해 사막버들이 내는 열에너지가 높고, 심지어 많은 통상적인 화력발전소가 쓰는 석탄을 뛰어넘는다는 것을 발견했다. 2007년 포장하이에 중국 첫 번째 사막에 위치한, 사막에서 생장하는 관목을 원료로 한 생물질 열 발전소를 지었고, 발전소로부터 2km도 떨어지지 않은 곳에 메틸알코올 공장을 지었다. 발전소의 용수는 전부 이 화학공장의 공업폐수에서 온 것이고, 생물질 발전이 완성된 이후에 잔여의 초목을 태우고

厂的工业废水，生物质发电完成以后，残余的草木灰又是制作钾肥的原料。^{88.B} 废物从头到尾得到利用，整个过程也没有其他废物产生。

沙柳不仅起到了改造沙漠的作用，还支撑起了沙漠里的两个支柱产业，其实，大自然是不会亏待人类的，只要善于发现，就一定能制造出奇迹。

난 재는 또 다시 칼륨비료의 원료가 되었다. ^{88.B} 폐기물이 처음부터 끝까지 이용되어, 전체적인 과정에서도 기타 폐기물은 만들어지지 않았다.

사막버들은 사막을 개조하는 데 작용을 일으켰을 뿐만 아니라, 사막 내 두 개의 기둥산업을 지탱해주었다. 사실, 대자연은 인류를 푸대접하지 않는다. 잘 발견하기만 하면 틀림없이 기적을 만들어낼 수 있다.

단어 | 地处 dìchǔ 동 ~에 위치하다 | 腹地 fùdì 명 중심지역, 한 가운데 | 干旱 gānhàn 형 가물다, 건조하다 | 卷起 juǎnqǐ 동 말아올리다 | 铺天盖地 pùtiān gàidì 성 온 천지를 뒤덮다 | 朝思暮想 zhāosī mùxiǎng 성 아침 저녁으로 그리워하다 | 期盼 qīpàn 동 기대하다 명 바람 | 家园 jiāyuán 명 고향, 집의 정원 | 绿树成荫 lǜshù chéngyīn 푸른 나무가 그늘을 이루다, 녹음이 우거지다 | 号召 hàozhào 동 (정부나 단체가 국민에게) 호소하다 | 沙柳 shāliǔ 명 사막버들 | 盐碱 yánjiǎn 형 알카리의, 염분기가 있는 | 砍 kǎn 동 베다 | 存活 cúnhuó 동 생존하다. 살아남다 | 通直 tōngzhí 형 곧다 | 粗壮 cūzhuàng 형 굵고 단단하다 | 主干 zhǔgàn 명 (식물의) 줄기 | 纤维板 xiānwéibǎn 명 섬유판 | 上好 shànghǎo 형 매우 좋다, 고급의 | 收购 shōugòu 동 사들이다, 매입하다 | 调动 diàodòng 동 동원하다, 불러일으키다 | 无垠 wúyín 형 무한하다 | 成片 chéngpiàn 형 대단위의, 드넓은 | 覆盖 fùgài 동 뒤덮다 | 常规 chángguī 형 통상적인, 정규적인 | 采用 cǎiyòng 동 채택해서 쓰다 | 煤种 méizhǒng 명 석탄 종류 | 灌木 guànmù 명 관목 [줄기가 땅에서부터 갈라져 나는 나무] | 甲醇 jiǎchún 명 메틸알코올 | 残余 cányú 동 잔존하다, 남다 | 草木灰 cǎomùhuī 명 초목을 태운 재 | 支撑 zhīchēng 동 지탱하다, 버티다 | 支柱产业 zhīzhù chǎnyè 명 기둥산업 | 亏待 kuīdài 동 푸대접하다, 부당하게 대하다

문제 85

根据第1段，泊江海：

A 经济发达　　　　　B 气候宜人

C 缺乏水资源　　　　D 人口密度大

첫 번째 단락을 근거로, 포장하이는:

A 경제를 발달했다　　B 기후가 적합하다

C 수자원이 부족하다　D 인구밀도가 크다

단어 | 宜人 yírén 동 사람에게 적합하다 | 密度 mìdù 명 밀도, 비중

해설 | '这里常年干旱，每当刮风时，都会卷起铺天盖地的黄沙，水成了当地人朝思暮想的期盼。为此，先人为这个村子取了一个和水有关的名字，泊江海(이곳은 일년 내내 건조하고, 매번 바람이 불 때마다 온 천지를 뒤덮는 모래를 말아 올려, 물이 현지인들이 늘 고대하는 바람이 되었다)'에서 물은 현지인들이 고대하는 바람이고, 이로 인해 '포장하이'라고 이름지었다는 사실을 알 수 있으므로 포장하이는 수자원이 부족함을 알 수 있다. 정답은 C이다.

문제 86

关于沙柳，可以知道什么?

A 主干很细

B 存活率低

C 能用做药材

D 可生长在盐碱地

사막버들에 관해, 알 수 있는 것은?

A 줄기가 가늘다

B 생존율이 낮다

C 약재로 쓸 수 있다

D 알카리 토양에서 생장할 수 있다

해설 | '沙柳是极少数可以生长在盐碱地的沙漠植物之一(사막버들은 알카리 토양인 사막에서 자랄 수 있는 극히 드문 식물 중 하나이다)'라고 언급한 부분이 있으므로 사막버들이 알카리 토양에서 생장할 수 있다는 것을 알 수 있다. 정답은 D이다.

人们种植沙柳的积极性是怎样被调动起来的?	사람들이 사막버들을 심는 적극성은 어떻게 생긴 것인가?
A 自身危机意识的增强	A 스스로 위기의식이 강화되어서
B 工厂高价收购	B 공장이 고가로 사들여서
C 公益组织的倡导	C 공익조직의 호도로
D 国家发放补贴	D 국가가 보조해주어서

단어 倡导 chàngdǎo 동 앞장서서 선도하다 | 发放 fāfàng 동 (돈이나 물자를) 방출하다 | 补贴 bǔtiē 동 보조해주다

해설 '工厂高价收购沙柳充分调动了人们种沙柳的积极性(공장이 고가로 사막버들을 구매하여 사람들이 사막버들을 심는 적극성을 불러일으켰다)'이라고 했으므로 B가 가장 적합함을 알 수 있다.

根据第5段，下列哪项正确?	다섯 번 째 단락을 근거로, 아래에 어느 항이 정확한가?
A 甲醇化工厂距电厂20公里	A 메틸알코올 화학공장은 발전소로부터 20km 떨어져 있다
B 生物质发电非常环保	B 생물질 발전은 환경을 보호할 수 있다
C 沙柳发电停留在研究阶段	C 사막버들이 전기를 만드는 것은 연구단계가 정체되어 있다
D 草木灰不可被再次利用	D 초목을 태운 재는 다시 이용될 수 없다

단어 停留 tíngliú 동 정체하다, 침체하다

해설 '废物从头到尾得到利用，整个过程也没有其他废物产生(폐기물이 처음부터 끝까지 이용되어, 전체적인 과정에서도 기타 폐기물은 만들어지지 않았다)'에서 기타 폐기물이 만들어지지 않았다는 것은 환경보호에도 도움이 된다는 것을 알 수 있다. 그러므로 B가 가장 적합하다.

人与人交往时总是希望获得别人的赞同，所以，人们会非常注意自己在他人面前和社交场合中的形象。心理学家把这种现象叫做"印象管理"。89.A 印象管理是一个社会的基本事实，每个人有意无意的都在进行印象管理。

无论我们认为从外表衡量人是多么肤浅和愚蠢的观念，但人们每时每刻在根据你的服饰、发型、手势、声调、语言等方式判断着你。当你走进一个房间，即使房间里没有人认识你，但是，90.B 他们仅仅凭你的外表就可以对你做出10个方面的判断，包括你的品行、经济水平、文化程度、可信任程度、社会地位、老练程度、家庭教育以及你是不是成功人士等。无论你愿意与否，你都在留给别人一个关于你形象的印象。这个印象在工作时影响你的升迁，在商业上影响着你的交易，在生活中影响

사람과 사람이 교류할 때 늘 다른 사람의 동의를 얻기를 바란다. 그래서 사람들은 자신의 다른 사람 앞과 사교장소에서의 이미지에 매우 신경 쓴다. 심리학자는 이러한 현상을 '인상관리'라고 부른다. 89.A 인상관리는 한 사회의 기본적인 사실로, 모든 사람은 의식적이든 무의식적이든 인상관리를 진행하고 있다.

우리가 외모로 사람을 평가하는 게 얼마나 천박하고, 어리석은 관념인지 생각하고 있음에도 불구하고, 사람들은 매 순간 모두 당신의 복장과 악세서리, 헤어스타일, 손짓, 목소리, 언어 등을 근거로 당신을 판단하고 있다. 당신이 어떤 방에 들어갈 때, 설령 방 안에 당신을 아는 사람이 없을지라도, 90.B 그들은 단지 당신의 외모를 근거로 당신에 대해 10가지 방면의 판단을 해낼 것이다. 이것에는 당신의 품행, 경제수준, 학력, 신뢰도, 사회적 지위, 노련한 정도, 가정교육 및 당신이 성공한 사람인지 아닌지 등이 포함된다. 당신이 원하든 그렇지 않든, 당신은 다른 사람에게 당신 이미지에 관한 인상을 남기게 된다. 이 인상은 일에서는 당신의 승진에 영향을 끼치고, 사업에서는 당신의 장사에 영향을 끼치며, 생활 속에서는 당신의 인간관계와 애정관계에 영향을 끼치고, 최종적으로 당신의 행복에 영향을 끼친다.

着你的人际关系和爱情关系，最终影响着你的幸福感。

鉴于"印象管理"的重要性，考虑到职员的个人形象就是公司的形象，许多公司把形象作为一个职员的最为重要的基本素质。因为他们知道职员的形象不仅通过他们的外表，而且还通过沟通行为、职业礼仪等留给客户一个印象，这种印象反映了公司的信誉、产品及服务的质量、公司管理者的素质及层次等。91.D 许多跨国公司不惜重金为自己企业的人员进行形象培训和设计，以提高职员个人素质。有关媒体曾对世界排名前100位公司的执行总裁进行调查，他们普遍认为如果公司职员能展示给客户一个良好的形象，公司可以从中受益，员工的形象等于公司的形象；公司的形象直接影响着公司的利润，因此保持优秀的公司形象是管理者努力的目标之一。

'인상관리'의 중요성을 감안하면, 직원의 개인 이미지가 곧 회사의 이미지라는 것을 생각하게 되어, 많은 회사가 이미지를 직원의 가장 중요한 기본자질로 여긴다. 왜냐하면 그들은 직원의 이미지가 그들의 외모를 통해서일 뿐만 아니라 소통행위, 직업예절 등을 통해서 고객에게 인상을 남기고, 이러한 인상은 회사의 신뢰, 상품 및 서비스의 질, 회사의 관리자의 자질 및 단계 등을 반영한다는 것을 알기 때문이다. 91.D 많은 다국적기업은 자신들 기업의 직원들의 개인능력을 높이기 위해 이미지훈련과 설계를 진행하는 데 많은 비용을 아끼지 않는다. 관련 미디어는 세계순위 100위 회사의 대표이사를 대상으로 조사를 진행했었는데, 그들은 보편적으로 만약에 회사직원이 고객에게 좋은 인상을 보여준다면, 회사는 그 속에서 수익을 낼 수 있을 것이라고 여겼다. 직원의 이미지는 회사의 이미지와 같으며, 회사의 이미지는 직접적으로 회사의 이윤에 영향을 끼친다. 이 때문에, 우수한 회사의 이미지를 유지하는 것은 관리자가 노력하는 목표 중의 하나이다.

단어 赞同 zàntóng 동 찬성하다 | 有意无意 yǒuyì wúyì 성 의식적이든 무의식적이든 | 衡量 héngliáng 동 평가하다, 재다 | 肤浅 fūqiǎn 형 천박하다 | 愚蠢 yúchǔn 형 우둔하다 | 手势 shǒushì 명 손짓 | 升迁 shēngqiān 동 높은 지위에 오르다 | 鉴于 jiànyú 동 ~에 비추어 보아 | 层次 céngcì 명 단계 | 跨国公司 kuàguó gōngsī 명 다국적기업 | 利润 lìrùn 명 이윤

문제 **89**

关于"印象管理"，下列哪项正确？	'인상관리'에 관해, 아래의 어느 항이 정확한가?
A 是普遍的社会现象	A 보편적인 사회현상이다
B 是一种无意识行为	B 일종의 무의식적인 행위이다
C 人们在熟人面前更自然	C 사람들은 아는 사람 앞에서 더욱 자연스럽다
D 第一印象往往是美好的	D 첫인상은 늘 아름답다

단어 熟人 shúrén 명 잘 아는 사람

해설 '印象管理是一个社会的基本事实，每个人有意无意的都在进行印象管理(인상관리는 한 사회의 기본적인 사실로, 모든 사람은 의식적이든 무의식적이든 인상관리를 진행하고 있다)'에서 기본적인 사실이라는 것은 보편적인 사회현상이라는 것으로 유추할 수 있으므로 A가 가장 적합하다.

문제 **90**

根据第2段，下列哪项正确？	두 번째 단락을 근거로 하면 아래의 어느 항이 정확한가？
A 成功人士更注重外表	A 성공한 사람들은 외모를 더욱 중시한다
B 人们都在以"貌"取人	B 사람들은 모두 '외모'로 평가한다
C 外貌和幸福感没有关系	C 외모는 행복감과 관계가 없다
D 别轻易对别人做出判断	D 다른 사람에 대해 쉽게 판단하지 마라

단어 轻易 qīngyì 형 경솔하다, 쉽다

해설 '他们仅仅凭你的外表就可以对你做出10个方面的判断(그들은 단지 당신의 외모를 근거로 당신에 대해 10가지 방면의 판단을 해낼 것이다)'에서 외모를 근거로 당신을 판단해낸다는 것은 외모로 평가한다는 말이므로 B가 가장 적합하다.

"印象管理"带给企业什么启示？ A 完善企业奖惩机制 B 创造轻松的企业氛围 C 提高管理者的管理水平 D 重视员工个人形象的培训	'인상관리'는 기업에게 어떤 것을 시사했는가？ A 기업의 상벌시스템 완벽하게 해야 한다 B 가벼운 기업 분위기를 만들어야 한다 C 관리자의 관리수준을 높여야 한다 D 직원 개인의 이미지 훈련을 중시해야 한다

단어 奖惩 jiǎngchéng 동 장려를 하고 처벌을 내리다 | 机制 jīzhì 명 체제

해설 '许多跨国公司不惜重金为自己企业的人员进行形象培训和设计，以提高职员个人素质(많은 다국적기업은 자신들 기업의 직원들의 개인능력을 높이기 위해 이미지훈련과 설계를 진행하는 데 많은 비용을 아끼지 않는다)'라고 했으므로 '인상관리'가 직원 개인의 이미지 훈련을 중시하라고 시사하고 있음을 알 수 있다. 정답은 D이다.

上文主要谈的是： A 人际交往的技巧 B 印象管理的重要性 C 怎样给人留下好的印象 D 怎样保持良好的公司形象	윗글이 주로 말하는 것은： A 교제의 기술 B 인상관리의 중요성 C 어떻게 사람에게 좋은 인상을 남길 것인가 D 어떻게 좋은 회사이미지를 유지할 것인가

해설 전체적으로 인상관리에 대해 말하고 있으므로 반드시 '인상관리'는 들어가야 하고, 앞서 푼 문제에서 인상관리가 왜 필요한지에 대한 설명이 나왔으므로 인상관리의 중요성에 대한 글임을 알 수 있다. 정답은 B이다.

扬州本地并不产玉，但从古至今，93.C 扬州的便利交通却为玉雕业的发展创造了良好的条件。来自各地的珍贵玉石都汇集于此进行加工，然后又以不菲的价格输向全世界。

扬州玉雕在数千年的传承中逐渐形成了各具特色的艺术品类。其中，山子雕和器皿件技艺独具一格，它们代表了扬州玉雕最高的技术实力和艺术成就。

山子雕的题材多为山水人物，它要求制作者有较高的构思能力和艺术修养。94.C 山子雕在构思创作中注意利用玉石的自然形态，把人物山水、亭台楼阁等统一在一个画面上，着力表现作品的情节和寓意。优秀的山子雕作品层次分明、构图严谨、主题突出，给人以十分和谐的视觉感观。而局部刻画更是细腻，并合理利用俏色、皮色，使作品看起来生动逼真。

代表扬州玉雕技艺另一个高峰的器皿件技艺更是历史悠久。器皿件中的一朵奇葩是花卉

양저우 현지에서는 결코 옥을 생산하지 않지만, 옛날부터 지금까지 93.C 양저우의 편리한 교통은 오히려 옥조업의 발전에 좋은 조건을 만들어주었다. 각지에서 온 진귀한 옥석은 모두 여기에 모여 가공되었고, 그런 후에 또 싸지 않은 가격으로 전세계로 운송되었다.

양저우의 옥 조각은 수천 년 동안 전해지면서 각각 특색을 가지고 있는 예술품들을 만들어냈다. 그중에서도 샨즈 조각과 용기 기술이 독특했고, 그것들은 양저우 조각의 최고의 기술 실력과 예술성과를 대표했다.

샨즈 조각의 소재는 대부분이 산수와 인물이었고, 그것은 제작자가 비교적 높은 구상능력과 예술적 수양을 가지기를 요구했다. 94.C 샨즈 조각은 구상을 하는 과정에서 옥석의 자연스러운 형태를 이용하여, 인물과 산수, 정자와 누각 등을 통일적으로 한 화면에 담는 것을 주의하고, 작품의 줄거리와 함축된 의미를 표현하는 데 힘써야 한다. 우수한 샨즈 조각품은 단계가 분명하고, 구도가 치밀하며, 주제가 두드러져 사람들에게 매우 조화로운 시각적 이미지를 보여주었다. 뿐만 아니라 부분적인 묘사는 더욱 섬세하고, 적당하게 아름다운 본연의 색과 겉색을 이용하여 작품이 진짜처럼 생동감 넘치게 만들었다.

양저우 옥 조각 기술의 또 다른 최고봉을 대표하는 옥 용기 기술은 더욱 역사가 유구하다. 용기 작품들 중에 걸작은 화훼

摆件，代表作品是中国工艺美术大师江春源先生所创作的白玉"螳螂白菜"。^{95.A} 这件国家级珍宝根叶茂盛、^{95.B} 层次清晰、造型饱满，叶瓣翻卷和菜根的纹理都处理得非常精炼自然，该紧密处紧密，该奔放处奔放，可谓还原了白菜的生活气息。"螳螂白菜"展现了扬州玉雕中花卉摆件创作的最高技艺。

　　另外，扬州玉雕中对飞禽走兽的创作也颇具韵味，尤其是对动物嘴、舌、爪、毛的刻画极其细致，惟妙惟肖。而扬州玉雕中的人物作品也刻画得栩栩如生，且尝试融入各种背景来衬托人物的感情。

진열품이다. 대표작품은 중국공예 미술대가 장춘위엔 선생이 만든 백옥 '사마귀와 배추'이다. ^{95.A} 이 국가적인 진귀한 보물은 뿌리와 잎이 무성하고, ^{95.B} 단계가 분명하며, 이미지가 충만하다. 잎사귀와 꽃잎의 휘날림과 배추 뿌리의 무늬는 모두 자연스럽고, 긴밀해야 할 부분은 긴밀하고, 분방하고 힘있어야 할 부분은 분방하고, 그야말로 배추가 살아있는 듯한 정취를 그대로 복원했다고 할 수 있다. '사마귀와 배추'에는 양저우 옥조각 속 화훼 진열품 창작의 최고 기예가 드러났다.

그밖에, 양저우 조각 중에는 금수조류에 대한 창작 역시 운치를 꽤 가지고 있다. 특히, 동물의 입, 혀, 발톱, 털에 대한 조각이 매우 세밀하고, 진짜처럼 생동감이 넘쳐 흐른다. 양저우 옥조각 중의 인물에 관한 작품 역시 생동감 넘치게 조각되었고, 각종 배경을 조화롭게 시도하여 인물의 감정을 부각시켰다.

단어 玉雕业 yùdiāoyè 명 옥조업 [옥을 조각하는 업종이나 산업] | 汇集 huìjí 동 집중시키다 | 不菲 bùfěi 형 싸지 않다 | 输向 shūxiàng ~로 운송하다 | 传承 chuánchéng 동 전수하고 계승하다 | 器皿 qìmǐn 명 생활 용기의 총칭, 그릇 | 独具一格 dújù yìgé 성 독자적으로 하나의 품격을 갖추다 | 亭台楼阁 tíngtái lóugé 성 (공원 · 정원에 건조된) 정자, 누각 등 | 着力 zhuólì 동 애쓰다, 힘을 쓰다 | 层次 céngcì 명 단계, 순서 | 构图 gòutú 명 구도 | 严谨 yánjǐn 형 치밀하다, 엄격하다 | 和谐 héxié 형 조화롭다 | 细腻 xìnì 형 (묘사가) 섬세하다, 세밀하다 | 俏色 qiàosè 명 아름다운 색 | 逼真 bīzhēn 형 진짜와 같다 | 奇葩 qípā 명 수준 높은 문학작품, 걸작 | 花卉 huāhuì 명 화훼, 꽃 | 摆件 bǎijiàn 명 진열품, 장식품 | 茂盛 màoshèng 형 무성하다 | 螳螂 tángláng 명 사마귀 | 清晰 qīngxī 형 분명하고 또렷하다 | 造型 zàoxíng 명 이미지, 조형 | 饱满 bǎomǎn 형 가득 차다 | 瓣 bàn 명 꽃잎 | 翻卷 fānjuǎn 동 소용돌이치다, 휘날리다 | 纹理 wénlǐ 명 무늬, 결 | 精炼 jīngliàn 동 제련하다 | 奔放 bēnfàng 형 분방하다, 힘차게 내뿜다 | 还原 huányuán 동 복원하다, 환원하다 | 气息 qìxī 명 숨결, 정취 | 展现 zhǎnxiàn 동 나타나다, 펼쳐지다 | 飞禽走兽 fēiqín zǒushòu 명 급수, 조류와 짐승 | 颇具 pōjù 부 꽤 | 韵味 yùnwèi 명 정취, 운치 | 爪 zhuǎ 명 (짐승의) 발톱, 발 | 细致 xìzhì 형 섬세하다. 꼼꼼하다 | 惟妙惟肖 wéimiào wéixiào 성 실물처럼 생동감 있게 묘사하다 | 栩栩如生 xǔxǔ rúshēng 성 생동감이 넘쳐 흐르다 | 融入 róngrù 동 녹아들다 | 衬托 chèntuō 동 부각시키다, 두드러지게 하다

문제 93

关于扬州玉雕业的发展有什么便利条件？ | 양저우 옥조업의 발전은 어떤 편리한 조건이 있는가？
A 人才特别集中 | A 인재가 매우 집중되어 있다
B 经济十分发达 | B 경제가 매우 발달했다
C 交通非常便捷 | C 교통이 매우 편리하고 빠르다
D 玉石产量丰富 | D 옥석 생산량이 풍부하다

단어 便捷 biànjié 형 빠르고 편리하다

해설 '扬州的便利交通却为玉雕业的发展创造了良好的条件(양저우의 편리한 교통은 오히려 옥조업의 발전에 좋은 조건을 만들어주었다)'이라고 했으므로 교통이 매우 편리하고 빠른 조건이 있음을 알 수 있다. 정답은 C이다.

문제 94

关于山子雕，可以知道什么？ | 샨즈 조각에 관해, 무엇을 알 수 있는가？
A 重整体轻局部 | A 전체를 중시하고 부분을 부차적으로 했다
B 淡化主题 | B 주제가 약해졌다
C 善于利用玉石的自然形态 | C 옥석의 자연형태를 잘 이용했다
D 题材多为飞禽走兽 | D 소재가 대부분이 금수나 조류이다

단어 淡化 dànhuà 동 약해지다, 약화되다

해설 '山子雕'를 찾아보면 세 번째 단락 처음에 등장하는데, '山子雕在构思创作中注意利用玉石的自然形态(샨즈 조각은 구상을 하는 과정에서 옥석의 자연스러운 형태를 이용한다)'라고 했으므로 옥석의 자연형태를 잘 이용했다는 것을 알 수 있다. 정답은 C이다.

根据第4段，螳螂白菜：	네 번째 단락을 근거로, 사마귀와 배추는:
A 现藏于国家博物馆中	A 현재 국가박물관 안에 소장되어 있다
B 层次比较清晰	B 단계가 비교적 분명하다
C 色彩艳丽	C 색채가 아름답고 곱다
D 充满浪漫主义色彩	D 낭만주의 색채가 가득하다

단어 ┃ 艳丽 yànlì 형 아름답고 곱다

해설 ┃ 네 번째 단락 중간 부분에서 '螳螂白菜'를 찾아보면 '层次清晰(단계가 분명하다)'라고 언급한 부분이 있으므로 B가 가장 적합하다. '国家级珍宝(국가적인 진귀한 보물)'라고 하여 A 藏于国家博物馆中(국가박물관 안에 소장되어 있다)과 헷갈릴 수 있지만 엄연히 다른 내용임을 알아야 한다.

最适合做上文标题的是：	윗글에 가장 적합한 제목은:
A 风格多变的人物玉雕	A 스타일이 많이 변한 인물 옥 조각
B 玉雕大师江春源	B 옥 조각의 대가 장춘위엔
C 精美绝伦的扬州玉雕	C 정교하고 뛰어난 양저우의 옥 조각
D 玉雕品鉴小技巧	D 옥 조각 감정의 작은 기술

단어 ┃ 绝伦 juélún 형 뛰어나다 | 品鉴 pǐnjiàn 동 평가하여 판정하다

해설 ┃ 앞에서 푼 문제를 근거로 가장 많이 설명하고 있는 것이 양저우의 옥 조각에 관한 것이고, 또한 그 정교하고 뛰어난 아름다움을 말하고 있으므로 C가 가장 적합한 제목임을 알 수 있다.

如果你对葡萄酒有所了解，也许会发现：30多年前，葡萄酒的酒精含量多为12%或12.5%，而现在一般都在14%以上。这是为什么呢？原来大多数人都相信酒精含量高的葡萄酒味道更浓烈、醇厚，于是 97.C 葡萄酒制造商为了迎合人们的口味，便提高了葡萄酒中的酒精含量。不过，品酒专家认为我们的大脑对酒精含量较低的葡萄酒可能更加"情有独钟"。

为验证这一说法，有人专门做了一项研究。不过，98.A 由于嗅觉与味觉均难以量化，并且易受其他因素的影响，因此，要想得出一个

만약에 당신이 포도주에 대한 이해가 있다면 어쩌면 30여 년 전에 포도주의 알코올 함량이 많아야 12% 또는 12.5%였는데, 지금은 일반적으로 모두 14% 이상이라는 것을 알 것이다. 이것은 왜인가? 원래 대다수의 사람들이 모두 알코올 함량이 높은 포도주의 맛이 더 깔끔하고 진하다고 믿었고, 그리하여 97.C 포도주 제조사들은 사람들의 입맛에 맞추어 포도주 속의 알코올 함량을 높인 것이다. 하지만, 주류전문가는 우리의 대뇌는 알코올 함량이 비교적 낮은 포도주에 더 '각별한 애정을 보인다'라고 여겼다.

이 말을 검증하기 위해, 어떤 전문가가 연구를 진행했다. 하지만 98.A 후각과 미각은 모두 수치화하기가 어렵고, 기타요소의 영향을 쉽게 받기 때문에, 입맛에 관한 믿을 만한 결과를 얻기가 결코 쉽지 않았다. 그리하여, 연구자들은 기능적 자기 공명 영상 기술을 이용하여 피실험자가 각기 다른 알코올 함량의 포도주를 음용한 후 대뇌활동을 기록하기로 결정하였다.

关于口味偏好的可靠结果并不容易。于是，研究者们决定利用功能性磁共振成像的技术，记录被试者饮用不同酒精含量的葡萄酒后的大脑活动。研究者招募了一批平时有喝葡萄酒习惯的被试者进行实验。在实验中，研究者让被试者一边接受功能性磁共振扫描，一边随机喝下两种酒精含量不同的葡萄酒。为了最大限度地排除其他变量产生的干扰，研究者对实验所用的两种葡萄酒样品进行了严格的控制，比如它们的产地、品种和年份等都是一致的。

功能性磁共振扫描结果显示，与人们对酒精含量高的葡萄酒味道更浓郁的印象相反，酒精含量较低的葡萄酒在右侧脑岛和小脑引起的活动更强，而这两个脑区均与味觉强度的加工有关。

研究者解释道，99.D 酒精含量较低时，大脑能更深入地搜索葡萄酒的味道，从而使得神经反应更活跃，这一过程并不受主观意识的控制。这个结果与品酒专家的看法是一致的。

尽管这一结果并不能直接反映人们对酒精含量不同的葡萄酒的实际喜好，但葡萄酒制造商依旧能从中获得一些启示。此外，100.D 这项研究还提供了一种新的测量方法，即用功能性磁共振技术来记录大脑对复杂化学感觉刺激的反应。

연구자는 한 무리의 평소에 포도주를 마시는 습관이 있는 피실험자를 모집하여 실험을 진행하였다. 실험 중에 연구자는 피실험자가 fMRI(기능적 자기공명 영상장비)의 스캔을 받게 하면서, 무작위로 두 종류의 알코올 함량이 다른 포도주를 마시게 하였다. 최대한도로 기타 변수의 발생으로 인한 간섭을 받지 않기 위해, 연구자는 실험에서 사용된 두 종류의 포도주의 샘플을 엄격하게 관리하였는데, 예를 들면 그것들의 생산지와 품종, 연도 등은 모두 같은 것이었다.

fMRI의 결과는 사람들의 알코올함량이 높은 포도주의 맛이 더욱 진하다는 인상과는 반대였고, 알코올 함량이 비교적 낮은 포도주는 우측 뇌도와 소뇌에서 일으킨 활동이 더욱 강했는데, 이 두 뇌구역은 모두 미각강도의 가공과 관련이 있다는 것을 나타냈다.

연구자가 설명하길, 99.D 알코올 함량이 비교적 낮을 때, 대뇌가 더욱 깊이 포도주의 맛을 탐구하고, 따라서 신경반응을 더욱 활발하게 만드는데, 이 과정은 결코 주관적인 인식의 통제를 받지 않는다고 하였다. 이 결과는 주류전문가의 견해와 일치했다.

이 결과는 사람들의 알코올 함량이 다른 포도주에 대한 실제 기호를 직접적으로 반영할 수는 없지만, 포도주 제조사들이 여전히 그 속에서 영감을 얻고 있다. 이 외에, 100.D 이 연구는 일종의 새로운 측량방법을 제공하였고, 기능적 자기공명 기술을 이용하여 대뇌의 복잡한 화학적 감각자극에 대한 반응을 기록하였다.

단어 葡萄酒 pútáojiǔ 명 포도주 | 酒精 jiǔjīng 명 알코올 | 浓烈 nóngliè 형 농후하다, 강렬하다 | 醇厚 chúnhòu 형 깔끔하고 진하다 | 迎合 yínhé 동 영합하다, (비위를) 맞추다 | 品酒 pǐnjiǔ 동 술의 질을 평가하다 | 情有独钟 qíngyǒu dúzhōng 성 사람이나 사물에 각별한 애정을 보이다 | 验证 yànzhèng 동 검증하다 | 嗅觉 xiùjué 명 후각 | 量化 liànghuà 동 수치화하다 | 功能性磁共振 gōngnéngxìng cígòngzhèn 명 기능적 자기공명 (* 功能性磁共振成像 gōngnéngxìng cígòngzhèn chéngxiàng fMRI, 기능성 자기공명 영상장비) | 成像 chéngxiàng 명 영상, 이미지 | 被试者 bèishìzhě 명 피실험자 | 招募 zhāomù 동 (사람을) 모집하다 | 扫描 sǎomiáo 동 스캐닝(scanning)하다 | 随机 suíjī 부 무작위로 | 干扰 gānrǎo 동 방해하다, 교란시키다 | 年份 niánfèn 명 연도 | 脑岛 nǎodǎo 명 [측두엽의 측열에 깊게 놓여 있는 삼각형의 뇌부분] | 启示 qǐshì 명 계시, 계발

문제 97

制造商提高葡萄酒中的酒精含量是为了：	제조사들이 포도주 속의 알코올 함량을 높인 것은 무엇을 위해서인가?
A 延长保质期	A 보존기한을 늘리기 위해
B 使其色泽更鲜明	B 색깔과 광택을 더욱 선명하게 하기 위해
C 迎合大众的口味	C 대중의 입맛에 맞추기 위해
D 减少酿造环节	D 양조과정의 일환을 줄이기 위해

단어 色泽 sèzé 명 색깔과 광택 | 酿造 niàngzào 동 (술을) 양조하다 | 环节 huánjié 명 일환, 부분

해설 '葡萄酒制造商为了迎合人们的口味，便提高了葡萄酒中的酒精含量(포도주 제조사들은 사람들의 입맛에 맞추어 포도주 속의 알코올 함량을 높인 것이다)'이라고 언급한 부분이 있으므로 C가 가장 적합하다.

根据第2段，可以知道什么?	두 번째 단락에 따르면, 무엇을 알 수 있는가?
A 味觉很难量化	A 미각은 수치화하기 어렵다
B 葡萄酒制造商参与了实验	B 포도주 제조사들이 실험에 참여하였다
C 被试者无饮酒习惯	C 피실험자는 음주습관이 없다
D 两种葡萄酒的产地不同	D 두 종류의 포도주의 생산지가 다르다

해설 '由于嗅觉与味觉均难以量化(후각과 미각은 모두 수치화하기가 어렵다)'라고 언급했으므로 A가 가장 적합하다.

酒精含量较低的葡萄酒:	알코올 함량이 낮은 포도주는:
A 会损伤右侧脑岛	A 우측 뇌도를 손상시킨다
B 利润更大	B 이윤이 더 크다
C 没有被试者饮用	C 피실험자가 음용하지 않았다
D 使神经反应更活跃	D 신경반응을 더욱 활발하게 만들었다

해설 '酒精含量较低时，大脑能更深入地搜索葡萄酒的味道，从而使得神经反应更活跃(알코올 함량이 비교적 낮을 때, 대뇌가 더욱 깊이 포도주의 맛을 탐구하고, 따라서 신경반응을 더욱 활발하게 만든다)'라고 언급한 부분이 있으므로 D가 가장 적합하다.

根据上文，那项研究:	윗글에 따르면, 그 연구는:
A 推翻了品酒专家的观点	A 주류전문가의 관점을 뒤집었다
B 是在密闭的空间进行的	B 밀폐된 공간에서 진행된 것이다
C 改变了葡萄酒的营销模式	C 포도주의 영업패턴을 바꾸었다
D 开创了一种新的测量法	D 하나의 새로운 측량법을 만들었다

단어 推翻 tuīfān 동 뒤집어엎다 | 营销模式 yíngxiāo móshì 명 영업 패턴 | 开创 kāichuàng 동 창립하다, 열다

해설 '这项研究还提供了一种新的测量方法(이 연구는 일종의 새로운 측량방법을 제공하였다)'라고 한 부분에서 그 연구가 새로운 측량법을 만들었다는 것을 알 수 있다. 정답은 D이다.

쓰기

李克是一名普通的酒店职员，他喜欢登山和参加冒险活动。每逢周末或节假日，李克就会约上几位好友去参访世界各地的名山大川。虽然他攀登了无数的高山，但是最让李克留恋的，还是那座阿尔卑斯山。	리커는 한 명의 평범한 호텔직원이고, 크는 등산과 모험적인 활동에 참가하는 것을 좋아한다. 매 주말 또는 휴일이 되면 바로 몇 명의 친구들과 약속해 세계 각지의 명산대천을 탐방하라 갔다. 그는 무수히 많은 높은 산을 올랐지만 가장 리커에게 미련을 가지게 만드는 것은 알프스 산이었다.

단어 冒险 màoxiǎn 동 모험하다 | 每逢 měiféng 때마다 | 攀登 pāndēng 동 등반하다, 타고 오르다 | 留恋 liúliàn 동 그리워하다

요약 李克是一名酒店职员，喜欢登山和冒险活动。虽然他攀登了无数的高山，但是最让他留恋的，还是阿尔卑斯山。

一天，李克和朋友们登上了一座海拔约为2000多米的雪山。到达山顶以后，已经是傍晚时分，他们几个人也已经是精疲力尽了。看到天色已晚，也没有力气下山，他们打算在山顶过夜。搭好帐篷以后，他们点起了篝火，几个人做了一些简单的便餐。吃过便餐以后，李克和朋友们便倒头呼呼大睡起来。

어느 날 리커는 친구들과 해발 약 2,000여 m의 설산에 올랐다. 정상에 오르고 나자, 이미 해질 무렵이었고, 그들 몇 사람은 이미 기진맥진하였다. 하늘이 이미 어두워진 것을 보았지만 하산할 기력이 남아 있지 않아 그들은 산 정상에서 밤을 보내기로 하였다. 텐트를 친 후에 그들은 모닥불을 피웠고, 몇 사람은 간단한 식사를 준비했다. 간단하게 식사를 한 후에 리커는 친구들과 바로 눕자마자 쿨쿨 잠들었다.

단어 精疲力尽 jīngpí lìjìn 기진맥진하다 | 过夜 guòyè 밤을 지내다 | 搭 dā 동 (천막이나 텐트를) 치다 | 帐篷 zhàngpeng 명 천막 | 点 diǎn 동 (불을) 피우다 | 篝火 gōuhuǒ 명 모닥불, 캠프파이어 | 呼呼大睡 hūhū dàshuì 쿨쿨거리며 자다

요약 一天，李克和朋友们登上一座雪山。傍晚的时候，他们才到达山顶，由于已经没有力气下山，所以他们决定在山顶过夜。吃过晚饭后，他们便睡了。

突然，几个人在睡梦中听到一声尖叫。几个人慌慌张张爬起身来，以为发生了什么惊天动地的大事。原来，是一位朋友欣赏到了阿尔卑斯山的夜景。月色下的阿尔卑斯山格外动人，实在叫人流连忘返，几个人不知不觉惊叹起来。当时，李克心想："如果以后在山顶建立一座酒店的话，一定会有很多游客前来。"

갑자기 몇 사람이 꿈속에서 비명소리를 들었다. 몇 사람은 당황하여 몸을 일으켰고 무슨 엄청난 일이 발생한 줄 알았다. 알고 보니, 한 친구가 에베레스트 산의 야경을 감상하는 것이었다. 달빛 아래의 에베레스트 산은 남다른 감동을 주었고, 실제로 아름다움에 발길이 떨어지지 않게 만들었다. 몇 사람은 자기도 모르게 감탄하기 시작했다. 당시에 리커는 마음속으로 생각했다. '만약에 이후에 산 정상에 호텔을 짓는다면 틀림없이 많은 여행객들이 찾게 될 거야.'

단어 尖叫 jiānjiào 동 날카로운 소리를 내다 | 惊天动地 jīngtiān dòngdì 성 기세가 엄청나고 영향력이 대단하다 | 月色 yuèsè 명 달빛 | 动人 dòngrén 형 감동적이다 | 流连忘返 liúlián wàngfǎn 아름다운 경치에 빠져 떠나기 싫어하다 | 不知不觉 bùzhī bùjué 자기도 모르는 사이에

요약 突然，几个人被尖叫声吵醒。原来，是一位朋友欣赏到了阿尔卑斯山的夜景。他们看到夜景后也都惊叹起来。当时，李克有了在山顶建立一座酒店的想法。

回去以后，李克便筹划此事。他先做好了商业计划书，然后递交给了自己的上司。上司看到以后，不屑地说："这怎么可能？简直是天方夜谭！"李克的自尊心受到了打击，心情十分失落。他觉得上司无法理解自己，就向上司递交了辞呈。离开公司以后，李克决定依靠自己的力量，完成在山顶建立酒店的梦想。

돌아간 이후에 리커는 바로 이 일을 기획했다. 그는 먼저 상업 계획서를 만들었고, 그런 후에 자신의 상사에게 건네주었다. 상사는 보고 나서 시큰둥하게 말했다. "이게 가능해? 그야말로 꿈 같은 이야기잖아!" 리커는 자존심에 상처를 입었고, 매우 실망하였다. 그는 상사는 자신을 이해하지 못할 것이라고 여겨 상사에게 사직서를 냈다. 회사를 떠난 이후에 리커는 자신의 힘만으로 산 정상에 호텔을 세우는 꿈을 완성하기로 결정했다.

단어 筹划 chóuhuà 동 기획하다 | 不屑 búxiè 동 경시하다 | 天方夜谭 tiānfāng yètán 허황되고 터무니없는 소식 | 递交 dìjiāo 동 직접 내다 | 辞呈 cíchéng 명 사직서

요약 回去以后，李克便计划这件事。但上司看了他的商业计划书后，直接拒绝了他。李克的自尊心受到了打击，于是辞职了。离开公司以后，李克决定自己完成这个梦想。

他的计划是建立一座露天的酒店，屋顶没有天花板，一抬头就可以欣赏到美丽的星空。每个卧室里面只是放上双人床和床头柜，洗手间和浴室建立在距离卧室大概一米远的地方。而且，每个房间都会配备一名管家，可以享受到热心周到的服务。天气恶劣的时候，管家有权力可以随时通知顾客取消入住服务。等到天气恢复正常以后，再安排酒店入住。	그의 계획은 호텔 꼭대기의 천장을 없애, 고개를 들면 아름다운 별이 총총한 하늘을 감상할 수 있는 노천호텔을 만드는 것이었다. 모든 침실 안에는 더블침대와 협탁만 놓아두고, 화장실과 욕실은 침실로부터 대략 1m 떨어진 거리에 짓는 것이다. 게다가 모든 방에는 한 명의 메이드를 배치해 친절하고 꼼꼼한 서비스를 받을 수 있게 한다. 날씨가 열악할 때에는 메이드는 언제든지 손님에게 체크인 서비스를 취소할 권한을 가지게 된다. 날씨가 정상적으로 회복된 이후에 다시 호텔 체크인을 배치하게 된다.

단어 　露天 lùtiān 명 노천 | 配备 pèibèi 동 배치하다 | 管家 guǎnjiā 명 메이드, 관리인 | 周到 zhōudào 동 빈틈없다 | 雇佣 gùyōng 동 고용하다

요약 　他计划建立一座露天酒店。每个卧室里面只放上双人床和床头柜，洗手间和浴室建在离卧室一米远的地方，每个房间都会安排一名管家。

虽然这个计划听起来很美好，但是在建设过程中，却遇到了很多想象不到的难题。酒店建立初期，需要雇佣建筑队在山顶用挖掘机开凿岩石。而且，所有的家具是通过人工的方式运送到山顶的。	비록 이 계획은 듣기에는 완벽하지만, 짓는 과정 중에는 오히려 많은 상상하지 못했던 난제들이 생겼다. 호텔 건립 초기에는 고용한 건축팀이 굴착기로 암벽을 굴착해야 했다. 게다가 모든 가구들은 사람의 노동을 쓰는 방식을 통해 산의 정상에 운송되었다.

단어 　挖掘机 wājuéjī 명 굴착기, 채굴기 | 开凿 kāizáo 동 뚫다, 파다 | 岩石 yánshí 명 암석

요약 　计划是美好的，但酒店在建立过程中，遇到了很多难题。

李克遭到了家人和朋友们的强烈反对，他们认为李克的计划根本不可能实现。尽管如此，酒店还是如此开张了。山顶酒店只接受网络预定，酒店项目一推出，便吸引了无数的登山客，人气变得空前高涨。因为过于火爆，预定服务已经排到第二年的三月份。	리커는 가족과 친구들의 강력한 반대에 부딪혔다. 그들은 리커의 계획이 아예 실현되지 못할 것이라고 여겼다. 그럼에도 불구하고 호텔은 이렇게 개장을 했다. 산 정상의 호텔은 단지 인터넷으로만 예약을 받았고, 호텔의 프로젝트가 광고되자 무수히 많은 등산객들을 매료시켰고, 인기는 전례 없이 높아졌다. 너무나 뜨거운 인기로 예약 서비스는 이듬해 3월 분까지 스케줄이 찼다.

단어 　空前高涨 kōngqián gāozhǎng (정서 · 물가 등이) 전에 없이 고조하다 | 火爆 huǒbào 형 굉장하다 | 排 pái 동 순서대로 정렬하다, 줄을 서다

요약 　家人和朋友们都反对李克的计划。但最后，酒店还是开张了。山顶酒店只接受网上预订，这个项目吸引了无数的登山客，并且所有预订已经排到第二年的三月份。

后来，李克接受记者采访时说道："我的目的根本不是赚钱，而是想让更多的人有机会可以欣赏到美丽的风景。"	후에 리커는 기자와 취재를 받을 때 말했다. "제 목적은 돈을 버는 것이 전혀 아니었고, 더 많은 사람들이 아름다운 풍경을 감상할 수 있는 기회를 가지게 만들고 싶었던 것이었습니다."

요약 　后来，李克在接受采访时说道："我的目的不是赚钱，而是想让更多人欣赏到美丽的风景。"